A NOVA ORDEM MUNDIAL

Se for possível, como pode ser alcançado, e como deverá ser um mundo pacífico?

Dados Internacionais de Catalogação na Publicação (CIP)
(Câmara Brasileira do Livro, SP, Brasil)

Wells, H. G., 1866-1946
   A nova ordem mundial : se for possível, como pode ser alcançado, e como deverá ser um mundo pacífico? / H. G. Wells ; tradução George Henrique de Souza Ferraz. -- 3. ed. -- Santa Cruz do Capibaribe, PE : George Henrique de Souza Ferraz, 2021.

   Título original: The new world order
   ISBN 978-65-00-16455-8

   1. Paz 2. Política mundial 3. Política mundial - 1933-1945 4. Problemas sociais I. Título.

21-55733   CDD-327.09043

Índices para catálogo sistemático:

1. Política mundial : 1933-1945 : Ciências política
    327.09043

Cibele Maria Dias - Bibliotecária - CRB-8/9427

A NOVA ORDEM MUNDIAL

H. G. WELLS

A Nova Ordem Mundial

Tradução de *The New World Order*

ISBN: 978-65-00-16455-8

Tradução de *The New World Order*

A Nova Ordem Mundial, escrita por Herbert George Wells

Copyright© 2021 por George Henrique de Souza Ferraz

Todos os direitos desta publicação são reservados por George Henrique de Souza Ferraz

```
International Standard Book Number
     ISBN 978-65-00-16455-8
```

Texto, correção e revisão: **George** Henrique de Souza **Ferraz**

Projeto gráfico

    de capa: Jair Marques **Uruba**

Os pontos de vista da Introdução, notas de rodapé e dos Comentários são de responsabilidade do tradutor e comentarista, não refletindo, necessariamente, a posição da editora, nem de Amazon ou sua equipe editorial.

Livro físico - 3ª edição: janeiro de 2021
Revisada, corrigida, comentada e acompanhada do original em inglês comparado com esta tradução. Comentários atualizados.

Original em inglês: janeiro de 1940
 Tradução: 1ª edição, março de 2020; 2ª edição, junho de 2020; 3ª edição, janeiro de 2021

Todos os direitos reservados. Proibida a reprodução, armazenamento ou transmissão de partes deste livro, através e quaisquer meios, sem prévia autorização por escrito.

Sugestões, elogios, críticas, correções, solicitação de informações, etc., entre em contato direto com o editor e tradutor pelo e-mail: george.ferraz.oficial@gmail.com

Obs.: Não envie arquivos, pois seu e-mail será sumariamente excluído.

H. G. Wells

A
NOVA ORDEM
MUNDIAL

Se for possível, como pode ser alcançado, e como deverá ser um mundo pacífico?

Tradução: George Henrique de Souza Ferraz

Primeira publicação, janeiro de 1940
Tradução brasileira, março de 2020

ÍNDICE

Prefácio..9

Introdução 12

Capítulo 1 – O fim de uma era 19

Capítulo 2 – Conferência aberta 28

Capítulo 3 – Forças disruptivas 37

Capítulo 4 – Luta de classes 45

Capítulo 5 – Jovens não-selvagens 59

Capítulo 6 – Socialismo inevitável 74

Capítulo 7 – Federação 93

Capítulo 8 – O novo tipo de revolução 111

Capítulo 9 – Políticas para o homem sensato...............127

Capítulo 10 – Declaração de direitos do homem..........142

Capítulo 11 – Políticas internacionais 152

Capítulo 12 – Ordem mundial em essência 164

Quadro de resumo do livro 192

Comentários do tradutor 196

Exercício de fixação 341

Respostas do exercício de fixação 342

Original em inglês comparado com esta tradução........345

Biografia do autor 567

PREFÁCIO

Herbert George Wells, embora não tenha sido eleito, foi indicado ao Prêmio Nobel de Literatura nos anos de 1921, 1932, 1935 e 1946. Se você já assistiu algum dos filmes Guerra dos mundos (de 2005) com Tom Cruise (um dos astros mais bem pagos de Hollywood), e dirigido por Steven Spielberg (diretor mais renomado dos últimos 50 anos), ou A máquina do tempo, O homem invisível ou A ilha do Dr. Monreau, então saiba que são inspirados na sua obra. Somente Guerra dos mundos ou, A Guerra dos mundos, sempre atraindo o público, foi filmado em 1953, 1981, 2005 (só neste ano três vezes, uma dirigida por Spielberg, outra dirigida por Timothy Hines e outra por David Michael Latt), 2008 e 2012. A ideia de máquina do tempo veio da ficção escrita por ele. Na Wikipédia em inglês você verá informações detalhadas sobre ele, ou caso possua, em quaisquer boas enciclopédias, como a Barsa, por exemplo. Entre seus livros estão Os primeiros homens na Lua, A forma das coisas por vir, Uma utopia moderna, A conspiração aberta, O novo Maquiavel e muitos outros.

O assunto principal deste livro é a paz mundial. Traumatizado com a II Guerra Mundial, o autor desejava dar uma ideia aos governantes para evitar outras futuras. Com isto, ele passa a questionar os Estados soberanos, direcionando o tema para *soberania*, um dos três elementos do Estado, segundo a Teoria Geral do Estado. Assim, acabou escrevendo uma obra de Ciência Política. Todavia, com sua

habilidade com as palavras, a escrita ficou leve e agradável.

Participou da elaboração da Liga das Nações, com a qual se decepcionou depois e, por isto, não cria mais numa simples união, e sim numa federação, onde o único Estado que restasse a ter soberania fosse o Estado Global.

Em A Nova Ordem Mundial, ele começa afirmando, logo no Capítulo 1, que não se precisava de mais uma declaração de direitos, porém, no Capítulo 10, elabora uma. Isto é normal entre os escritores, pois, não existe livro sem falhas, sem alguma incoerência.

A União Europeia se aproxima mais da ideia que ele deu do que a ONU, pois, os países que passam a integrá-la, praticamente, abrem mão de sua soberania em favor dela. Exemplo disso é a Inglaterra, que quase não conseguiu sair em 2020, dada a pressão a que foi submetida para permanecer. Esse pensamento, muito embora eu não concorde com ele, tem se tornado tendência para a geração atual de líderes mundiais.

A ONU foi criada em 1945 e se inspirou neste livro, que havia sido publicado 5 anos antes. Wells era amigo de Churchill e, já indicado ao Prêmio Nobel de Literatura por 3 vezes, era influente o suficiente para ser ouvido, e ele foi ouvido. Pois, tanto os líderes ocidentais da época quanto Stalin, o respeitavam. Em 1946, foi indicado de novo ao Prêmio Nobel de Literatura.

Naquele tempo, não era possível criar, de uma vez por todas, o Estado Global como ele sugeriu aqui e, na verdade, imagino que as pessoas nem concordaram totalmente com isso, mas sim com a base da ideia, uma espécie de associação de países com o fim de uni-los, solucionar seus conflitos diplomaticamente e evitar as guerras, uma união global, de onde resultou a Organização das Nações Unidas.

INTRODUÇÃO

Quando resolvi fazer esta tradução e procurar a editora, me surpreendi! Surpreendi-me porque um livro tão importante ainda não tinha sido traduzido, e me escandalizei porque as informações da pesquisa só relacionavam A Nova Ordem Mundial com teorias da conspiração, como se não fosse um livro sério de Ciência Política, mas uma caricatura. Você o compra em inglês no Amazon e o lê gratuitamente (em inglês) no blog *Project Gutenberg Australia*. Eu me pergunto: Como os cursos de Ciência Política no Brasil estudavam a social-democracia sem ler esta obra?

A tradução deste livro é para que você tenha uma visão panorâmica e conheça a origem de uma das ideias políticas mais influentes hoje em dia, o fabianismo. E, a cada uma a mais que você conhece, menos enganado você é. Nunca tenha medo de ouvir os dois lados num debate, e desconfie sempre dos que tentam impedi-lo de ouvir a outra parte e das crenças frágeis que se sustentam na sua ignorância a respeito delas próprias.

Nova Ordem Mundial trata da proposta de uma geopolítica global contemporânea que deu origem ao globalismo, força que sustenta a ONU e a União Europeia. Ao eleger Benjamin Netanyahu, Donald Trump, Boris Johnson e Jair Bolsonaro, os povos de Israel, EUA, Reino Unido e Brasil estavam dizendo não ao globalismo. Como se dissessem: não

somos cosmopolitas e não queremos essa Nova Ordem Mundial.

A partir de 1940, este foi o livro que deu o formato atual à social-democracia, um tipo de socialismo que continua influenciando a vida de todos nós. É a corrente política mais influente do mundo até hoje, o partido de Joe Biden e Barack Obama. No Brasil, o PSDB de Dória, e, às vezes, PSB e PT, dentre outros.

Os monoteístas cristãos são monógamos, consideram o sexo com crianças um absurdo chamado pedofilia e criminalizado, e cultuam um Deus masculino. Os monoteístas muçulmanos são polígamo-machistas e consideram normal um homem de 70 anos casar com uma menina de 9 e ainda ter mais algumas esposas além dela. Eles precisam conviver com os movimentos feministas e com castas hindus e tribos africanas politeístas porque os meios de transporte e de comunicações, como a internet e os telefones, os colocam em contato constante em virtude do próprio comércio entre si. No Ocidente, o Movimento do Orgulho Gay realiza uma das maiores passeatas anuais do mundo. Há os socialistas, os liberais, os globalistas, os conservadores, liberacionistas das drogas, movimentos negristas e várias outras crenças de naturezas políticas, religiosas e outras mais. Como culturas tão diferentes podem conviver? Considerou-se que a única forma de permitir um pluralismo pacífico seria flexibilizar todas essas culturas, mas, para isto, seria necessário desobstiná-las por suas crenças e folclores, e fazê-las

enxergá-las apenas como mitologias, mas não como verdades. Tal ideia vem deste livro.

Há décadas, existe uma grande campanha de marketing para persuadir as pessoas a aderir aos valores deste livro, e isto é bancado por grandes magnatas e suas fundações beneficentes; grande parte das redes de televisão, artistas importantes e formadores de opinião em geral, é patrocinada por eles; assim como um protestante rico ajuda sua religião, é normal que um globalista rico faça o mesmo; você e eu estamos no centro deste furacão porque vivemos na época em que esta gigantesca campanha de marketing, de proporções mundiais, chamada de **Movimento Ideológico do Pós-modernismo** ou, simplesmente, **Pós-modernismo**[1], está acontecendo; então, nós estamos em situação

---

[1] Pós-modernismo, é variante do termo 'pós-moderno', originalmente cunhado por Jean-Fraçois Lyotard em 1979, e possui três significados: a) o movimento ideológico de contestação (anti-conservador) e também de *questionamento da* busca pela verdade ou pela exatidão na Filosofia, na Ciência, na Arte e na Política, influenciado pela Escola de Frankfurt, por Aldous Huxley, Karl Popper, Paul Feyerabend e Jean-Paul Sartre, e financiado, principalmente, por George Soros e apoiado, politicamente, pelo liberalismo e pelo fabianismo, mas consolidando-se neste, do qual passou a ser vetor, ou seja, o Pós-modernismo divulga o socialismo fabiano; b) o período histórico após a Segunda Guerra Mundial; c) e o estilo literário e artístico anárquico que marca esse período, e no qual os artistas misturam, livre e desordenadamente, vários gêneros ou características de forma, além de quebrar a, tradicional, sequência cronológica e o padrão lógico, dando asas a uma criatividade com maior liberdade e menos compromisso com a, estreita, margem de manobra da lógica e da realidade. Tratando-se de literatura, semelhantemente ao barroco, a ordem imaginativa predomina sobre a lógica. Busca quebrar padrões, 'transgredir'.

parecida com aqueles que viveram durante o Renascimento, cheio de mecenas e mercenários; saber lidar com esses convites para a persuasão é compreender todas as forças que tentam nos convocar para suas pretensões. Só assim podemos escolher em vez de ser manipulados.

Num governo global como esse povo tão plural iria conviver? Há alguma crença sem resistência para lhes servir de ponto convergente? Um muçulmano não aceitaria o cristianismo, mas aceita o ambientalismo. É possível ser muçulmano e ambientalista, candombleista e ambientalista, budista e ambientalista, cristão e ambientalista. Não há resistência. No § 12 do capítulo 8, quando afirma: "A reorganização do mundo deve, a princípio, ser, ... obra de um "movimento", ..., ou uma religião ou culto, ..." e detalha muito claramente no capítulo 6 e durante todo o livro, é exatamente isto que ele quis dizer. Sugeriu criar uma crença que servisse de ponto convergente a seu projeto.

Wells achou que a culpa da II Guerra Mundial, que o atormentava, era da aplicação do liberalismo econômico das democracias ocidentais e depositava uma fé cega no socialismo, falava em revolução mas não queria sangue e guerra civil. Ele achava que a II Guerra era o capitalismo entrando em colapso no mundo todo e queria uma revolução pacífica, onde os líderes reconhecessem isso e criassem um Estado global, unido, socialista, sem necessidade de comércio entre as pessoas (exceto o pequeno comércio), nem de propriedade privada ou herança, e tudo o mais que o socialismo prega.

Este livro é o manual original dessa teoria, publicado em 1940. Esta é sua primeira tradução para o português. É uma obra de Ciência Política que foi posta em prática até onde seus partidários conseguiram a partir de 1940. O principal assunto que discute é a SOBERANIA, que é um dos três elementos do Estado (*povo, território e soberania*) segundo os escritores de Teoria Geral do Estado, pois, ao defender o fim da era dos Estados nacionais, postula que eles percam a soberania e se tornem Estados federados, <u>autônomos</u>, porém <u>não soberanos</u>. Estados-membros do Governo global.

A disputa entre Donald Trump e a candidata de Barack Obama nos EUA em 2016, representou a competição entre a doutrina deste livro, publicado 76 anos antes, contra um republicanismo representativo das doutrinas do Iluminismo. O Partido Republicano de Trump é o ícone atual do republicanismo e do liberalismo econômico do Iluminismo. O Partido Democratas, de Obama, Bill e Hillary Clinton, e Joe Biden, representa a doutrina deste livro com exatidão, o Fabianismo. Iluminismo contra Fabianismo, republicanismo-liberal contra social-democracia.

Um novo mundo está sendo moldado, com crenças idênticas para todos a fim de que não haja atrito e facilite-se sua convivência sem fronteiras num Estado único, global, com a religião universal do ambientalismo amenizando as demais, que estarão transformadas em folclores sem qualquer convicção. Também a Ética do politicamente correto substituindo a Ética Aristotélica dos ocidentais e as éticas confucionista, maometana e judaica dos orientais;

mais a Lógica Cartesiana ocidental substituída pela antiga lógica holística dos orientais, uma lógica sem lógica, sem oferecimento de resistências, que não discorda nem exige provas, ... pacata, assim como o globalismo precisa. É a formatação do sistema operacional *MS-dos* da Humanidade e sua substituição por outro!

A padronização desse sistema operacional mental, formado pela religião-Lógica-Ética, nossa base comportamental e nossos valores, é tratada por Wells neste livro, onde ele ainda não falava em ambientalismo porque a crença a ser criada não havia sido estabelecida em 1940, mas deixa bem clara sua necessidade e que deveria ser algo aceito por todos, como a ideia de salvar o Planeta de um apocalipse a ser inculcado nas pessoas, a ponto de deixar uma garota de 16 anos perturbada. Em síntese, este livro é o manual de uma federação global, que vem sendo posta em prática aos poucos por seus defensores em todo o do mundo.

H. G. Wells

A NOVA ORDEM MUNDIAL

Se for possível, como pode ser alcançado, e como deverá ser um mundo pacífico?

Tradução: George Henrique de Souza Ferraz

Primeira publicação, janeiro de 1940.
Tradução brasileira, março de 2020.

1

O FIM DE UMA ERA

NESTE PEQUENO LIVRO, quero definir o mais compacta, clara e proveitosamente possível a essência do que tenho aprendido sobre guerra e paz durante minha vida. Não vou escrever propaganda pacifista aqui. Eu vou despir certas ideias gerais e realidades de importância primordial para sua estrutura, e assim, preparar um núcleo de conhecimentos úteis para os que devem continuar com esse negócio de criar um mundo pacífico. Não vou persuadir as pessoas a dizer "Sim" para a paz mundial; já estivemos longe demais da abolição da guerra, fazendo declarações e assinando resoluções; todo mundo quer paz ou finge que quer a paz, e não há necessidade de adicionar sempre mais uma sentença a todo esse volume de coisas tão ineficazes. Estou apenas tentando dizer o que devemos fazer e o preço que temos que pagar pela paz mundial se, realmente, pretendermos alcançá-la.

Até a Grande Guerra, a I Guerra Mundial, eu não me incomodei muito com guerra e paz. Desde então, eu tenho quase me especializado neste problema. Não é muito fácil recordar antigos estados de espírito que, dia a dia e ano a ano, têm crescido, mas acho que nas décadas anteriores a 1914, não só eu, mas a maioria da minha geração - no Império Britânico, França, América e na maior parte do

mundo civilizado - pensou que a guerra estava deixando de existir.

      Foi o que aparentou para nós. Foi uma ideia agradável e, portanto, facilmente aceita. Imaginamos que a Guerra Franco-Germânica de 1870-71 e a Guerra Russo-Turca de 1877-78 foram os últimos conflitos entre grandes potências, e que agora havia um Equilíbrio de Poder, suficientemente estável, para tornar uma grande guerra impraticável. Uma Tríplice Aliança enfrentou uma Aliança Dupla, e nenhuma teve motivo para atacar a outra. Acreditamos que a guerra estava encolhendo para meros assuntos expedicionários na periferia de nossa civilização, só para questões de polícia de fronteira. Ao que parecia, hábitos de relações tolerantes foram sendo reforçados a cada ano em que a paz das Potências permaneceu intacta.

      Estava acontecendo uma leve corrida armamentista; leve para os nossos padrões atuais de equipamento; a indústria de armamento estava num empreendedorismo rápido; porém nós não vimos a implicação total disso; preferimos acreditar que o aumento geral do bom senso seria forte o suficiente para evitar que esta atual proliferação de armas fosse colocada em uso prático. E nós sorrimos satisfeitos aos uniformes, desfiles e manobras das forças armadas. Eram os brinquedos de reis e imperadores. Eles faziam parte do lado exibicionista da vida, contudo nunca se transformariam em matança e destruição real. Eu não acho que exagero sobre a complacência permissiva de 1895, quarenta e cinco anos atrás. Era uma complacência que durou com a

maioria de nós até 1914. Em 1914, quase ninguém abaixo de cinquenta anos na Europa ou América tinha visto nenhuma guerra em seu próprio país.

O mundo antes de 1900 parecia se dirigir firmemente a uma unificação silenciosa, mas efetiva. Alguém poderia viajar sem passaporte pela maior parte da Europa; a União Postal entregava cartas sem censura e com segurança do Chile para a China; dinheiro, baseado essencialmente em ouro, oscilava apenas muito levemente; e o imenso Império britânico ainda mantinha uma tradição de livre comércio, igualdade de tratamento e abertura para todas as pessoas vindas das redondezas do Planeta. Nos Estados Unidos você poderia andar por dias e nunca ver um uniforme militar. Em comparação com hoje, a Terra vivia, de qualquer modo, uma época de segurança, livre-trânsito e bom humor, principalmente para os norte-americanos e os europeus.

Entretanto, à parte daquele crescimento estável e sinistro da indústria armamentista, havia o trabalho de outras forças mais profundas que antecipavam problemas. As embaixadas dos vários Estados soberanos não tinham esquecido as tradições competitivas do século XVIII. Os almirantes e generais estavam contemplando, com oscilação entre a hostilidade e o deslumbramento, a fome de armas com que a indústria siderúrgica ia, suavemente, pressionando suas mãos. A Alemanha não compartilhou a auto-complacência do mundo de língua inglesa, ela queria um lugar ao sol. Foi aumentando a fricção pela partilha de regiões de matéria-prima na África; os britânicos sofriam de

russo-fobia crônica sobre as suas vastas divisões no Leste e sobre se decidir a transformar o Japão em uma potência imperialista modernizada; e também "lembraram Majuba"; os EUA estavam irritados com a desordem de Cuba e acharam que a fraqueza das extensas posses espanholas seriam melhores para uma mudança de gestão. Então o jogo de poder político continuou, mas passou às margens da paz que prevalecia. Houve várias guerras e mudanças de limites, porém elas não envolveram nenhuma perturbação fundamental da vida civilizada geral; elas não pareciam ameaçar seriamente o crescimento da tolerância e dos entendimentos. As tensões econômicas e os problemas sociais se agitaram e murmuraram sob as superfícies organizadas da vida política, mas não ameaçaram nenhuma convulsão. A ideia de eliminar completamente a guerra, de limpar o que havia restado dela, estava no ar, porém sem qualquer senso de urgência. O Tribunal de Haia estava estabelecido e havia uma disseminação constante das concepções do Direito Internacional e da arbitragem. Realmente parecia a muitos que os povos da Terra tinham se estabelecido em seus vários territórios para disputas jurídicas ao invés de uma disputa de guerras. Se havia muita injustiça social ela estava começando a ser cada vez mais resolvida por um acelerado senso de decência social. As próprias aquisições conduzidas com decoro e espírito público estavam na moda. Um pouco disso era muita honestidade que havia no espírito-público.

Naqueles dias, que já eram quase mais de metade das nossas vidas, ninguém pensou em qualquer tipo de administração mundial. Aquela

colcha de retalhos de grandes e pequenas potências parecia o método mais razoável e possível de execução do negócio da Humanidade. As comunicações eram muito difíceis para um controle centralizado do mundo. A Volta ao Mundo em Oitenta Dias, quando foi publicada há setenta anos atrás, parecia uma fantasia extravagante. Era um mundo sem telefone ou rádio, sem nada mais veloz que um trem na estrada de ferro ou mais destrutivo do que a bomba H. E. Shell (High Explosive Shell). Eram maravilhas. Era muito mais conveniente administrar o equilíbrio do poder no mundo em áreas nacionais separadas e, já que havia tais limitações para que os povos tivessem acesso uns aos outros ou para causar prejuízos, então não parecia haver nada de errado no patriotismo ardente e na completa independência dos Estados soberanos separados.

A vida econômica em grande parte foi dirigida por empresas privadas irresponsáveis em suas finanças que, por causa de sua propriedade privada, foram capazes de espalhar as suas transações unificadoras em uma rede que prestava pouca atenção a fronteiras e sentimentalismo nacional, racial ou religioso. Os "Negócios" eram muito mais uma comunidade mundial do que as organizações políticas. Havia muitas pessoas, especialmente na América, que imaginavam que os "Negócios" poderiam, finalmente, unificar o mundo e afundar os governos em subordinação à sua rede.

Hoje em dia, após os acontecimentos, podemos ser sábios e ver que, sob a superfície simplista das coisas, poderes com risco de criar

conflitos constantemente, estavam se fortalecendo. Mas essas forças disruptivas desempenhavam um papel, relativamente, pequeno no cenário mundial de meio século atrás, quando as ideias daquela velha geração, que ainda domina nossa vida política e a educação política dos seus sucessores, foram formadas. É do conflito daquelas ideias com meio século de antiguidade, sobre equilíbrio de poder e iniciativa privada, que surge um dos principais esforços do nosso tempo. Essas ideias funcionaram razoavelmente bem em sua época e é ainda, com extrema relutância, que nossos governantes, professores e políticos, se posicionam diante da necessidade de uma profunda adaptação mental de seus pontos de vista, métodos e interpretações para a cessação das forças disruptivas que antes pareciam tão insignificantes mas que, agora, estão quebrando sua velha ordem completamente.

Foi por causa dessa crença numa crescente boa-vontade entre as nações, por causa da satisfação geral com as coisas como elas estavam, que as declarações de guerra alemãs em 1914 despertaram uma tempestade de indignação em todos os países que permaneciam confortáveis. Considerou-se que o Kaiser alemão tinha quebrado a tranquilidade do clube do mundo, desenfreadamente e desnecessariamente. A guerra foi travada "contra os Hohenzollerns.[2]" Eles deveriam ser expulsos do

---

[2] Família nobre da dinastia real com príncipes eleitores, reis e imperadores de Brandemburgo, Prússia, Alemanha e Romênia. Linhagem de Guilherme II, Imperador (Kaiser) da Alemanha, que abdicou após a Primeira Guerra Mundial, quando o império foi dissolvido.

clube, algumas multas pagas e tudo estaria bem. Essa era a ideia britânica de 1914. Esse negócio ultrapassado de guerra, então, estava substituído, de uma vez por todas, pela garantia de respeito mútuo pelos mais respeitáveis membros do clube por meio de uma Liga das Nações. Não havia nenhuma apreensão de natureza mais profunda na operação daquela grande convulsão por parte dos dignos anciões estadistas que construíram a paz. E então se esperava sempre resolver as coisas no Palácio de Versalhes com seus tratados.

Por vinte anos as forças disruptivas têm aumentado sob a superfície daquela nação pouco povoada, e nesses vinte anos não houve nenhum ataque eficaz contra os enigmas com os quais seu crescimento nos confronta. Por tudo isso, o período da Liga das Nações tem sido o ópio do pensamento liberal no mundo.

Hoje tem guerra para se livrar de Adolf Hitler, que assumiu a parte dos Hohenzollerns no drama. Ele também ofendeu as Regras do Clube e está para ser expulso. A guerra, a Guerra de Hitler-Chamberlain (Alemanha contra Reino Unido), está sendo travada, até agora, pelo Império Britânico com mentalidade bastante ultrapassada. Não aprendeu nada e nada esqueceu. Há a mesma determinação de desprezo para um problema mais elementar.

As mentes da nossa confortável e influente classe dominante ainda se recusam a aceitar a simples insinuação de que seu tempo acabou, que o Equilíbrio de Poder e os métodos de negócio descontrolados não podem continuar, e que Hitler, assim como os

Hohenzollerns, é o ataque de uma pequena ferida diante de um mundo profundamente doente. Livrar-se dele e de seus nazistas não será mais uma cura para os problemas do mundo assim como raspar feridas não cura sarampo. A doença se manifestará em uma nova erupção. É o sistema de individualismo nacionalista e de empresas não coordenadas que é a doença do mundo, e é todo o sistema que tem que ir embora. Tem que ser recondicionado nas suas fundações ou substituído. Não se pode esperar para "sair dessa" amistosamente, desperdiçando a oportunidade, para esperar sair perigosamente uma segunda vez que acontecer.

Paz mundial significa uma grande revolução. Cada vez mais de nós começamos a perceber que não pode significar menos do que isso.

Portanto, a primeira coisa que deve ser feita para se pensar nos problemas primários da paz mundial é perceber isto: que estamos vivendo no fim de um período da História, o período dos Estados soberanos. Como costumávamos dizer na década de 1880 com absoluta verdade: "Estamos em uma época de transição". Agora nós temos uma medida da gravidade da mudança. É uma fase da vida humana que pode levar, como estou tentando mostrar, a um novo modo de viver para a nossa espécie ou, mais ou menos, a uma rápida degradação da violência, da miséria, da destruição, da morte e da extinção da Humanidade. Estas não são frases retóricas que estou usando aqui; quero dizer literalmente o que eu disse: a desastrosa extinção da Humanidade.

Essa é a questão diante de nós. Não é nenhum caso da pequena política de gabinetes que temos que considerar. Enquanto escrevo, no momento, milhares de pessoas estão sendo mortas, feridas, perseguidas, atormentadas, maltratadas, entregues à mais intolerável e desesperada agonia e destruídas moralmente e mentalmente, e não há nada em vista, atualmente, para frear a propagação desse processo e impedi-lo de atingir você e os seus. Ele está vindo para você e os seus agora em grande velocidade. Claramente, na medida em que somos criaturas racionais, percebemos que não há nada a fazer por qualquer um de nós agora, a não ser tornar essa questão da paz mundial uma decisão de interesse das autoridades na direção de nossas vidas. Se fugirmos dela vai nos alcançar e nos pegar. Temos que enfrentá-la. Temos que resolvê-la ou ser destruídos por ela. É tão urgente e compreensível exatamente como tudo isto.

2

CONFERÊNCIA ABERTA

ANTES, VAMOS EXAMINAR O QUE eu chamei até agora de "forças disruptivas" na ordem social atual; deixem-me sublinhar uma necessidade primária para uma discussão mais franca e livre sobre as organizações de luta e as instituições em ruínas, no meio das quais conduzimos nossas vidas atuais, desconfortáveis e precárias. Não deve haver proteção para os líderes e organizações da crítica mais profunda, sob o fundamento daquele país estar ou poder estar em guerra. Ou sob qualquer pretexto. Temos de falar abertamente, amplamente e claramente. A guerra é apenas incidental; mas a necessidade de reconstrução revolucionária é fundamental. Nenhum de nós ainda está esclarecido sobre algumas das questões mais importantes que temos adiante, não somos suficientemente lúcidos em nossas próprias compreensões, para ser ambíguos; e um sussurro só pelo tato, ou declarações indiretas feitas de olho em algum censurador, irão confundir nossos pensamentos e os das pessoas com quem desejamos entendimento, causando a esterilização completa e a derrota de todos os esforços de reconstrução.

Nós queremos falar e dizer exatamente o que as nossas ideias e sentimentos são, não só aos nossos concidadãos, mas para os nossos aliados, para os neutros e, acima de tudo, às pessoas que marcham em

exércitos contra nós. Queremos ter a mesma sinceridade deles. Porque, até aqui, temos trabalhado fora de uma base comum de ideias com eles, e a paz será apenas um equilíbrio incerto enquanto antagonismos novos se desenvolverem.

Precisamos de um grande debate simultâneo com esta guerra. Queremos que cada pessoa no mundo participe desse debate. Ele é muito mais importante do que a guerra atual. É intolerável pensar nesta tempestade de angústia universal, levando a nada mais que uma "conferência" de diplomatas sem contato com o mundo real, em reuniões secretas, a ambíguos "entendimentos".... Esta tragédia não pode acontecer duas vezes. Mas o que vai impedir que se repita?

É muito fácil definir os limites razoáveis de censura num país em guerra. É evidente que a publicação de qualquer informação suscetível de ter a menor utilidade para um inimigo deve ser drasticamente antecipada e proibida; não só informações diretas, por exemplo, mas insinuações e traições por descuido sobre a posição e os movimentos dos navios, tropas, acampamentos, depósitos de munições, suprimentos alimentares e relatórios falsos de derrotas, vitórias e escassez iminente, tudo o que possa levar ao pânico cego e à histeria, e segue-se assim por diante. Porém a matéria toma um aspecto completamente diferente quando se trata de afirmações e sugestões que podem afetar a opinião pública no seu próprio país ou no estrangeiro, e que podem nos ajudar a chegar a uma ação política saudável e corretiva.

Um dos aspectos mais desagradáveis de um estado de guerra em condições modernas é o aparecimento de um enxame de indivíduos, muito inteligentes pela metade, em posições de autoridade. Empolgado, vaidoso, preparado para mentir, distorcer e, geralmente, iludir pessoas em estados de condescendência por motivos de resistência, indignação, vingança, dúvida ou confusão mental, estados de espírito que, supostamente, ajudariam a levar a uma vitória militar final. Essas pessoas adoram distorcer e censurar fatos. Isso lhes dá uma sensação de poder; se elas não conseguem criar, pelo menos podem atrapalhar e esconder. Particularmente, se intrometem entre nós e as pessoas com quem estamos em guerra para atrapalhar qualquer possibilidade de reconciliação. Sentam-se, cheios do vinho de sua autoridade transitória, longe das fadigas e dos perigos do conflito, manipulando as cordas imaginárias na mente das pessoas.

Na Alemanha, o pensamento popular parecia estar sob o controle do Sr. Dr. Goebbels; na Grã-Bretanha, nós, escritores, fomos convidados a nos colocar à disposição de algum ministério da informação, ou seja, à disposição de indivíduos até então sem clareza e nem representatividade, e a escrever sob seu conselho. Funcionários do Conselho Britânico e do Diretório do Partido Conservador ganham posições-chave nesse Ministério. Essa organização curiosa e pouco divulgada de que acabei de falar, a criação de Lord Lloyd segundo me disseram, o Conselho Britânico, envia emissários para o exterior, entre escritores, mulheres bem vestidas e outras personagens culturais, para dar palestras,

cativar e conquistar a apreciação estrangeira pelas características britânicas, pelo cenário britânico, as virtudes políticas britânicas e assim por diante. De alguma maneira isto é, supostamente, para ajudar em alguma coisa ou outra. Silenciosamente, discretamente, isso foi adiante. Quiçá essa amostra britânica forneça garantias não autorizadas, contudo provavelmente causa pouco dano. Mesmo assim, não é conveniente que elas sejam aplicadas em tudo. Qualquer propaganda de Governo é contrária ao espírito essencial da democracia. A expressão da opinião e do pensamento coletivo deveria estar completamente fora do alcance das atividades do Governo. Deveria ser o trabalho de indivíduos livres, cujo destaque é dependente da resposta e apoio do senso comum.

Mas aqui eu tenho que fazer as pazes com o senhor Lloyd. Fui levado a acreditar que o Conselho Britânico era responsável pelo Sr. Teeling, autor de *Crise para a Cristandade*, que eu falei tanto no livro *O Destino do Homo Sapiens*. Eu agora retiro o que disse. O Sr. Teeling, presumo, foi enviado em suas viagens por um jornal católico. O Conselho Britânico era inteiramente inocente dele.

Os Ministérios da Informação e da Propaganda fazem o seu melhor para desviar os dons limitados e as energias dos tais escritores, palestrantes e locutores que nós possuímos, e canalizá-las para a produção de estrume hipócrita que vai bagunçar a mente do público, e enganar o estrangeiro curioso, porém, além disso, eles mostram uma disposição cerrada para abafar quaisquer expressões livres e independentes

que, a meu ver, contradigam seus próprios planos secretos e profundos para a salvação da Humanidade.

Em todo canto agora é difícil arranjar uma publicação adequada e de grande alcance, para discussão sincera sobre a maneira como o mundo está indo, e sobre as forças políticas, econômicas e sociais que nos conduzem. Isto não se dá tanto devido à censura, entretanto é mais pela desorganização generalizada em que os assuntos humanos estão se dissolvendo. De fato, no mundo do lado Atlântico, dificilmente ainda tem algum sinal como o daquela espionagem direta sobre opinião, que sufoca quase completamente hoje em dia, a vida mental das pessoas inteligentes italianas, alemãs e russas. Alguém ainda pode pensar o que gosta, dizer o que gosta e escrever o que gosta, mas mesmo assim, já existe uma dificuldade crescente em obter opiniões atrevidas e heterodoxas ouvidas e lidas. Os jornais estão com medo de todos os tipos dos menores crimes, os editores, com exceções tão valentes quanto os editores deste livro, são exageradamente discretos; eles ficam de sobreaviso para evitar este ou aquele tópico em particular; há boicotes obscuros e dificuldades comerciais, dificultando a ampla difusão de ideias em geral, de inúmeras maneiras. Eu não traduzo que haja algum tipo de conspiração organizada para suprimir a discussão, mas digo que a Imprensa, as organizações editoriais e de venda de livros em nossos países livres, proporcionam uma maquinaria muito mal organizada e inadequada, para a ventilação e a distribuição do pensamento.

Os editores publicam sem nenhuma finalidade, mas por lucros seguros; espantaria um livreiro dizer a ele que ele fazia parte da organização educacional do mundo, ou a um representante comercial de uma editora que ele existia para um outro propósito além de tirar pedidos ao máximo para os livros mais vendidos (*best sellers*) e para ganhar uma comissão-recorde – deixando ir embora a outra coisa, a coisa intelectual e tudo aquilo. Eles não entendem que deviam priorizar utilidade pública antes do ganho. Eles não têm nenhum estímulo para agir assim e nenhum orgulho na sua função. Sua moral é a de um mundo de lucros. Os jornais gostam de inserir artigos corajosos olhando o liberalismo convencional, falando alto de paz e exibindo uma nobre indefinição sobre seu resultado; agora que estamos em guerra irão publicar os ferozes ataques contra o inimigo - porque tais ataques são, supostamente, para manter o espírito de luta do país; porém quaisquer ideias que são, realmente, alta e claramente revolucionárias eles não ousam pôr em circulação ao todo. Sob estas condições desorientadoras não há nenhuma discussão aprofundada das perspectivas do mundo, qualquer que seja, em qualquer lugar. A esse respeito, as democracias são apenas uma sombra melhor do que as ditaduras. É ridículo representá-las como reinos de luz em luta contra as trevas.

Este grande debate sobre a reconstrução do mundo é uma coisa mais importante e urgente do que a guerra, e não existe mídia adequada para a publicação, a crítica e a correção de quaisquer convicções amplas e gerais. Há uma certa precipitação, infrutífera e improdutiva, de ideias

construtivas, mas tem pouco senso de questionamento sustentado, poucos intercâmbios reais, progresso insuficiente, nada é descartado, nada é resolvido e nada é aproveitado permanentemente. Ninguém parece ouvir o que outra pessoa está dizendo. Isso acontece porque não tem senso de espectador para esses ideólogos. Não há público efetivo dizendo rudemente e obstinadamente: "o que A tem dito parece importante. B e C, em vez de bombardear no vazio, nos dirão, com exatidão, onde e porque eles discordam de A? E agora nós chegamos à verdade comum de A, B, C e D. Aqui está F, dizendo alguma coisa. Ele será tão bom que se possa correlacionar o que ele tem a dizer com A, B, C e D?"

Contudo, não há tal fundo de retorno em evidência de modo inteligente, por parte de um observador crítico dentre o público mundial. Há algumas pessoas aqui e ali lendo e pensando em fragmentos desconectados. Este é todo o pensamento que nosso mundo está produzindo diante do desastre planetário. Que as universidades, os abençoem! ou estão em um uniforme ou em silêncio.

Precisamos arejar nossas próprias mentes; precisamos de intercâmbios sinceros se quisermos alcançar qualquer entendimento em comum. Nós precisamos elaborar outra concepção, externa e clara, da ordem mundial que preferiríamos em lugar deste caos presente, que precisamos dissolver nossas diferenças ou precisamos de um compromisso sobre elas, de modo que possamos firmar nossos rostos com segurança em direção à possibilidade de paz mundial. O ar está cheio das panaceias de débeis mentais,

nenhum ouvindo os outros e a maioria deles tentando silenciar os demais em sua impaciência. Milhares de tolos estão prontos para nos escrever uma receita completa para resolvermos os nossos problemas mundiais. Será que as pessoas nunca perceberão a sua própria ignorância e incompletude (da qual surge esta absoluta necessidade para um estatuto planeado das realidades do problema), para o exame mais exaustivo e abundante das diferenças de opinião e para a mais cruel averiguação de todas as possibilidades (entretanto, por mais desagradável que pareça) da situação?

Antes de mais nada, então, nesta pesquisa sobre um caminho para a paz mundial, empreguei vigor na publicação e liberdade de expressão. É a coisa melhor pela qual se lutar. É a essência de sua honra pessoal. É seu dever, como um cidadão do mundo, fazer o que puder por ela. Não apenas deve resistir a supressões, mas também tem que lutar da sua maneira, fora do nevoeiro. Se você encontrar seu livreiro ou vendedor de jornais falhando em distribuir qualquer tipo de publicação - mesmo que você esteja em total desacordo com a visão daquela publicação - você deve apontar a arma do boicote contra o infrator e encontrar outro livreiro ou vendedor de jornais para tudo o que lê. O aspirante a cidadão do mundo deve inscrever-se também em tais organizações como o Conselho Nacional para Liberdades Civis; ele deveria usar qualquer vantagem que sua posição pudesse lhe dar para fiscalizar a supressão da liberdade de expressão; e deveria se acostumar a desafiar o absurdo, educadamente mas com firmeza, e dizer, sem medo, e tão claramente quanto possível, o que está em

sua mente e escutar também destemidamente tudo o que lhe é dito. Isto, para que possa saber melhor através de confirmação ou correção. Para se reunir com outras pessoas, a fim de argumentar e discutir, pois o primeiro dever de todo homem razoável é pensar, organizar e implementar o pensamento.

Este mundo da gente está caindo aos pedaços. Ele tem que ser reconstruído e só pode ser, efetivamente reconstruído, na luz. Só a mente livre, clara e aberta pode nos salvar, e essas dificuldades e obstruções em nossa linha de pensamento são tão ruins quanto crianças botando obstáculos numa linha de trem, ou espalhando pregos numa rodovia de alta velocidade.

Este grande debate mundial deve continuar, e tem que ser agora. Agora, enquanto as armas ainda estão atirando, é a vez do pensamento. É incrivelmente tolo falar, como tantas pessoas fazem, de terminar a guerra e então ter uma Conferência Mundial para inaugurar uma nova era. Tão logo a luta cesse a conferência do mundo real, a discussão ao vivo vai parar também. Os diplomatas e políticos se reunirão com um ar de profunda competência e fecharão as portas do mundo exterior e retomarão - Versalhes. Enquanto o mundo silenciado boceja e espera sobre os seus mistérios.

3

FORÇAS DISRUPTIVAS

E AGORA PERMITIMOS que chegassem as forças disruptivas, que têm reduzido o sonho do final do século XIX, de um poderoso mosaico mundial do pluralismo de Estados cada vez mais civilizados, ligados por uma interdependência financeira e econômica cada vez maior, (então permitimos que chegassem as forças disruptivas) para completar a incredulidade e forçar cada mente inteligente a precisar elaborar uma nova concepção do mundo que deveríamos ter. É extremamente importante que a natureza dessas forças disruptivas seja claramente compreendida, e mantida em mente. Compreendê-las é segurar as pistas para os problemas atuais do mundo. Esquecer-se delas, mesmo por um momento, é perder contato com a realidade essencial e afastar-se por questões menores.

O primeiro grupo dessas forças é o que as pessoas costumam chamar de "abolição da distância" e "mudança de escala" nas operações humanas. Esta "abolição da distância" começou há bem mais de um século atrás, e seus efeitos anteriores não eram disruptivos ao todo. Ela uniu e entrançou os Estados Unidos da América espalhando-se por distâncias que, de outra forma, poderiam ter esticado sua solidariedade até o ponto de ruptura, e ela permitiu que o Império Britânico se alastrasse, mantendo contatos em todo o Planeta.

A influência disruptiva da abolição da distância apareceu somente mais tarde. Sejamos claros sobre seu significado essencial. Ao que parece, por intermináveis séculos, o meio de locomoção mais rápido tinha sido o cavalo na estrada, o homem correndo, a galé e o barco a vela dependente das condições do tempo. (Havia o holandês fazendo um show sobre patins em seus canais[3], mas que foi uma exceção de alta velocidade e não uma regra geral). A vida política, social e imaginativa do homem por todos esses séculos, foi adaptada a essas condições limitantes. Elas determinavam as distâncias a que os bens comercializáveis tinham viabilidade de ser enviados, os limites aos quais o governante podia enviar suas ordens e seus soldados, os limites de onde receber notícias e, de fato, toda a escala de vida. Poderia haver bem pouco sentimento verdadeiro de comunidade além do perímetro de relações mais frequentes.

Portanto, a vida humana caiu, naturalmente, em áreas determinadas pela interação entre essas limitações e tais obstáculos naturais como mares e montanhas. Certos países como França, Inglaterra, Egito e Japão apareceram e reapareceram na história como coisas naturais e necessárias, e, embora tenha havido esforços políticos tão grandes como os do Império Romano, nunca obtiveram uma unidade duradoura. O Império Romano manteve-se unido

---

[3] Os canais de Amsterdam congelam. Eles são largos como pequenos rios e ficam no centro da cidade, onde as pessoas hoje aproveitam para patinar quando congelados. Skate tanto é verbo quanto substantivo e significa patins de gelo ou de rodas, mas também significa demonstrar algo, dentre outros significados.

como papel molhado; estava sempre caindo aos pedaços. Os impérios mais antigos, além de seus núcleos nacionais, eram meros poderes precários de tributo. O que eu já chamei de miscelânea mundial das grandes e pequenas potências foi, portanto, sob as antigas condições de cavalo-e-pé e de navio-vela, uma questão de necessidade natural quase tanto quanto o tamanho das árvores e animais.

Dentro de um século tudo isso mudou e ainda temos que encarar o que essa mudança significa para nós.

Primeiro veio o vapor, o trem-a-vapor, o navio-a-vapor e, então, num acelerado crescimento, vieram o motor de combustão interna, a tração elétrica, o automóvel, o barco a motor, o avião, a transmissão de energia das usinas elétricas, o telefone, o rádio. Sinto-me orgulhoso em citar esta história bem conhecida. Cito, então, em ordem, para reforçar a afirmação de que todas as áreas que foram as mais convenientes e eficientes para os velhos tempos-tradicionais de vida, tornaram-se cada vez mais inconvenientes, fechadas e estreitas para as novas necessidades. Isto se aplicou a todo tipo de área administrativa, desde os municípios e distritos urbanos, desde o âmbito de empresas distribuidoras e até os Estados soberanos. Estes eram - e na maior parte ainda são - muito pequenos e muito próximos uns dos outros para as novas exigências. Em todo o traçado social, este apertar-se e espremer-se juntos é uma inconveniência, mas quando se trata de áreas de Estados soberanos, torna-se impossivelmente perigoso. Torna-se uma coisa intolerável; a vida

humana não pode continuar com as capitais da maioria dos países civilizados do mundo ao alcance de uma hora de bombardeio das suas fronteiras, atrás das quais, ataques podem ser preparados e artefatos secretos feitos sem qualquer forma de controle. Apesar disto, ainda estamos tolerantes e leais às programações que procuram manter este estado de coisas e tratá-lo como se nada mais fosse possível.

A presente guerra, a favor e contra Hitler, Stalin e o Sr. Chamberlain e assim por diante, nem sequer toca no problema essencial da abolição da distância. Pode, realmente, destruir tudo e ainda não resolver nada. Se alguém pudesse eliminar todas as questões do presente conflito, deveríamos ainda, ser confrontados com o enigma essencial, que é a abolição das fronteiras da maioria dos Estados soberanos existentes, e sua fusão em alguma Paz maior. Temos que fazer isso se alguma vida humana suportável for prosseguir. Tratados e garantias mútuas não são suficientes. Certamente aprendemos o bastante sobre o valor dos tratados durante o último meio século para perceber isto. Temos que, só por causa da abolição da distância, reunir os litígios humanos, juntos sob um controle comum de prevenção da guerra.

Entretanto, esta abolição da distância é apenas um aspecto mais vívido da mudança nas condições da vida humana, entrelaçada com o que é uma mudança geral de escala nas operações humanas. Os últimos cem anos tem sido uma época de invenção e descoberta para além das conquistas dos três milênios anteriores. Em um livro que publiquei há oito anos, *O*

Trabalho, Riqueza e Felicidade da Humanidade, tentei resumir a conquista do poder e das substâncias que ainda está acontecendo. Há mais energia gasta em uma cidade moderna como Birmingham por um dia, do que precisamos para manter toda a Inglaterra elisabetana funcionando por um ano; há mais energia destrutiva em um único tanque do que a que bastou para o exército de William I na conquista da Inglaterra. O homem agora é capaz de produzir ou destruir numa escala além da maior comparação com o que ele pôde antes que esta tempestade de invenções começasse. E a consequência é o constante e mais distante afastamento da vida social ordenada dos nossos tataravós. Nenhum comércio, nenhuma profissão, está isenta. As velhas rotinas e classificações sociais têm sido, como dizem as pessoas, um "bobo nocauteado". Não há nenhum tipo de ocupação, seja pesca, agricultura, trabalho têxtil, trabalhos em metal, mineração, que não sofra de reajuste constante aos novos métodos e recursos. Nossas tradições de comércio e distribuição cambaleiam após essas mudanças. Qualificadas profissões desaparecem na liquefação geral.

As novas organizações de poder estão destruindo as florestas do mundo em velocidade desenfreada, arando grandes áreas de pastagem em desertos, exaurindo os recursos minerais, matando baleias, focas e uma infinidade de espécies raras e bonitas, destruindo a moralidade de todos os tipos sociais e devastando o Planeta[4]. As instituições de apropriação privada de terras e recursos naturais em

---

[4] Já tínhamos aqui um ambientalismo em fase embrionária.

geral, e empresas privadas visando lucro, que produziam uma vida social razoavelmente tolerável, estável e "civilizada" para todos na Europa, na América e no Oriente, exceto os mais empobrecidos, há alguns séculos, têm sido expandidas para uma monstruosidade destrutiva pelas novas oportunidades. O resignado e bem-sucedido empreendedor do passado, mordiscando, ampliado e equipado agora com as enormes garras e dentes que a mudança de escala lhe proporcionou, despedaçou a velha ordem econômica aos farrapos. Independentemente da guerra, nosso Planeta está sendo desperdiçado e desorganizado. O processo ainda continua, sem qualquer controle geral, monstruosamente mais destrutivo mesmo do que os terrores, constantemente aprimorados, da guerra moderna.

Agora é preciso deixar claro que essas duas coisas, a manifesta necessidade de algum controle coletivo do mundo para eliminar a guerra e a necessidade, geralmente menos admitida, de um controle coletivo da vida econômica e biológica da Humanidade[5], são aspectos de um mesmo processo. Das duas, a desorganização da vida cotidiana que está acontecendo, com guerra ou sem guerra, é a mais grave e menos reversível. Ambas surgem da abolição da distância e da mudança de escala, afetam e modificam umas às outras e, a menos que seu paralelismo e interdependência sejam reconhecidas,

---

[5] O embrião do ambientalismo começa exatamente aqui. Em algumas coisas do que ele disse acima, é claro que tem razão. Mas no formato que o ambientalismo tomou, cheio de mentiras, e também sendo apenas uma ferramenta religiosa para o governo global, não.

quaisquer projetos para federação mundial ou alguma coisa do tipo, está inevitavelmente condenado à frustração.

Foi onde a Liga das Nações se dissolveu completamente. Foi dentro da lei; foi político. Isto foi elaborado por um ex-professor de história-antiga assistido por alguns políticos. Isto ignorou a vasta desorganização da vida humana que estava ocorrendo por meio das revoluções tecnológicas, dos grandes negócios e das finanças modernas, da qual, a própria Grande Guerra, foi pouco mais do que um subproduto. Foi feito como se nada desse tipo estivesse ocorrendo.

Esta tempestade de guerra que está desabando sobre nós agora, devido à contínua fragmentação do governo humano num mosaico de Estados soberanos, é apenas um aspecto da necessidade geral de uma consolidação racional dos assuntos humanos. O Estado soberano independente, com sua perpétua ameaça de guerra, armado com os recursos da espantosa mecânica moderna, é apenas o aspecto mais flagrante e aterrador dessa falta de um controle geral coerente que faz das organizações empresariais privadas, combinações socialmente destrutivas. Nós ainda deveríamos estar à mercê dos "Napoleões" do comércio e dos "Átilas" das finanças, se não houvesse uma arma ou um navio de guerra, um tanque ou um uniforme militar no mundo. Ainda seríamos vendidos e desapossados.

Federação política, temos que perceber, sem uma coletivização da economia de concorrência, está obrigada a falhar. A tarefa do pacificador que

realmente deseja a paz num mundo novo, envolve não somente uma revolução política, mas uma profunda revolução social, mais profunda ainda que a revolução tentada pelos Comunistas na Rússia. A Revolução Russa não fracassou por seu extremismo, mas pela impaciência, violência e intolerância de seu início, através da falta de previsão e da insuficiência intelectual. A revolução cosmopolita para um coletivismo mundial, que é a única alternativa ao caos e à degeneração anteriores da Humanidade, tem que ir muito além da Revolução Russa; tem que ser mais completa e melhor concebida, e sua realização exige um impulso muito mais heróico e firme.

Não tem nenhum propósito útil fechar nossos olhos para a magnitude e complexidade da tarefa de construir a paz no mundo. Estes são os fatores básicos do caso.

4

LUTA DE CLASSES

AGORA AQUI É necessário fazer uma distinção que é muito frequentemente ignorada. A coletivização significa o manuseio dos assuntos comuns da Humanidade por um controle comum responsável por toda a comunidade. Significa a supressão do *vá-como-quiser* em assuntos sociais e econômicos tanto quanto em casos internacionais. Significa a abolição franca da busca por lucros e por cada dispositivo pelo qual os seres humanos se esforçam para ser parasitas do seu próximo. É a realização prática da fraternidade do homem através de um controle comum. Significa tudo isso e nada mais que isso.

A necessária natureza desse controle, a maneira de alcançá-lo e mantê-lo ainda precisam ser discutidas.

As primeiras formas de socialismo foram tentativas de pensar diferente e testar sistemas coletivistas. Mas, com o advento do marxismo, a ideia maior de coletivismo tornou-se enredada com uma menor: o conflito perpétuo de pessoas em qualquer sistema social não regulamentado para obter o melhor um do outro. Ao longo dos tempos, isso tem continuado. Os ricos, os poderosos em geral, os mais inteligentes e gananciosos, saíram com as coisas e fizeram suar, oprimiram, escravizaram, compraram e

frustraram os menos inteligentes, os menos acossados e os negligentes. Os que têm as coisas, em cada geração, sempre obtiveram o melhor dos que não têm, e estes sempre se ressentiram das privações de sua desvantagem.

Assim é, e tem sido sempre, no mundo sem coletivização. O grito amargo do homem expropriado[6] ecoa ao longo dos séculos do antigo Egito e dos profetas hebreus, denunciando aqueles que moem os rostos dos pobres. Às vezes, os desprovidos de recursos têm sido tão incultos, tão impotentemente distribuídos entre seus companheiros mais bem-sucedidos que eles têm sido incapazes de perturbação social, mas sempre que tais desenvolvimentos como de plantação, trabalho de fábrica, a acumulação de homens em cidades portuárias, o desmantelamento dos exércitos, a fome, e assim por diante, sempre que se reuniram massas de homens da mesma situação de desvantagem, seus ressentimentos individuais fluíram juntos e se tornaram um ressentimento comum. As misérias subjacentes à sociedade humana foram reveladas. Os que têm as coisas se viram atacados por revolta vingativa e ressentida.

Notemos que essas revoltas dos desprovidos ao longo dos séculos, às vezes, têm sido muito destrutivas, mas que, invariavelmente, tem falhado em construir qualquer mudança fundamental nessa velha, velha história de conseguir e não conseguir levar vantagem. Às vezes, os desprovidos têm assustado ou, de outra forma, induzido os abastados a um

---

[6] Esta expressão tem sido aproveitada em movimentos sociais pelo mundo, traduzida por "o grito dos excluídos".

46

comportamento mais decente. Amiúde, os desprovidos têm encontrado um Campeão que monta no poder sobre suas desgraças. Em seguida, os empilhamentos ou os castelos foram queimados. Os aristocratas foram guilhotinados e suas cabeças levaram cortes exemplares. Tais tempestades passaram, e quando passaram, lá para todos os propósitos práticos, foi a ordem velha retornando outra vez; novas pessoas, mas as velhas desigualdades. Retornando inevitavelmente, com apenas ligeiras variações na aparência e palavreado, sob a condição de uma ordem social não-coletiva.[7]

O ponto a se notar é que, na competição não planejada da vida humana através dos séculos da época de cavalo-e-pé, esses surtos incessantemente recorrentes dos perdedores contra os vencedores nunca tinham produzido uma só vez qualquer melhoria permanente do destino comum, nem alterado muito as características da comunidade humana. Nem uma vez.

Os desprovidos nunca produziram a inteligência e a habilidade, e os abastados nunca produziram a consciência, para fazer uma alteração permanente das regras do jogo. Revoltas de escravos, revoltas camponesas, revoltas do proletariado sempre foram ataques de raiva, febres sociais agudas que passaram. O fato que resta é que a história não produz

---

[7] Esta afirmação é política e filosoficamente importantíssima para uma reflexão, pois, escreve-se quase unanimemente que, mesmo que nem todos os projetos da Revolução Francesa e do Iluminismo tenham ficado, muita coisa importante ficou. Wells está questionando isso. Será que ficou tanto assim das conquistas pleiteadas ali? É controverso e dá lugar para muita conversa.

razão para supor que os desprovidos, considerados como um todo, disponham de quaisquer reservas acessíveis de gerenciamento e capacidade administrativa ou vocação desinteressada, superiores às das classes mais bem-sucedidas. Moralmente, intelectualmente, não há razão para os avaliar melhor.

Muitas pessoas potencialmente capazes podem perder educação e oportunidade; elas podem não ser congenitamente inferiores, no entanto, são mantidas aleijadas, incapacitadas e subjugadas. Elas são deterioradas. Assaz pessoas especialmente talentosas podem falhar em "fazer o bem" num mundo aos empurrões, competitivo e aquisitivo, e assim, cair na pobreza e nos modos de viver confusos e limitados da comunidade, mas também são exceções. A ideia de um proletariado sensato, pronto para assumir o controle das coisas é um sonho[8].

À medida que a ideia coletivista foi desenvolvida fora das proposições originais do socialismo, os pensadores mais lúcidos têm posto esta antiga amargura dos abastados e dos desprovidos, à parte, no seu devido lugar, como o trecho mais angustiante, porém ainda apenas como parte do vasto desperdício de recursos humanos em que sua exploração desordenada implicava. À luz dos acontecimentos atuais, eles perceberam, cada vez mais claramente, que a necessidade e a possibilidade de deter esse desperdício por meio de uma ampla coletivização mundial, está se tornando cada vez mais possível e, ao mesmo tempo, imperativa. Eles não

---

[8] Aqui se encontra a ideia fabiana de uma elite iluminada para administrar o mundo.

tiveram ilusões sobre a educação e libertação que são necessárias para conquistar esse objetivo. Eles foram movidos menos por impulsos morais e piedade sentimental e assim por diante, motivos admiráveis mas fúteis, foram movidos mais pela intensa irritação intelectual de viver num sistema tolo e destrutivo. Eles são revolucionários, não porque o modo de vida atual seja um modo de vida duro e tirânico, mas porque ele é exasperadamente estúpido.

Porém, empurrando o movimento socialista para a coletivização e sua pesquisa para alguma organização diretiva competente dos assuntos do mundo, vem a desajeitada iniciativa do marxismo com seu dogma de luta de classes, o qual tem feito mais para desviar e esterilizar a boa vontade humana do que qualquer outra concepção errada da realidade que já tenha prejudicado o esforço humano[9].

Marx viu o mundo a partir de um estudo e através dos nevoeiros de uma vasta ambição. Ele nadou na corrente das ideologias de seu tempo e, assim, compartilhou a direção socialista prevalecente em direção à coletivização. Porém, enquanto seus contemporâneos de espírito sério estavam estudando meios e fins, ele saltou de uma compreensão muito imperfeita do movimento sindical britânico, para as generalizações mais selvagens sobre o processo social. Ele inventou e antagonizou dois fantasmas. Um era o Sistema Capitalista; o outro o Trabalhador.

---

[9] Este parágrafo é suficiente para deixar bem claro que há alas divergentes dentro do próprio socialismo. Wells é socialista, mas não é marxista ao todo.

Nunca houve nada na Terra que pudesse ser propriamente chamado de Sistema Capitalista. O que estava acontecendo com seu mundo era, manifestamente, sua total falta de sistema. O que os socialistas estavam sentindo para o seu caminho era a descoberta e estabelecimento de um sistema mundial.

Os abastados de nosso período foram e são um fantástico mosaico de pessoas, herdando ou conquistando seu poder e influência pelos mais diversos dos cruzamentos de solidariedade social, mesmo os de uma aristocracia feudal ou uma casta indiana. Contudo, Marx, olhando mais para sua consciência interior do que para qualquer realidade concreta, desenvolveu esse "Sistema" monstro sobre sua Direita. Depois, mais do que contra ele, ainda olhando fixamente para o vazio, ele descobriu, à sua Esquerda, os proletários sendo, constantemente, expropriados e se tornando conscientes de ser uma classe. Eles eram tão infinitamente variados, na realidade, quanto as pessoas no topo da corrida; na realidade, mas não na mente do Vidente Comunista. Lá se consolidaram rapidamente.

Assim, enquanto outros homens trabalhavam neste gigantesco problema de coletivização, Marx encontrou sua receita quase infantilmente simples. Tudo que você tinha a fazer era dizer aos trabalhadores que eles estavam sendo roubados e escravizados por este perverso "sistema capitalista" inventado pela "burguesia". Eles precisam apenas "unir-se"; eles não tinham "nada a perder, a não ser suas correntes". O perverso Sistema Capitalista estava para ser derrubado, com um certo extermínio

vingativo de "capitalistas" em geral e da "burguesia" em particular, e um milênio se sucederia sob um controle puramente de trabalhadores, que Lenin, mais tarde, cristalizaria em uma frase do mistério suprateológico: "a ditadura do proletariado". Os proletários não precisam aprender nada, nem planejar nada; eles estavam certos e eram bons por natureza; precisavam apenas "assumir o controle". As infinitamente diversas invejas, ódios e ressentimentos dos desprovidos estavam para se fundir em um poderoso impulso criativo. Toda virtude residia neles; e todo o mal naqueles que os tinham ultrapassado. Uma coisa boa que havia nessa nova doutrina da luta de classes, é que ela inculcou uma fraternidade muito necessária entre os trabalhadores, mas que foi balanceada pela organização do ódio de classe. Assim, a grande propaganda da luta de classes, com essas monstruosas falsificações, de fato manifestas, saiu adiante. A coletivização não seria tão organizada quanto, magicamente, ela parece se o pesadelo do Capitalismo e todas aquelas pessoas, irritantemente bem-afortunadas, fossem levadas para longe da grande alma proletária.

Marx foi um homem incompetente em matéria de dinheiro e muito incomodado por dívidas a comerciantes. Além do mais, ele adorava pretensões absurdas para a aristocracia. A consequência foi que ele fantasiou sobre a vida encantadora da Idade Média como se ele fosse um outro Belloc, e concentrou sua animosidade sobre a "burguesia", a qual ele responsabilizou por todas essas grandes forças disruptivas na sociedade humana que temos considerado. Lord Bacon, o Marquês de Worcester,

Charles II e a Royal Society, pessoas como Cavendish, Joule e Watt, por exemplo, todos se tornaram "burgueses" em sua imaginação inflamada. "Durante seu reinado de apenas um século", escreveu no Manifesto Comunista: "a burguesia criou forças de produção mais poderosas e mais estupendas do que todas as gerações precedentes juntas... Que gerações anteriores tiveram a mais remota ideia de que tais forças produtivas dormiam nas entranhas do trabalho associado?"

"As entranhas do trabalho associado!" (Brincadeira, que frase!) A revolução industrial, que foi *consequência* da revolução mecânica, é tratada como a *causa* dela. Os fatos poderiam ser confundidos mais completamente?[10]

E de novo: "... o sistema burguês não é mais capaz de consumir a abundância de riqueza que cria. Como a burguesia supera essas crises? Por um lado, pela aniquilação compulsória de uma quantidade das forças produtivas; por outro, pela conquista de novos mercados e pela exploração mais completa dos antigos. Com que resultados? Os resultados são que o caminho é pavimentado para crises mais abrangentes e mais desastrosas e que a capacidade de evitar tais crises é diminuída.

"As armas" (Armas! Como aquele cavalheiro sedentário em sua vasta barba adorava imagens militares!) "Com as quais a burguesia derrubou o

---

[10] Ao contrário do que temos visto hoje, qualquer homem da época de Wells sabia distinguir causa de consequência.

feudalismo, estão agora sendo apontadas contra a própria burguesia.

"Mas a burguesia não só forjou as armas que irão matá-la; também engendrou os homens que usarão essas armas - os trabalhadores modernos, os proletários".

E aqui estão eles, martelo e foice na mão, o peito estufado para fora, orgulhosos, esplendorosos, comandando no Manifesto. Mas vá e procure por eles você mesmo nas ruas. Vá e olhe para eles na Rússia.

Mesmo para 1848, isso não é uma análise social inteligente. É o derramamento de um homem com um B em seu chapéu contra a odiada burguesia, um homem com uma certa visão sem crítica de seu próprio preconceito subconsciente, mas astuto o suficiente para perceber quão grande força direcionada é o ódio e o complexo de inferioridade. Astuto o suficiente para usar o ódio, e amargo o suficiente para odiar. Que alguém leia sobre o Manifesto Comunista e considere quem poderia ter compartilhado o ódio ou até ter conseguido todo ele, se Marx não tivesse sido filho de um rabino. Leia *Judeus para a Burguesia* e o Manifesto é puro ensino nazista da safra de 1933-8.

Desmistificado seu núcleo desta maneira, a falsidade primária da teoria marxista é evidente. Entretanto, é uma das estranhas fraquezas comuns da mente humana ser acrítica de suposições primárias, e sufocar qualquer investigação sobre a sua solidez na elaboração secundária, nos tecnicismos e fórmulas convencionais. A maioria de nossos sistemas de

crença repousa em fundações podres e, geralmente, essas fundações são tornadas sagradas para preservá-los do ataque. Eles se tornam dogmas em uma espécie de santo dos santos. É chocantemente grosseiro dizer "Mas isso é absurdo". Os defensores de todas as religiões dogmáticas voam de raiva e indignação quando alguém fala sobre o absurdo de seus fundamentos. Especialmente se alguém ridiculariza. Isso é blasfêmia.

    Essa esquiva de crítica fundamental é um dos grandiosos perigos para qualquer entendimento humano geral. O marxismo não é exceção à tendência universal. O Sistema Capitalista tem que ser um sistema real, a Burguesia uma conspiração organizada contra os trabalhadores, e todo conflito humano em todo lugar tem que ser um aspecto da Luta de Classes, ou então eles não podem falar com você. Eles não vão ouvir você. Nenhuma vez houve uma tentativa de responder às coisas simples que eu venho dizendo sobre eles por um terço de século. Alguma coisa que não está em sua linguagem, escorre fora de suas mentes como a água para fora das costas de um pato. Até Lenin - *de longe, a mente mais perspicaz da história comunista* - não escapou dessa armadilha e, quando conversei com ele em Moscou em 1920, ele parecia bastante incapaz de perceber que o conflito violento acontecendo na Irlanda, entre os nacionalistas católicos e a guarnição protestante, não era sua insurreição sagrada do Proletariado em plena explosão.

    Hoje em dia há um extenso número de escritores, e entre eles há homens de ciência que

deveriam pensar melhor, mas estão elaborando solenemente uma pseudo-filosofia da ciência e da sociedade sobre as fundações profundamente enterradas, no entanto inteiramente absurdas, colocadas por Marx. Mês a mês, o industrioso Clube do Livro de Esquerda derrama um novo volume sobre as mentes de seus devotos para sustentar seus hábitos mentais e os conservar contra a influência séptica da literatura heterodoxa. Um sarau de *Index* de Livros Proibidos, sem dúvida, seguirá. Professores ilustres com deleite solene em suas próprias engenhosidades notáveis, lecionam e discursam e até mesmo produzem volumes de visão séria sobre a superioridade da Física marxista, e da pesquisa marxista para as atividades da mente humana que deixaram de ser estigmatizadas. Alguém tenta não ser rude com eles, mas é difícil acreditar que eles não estão, deliberadamente, se fazendo de bestas com seus cérebros. Ou eles têm uma sensação de que o comunismo revolucionário está à frente, e eles estão fazendo o seu melhor para racionalizá-lo com um olho naqueles dias vermelhos por vir? (Veja *Pensamentos Perigosos* de Hogben.)

Aqui eu não posso procurar em algum detalhe a história da *Ascensão e Corrupção do Marxismo na Rússia*. Ela confirma em todos os aspectos a minha argumentação que a ideia de luta de classes é uma confusão, e uma perversão da condução do mundo em direção a um coletivismo mundial, uma doença devastadora do socialismo cosmopolita. Ela tem seguido, em seu esboço geral, a história comum de cada revolta dos desprovidos desde que a história começou. A Rússia nas sombras, exibia uma imensa

ineficiência e mergulhava, lentamente, na Rússia das trevas. Sua galáxia de capatazes incompetentes, gerentes, organizadores e assim por diante, desenvolveu o mais complicado sistema de auto-proteção contra a crítica, eles sabotaram-se uns aos outros e intrigaram-se uns contra os outros. Você pode ler a quintessência da coisa nas *Pequenas Páginas da Corrida do Ouro Soviética*. E como em todas as outras revoltas dos desprovidos, desde o início da história, o culto do herói tomou posse das massas insurgentes. O inevitável Campeão apareceu. Eles escapam do czar e, em vinte anos, eles estão adorando Stalin, originalmente um revolucionário bastante honesto, ambicioso e não-original, levado à crueldade auto-defensiva e inflado pela lisonja à sua atual autocracia quase-divina. O ciclo se completa e vemos que, como qualquer outra revolução meramente insurrecional, nada foi mudado; um grande número pessoas foi liquidado e muitas outras as substituíram e a Rússia parece voltar ao ponto em que começou, a um absolutismo patriótico de eficiência duvidosa e objetivos vagos e incalculáveis. Creio que Stalin é honesto e benevolente na intenção, ele acredita em coletivismo de forma simples e clara, ele ainda está sob a impressão de que está fazendo uma coisa boa da Rússia e dos países dentro de sua esfera de influência, e está, auto-justificadamente, impaciente com a crítica ou a oposição. Seu sucessor pode não ter o mesmo desinteresse.

Porém, tenho escrito o suficiente para deixar claro o porquê temos de dissociar totalmente em nossas mentes, a coletivização e a luta de classes. Não desperdicemos mais tempo no espetáculo do Marxista

colocando a carroça na frente do cavalo, e amarrando a si próprio com os arreios. Temos que pôr toda esta distorção proletária do caso fora de nossas mentes, e recomeçar sobre o problema de como realizar as novas e inéditas possibilidades de coletivização mundial, que se têm aberto sobre o mundo nos últimos cem anos. Essa é uma nova história. Uma história totalmente diferente.

Nós, seres humanos, estamos diante de forças gigantescas que destruirão nossa espécie completamente ou a elevarão a um nível sem precedentes de poder e bem-estar. Essas forças têm que ser controladas ou seremos aniquilados. Porém, completamente controladas, elas podem abolir a escravidão - pelo único meio seguro de ir tornando essas coisas desnecessárias. O comunismo de luta de classes tem sua oportunidade de realizar tudo isso, e tem falhado em fazer o bem. Até aqui ele tem apenas substituído uma Rússia autocrática por outra. A Rússia, como todo o resto do mundo, ainda está diante do problema do governo competente de um sistema coletivo. Ela não o tem resolvido.

A ditadura do proletariado tem falhado conosco. Temos que buscar possibilidades de controle em outras direções. Será que elas serão encontradas?

NOTA

Um amigável conselheiro, lendo a passagem da pág. 47 protesta contra "os úteros do trabalho associado" como uma tradução errada do alemão original do Manifesto. Eu o tirei da tradução do Professor Hirendranath Mukherjee, em um jornal de estudantes indianos, o Sriharsha, que aconteceu de estar na minha mesa. Entretanto, meu conselheiro sugere Lily G. Aitken e Frank C. Budgen em uma publicação da *Glasgow Socialist Labour Press*, que o traduz como "o colo do trabalho social", que é mais refinado, porém puro absurdo. A palavra alemã é "schoss" e, em seu sentido mais amplo, significa todo o aparelho reprodutivo materno, do peito aos joelhos, e aqui, definitivamente, todo o útero. A tradução francesa dá "sein", que à primeira vista parece levar gentileza a um nível ainda mais elevado. Mas como você pode dizer em francês que uma futura mamãe carrega seu filho em seu "sein", acho que o professor Mukherjee tem razão. Milhares de reverentes jovens comunistas devem ter lido aquele "colo" sem observar seu absurdo. Marx está tentando estabelecer que o aumento da eficiência produtiva se deveu à "associação" nas fábricas. Uma frase melhor para expressar sua intenção (birrenta) teria sido "as operações coordenadas de trabalhadores reunidos em fábricas".

5

JOVENS NÃO-SELVAGENS

AGORA, DEVEMOS examinar essas forças disruptivas um pouco mais de perto, essas forças disruptivas que estão manifestamente sobrecarregando e destruindo o sistema social e político no qual a maioria de nós foi educada. Em que pontos particulares de nossa vida política e social essas forças disruptivas estão descobrindo pontos de ruptura?

As pessoas estão começando a perceber, cada vez mais claramente, que é comum que o chefe dentre estes pontos de ruptura, seja o homem jovem semi-educado.

Uma consequência particular do avanço do poder e da invenção em nosso tempo, é a liberação de um grande fluxo de energia humana na forma de jovens desempregados. Este é um fator primário da instabilidade política geral.

Temos que reconhecer que a Humanidade não está sofrendo, como a maioria das espécies animais, de fome ou escassez de alguma forma material. Está ameaçada não por deficiência, mas por excesso. É extenuante. Ela não está caindo para morrer por exaustão física; está se partindo em pedaços.

Medido por quaisquer critérios, exceto o contentamento humano e a segurança definitiva, a Humanidade parece ser muito mais rica agora do que

em 1918. As qualidades de poder e de materiais imediatamente disponíveis são muito maiores. O que é chamado de produtividade, em geral, é maior. Mas há uma boa razão para supor que uma grande parte desse aumento da produtividade seja realmente uma exploração mais rápida e mais completa do capital insubstituível. É um processo que não pode continuar indefinidamente. Ele sobe ao máximo e, em seguida, é o fim da festa. Os recursos naturais estão sendo esgotados a um ritmo elevado, e o aumento da produção é dividido para munições de guerra cujo objetivo é a destruição, e para indulgências estéreis não melhores do que os resíduos. O homem, "herdeiro dos séculos", é um esbanjador desmoralizado em um estado de consumo galopante, vivendo de estimulantes.

  Quando olhamos para as estatísticas da população há uma prova irrefutável de que, em todos os lugares, estamos passando por um extremo (Para isto, veja: Enid Charles "*O crepúsculo da paternidade*", ou R. R. Kuczynski "*Medição do crescimento da população*"), e que um rápido declínio é certo, não só na Europa Ocidental mas em todo o mundo. Há razões sólidas para duvidar do suposto aumento da população russa (veja o livro *Stalin* do biógrafo Boris Souvarine). No entanto, devido à crescente eficiência dos métodos produtivos, aumenta a relativa pressão desta nova classe desempregada. A "plebe" do Século XX é bastante diferente da "plebe" quase animal do século XVIII. É um mar agitado de pessoas jovens insatisfeitas, de homens jovens que não conseguem encontrar saída para suas urgências e ambições naturais, jovens completamente prontos a

"causar problemas" assim que forem ensinados a fazê-lo.[11]

No passado tecnicamente grosseiro, os desprovidos analfabetos foram sobrecarregados em trabalhos suados. Era fácil encontrar trabalho para mantê-los todos ocupados. Tais multidões excedentes não são mais desejadas. Trabalho pesado não é mais comercializável. As máquinas podem trabalhar melhor e com menos oposição.

Essas multidões frustradas têm sido bastante conscientizadas de sua própria frustração. A lacuna de sua desvantagem, até certo ponto sempre artificial, tem sido muito diminuída porque agora todos lêem. Mesmo para a ocupação casual (bicos) tem sido necessário ensiná-los algo, e o novo público alfabetizado que foi criado evocou uma imprensa e uma literatura de excitação e propostas. O cinema e o rádio os deslumbram com espetáculos de luxo e de vida irrestrita. Eles não são os carvoeiros e trabalhadores de forragem de fábrica desamparados de cem anos atrás. Eles são educados até o que deve ter sido o nível da classe média em 1889. Eles são, de fato, em grande parte, uma classe média espremida, inquietos, impacientes e, como veremos, extremamente perigosos. Eles têm assimilado quase todas as camadas inferiores que antes eram burros-de-carga analfabetos.

E esse excesso de população modernizada, não tem mais nenhuma humildade social. Não tem crença

---

[11] Wells estava apavorado com o surgimento de uma massa revolucionária, revoltada e desordeira.

na sabedoria infalível de seus governantes. Ele os vê muito claramente; sabe sobre eles, seus desperdícios, vícios e fraquezas, com uma vivacidade ainda exagerada. Não vê razão para sua exclusão das coisas boas da vida por tais pessoas. Ele tem perdido bastante de sua inferioridade para perceber que a maior parte dessa inferioridade é arbitrária e artificial.

Você pode dizer que este é um estado de coisas temporário, que a diminuição da população atualmente vai aliviar a situação ao se livrar desse excesso do "indesejado".[12] Mas ele não funcionará para isto. Como a população cai, o consumo vai cair. As indústrias ainda estarão produzindo cada vez mais eficientemente para um mercado em queda e elas estarão empregando cada vez menos mão-de-obra. Um Estado de cinco milhões de pessoas com meio milhão de mãos inúteis, será duas vezes mais instável do que quarenta milhões com dois milhões de pessoas parando. Enquanto o atual estado de coisas continua, este estrato de jovens perplexos "fora dele" irá aumentar relativamente ao total da comunidade.

Ainda não se percebeu tão claramente como se deveria, o quanto os problemas atuais são devidos a este novo aspecto do quebra-cabeça social. Mas se você examinar os acontecimentos do último meio século à luz dessa ideia, verá, cada vez mais convincentemente, que é principalmente através dessa

---

[12] Dá a entender que Wells tinha complacência com o genocídio da Guerra como se fosse algo útil. No contexto do restante do livro, ele se apresenta como alguém com outros valores e desejoso de um futuro maravilhoso para a juventude. Ainda assim, é só uma conjectura.

crescente massa de desejos não-satisfeitos que as forças disruptivas se manifestam.

Os jovens desempregados, ávidos e aventureiros, são de fato as tropas de choque na destruição da velha ordem social em toda parte. Eles encontram orientação em algum partido político ousado ou em algum campeão inspirado, que os organiza para fins revolucionários ou contra-revolucionários. Não importa qual. Eles se tornam comunistas ou se tornam fascistas, nazistas, os irlandeses vão para o Exército Republicano, outros membros da Ku Klux Klan e assim por diante. A essência é a combinação de energia, frustração e descontentamento. O que todos esses movimentos têm em comum é uma genuína indignação contra as instituições sociais que têm dado motivo ao seu surgimento; e, em seguida, com indiferença, uma organização quase militar e a determinação de tomar o poder para si mesmos, incorporadas em seus líderes. Um governo sábio e poderoso anteciparia e evitaria, a qualquer custo, essas atividades destrutivas, proporcionando novos e interessantes empregos e a condição necessária para uma vida bem-sucedida e satisfatória para todos. Esses jovens são a vida. A ascensão do líder de sucesso apenas expõe o problema por um tempo. Ele toma o poder em nome do movimento. E depois? Quando a tomada do poder é efetuada, ele se vê obrigado a manter as coisas funcionando, para criar uma justificativa para sua liderança: empreendimentos empolgantes, urgências.

Um líder de visão, com assistência técnica adequada, conseguiria, realmente, direcionar grande

parte da energia humana para canais criativos. Por exemplo, ele poderia reconstruir as cidades sujas e inadequadas de nossa era, transformar o país ainda desleixado em um jardim e campo de jogos, revitalizar, liberar e estimular a imaginação, até que as ideias de progresso criativo se tornassem um hábito mental. Mas, ao fazer isso, ele se encontrará confrontado por aqueles que são sustentados pelos pré-direitos e apropriações da velha ordem. Essas pessoas relativamente abastadas vão negociar com ele até o último momento para defender seu dinheiro, e impedir sua apreensão e utilização de terras e recursos materiais. E serão ainda mais prejudicadas pelo fato de que, ao organizar seus jovens, ele teve que manipular suas mentes e capacidade de trabalho criativo e canalizar para a violência sistemática e militância. É fácil transformar um homem jovem desempregado num fascista ou num gangster, mas é difícil devolvê-lo a qualquer tarefa social decente. Além disso, a própria liderança do campeão surgiu, em grande parte, devido à sua qualidade conspiratória e aventureira. Ele é inadequado para um trabalho criativo. Ele tem em si próprio um lutador na frente de batalha.

E além disso, a menos que seu país esteja na escala da Rússia e dos Estados Unidos, o que ele tentar para cumprir promessas de prosperidade, tem que ser feito diante da pressão mútua dos Estados soberanos, devido à abolição das distâncias e à mudança de escala que já consideramos. Ele não tem margem-de-manobra para operar. O resultado dessas dificuldades convergentes é transformar a ele e à sua

equipe-de-frente, liberando o fluxo da guerra predatória.

Em todos os lugares do mundo, sob circunstâncias locais variadas, vemos os governos preocupados, principalmente, com esse problema gravíssimo de saber o que fazer com esses jovens adultos que estão ociosos sob as condições atuais. Temos que perceber e ter isso sempre em mente. Ocorre em todos os países. A visão mais perigosa e errada da situação mundial é tratar os países totalitários como fundamentalmente diferentes do resto do mundo.

O problema de reabsorver o adulto desempregado é o problema essencial em todos os Estados. É o padrão ao qual todos os dramas políticos atuais se reduzem. Como vamos aproveitar ou saciar esse excedente de energia humana? Os jovens são o núcleo vivo da nossa espécie. A geração abaixo de dezesseis ou dezessete anos ainda não começou a causar problemas e, depois dos quarenta, o declínio de vitalidade faz com que os homens aceitem o destino que lhes coube.

Franklin Roosevelt e Stalin se encontram no controle de vastos países subdesenvolvidos ou, tão desorganizados que suas principais energias se concentram em organização interna ou reorganização. Eles não pressionam suas fronteiras e não ameaçam a guerra. As recentes anexações russas têm sido de precaução defensiva. Mas, do mesmo modo, tanto a Rússia quanto a América têm de atender a estratos sociais tão problemáticos como a Europa. O *New Deal* é, claramente, uma tentativa de alcançar um

socialismo em funcionamento e evitar um colapso social na América; é, extraordinariamente, paralelo às sucessivas "políticas" e "planos" do experimento russo. Os americanos evitam a palavra "socialismo", porém o que mais se pode chamar de "socialismo"?

A oligarquia britânica, desmoralizada e frouxa com a riqueza acumulada de um século de vantagens, subornou, por algum tempo, a agitação popular, conseguindo o apaziguamento deliberado e vergonhoso para com a dívida social. Ela não fez nenhum esforço adequado para empregar ou educar essa mão-de-obra excedente; e acabou de empurrar o desemprego para ela. Aquela oligarquia até tenta comprar o líder do Partido Trabalhista com um salário de £ 2000 por ano. Seja o que for que pensemos sobre a qualidade e os atos dos nazistas ou fascistas ou as tolices de seus líderes, devemos admitir, de qualquer modo, que eles tentam, por mais desajeitadamente que seja, reconstruir a vida em uma direção coletivista.[13] São esforços para ajustar e construir e, até agora, estão avançados sobre a classe dominante britânica. O Império Britânico mostrou-se o menos construtivo de todas as redes governamentais. Não produz *New Deals*, nem os Planos Quinquenais soviéticos; ele continua tentando evitar sua inevitável dissolução e continuar com as velhas linhas – e, aparentemente, fará isso até não ter mais nada a oferecer.

"Paz em nosso tempo", essa estúpida auto-bajulação prematura do Sr. Chamberlain, é,

---

[13] Obviamente que tais regimes são coletivistas, assim como todos os regimes socialistas, já que nazismo e fascismo são espécies desse mesmo gênero: socialismo.

manifestamente, o princípio orientador do mais importante estadista britânico. É esse desejo natural de nos sentar confortavelmente em algum lugar, que todos nós começamos a sentir depois dos sessenta anos. A tranquilidade incontrolável que eles querem a qualquer preço, mesmo ao preço de uma guerra preventiva. Esse bando de governantes surpreendentes nunca revelou qualquer concepção de um futuro comum antes da expansão de seu império. Houve um tempo em que aquele Império parecia tornar-se o nexo de um sistema mundial, mas agora, claramente, não tem um futuro, mas sim uma desintegração. Aparentemente, seus governantes esperavam que ele continuasse como era para sempre. Pouco a pouco, suas partes componentes se soltaram e se tornaram poderes quase independentes, geralmente depois de uma contenda inútil; a Irlanda do Sul, por exemplo, é neutra na atual guerra, e a África do Sul hesitou.

Agora, e é por isso que este livro está sendo escrito, essas pessoas, por uma sequência de erros quase incríveis, entrelaçaram o que restou de seu Império em uma grande guerra para "acabar com Hitler", sem ter absolutamente nenhuma proposta para oferecer a seus antagonistas e ao mundo em geral, sobre o que está por vir depois de Hitler. Aparentemente, eles esperam paralisar a Alemanha de alguma forma ainda não especificada e, em seguida, voltar aos seus campos de golfe ou riachos de pesca e cochilar juntinho ao fogo depois do jantar. Essa é, certamente, uma das coisas mais surpreendentes da história: a possibilidade de morte e destruição além de todos os cálculos, e os países aliados não têm ideia do que seguir quando a derrubada de Hitler for realizada.

Eles parecem ser tão vazios de qualquer senso de futuro, como completamente cabeças-ocas sobre as consequências de suas campanhas, como um desses conservadores americanos que dizem apenas: "Fora o Presidente Franklin Delano Roosevelt! Maldito seja ele!"

Assim, são os restos do Império Britânico, pagando por sua decadência até a falência final, comprando para si uma trégua dos perplexos problemas do futuro, com a riqueza acumulada e o poder do seu passado. Está rapidamente se tornando a organização política mais atrasada do mundo. Mas, cedo ou tarde, não terá mais dinheiro para repartir e nem mais aliados para abandonar ou domínios para ceder aos seus patrões locais e, então, talvez sua desintegração seja completa (Descanse Em Paz), deixando os ingleses inteligentes alinhados, enfim, com a América e o resto do mundo inteligente para enfrentar o problema universal. Que é: *como devemos nos adaptar a essas poderosas forças disruptivas, que estão abalando a sociedade humana como ela é constituída atualmente?*

Nos países espremidos, que têm pouco espaço interno e carecem dos vastos recursos naturais das comunidades russa e atlântica, a tensão interna dirige-se mais diretamente para a campanha de guerra agressiva, mas a força motriz fundamental por trás de sua agressividade ainda é o problema universal, esse excedente de homens jovens.[14]

---

[14] Wells estava convencido de que aquele desemprego, que nunca tinha visto em sua época, era o responsável por tantos países em guerra. A causa, para ele, era o capitalismo, se

68

Vista nessa visão panorâmica, a guerra atual cai em suas devidas proporções como um conflito estúpido por questões secundárias, que está atrasando e impedindo um devido ajuste no mundo. Isso pode matar centenas de milhares de pessoas e não resolve as questões. Um idiota com um revólver pode matar uma família, mas continua sendo um idiota.

De 1914 a 1939 tem sido um quarto de século de tolices, baixeza, subterfúgios e ressentimentos, e apenas um historiador muito tedioso e vasto tentaria distribuir a culpa entre aqueles que desempenharam um papel na história. E quando ele tivesse findado, seu trabalho não teria importância nenhuma. Um problema quase esmagadoramente difícil nos desafiou e, em certa medida, temos perdido a cabeça diante dele, perdido nossa dignidade, sido inteligentes demais pela metade, nos fixado a soluções baratas e brigado estupidamente entre nós mesmos. "Erramos e nos desviamos ... Abandonamos as coisas que deveríamos ter feito e fizemos as coisas que não devíamos, e não há saúde em nós"[15].

Não enxergo nenhum caminho para uma solução do problema da Paz Mundial, a menos que comecemos com uma confissão universal de maus pensamentos e más ações. Então podemos nos sentar para o debate de uma solução com alguma perspectiva razoável de achar resposta.

Agora vamos supor que "nós" sejamos um número de homens inteligentes, alemães, franceses,

---

esgotando.
[15] Referência bíblica.

ingleses, americanos, italianos, chineses e assim por diante; que decida em consequência da guerra e apesar da guerra, enquanto a guerra ainda prossegue, (decida) limpar todas essas rixas velhas das nossas mentes e discutir com clareza e simplicidade só a situação atual da Humanidade. O que deve ser feito com o mundo? Vamos recapitular as considerações que foram trazidas até aqui, e ver que perspectivas elas abrem, se houver, de alguma esperança de ação de comum acordo, ação que poderia tanto revolucionar a perspectiva humana quanto acabar com a guerra e com aquele desperdício de vidas humanas e de felicidade, agitado e periódico.

Primeiramente, parece que a Humanidade está no fim de uma era, uma era de fragmentação na administração de seus negócios, fragmentação política entre Estados soberanos separados e, (fragmentação) econômica entre negócios irrestritos de organizações competindo por lucro.[16] A abolição das distâncias, o enorme aumento da energia produtiva disponível[17], que são as causas de todos os nossos problemas, de repente, fizeram o que antes era um sistema de trabalho tolerável - um sistema que talvez tivesse todas as desigualdades e injustiças como único modelo de trabalho viável em seu tempo – (fizeram-no tornar-se) extremamente perigoso e esbanjador, de modo que ele ameaça exaurir e destruir completamente nosso mundo. O homem é como um herdeiro pródigo que, subitamente, foi capaz de pegar sua herança e desperdiçá-la como se fosse apenas seu salário. Estamos vivendo uma fase de gastos violentos

---

[16] Fica claro o pensamento globalista e anticapitalista de Wells.
[17] Refere-se à mão-de-obra ociosa.

e irreparáveis. Há uma disputa intensificada entre nações e entre indivíduos para adquirir, monopolizar e gastar. Os jovens desalojados se encontram sem esperança, a menos que recorram à violência. Eles dão seguimento a uma instabilidade cada vez maior. Somente uma coletivização compreensiva dos assuntos humanos, pode deter essa autodestruição desordenada da Humanidade. Tudo isso tem sido evidenciado no que aconteceu antes.

Esse problema essencial, o problema de coletivização,[18] pode ser visto de dois pontos de vista recíprocos e apresentado de duas maneiras diferentes. Podemos perguntar: "O que deve ser feito para acabar com o caos mundial?" e também "Como podemos oferecer ao homem jovem comum uma perspectiva razoável e estimulante de uma vida plena?"

Essas duas perguntas são o verso e o reverso de uma questão. O que responde a uma responde à outra. A resposta para ambas é que temos que coletivizar o mundo como um sistema com, praticamente, todos usufruindo de uma parte razoavelmente satisfatória nele. Por boas razões práticas, além de quaisquer considerações éticas ou sentimentais, temos que idealizar uma coletivização que não degrade nem escravize.[19]

---

[18] A certeza do autor no marxismo também pode ser percebida mais uma vez aqui.
[19] Tenho dúvida se ele já tinha ideia das escravizações do socialismo soviético? Ou estava se referindo à guerra, a Hitler e seu nacional-socialismo? Pois, os arquivos soviéticos só foram abertos em 1990.

Nossa conferência mundial imaginária, então, tem que se voltar para a questão de como coletivizar o mundo, para que ele permaneça coletivizado e, mesmo assim, empreendedor, interessante e feliz o suficiente para contentar aquele jovem homem comum que, senão, reaparecerá desorientado e mal-humorado nas esquinas, metido em confusão novamente. Sobre esse problema, o restante deste livro tratará.

De fato, é muito óbvio que no momento atual uma espécie de coletivização está sendo imposta ao mundo muito rapidamente. Todos estão sendo recrutados, convocados, colocados sob controle em algum lugar - mesmo que seja apenas em um campo de concentração, de evacuação, etc. Esse processo de coletivização, coletivização de algum tipo, agora parece ser o rumo natural das coisas e não há motivo para achar que seja reversível. Algumas pessoas imaginam a paz mundial como o fim desse processo. A coletivização será derrotada e um reino de leis, negligentemente projetado, restaurará e sustentará a propriedade, o cristianismo, o individualismo e tudo a que os respeitáveis e ricos estão acostumados. Isso está implícito até mesmo no título de um livro como o *Homem ou Leviatã?*, de Edward Mousley. É muito mais razoável pensar que a paz mundial tem que ser o desfecho necessário desse processo, e que a outra alternativa é uma anarquia decadente. Se for assim, a frase para os objetivos do pensamento liberal deve ser não, Homem ou Leviatã, mas sim Homem domina Leviatã.

Neste ponto da inevitabilidade da coletivização como única alternativa à depredação universal e ao colapso social, nossa conferência mundial deve se tornar perfeitamente clara.

Então, tem que se voltar para a questão muito mais difícil e complicada de responder "como?".

6

SOCIALISMO INEVITÁVEL

MESMO SENDO REPETITIVOS, olhemos um pouco mais de perto a frequência com que as forças disruptivas se manifestam no Ocidente e no Oriente.

No Velho Mundo a hipertrofia de exércitos é mais visível e, na América, a hipertrofia dos grandes negócios. Mas, em ambos, a necessidade de ampliar uma restrição coletiva a empresas super-potentes e sem controle, e também a empreendimentos políticos, é cada vez mais claramente reconhecida.

Nos Estados Unidos existe, por parte dos grandes interesses, uma oposição muito forte contra o Presidente, que se tornou o líder da campanha de coletivização; agora eles querem colocar o cabresto na sua progressiva socialização da nação e, possivelmente, ao custo de aumentar a discórdia social, eles podem retardar muito consideravelmente a tendência ao socialismo. Mas é inacreditável que eles se atrevam a provocar a convulsão social que viria em consequência de uma reversão planejada das máquinas ou de qualquer tentativa de retornar aos dias gloriosos dos grandes negócios, da especulação selvagem e dos níveis de desemprego anteriores a 1927. Eles apenas adiarão o inevitável, pois no mundo agora todos os caminhos levam ou ao socialismo ou à dissolução social.

O ritmo do processo é diferente nos dois continentes. Não é uma oposição, essa é a principal diferença entre eles: viajam a velocidades diferentes, mas numa mesma direção. No Velho Mundo, atualmente, a socialização da comunidade está ocorrendo de forma muito mais rápida e completa do que na América, por causa da ameaça perpétua de guerra.

Na Europa Ocidental, a dissolução e o avanço em direção à socialização progridem entre os saltos e os obstáculos. A classe governante britânica e os políticos em geral, surpreendidos por uma guerra que eles não tinham inteligência para evitar, tentaram reparar sua desleixada falta de imaginação nos últimos vinte anos, numa euforia de improvisações imbecil. Sabe Deus em que consistem seus atuais preparativos de guerra, mas a sua política interna parece basear-se num estudo mal-feito vindo de Barcelona, Guernica, Madrid e Varsóvia. Eles imaginam catástrofes semelhantes em uma escala maior - embora elas sejam completamente impossíveis, como todos os indivíduos inteligentes, que podem estimar os suprimentos disponíveis de petróleo,[20] sabem - e têm um pavor terrível de ser responsabilizados. Eles temem um dia ter que prestar contas com as classes mais baixas, cheias de revoltados. No seu pânico, eles estão rapidamente subvertendo toda a ordem existente.

---

[20] Em 1940 já se tentava estimar a sustentabilidade do petróleo e dizer que ele acabaria em alguns anos. Até aqui essas previsões têm dado errado.

As mudanças que ocorreram na Grã-Bretanha em menos de um ano são surpreendentes. Elas lembram, em muitos aspectos, o deslocamento social da Rússia nos últimos meses de 1917. Houve um instável vai-e-vem de pessoas que pareceria impossível para qualquer um em 1937. A evacuação de centros populacionais só por causa de mero exagero da ameaça de ataques aéreos foi de uma imprudência histérica. Centenas de milhares de famílias foram desmembradas, crianças separadas de seus pais e alojadas em casas de terceiros mais ou menos insatisfeitos. Parasitas e doenças de pele, vícios e práticas sem higiene foram espalhadas nas favelas de centros como Glasgow, Londres e Liverpool, semelhante a uma euforia de propaganda igualitária por todo o mundo. Ferrovias, estradas e todas as comunicações normais foram deslocadas para um corredor universal. Por dois meses, a Grã-Bretanha tem sido mais um formigueiro perturbado do que um país civilizado e organizado.

O contágio do pânico afetou a todos. Instituições públicas e grandes empresas preocupadas têm fugido para locais remotos e inconvenientes; a organização da BBC, por exemplo, brigou em Londres, precipitada, desnecessária e ridiculamente, sem que ninguém a apoiasse. Houve uma epidemia selvagem de demissões de empregados que trabalhavam em Londres, por exemplo, e uma instabilidade ainda mais brutal de homens não-adaptados para empregos novos e supérfluos. Todos foram exortados a servir o país: crianças de doze anos, para o grande deleite dos fazendeiros conservadores, têm sido retiradas da escola e colocadas para trabalhar

na terra e, mesmo assim, o número dos que perderam seus empregos e não encontraram mais nada para fazer, subiu para mais de 100.000.

Tem havido tentativas amadoras de racionar alimentos, produzindo desperdício aqui e escassez artificial ali. Uma espécie de massacre de pequenas empresas independentes está em andamento principalmente para favorecer as grandes companhias da campanha-de-abastecimento, cujos sócios, numa noite, mudaram de especuladores para se tornar os consultores "especialistas" em suprimento-alimentar. Todo o conhecimento que eles já demonstraram foi a extração de lucros do suprimento-alimentar. Porém, enquanto os lucros aumentam, a taxação com um ar de grande solução, corta suas asas.

O público britânico sempre foi frio diante do perigo, é de coração-valente até demais, e muito estúpido para dar lugar a crises de pânico, mas as autoridades acharam necessário encher as paredes com cartazes caríssimos com uma coroa real escritos: "Sua coragem, sua determinação e sua alegria nos trarão a vitória."

O Cockney[21] de Londres disse "Oh yus"[22]. "Com certeza vencerá. Confie em si mesmo. E na minha coragem, determinação e na minha alegria; você vai usar 'Tommy Atkins'[23], com certeza. Sorria[24]

---

[21] Habitante de uma região de Londres e que tem sotaque específico, como a cantora Adele. Às vezes usado de forma pejorativa. Está se referindo às autoridades.
[22] Provavelmente expressão sonora dos cockneys – ó iúz –.
[23] Expressão genérica. Apelido dos soldados britânicos, os Tommies, no plural. Há várias hipóteses para a origem, todas elas contando a história de um soldado verdadeiro com esse

de mim de uma forma gentil e use-o. E então, você pensa que o jogará de volta novamente no monte de pó. E de novo? Outra vez?[25]

É tudo tão evidente. Mas desta vez nossos governantes emergirão do conflito desacreditados e frustrados para enfrentar uma população desorganizada, em um estado de inquirição e amotinada. Eles fizeram promessas absurdas para restaurar a Polônia e certamente terão que engolir suas palavras sobre isso. Ou, o que é mais provável: o governo terá que dar lugar a outro governo que consiga engolir essas palavras para ele com uma graça um pouco melhor. Há pouca perspectiva de Reconhecimento de Boa-Vontade ou qualquer orgia noturna de Armistício desta vez. As pessoas em casa estão provando as dificuldades da guerra de forma ainda mais tediosa e irritante do que os homens em serviço ativo. Os cinemas e teatros foram fechados prematuramente; os *black-outs* diminuíram a segurança das ruas e duplicaram a história de vítimas da estrada. A multidão britânica já é uma multidão mal-humorada. Não se vê o mundo com tanto mau humor há um século e meio, e, não se engane, ela é

---

nome. Talvez a frase acima pudesse ficar: '...vai usar seu soldado interior, com certeza.'

[24] Larf, traduzido como 'sorria', é palavra que faz parte do dialeto cockney. Tradução encontrada no Wiktionary.

[25] Esse parágrafo significa: "O Império de Londres disse: "Com certeza vencerá. Confie em si mesmo. E na minha coragem, determinação e na minha alegria; você vai usar seu soldado, com certeza. Sorria de mim de uma forma gentil e use-o. E então, você pensa que ele morrerá e o enterrará. Mas ele volta de novo, e de novo, e de novo."

muito menos temperamental com os alemães do que com seus próprios governantes.[26]

Através de todo esse turbilhão de propaganda intimidadora da desordem civil, e de uma sistemática supressão de notícias e críticas do tipo mais exasperante, a preparação da guerra prosseguiu. O cidadão, perplexo e confuso, só pode esperar que no lado militar tenha havido um pouco mais de previsão e menos histeria.

A perda de confiança e, particularmente, a confiança no governo e na ordem social já é enorme. Ninguém se sente seguro em seu trabalho, em seus serviços, em suas poupanças, ao longo do tempo. As pessoas perdem a confiança até mesmo no dinheiro em seus bolsos. E a sociedade humana é alicerçada sobre confiança: não pode prosseguir sem isso.

As coisas já estão assim e é apenas a fase de abertura dessa guerra estranha. A posição da classe dominante e das pessoas de finanças que, até agora, dominaram os negócios britânicos é uma coisa peculiar. A proporção da guerra já é enorme e não há sinal de que irá diminuir. O imposto de renda, o super imposto, os impostos sobre a morte e os impostos sobre os lucros da guerra foram elevados a um nível que deveria, praticamente, extinguir completamente a, outrora próspera, classe média da sociedade. Os muito ricos sobreviverão em uma situação de tosquia e diminuição. Eles se suspenderão sobre os últimos, mas as classes intermediárias, que até então

---

[26] Wells apostava que, depois da Guerra, haveria uma revolução que destituiria os governantes e levaria o socialismo ao Reino Unido.

intervieram entre aqueles e as massas empobrecidas da população, que estarão irritadas pelos sacrifícios de guerra, crescentemente desempregadas e perguntando questões cada vez mais profundas, (as classes intermediárias) terão diminuído bastante. Somente pela mais engenhosa manipulação financeira, por perigosas sonegações de impostos e expedientes à beira de um escândalo completo, é que um jovem inteligente terá a aparição de uma chance para subir acima de seus colegas pela velha e tradicional escada do dinheiro. Por outro lado, a carreira de um funcionário público se tornará continuamente mais atraente. Há mais interesse nela e mais respeito próprio. Quanto mais a guerra continuar, mais completa e nitidamente irreparável será a dissolução da antiga ordem.

Agora, para muitos leitores que não acreditaram na afirmação da primeira seção deste livro, de que estamos vivendo no Fim de uma Era, para aqueles que têm sido insensíveis à explicação das forças disruptivas que estão quebrando a ordem social e, para o argumento que resumi deles, de quem pode ter passado despercebido no geral, por assim dizer, afirmando-se que são "científicos" ou "materialistas" ou "sociológicos" ou "eruditos", ou que a Providência Divina, que até agora demonstrou um preconceito tão acentuado em favor dos ricos, confortáveis e de mente lerda, certamente (essa Providência) fará algo de bom por eles na décima primeira hora.[27] Os verdadeiros inconvenientes, alarmes, perdas e a crescente

---

[27] Quando usa o advérbio - certamente – (is sure), Wells ironiza a crença religiosa dos que apostavam que Deus não iria deixar chegar no ponto de um massacre alemão contra Londres.

desordem da vida ao seu redor podem, finalmente, trazer uma percepção de que a situação na Europa Ocidental está se aproximando de condições revolucionárias. Será difícil dizer para muitas pessoas nas classes que detêm vantagens, e principalmente de meia-idade, que os mais velhos já se despedaçaram e nunca mais poderão voltar. Mas como elas podem duvidar disso?

Uma revolução, isto é, um esforço mais ou menos convulsivo no reajuste social e político, deve ocorrer em todos esses países sobrecarregados, na Alemanha, na Grã-Bretanha e universalmente. É mais provável que não surja diretamente dos diminuendos e crescendos exasperantes da guerra atual, como uma fase culminante dela. Algum tipo de revolução nós teremos que ter.[28] Não podemos impedir o seu aparecimento. Mas podemos afetar o curso de seu desenvolvimento. Pode terminar em desastre absoluto ou pode lançar um mundo novo, muito melhor que o antigo. Dentro desses limites largos, é possível decidirmos como isso chegará até nós.

E, desde que a única questão prática que temos diante de nós é a de como nos apropriaremos dessa revolução mundial que não podemos, provavelmente, evitar, deixe-me chamar de novo a sua atenção às

---

[28] Como um fanático socialista, e desesperado com medo da guerra, Wells cria que todos os países do mundo chegariam em seu momento de colapso do capitalismo, onde surgiria uma revolução socialista, percurso inevitável de todas as 'evoluções' políticas. Ele via a II Guerra como o apocalipse socialista, um fenômeno universal de fracasso do capitalismo em suas mazelas e era incapaz de enxergar outras causas, pois estava dentro do problema, ângulo de vista que nem sempre é o melhor para tudo.

81

razões pelas quais avançamos na segunda seção deste livro para a discussão pública mais importante de nossa situação até o presente momento. E também me permitam trazer de volta à mente o exame do marxismo na quarta seção. É demonstrado com que facilidade um movimento coletivista, especialmente quando confrontado com as resistências e supressões fracas por parte dos que, até agora desfrutavam de riqueza e poder, pode degenerar em uma guerra de classes antiquada, tornar-se conspiratório, dogmático, inadaptável, e atolar em direção à adoração de um líder e à autocracia. Aparentemente, foi o que aconteceu na Rússia em sua fase atual. Não sabemos quanto do espírito revolucionário original sobrevive lá, e uma verdadeira questão fundamental na situação mundial é se devemos seguir os passos da Rússia ou se estamos indo dar as mãos, encarar a dura lógica da necessidade e produzir uma Revolução Ocidental que será beneficiada pela experiência russa, reagirá à Rússia e levará, finalmente, a um entendimento do mundo.

O que é que o mundo atlântico considera mais desagradável no mundo soviético atual? É uma desaprovação do coletivismo como tal?[29] Somente no caso de uma diminuta minoria de homens ricos e bem-sucedidos - e muito raramente dos filhos dessas pessoas. Hoje em dia, pouquíssimos homens capazes, com menos de cinquenta anos, permanecem

---

[29] Reporta-se ao coletivismo de soviets, ou seja conselhos, comitês, cooperativas, sindicatos e o Politburo em geral. Ora é chamado de república soviética, ora de república popular, ora de república comunista. Os membros dos soviets, lá na URSS, eram chamados de comissários do povo.

individualistas em matérias políticas e sociais. Eles nem mesmo são fundamentalmente anticomunistas. Apenas acontece que, por várias razões, a vida política da comunidade ainda está nas mãos de pessoas antiquadas e incapazes de aprender. As que são chamadas de "democracias" sofrem muito com o governo de velhos que não acompanharam o ritmo dos tempos. A verdadeira e concreta desaprovação, desconfiança e descrença na solidez do sistema soviético não se encontra no individualismo ultrapassado desses tipos idosos, mas na convicção de que ele nunca poderá alcançar eficiência, ou mesmo manter seu ideal honesto de um por todos e todos por um, a menos que tenha liberdade de expressão e uma insistência em liberdades definidas legalmente para o indivíduo dentro da estrutura coletivista. Não lamentamos a Revolução Russa como uma Revolução. Nós reclamamos que não é uma revolução boa o suficiente e queremos uma melhor.

Quanto mais as coisas são coletivizadas[30], mais necessário é um sistema jurídico que incorpore os Direitos do Homem. Isso foi esquecido dentro dos Sovietes[31], e assim, os homens têm medo de ações

---

[30] Coletivizar ou sovietizar, significa pôr sob controle do Estado controlado por pequenos órgãos público-populares-locais e um comando central do Partido-Estado; ou seja, nas vilas e cidades, há reuniões desses órgãos chamados de conselhos, comitês, sovietes, etc. e eles têm poder absoluto sobre as propriedades antes privadas, tanto as pequenas quanto grandes, desde um pequeno sítio ou algumas poucas vacas ou galinhas até um banco ou multinacional.

[31] O nosso equivalente de um soviete é um conselho municipal, como os inúmeros que temos, desde conselhos tutelares, conselhos de paz, conselho de justiça, etc. as autoridades desses sovietes eram chamadas de comissários do povo. O Decreto

policiais arbitrárias. Entretanto, quanto mais funções seu governo controlar, maior será a necessidade de leis de proteção. A objeção ao coletivismo de sovietes é que, sem o anti-séptico da liberdade pessoal assegurada por lei, ele não se manterá. Ele professa ser, fundamentalmente, um sistema econômico comum baseado em ideias de luta de classes; o diretor industrial está sob o calcanhar do comissário do Partido; a polícia política ficou toda fora de controle; e os negócios gravitam, inevitavelmente, em direção a uma oligarquia ou a uma autocracia protegendo sua ineficiência com repressão a comentários desfavoráveis.

Mas essas críticas justas apenas indicam o tipo de coletivização que deve ser evitada. Não dispõe de coletivismo como tal. Se, por nosso turno, não queremos ser submersos pela onda de Bolchevisão que está, evidentemente, avançando do Oriente, devemos implementar todas essas objeções válidas e criar uma coletivização que seja mais eficiente, mais próspera, tolerante, livre e rapidamente progressiva do que o sistema que condenamos. Nós, que não gostamos do estado Stalinizado-marxista, temos, como costumavam dizer na política britânica, que "despachá-lo" melhorando-o. Temos que confrontar o

---

8.243, de 23 de maio de 2014, transformava o Estado brasileiro num modelo soviético, sendo uma das principais causas da expulsão de Dilma Rousseff, da caça a Lula e ao PT, pois, tentaram se perpetuar no poder, partindo de uma aliança com Rússia, China e Cuba, visando erguer uma cortina de ferro na América Latina. A causa declarada foi uma, a real outra. Gilmar Mendes chegou a dar entrevista dizendo que o PT estava com dinheiro para se perpetuar no poder, referindo-se ao fruto do roubo do Petrolão.

coletivismo de espírito oriental com o coletivismo de espírito ocidental.

Quiçá isso possa ser melhor colocado. Podemos estar dando lugar a um conceito subconsciente aqui e presumindo que o Ocidente sempre permanecerá pensando com mais liberdade e clareza, e trabalhando mais eficientemente do que o Oriente. Agora é assim, todavia não pode ser sempre desta maneira. Todo país teve suas fases de iluminação e suas fases de cegueira. Stalin e o Stalinismo não são nem o começo nem o fim da coletivização da Rússia.

Estamos lidando com algo ainda quase impossível de mensurar: a extensão para a qual o novo patriotismo russo e o novo culto a Stalin têm se arrefecido, e até onde eles meramente mascararam o comunismo internacional genuinamente criativo dos anos revolucionários. A mente russa não é uma mente mansa, e a maioria da literatura disponível para um homem jovem ler na Rússia, devemos lembrar, ainda é revolucionária. Não houve queima de livros lá. A rádio de Moscou fala para consumo interno desde que o Pacto Hitler-Stalin[32] revela uma grandiosa[33] boa vontade por parte do governo visando deixar claro que não houve sacrifício do princípio revolucionário. Isso constata a vitalidade da opinião pública na Rússia. O conflito entre os ensinamentos de 1920 e de 1940 pode ter um efeito libertador na mente de muitas pessoas. Os russos adoram conversar sobre ideias.

---

[32] O Pacto Ribbentrop-Molotov entre Nazismo e Comunismo, aos 23/08/1939, o qual deu errado.
[33] Aparentemente uma ironia.

Eles falavam sobre o Czar. É incrível que não falem sobre Stalin.

Essa questão se a coletivização é para ser "Ocidentalizada" ou "Orientalizada", usando essas palavras sob o crivo do parágrafo anterior, é realmente a primeira questão diante do mundo atual. Precisamos de uma revolução totalmente arejada. Nossa revolução tem que continuar na luz e no ar. Talvez tenhamos que aceitar a sovietização totalmente *à la Russe*[34], a menos que possamos produzir uma coletivização melhor. Entretanto, se produzirmos uma coletivização melhor, é mais provável, de tal modo, que o sistema russo incorpore nossos aperfeiçoamentos, esqueça seu nacionalismo ressuscitado novamente, desacredite Marx e Stalin, na medida em que possam ser desacreditados, e se mesclem no único governo global.[35]

Entre esses antagonistas primários, entre a Revolução com os olhos abertos e a Revolução com uma máscara e uma mordaça, certamente haverá as complicações da controvérsia devido ao patriotismo e ao fanatismo, e às cabeças-duras de cegueira intencional daqueles que não querem ver. A maioria das pessoas mente muito para si mesma antes de mentir para os outros, e não há esperança de que todos

---

[34] Ao estilo russo (em francês)
[35] Refere-se a uma liga entre um comunismo do Reino Unido, com seu estilo democrático, e o comunismo da URSS e que atrairia as demais nações para esta federação global entre Oriente e Ocidente. Certamente, fruto do pânico em que se encontrava ante a iminência de um ataque de Hitler e desejando influenciar uma aliança do Reino Unido com a URSS em busca de proteção. É, basicamente, a ideia central de ONU e UE.

os cultos e tradições incompatíveis que, atualmente, confundem a mente da raça (humana) se unam sob uma percepção da natureza imperativa da situação humana, como tenho determinado aqui.[36] Multidões nunca perceberão isso. Poucos seres humanos são capazes de mudar suas ideias principais depois dos

---

[36] Como pôr sob um mesmo Governo, Israel, Irã, Palestina, EUA, Rússia, Cuba e China? Este ponto é importantíssimo porque ele é a origem da ideia de necessidade e urgência da criação de uma crença capaz de substituir ou complementar as religiões e que, ao mesmo tempo, seja aceita por povos de todas elas, tanto cristãos quanto judeus, muçulmanos, comunistas-ateus, etc. uma crença com traços científicos suficientes para ser crida, mas com natureza religiosa o suficiente para satisfazer as carências emocionais das pessoas e sob um argumento que não possa ser recusado por ninguém sensato: salvar o próprio habitat, a Terra. Essa crença é o ambientalismo. Mas ela vem da linhagem ideológica que visa acabar com as religiões, seguindo-se das ideias de Voltaire, Marx, Nietzsche, Lenin e, agora, culminando com Wells, o mais refinado e eficiente de todos eles. Este foi o primeiro a abordar o método mais brando, mais fabiano para acabar com as religiões, ou seja, em vez de proibi-las ou acabar com elas, teve a ideia de substituí-las por uma nova. Não é que esta nova crença seja verdadeira e mereça ser crida por isto, mas sim que, qualquer crença que seja carismática o suficiente para ser aceita, valha diante da necessidade de se unir as nações cujo obstáculo é o antagonismo das suas crenças. O ambientalismo não precisa ser verdadeiro, precisa apenas ser carismático. Esta é a visão da nova religião preparada para ser, sutilmente, imposta à Terra e abrir caminho para o governo global, provavelmente, uma ditadura. Se não há mais liberdade para as pessoas pensar com diversidade, então é, realmente, uma ditadura. Essa maluquice até parece ter sido retirada do Apocalipse da Bíblia, com as nações se unindo e seu ditador global. O ambientalismo é uma religião, mas enquanto as demais surgiram naturalmente do homem primitivo e foram se modificando a partir dos seus membros e líderes, o ambientalismo é artificial e foi algo projetado para atender a esta finalidade específica de servir de base para o globalismo, a ditadura global imposta.

trinta e poucos anos. Eles se fixam nelas e dirigem diante delas com menos inteligência do que os animais diante de seus impulsos naturais. Eles vão morrer em vez de mudar o seu segundo eu.

Uma das mais emaranhadas dessas questões secundárias perturbadoras é a criada pelas intrigas estúpidas e persistentes da Igreja Católica Romana.

Deixe-me ser claro aqui. Estou falando do Vaticano e de suas tentativas contínuas de exercer um papel diretivo na vida secular. Enumero entre meus amigos muitos católicos romanos, que construíram as personalidades mais encantadoras e os sistemas de comportamento na estrutura proporcionada a eles por sua fé. Um dos personagens mais adoráveis que já conheci foi G. K. Chesterton. Mas acho que ele estava tão bem antes de se tornar católico quanto depois. Apesar disso, ele achou algo que precisava no catolicismo. Existem santos de todos os credos e de nenhum, daí boas (mesmo) são as melhores possibilidades da natureza humana.[37] As observâncias religiosas fornecem uma base que muitos consideram indispensável para a própria ordem de suas vidas. E, fora das fileiras de observadores "rigorosos", muitas pessoas boas, com pouco mais teologia do que um Unitarista[38], adoram falar de bondade e bondade como Cristianismo. Fulano-de-tal é um "bom cristão". Voltaire, diz Alfred Noyes, o escritor católico, foi um "bom cristão". Não uso a palavra "cristianismo" nesse

---

[37] Concordo com ele, melhor confiar no cultivo do lado bom da natureza humana do que nas religiões.
[38] Membro do unitarismo ou unitarianismo, que é uma das diversas correntes teológicas cristãs. Wells os considerou ignorantes e ironizou sua teologia escassa.

sentido porque não acredito que os Cristãos detenham algum monopólio da bondade. Quando escrevo sobre o Cristianismo, exprimo o Cristianismo com um credo definido e uma organização militante, e não essas pessoas boas e gentis, boas e gentis mas não muito exigentes quanto ao uso exato das palavras.

Tais "bons Cristãos", podem ser quase tão cruelmente críticos quanto eu sou da pressão contínua sobre os fiéis por esse grupo interno de italianos em Roma, subsidiado pelo Governo fascista, que puxa as cordinhas da política da Igreja no mundo todo, para fazer isso ou aquilo, coisa sofisticada ou rude, mutilar a educação, perseguir modos de vida heterodoxos.

É à influência da Igreja que devemos atribuir o apoio tolo do Ministério Britânico das Relações Exteriores a Franco[39], aquele pequeno "cavalheiro cristão" assassino, em sua derrubada do vertiginoso renascimento liberal da Espanha. É à influência Católica Romana que os Britânicos e Franceses têm a agradecer pelas trapalhadas fantásticas que os envolveram na defesa do insustentável Estado polonês e suas aquisições injustas; afetou profundamente a política britânica em relação à Áustria e à Tchecoslováquia, e agora está fazendo o possível para manter e desenvolver um distanciamento político entre a Rússia e o mundo ocidental, por sua ira preconcebida na ideia de que a Rússia é "anti-Deus", enquanto nós ocidentais somos um pouco filhos da luz, lutando galantemente ao lado da Cruz. Onipotência, Grande Polônia, soberania nacional, o pequeno agricultor produtivo não-comerciante, o

---

[39] Gal. Francisco Franco, caudilho da Espanha naquela época.

lojista e quaisquer coisas mais que você puder imaginar constituem "Cristandade".

O Vaticano luta perpetuamente para transformar a atual guerra numa guerra religiosa. Está tentando roubar a guerra. Por todas as circunstâncias de seu adestramento, é inacessível. Não conhece algo melhor. Ele continuará - até que alguma revolução econômica roube seus fundos. Então, como uma influência política, ele pode evaporar muito rapidamente. A Igreja Anglicana e muitas outras seitas protestantes, os ricos batistas, por exemplo, seguem o modelo.

Não é apenas nos assuntos britânicos que essa propaganda continua. Com o início da guerra, a França se torna militante e católica. Ela suprimiu o Partido Comunista, como um gesto de ressentimento contra a Rússia e uma precaução contra uma coletivização do pós-guerra. O caricaturista belga Raemaekers agora está apresentando Hitler, dia após dia, como um débil deplorável já excluído e digno de nossa compaixão, enquanto Stalin é representado como um gigante assustador com chifres e cauda. Contudo, França e Grã-Bretanha estão em paz com a Rússia e têm todos os motivos para chegar a um acordo de trabalho com aquele país. A atitude da Rússia em relação à guerra, no geral, tem sido fria, desdenhosa e razoável.

Não é como se esses esquemas desonestos pudessem nos levar a algum lugar; não é que essa restauração do Sacro Império Romano seja uma possibilidade. Você enfrenta esses políticos católicos, assim como enfrenta os políticos de Westminster, com

esses dois fatos principais: a abolição da distância e a mudança de escala. Em vão. Você não pode ter uma compreensão do significado dessas coisas nesses crânios à prova de ideias. Eles são surdos para elas, cegos para isso. Eles não podem ver que isso faz alguma diferença em todos os seus hábitos mentais cauterizados há muito tempo. Se suas mentes vacilam por um momento, aí proferem pequenas orações mágicas para exorcizar o clarão[40].

Eles perguntam: o que tem o "mero tamanho" a ver com a alma do homem, "mera velocidade, mero poder"? O que os jovens podem fazer melhor do que subjugar sua urgente necessidade natural de viver e realizar? O que a mera vida tem a ver com a perspectiva religiosa? A guerra, insistem esses propagandistas do Vaticano, é uma "cruzada" contra o modernismo, contra socialismo e livre pensamento; a restauração da autoridade sacerdotal é o seu fim; nossos filhos estão lutando para permitir que o padre aplique novamente sua devoção imunda entre leitor e livro, criança e conhecimento, marido e mulher, nossos filhos e suas namoradas. Enquanto homens honestos estão lutando agora para pôr um fim na agressão militar, para retomar, de fato, aquela "guerra pelo fim da guerra" que foi abortada para nos dar a Liga das Nações[41], esses fanáticos estão deturpando minuciosamente o assunto, tentando apresentá-lo

---

[40] Clarão é uma referência a luz como racionalidade, em oposição à ignorância das trevas.
[41] É uma acusação gravíssima sobre a origem da Liga das Nações, transformada em ONU e OTAN mais tarde. Diz que políticos podiam ter vencido mais rápido, mas protelaram para conseguir criá-la.

como uma guerra religiosa contra a Rússia em particular, e contra o espírito moderno em geral.

O muçulmano bem-doutrinado, os fundamentalistas americanos, o judeu ortodoxo, todas as culturas imutáveis, produzem idênticas resistências irrelevantes e muito extravagantes, mas a Organização Católica abrange mais e é mais persistente. É, francamente, contrária ao esforço humano e à ideia de progresso. Não faz sequer nenhuma dissimulação sobre isso.

Tais ações-opostas como essas, complicam, atrasam e podem até sabotar, efetivamente, todos os esforços para resolver o problema de uma coletivização lúcida dos assuntos mundiais, mas não alteram o fato essencial de que é apenas através da racionalização, e união de movimentos revolucionários construtivos em todos os lugares, e um triunfo liberal sobre o dogmatismo da luta de classes, que podemos esperar emergir dos atuais destroços de nosso mundo.

7

FEDERAÇÃO

AGORA VAMOS ADMITIR certas propostas vagamente construtivas que, hodiernamente, parecem estar demais na mente das pessoas. Elas encontram sua principal expressão em um livro chamado *União Agora*, do Sr. Clarence K. Streit, que lançou a palavra mágica "Federação" sobre o mundo. As "democracias" do mundo estão para se unir sobre uma espécie de expansão da Constituição Federal dos Estados Unidos (que produziu uma das mais sangrentas guerras civis de toda a história) e então, tudo ficará bem conosco.[42]

Deixem-nos refletir se essa palavra "Federação" é de algum valor na organização da Revolução Ocidental. Eu sugeriria que é. Eu acho que ela pode ser um meio de libertação mental para muitas pessoas que, senão, teriam permanecido estupidamente resistentes a qualquer tipo de mudança.

Este projeto da Federação tem um ar de razoabilidade. É atraente para um número de pessoas influentes que desejam, com o mínimo de adaptação, permanecer influentes num mundo em transição, e,

---

[42] A palavra democracias entre aspas, obviamente, é uma ironia se referindo às nações ocidentais que, segundo Wells, estavam sendo engolidas pelos EUA. Não sei se essa reunião que ele fala é uma metáfora, se ela se refere ao surgimento dos Aliados, da Liga das Nações, da futura ONU, etc. Mas sua visão antagônica fica clara. O texto é uma ironia.

particularmente, é atraente para o que eu posso chamar de elementos liberais-conservadores[43] das classes altas na América, na Grã-Bretanha e nas regiões de Oslo, porque ele coloca o aspecto mais difícil do problema (*a necessidade de socialização coletiva*), tão completamente em segundo plano, que pode ser ignorado. Isso lhes permite ter uma visão bastante radiante e esperançosa do futuro, sem nenhum obstáculo sério às suas preocupações atuais.

Eles acham que Federação, razoavelmente definida, pode suspender a possibilidade de guerra por um considerável período e, assim, aliviar a carga da tributação, para que as atuais demandas esmagadoras sobre si venham a relaxar e eles sejam capazes de retomar, talvez em uma escala um pouco mais econômica, seu antigo modo de vida. Tudo o que lhes dá esperança, respeito-próprio, e preserva seus lares das piores indignidades de pânico, lhes dá apaziguamento, caça-às-deslealdades e o resto disso, deve ser encorajado e, nesse interregno, seus filhos terão tempo para pensar e, então, pode ser possível procurar, esquadrinhar e aperfeiçoar o projeto Streit,[44] de modo a criar um esquema genuíno e viável para a socialização do mundo.[45]

---

[43] Refere-se a uma novidade política eclética das duas principais forças do capitalismo, os conservadores e os liberais.
[44] Projeto Streit se refere ao projeto da Federação criado por Clarence K. Streit, mencionado no primeiro parágrafo deste capítulo.
[45] Como demonstrado desde o início, o socialismo, tanto revolucionário quanto fabiano é um projeto global, que almeja ser aplicado no mundo inteiro. Aqui, mais uma vez, o autor deixa isso claro.

Em *O Destino do Homo sapiens*, examinei a palavra "democracia" com algum cuidado, pois já parecia provável que grandes quantidades de nossos homens jovens iam ser convocados para mutilar e arriscar suas vidas por causa disso. Eu mostrei que era, ainda, uma aspiração realizada muito inacabadamente; que seu desenvolvimento completo envolvia socialismo e um nível de educação e informação não alcançados, até agora, por nenhuma comunidade no mundo. O senhor Streit faz uma afirmação vaga, mais retórica - uma afirmação mais idealista, digamos? - de sua concepção de democracia, o tipo de afirmação que seria considerada descontroladamente exagerada, mesmo se fosse propaganda de guerra e, embora infelizmente seja distante de qualquer realidade alcançada, ele prossegue sem mais investigações, como se fosse uma descrição das realidades existentes aqui no País, prossegue com o que ele chama de "democracias" do mundo. Nelas, ele imagina que encontra "governos do povo, pelo povo, para o povo".

No livro que já citei, discuto O que é democracia? E Onde está a democracia? Faço o meu melhor para trazer o Sr. Streit aos fatos desagradáveis e difíceis do caso. Vou agora detalhar um pouco mais o exame de seu projeto.

Suas "democracias fundadoras" são: "A União Americana, a Comunidade Britânica (especificamente o Reino Unido, o Domínio Federal do Canadá, a Comunidade da Austrália, Nova Zelândia, a União da África do Sul, Irlanda), a República Francesa,

Bélgica, Países Baixos, Confederação Suíça, Dinamarca, Noruega, Suécia e Finlândia".

Raramente um deles, como mostrei no livro anterior, é realmente uma democracia totalmente praticável. E a União da África do Sul é um caso particularmente ruim e perigoso de tirania racial. A Irlanda é uma guerra religiosa em gestação e não um país, mas dois. A Polônia, observo, não entra em toda a lista de democracias do Sr. Streit. Seu livro foi escrito em 1938, quando a Polônia era uma terra arrendada de um país totalitário, desafiando a Liga das Nações e Vilna[46], que havia tomado da Lituânia, com grandes áreas do país não-polonês, que ela havia conquistado da Rússia e áreas obtidas pelo desmembramento da Checoslováquia. Ela só virou uma democracia, mesmo tecnicamente e por um breve período, diante de seu colapso, em setembro de 1939, quando Sr. Chamberlain foi tão tolo que arrastou o Império Britânico para uma guerra dispendiosa e perigosa, em seu favor. Mas isso é de propósito. Nenhuma dessas quinze (ou dez) "democracias fundadoras" são realmente democracias de qualquer jeito. Logo, começamos mal. Mas elas podem se tornar democracias socialistas e sua federação pode se tornar algo real de fato - por um preço. A URSS é um

---

[46] Cidade cujo controle esteve sob várias mãos desde o século XIII. Área da Comunidade Polaco-Lituana. Em 1920 a URSS a devolveu à Lituânia. Em 1922 foi tomada pela Polônia, que anexou uma grande região nos arredores, motivo porque o autor a chama de *terra arrendada por um país totalitário* (totalitarian country holding). Em 1939, devido ao Pacto Ribbentrop-Molotov, ela foi tomada pela URSS e devolvida à Lituânia, que lhe devolveu a capital, mas anexou-lhe o país, obrigando-lhe a se tornar parte da União Soviética.

sistema socialista federado, que demonstrou uma solidariedade política bastante bem-sucedida nas últimas duas décadas, independente do que mais ela tenha feito ou deixado de fazer.

Agora vamos ajudar o Sr. Streit a converter sua "federação" de uma aspiração nobre, mas extremamente retórica, em uma viva realidade. Ele está ciente de que isso deve ser feito a um preço, mas quero sugerir que esse preço seja, de onde julgo que é o seu ponto de vista, (esse preço seja) muito maior, e a mudança bem mais simples, geral e, possivelmente, ainda mais próxima das mãos do que ele supõe. Ele está disposto a apelar para organizações administrativas existentes, e é questionável se elas são a pessoa certa para executar seus projetos. Uma das dificuldades que ele ignora é a possível relutância do Ministério da Índia em entregar seu controle (Ceilão e Birmânia, ele não menciona) ao novo Governo da Federação, que, também assumiria o controle, eu presumo, das muito bem governadas e felizes cinquenta e poucos milhões de pessoas das Índias Orientais Holandesas, do Império Colonial Francês, das Índias Ocidentais e assim por diante. Isto, a menos que ele proponha, pelo menos, re-nomear o Escritório da Índia, etc., está pedindo um imenso surto de honestidade e competência por parte do novo funcionário federal. Também trata a possível contribuição desses quinhentos ou seiscentos milhões de pessoas morenas para a nova ordem, com uma leviandade inconsistente com os ideais democráticos.

Extremamente muitas dessas pessoas têm cérebros tão bons ou melhores que os cérebros

europeus normais. Você poderia educar, em uma única geração, o mundo inteiro em um nível não tão elevado como de um graduado em Cambridge, se tivesse escolas, faculdades, aparelhos e professores o suficiente. O rádio, o cinema, o gramofone, as melhorias tanto na produção quanto na distribuição, tornaram possível aumentar em mil vezes o alcance e a eficácia de um professor talentoso. Temos visto intensas preparações de guerra em grande quantidade, mas ninguém ainda tinha sonhado com um intenso esforço educacional. Nenhum de nós, realmente, gosta de ver outras pessoas sendo educadas. Elas podem estar obtendo uma vantagem sobre nossos *eus* privilegiados. Suponha que superemos essa inveja primitiva. Suponha que aceleremos – assim como agora somos, fisicamente, capazes de fazer - a educação e a emancipação desses enormes reservatórios subdesenvolvidos de capacidade humana. Suponhamos que acrescentemos isso na ideia da *União Agora*. Suponha que estipulemos que a Federação, para onde se estenda, signifique uma Nova e Poderosa Educação. Em Bengala, em Java, no Estado Livre do Congo, tanto quanto no Tennessee, na Geórgia, na Escócia ou na Irlanda. Suponha que pensemos um pouco menos sobre a "emancipação gradual" por votos e experimentos em autonomia local e todas essas ideias antigas, e um pouco mais sobre a emancipação da mente. Suponhamos que deixemos de lado aquele velho jargão sobre povos politicamente imaturos.

Há uma direção na qual as propostas do Sr. Streit estão abertas a melhorias. Vamos nos voltar para outra em que ele não parece ter percebido todas

as implicações de sua proposta. Esta grande União é para ter um fundo e uma economia unida livre de alfândegas. O que se segue a isso? Mais, eu penso, do que ele imagina.

Há um aspecto do dinheiro para o qual a maioria dos que o discutem parece ser, incuravelmente, cega. Você não pode ter uma teoria do dinheiro ou qualquer plano sobre o dinheiro por si só no ar. Dinheiro não é uma coisa em si; é uma parte prática de um sistema econômico. O dinheiro varia em sua natureza com as leis e ideias de propriedade em uma comunidade. À medida que uma comunidade se move em direção ao coletivismo e ao comunismo, por exemplo, o dinheiro se simplifica. O dinheiro é algo necessário em um comunismo, como é em qualquer outro sistema, mas sua função lá é mais simples. O pagamento em espécie ao trabalhador não lhe dá liberdade de escolha entre os bens que a comunidade produz. O dinheiro dá[47]. O dinheiro se torna o incentivo que "faz o trabalhador trabalhar" e nada mais.

Entretanto, diretamente, você permite indivíduos não apenas obter bens de consumo, mas também obter crédito para produzir material de moldes para indústria fora das produções essenciais do Estado. A questão do crédito e débito surge, e o dinheiro se torna mais complicado. Com toda liberação deste ou daquele produto ou serviço do controle coletivo para a exploração comercial ou

---

[47] Não entendi a diferença que o autor fez entre pagamento em espécie e dinheiro. Todavia, não encontrei outra tradução para *Payment in kind* a não ser 'pagamento em espécie'.

experimental, o jogo do sistema monetário expande e, aumentando as leis, regulando o que lhe é permitido, o confundem, as leis da empresa, as leis de falências e assim por diante. Em qualquer sistema coletivo altamente desenvolvido, o Governo certamente terá que dar créditos a empreendimentos experimentais promissores. Quando o sistema não é coletivismo, as operações monetárias para lucro estão prestes a surgir e se tornam cada vez mais complicadas. Onde a maior parte do lado substancial da vida é confiada a empresas privadas descoordenadas, a complexidade do aparato financeiro aumenta enormemente. A manipulação monetária torna-se um fator cada vez maior na briga competitiva, não apenas entre indivíduos e empresas, mas entre Estados. Como o próprio Sr. Streit mostra, em uma excelente discussão do abandono do padrão-ouro[48], inflação e deflação tornam-se dispositivos na competição internacional. O dinheiro se torna estratégico, assim como as encanações e ferrovias podem se tornar estratégicas.

Sendo assim, é evidente que, para a União Federal, um meio de dinheiro comum significa uma vida econômica idêntica em toda a União. E isso também está implícito, ainda, na economia "sem-alfândega" do Sr. Streit. É impossível ter um dinheiro comum quando um dólar ou uma libra, ou o que quer

---

[48] Provavelmente se refere ao lastro, reserva em ouro que os Estados possuíam para garantir sua troca por moeda, dando segurança ao valor desta, caso as pessoas preferissem ouro. Só se emitia moeda até o que se tinha em lastro. Em 1971 o Presidente Richard Nixon (Partido Republicano) acabou com esse padrão e passou a emitir quantidade de moeda independentemente da reserva em ouro. Pode estar se referindo também à época em que as moedas eram em ouro ou prata e tinham valor por si mesmas.

que seja, pode comprar isto, aquilo ou outra vantagem em um Estado e é impedido de qualquer coisa em outro, exceto compras simples para consumo. Para que esta União Federal seja obrigada a ser um sistema econômico uniforme, só pode haver variações muito leves no controle da vida econômica.

Nas seções anteriores, as implacáveis forças que se dirigem à coletivização ou desastre do mundo foram expostas. Segue-se que "Federação" significa, praticamente, socialismo uniforme dentro dos limites federais, conduzindo ao socialismo mundial, enquanto Estado após Estado é incorporado. Manifestamente, levamos o Sr. Streit mais longe do que ele tem consciência que vai - até agora. Pois é bastante evidente que ele está sob a impressão de que uma grande quantidade de empresas privadas independentes deve continuar por toda parte da União. Duvido que ele imagine que é necessário ir além da socialização parcial já alcançada pelo *New Deal*[49]. Mas temos juntado evidências para mostrar que a disputa de lucros, os dias selvagens de "negócios" não cooperados está acabada para sempre.

E de novo, não obstante ele perceba e determine muito claramente que os governos são feitos para o homem, e não o homem para os governos[50], embora ele aplauda as grandes

---

[49] Programa do Governo norte-americano para recuperação da Crise de 1929, cuja execução se deu de 1933 a 1937, sob administração de Roosevelt. O New Deal (Novo Pacto-social) teve características socialistas como frentes de trabalho para dar empregos aos montões às pessoas nas enormes filas de desempregados. Tais frentes sempre foram comuns no Brasil.
[50] Uma alusão ao Evangelho segundo Marcos, cap. 2, vers. 27:

101

declarações da Convenção que criou a Constituição Americana, na qual "nós, o povo dos Estados Unidos", superamos as picuinhas sobre os estados separados e fundamos a Constituição Federal Americana, em contrapartida, ele é curiosamente econômico ao ignorar alguns governos legais existentes no mundo atual. Ele é cuidadoso em falar de "Nós, as pessoas do mundo". Porém, muitos de nós estamos começando a perceber que todos os governos existentes têm que entrar em ebulição; acreditamos que é uma revolução mundial que está sobre nós e, que na grande disputa para decretar o Socialismo Mundial Ocidentalizado, os governos contemporâneos podem desaparecer como chapéus de palha nas Cataratas do Niágara. O Sr. Streit, contraditoriamente, torna-se extraordinariamente legalista neste momento. Eu não acho que ele compreenda as forças de destruição que estão se aglomerando e, portanto, acho que ele titubeia em planejar uma reconstrução sobre algo na escala que pode se tornar possível.

Ele evita mesmo a necessidade óbvia de que, sob um governo federal, as monarquias da Grã-Bretanha, Bélgica, Noruega, Suécia, Holanda, se sobreviverem, devem se tornar como os soberanos figurativos dos Estados componentes do antigo Império Alemão, meros vestígios cerimoniais. Talvez ele pense isso, mas ele não diz diretamente. Não sei se ele ponderou sobre a Feira Mundial de Nova York de 1939, nem o significado da Visita Real à América naquele ano, e pensou quanto há no sistema britânico que teria que ser abandonado caso sua Federação se

---

"O sábado foi feio por causa do homem, e não o homem por causa do sábado."

tornasse uma realidade. Na maioria das implicações da palavra, ela deve deixar de ser "britânica". Sua Constituição Ilustrativa é alcançada com um completo recesso forense das mudanças fundamentais nas condições humanas às quais temos que nos adaptar ou perecer. Ele pensa somente na guerra em si mesma e não como uma erupção devido, para ser mais exato, às más-adaptações[51]. Mas, se levarmos suas estipulações anteriores à conclusão necessária, não precisamos nos preocupar demais com a sua constituição de amostra, que está para ajustar o suficiente o equilíbrio entre os Estados constituintes. A abolição da distância deve, inevitavelmente, substituir associações funcionais e lealdades por atribuições locais, se a sociedade humana não se romper por completo. As divisões locais se fundirão em uma coletividade mundial e os principais conflitos em uma Federação progressivamente unificadora; é muito mais provável isso entre as associações de trabalhadores e os diferentes tipos no mundo todo.

Até agora com o *União Agora*. Um dos méritos ilustres do Sr. Streit é que ele tem tido a coragem de fazer propostas precisas sobre as quais podemos refletir. Eu duvido que um europeu pudesse ter produzido qualquer livro semelhante. Seu legalismo político ingênuo, sua ideia de salvação pela constituição e sua evidente fé na beneficência mágica da empresa privada estão, manifestamente, na veia de um americano, um americano pouco anterior ao *New Deal*, que tem se tornado, se é que é possível, mais americano, através de suas experiências com o

---

[51] O espanto de Wells via a II Guerra como o apocalipse do capitalismo, a ebulição do mundo graças a ele.

aprofundamento da desordem na Europa. Muitos americanos ainda defrontam os assuntos mundiais como espectadores de um futebol onde são capazes de participação histérica, mas ainda não têm uma compreensão verdadeira de participação; eles não reparam que o chão está se mexendo debaixo de seus tamboretes também, e que no que lhes concerne, a revolução social está emergindo para engoli-los. Para a maioria de nós - para a maioria de nós com mais de quarenta anos, em todo o caso - a ideia de uma mudança fundamental em nosso modo de vida é tão intragável que resistimos a ela até o último momento.

O Sr. Streit, às vezes, trai uma sensação de avanço do colapso social tão viva quanto eu tenho, mas ainda deve-lhe ocorrer que esse colapso pode ser conclusivo. Talvez haja uma idade das trevas, uma recaída no barbarismo, porém de um jeito ou de outro, ele acha que o homem deve se restabelecer. George Bernard Shaw recentemente tem dito a mesma coisa.

Pode ser pior que isso.

Raramente tenho concedido ao senhor Streit uma palavra de aplauso, porque isso seria chover no molhado. Ele escreveu seu livro sinceramente como uma contribuição genuína à conferência mundial assistemática que está se sucedendo agora, admitindo a possibilidade de erro, exigindo críticas, e eu lidei com esse espírito.

Infelizmente, sua palavra tem ido muito além do seu livro. O livro diz coisas definidas e, mesmo quando alguém discorda com ele, é bom como ponto de partida. Mas um número de pessoas tem adotado a

palavra "Federação", e nossas mentes são distraídas por uma multidão de apelos para apoiar projetos federais com o mais variado conteúdo ou sem conteúdo algum.

Todas as contagens de centenas de milhares de pessoas distintas que estão assinando compromissos de paz e assim por diante, poucos anos atrás, sem a menor tentativa do mundo para entender o que eles queriam dizer com paz, agora ecoam essa nova palavra-mágica com tão pouca concepção de qualquer conteúdo para ela. Elas não repararam que a paz significa uma ordem e equilíbrio da sociedade humana, tão complicada e difícil, que nunca foi mantida desde que o homem tornou-se homem, e que temos guerras e intervalos preparatórios entre elas, porque isso é uma sequência muito simplificadora e facilitadora para nossa espécie teimosa, confusa, cabreira e agressiva. Esse povo ainda pensa que nós podemos conquistar esse novo e maravilhoso estado de coisas apenas clamando por ele.

E, tendo fracassado em obter a paz através de pronunciar "Paz" repetidas vezes, de novo, agora estão com um imenso senso de descoberta pronunciando "Federação". O que deve acontecer com homens em posições públicas conspícuas eu não sei, mas mesmo um homem letrado irresponsável como eu, se vê inundado de inumeráveis cartas particulares compridas, cartões postais históricos, panfletos de organizações emergentes, "declarações" para assinar, pedidos de assinatura , tudo em nome da nova panacéia, tudo tão em vão e improdutivo quanto o balido de ovelhas perdidas. E não consigo abrir um

jornal sem encontrar algum eminente contemporâneo escrevendo-lhe uma carta, dizendo gentilmente, firme e bravamente, a mesma palavra, às vezes, com trechos de *União Agora* grudados nela, e outras vezes com pequenas melhorias, porém, amiúde sem nada mais do que a simples ideia.

Todos os tipos de movimentos idealistas pela paz mundial, que vêm debatendo internamente sem chamar atenção por anos e anos, foram estimulados a seguir a nova bandeira. Muito antes da Grande Guerra[52], havia um livro de Sir[53] Max Waechter, amigo do Rei Edward VII, defendendo os Estados Unidos da Europa, e esse paralelismo inexato, todavia bajulador com os Estados Unidos da América, tem acontecido frequentemente, como um período lançado por Monsieur Briand, por exemplo, e um projeto apresentado por um escritor austro-nipônico, o Conde Coudenhove-Kalergi, que até criou uma bandeira para a União. A principal objeção à ideia é que dificilmente há quaisquer Estados integralmente na Europa, exceto a Suíça, San Marino, Andorra e algumas das criações de Versalhes. Quase todos os outros Estados europeus se estendem muito além dos limites europeus, tanto politicamente quanto em suas fraternidades e relações culturais. Eles constituem mais da metade da Humanidade. Ao redor de um décimo do Império Britânico está na Europa e menos ainda do Império Holandês; Rússia, Turquia, França,

---

[52] Obviamente, refere-se à I Guerra Mundial, pois a II Guerra ainda não tinha absorvido proporções mundiais.
[53] Sir é diferente de "Sr.", sendo aquele para Cavaleiros com o título recebido de Sua Majestade que estiver ocupando o trono, portanto, um título de nobreza.

são menos europeias do que não[54]; Espanha e Portugal têm suas ligações mais próximas com a América do Sul.

Poucos europeus se consideram "europeus". Eu, por exemplo, sou inglês e grande parte de meus interesses, intelectuais e materiais, é transatlântica. Não gosto de chamar a mim mesmo de "britânico" e gosto de pensar em mim como membro de uma grande comunidade de língua inglesa, que se espalha sobre todo o mundo independentemente de raça e cor. Eu fico com raiva quando um americano me chama de "estrangeiro" - uma guerra com a América me pareceria somente tão insana quanto a guerra com a Cornualha[55] - e acho a ideia de me afastar dos povos de língua inglesa da América e da Ásia para seguir A bandeira do meu amigo austro-nipônico[56] em um amontoado federal europeu, extremamente antipática.

Eu aconselho que devia ser muito mais fácil criar os Estados Unidos do Mundo, que é o objetivo final do Sr. Streit, do que conseguir juntar o, assim

---

[54] O original está assim: "Russia, Turkey, France, are less European than not", apesar de confusa a frase, optei por traduzi-la literalmente. Insinua que esses países não possuem características culturais europeias. Geograficamente, Rússia e Turquia possuem a maior parte dos seus territórios na Ásia do que na Europa. Istambul (antiga Constantinopla) divide Europa de Ásia, sendo cortada pelo Estreito de Bósforo, que liga o Mar Negro ao Mar de Mármora. O lado que está a Oeste do Estreito é Europa (Ocidente) e o que está a Leste é Ásia (Oriente).

[55] Condado no Sudoeste de uma península da Inglaterra e mede 3.563 Km².

[56] Refere-se ao escritor, Conde Coudenhove-Kalergi, que até criou uma bandeira para a União da sua imaginada Federação Europeia, o que, curiosamente, seria a União Europeia hoje.

chamado, continente da Europa em qualquer tipo de unidade.

Eu acho que a maioria desses movimentos dos Estados Unidos da Europa agora está passando para o lado da Federação.

Meu velho amigo e antagonista, Lorde David Davies, por exemplo, recentemente sucumbiu à infecção. Ele estava preocupado com o problema de uma *Pax* Mundial[57] nos dias em que a Sociedade da Liga das Nações e outros órgãos associados foram fundidos na União da Liga das Nações. Ele foi atingido, então, por uma ideia, uma analogia, e a experiência foi única para ele. Ele perguntou por que os indivíduos estavam em comunidades modernas, com segurança quase perfeita contra assaltos e roubos, sem nenhuma necessidade de portar armas.[58] Sua resposta foi o policial. E a partir daí ele passou à questão do que era necessário para que Estados e nações seguissem seus caminhos com a mesma imunidade feliz contra a violência e roubo, e lhe pareceu uma resposta completa e razoável dizer: "um policial internacional". E você estava lá! Ele não viu, e com quase certeza, é totalmente incapaz de ver que um Estado é algo muito diferente, em sua natureza e comportamento, de um ser + humano individual. Quando lhe pediram para explicar como aquele

---

[57] Alegoria com *Pax Romana* ou *Pax Romanae*, significando "A Paz Romana", é pacificação imposta pelo autoritarismo, em 28 a.C., momento em que Augusto extinguiu as guerras civis indo até 180 d.C.

[58] Note que desde o início o Globalismo é desarmamentista porque isto é necessário para o Estado centralizado conseguir controlar seus súditos em todos os lugares da Terra.

policial internacional iria ser criado e sustentado, ele só continuou dizendo "policial internacional". Ele está dizendo isso há anos. Às vezes parece que é para ser a Liga das Nações, às vezes o Império Britânico, às vezes uma Força Aérea Internacional, que deve assumir essa grave responsabilidade. O tribunal sob cujo policial deve apresentar o criminoso e tal lugar da prisão não são indicados. Achando nossas críticas desagradáveis, Sua Senhoria disparou com sua brilhante ideia, como um pinguim que encontrou um ovo, para chocá-lo sozinho. Espero que ele seja poupado para dizer "policial internacional" por muitos anos adiante, mas não acredito que ele nunca tenha percebido ou jamais perceberá que, por mais brilhante que tenha sido sua inspiração, ela ainda escanteou vastas áreas do problema na escuridão. Sendo um homem de muitas posses, ele foi capaz de sustentar um movimento da "Nova Comunhão da Riqueza" e publicar livros e um periódico no qual sua única grande ideia é mais elaborada do que desenvolvida.

Contudo, eu não vou mais tratar com a multidão exageradamente incoerente que, agora, ecoa esta palavra: "Federação". Muitos deles findarão de celebrar mais e cairão no esquecimento, mas muitos continuarão pensando, e se eles continuarem pensando, vão entender cada vez mais claramente as realidades do caso. Eles sentirão que Federação não basta.

Tanta coisa para a atual frente "Federalista". Como uma base fundamental da ação, como um objetivo declarado, parece desesperadamente vago e confuso e, se é possível alguém cunhar uma frase,

será desesperadamente otimista. Porém, desde que o conceito parece ser o caminho para libertar inúmeras mentes da crença na suficiência de uma Liga de Nações, associada ou não ao Imperialismo Britânico, ele tem sido válido embora considere como possa ser ampliado e transformado na direção daquela vasta coletivização[59] mundial completa e de olhos abertos, *[coletivização mundial]* a qual um estudo das condições existentes nos obriga a acreditar que é a única alternativa contra a degeneração total de nossa espécie.

---

[59] Coletivização significa socialização, do verbo socializar, ou seja, transformar em parte do Estado socialista, estatizar.

8

O NOVO TIPO DE REVOLUÇÃO

VAMOS VOLTAR PARA nosso principal propósito, que é examinar a maneira pela qual devemos encarar essa iminente Revolução Mundial.

Para muitas opiniões, essa ideia de revolução é quase inseparável de visões de barricadas de rua feitas de pedras de pavimentação e veículos tombados, multidões esfarrapadas, armadas com armas improvisadas e inspiradas por cantos desafiadores, prisões quebradas e uma prisão principal liberta[60], palácios invadidos, uma grande caça de senhoras e senhores, cabeças decapitadas, mas ainda formosas, sobre lanças, regicidas[61] da mais sinistra qualidade, a frenética guilhotina, um ápice de desordem que finda numa baforada de balas de canhão . . .

Esse foi um tipo de revolução. É o que se pode chamar de o tipo de Revolução Católica[62], ou seja, é a fase final de um longo período de vida e ensino católicos. As pessoas não percebem isso e algumas se indignarão por sua existência mencionada tão pouco. No entanto, os fatos nos fitam na face, conhecimento

---

[60] Certamente, uma alusão à Queda da Bastilha. "...a general jail delivery..", expressão de difícil tradução.
[61] Assassino de reis ou rainhas.
[62] Wells aqui foi, altamente, injusto contra a Igreja Católica, porque, referindo-se à Revolução Francesa (fala em guilhotinas), quando ela se deu contra a Igreja e a Monarquia e foi provocada por ateus militantes como Voltaire.

público, para não ser desmentido. Aquela multidão furiosa, faminta, desesperada e brutal foi o resultado de gerações de leis católicas, moralidade católica e educação católica[63]. O Rei da França era o "Rei mais Cristão, o filho mais velho da Igreja", ele era o mestre da vida econômica e financeira da comunidade, e a Igreja Católica controlava completamente a vida intelectual da comunidade e a educação do povo. Aquela multidão foi a consequência. É absurdo papaguear[64] que o cristianismo nunca foi tentado. O cristianismo[65], em sua forma mais altamente desenvolvida, foi tentado e tentado de novo. Foi tentado por séculos, total e completamente, na Espanha, França, Itália. Ele foi responsável pela sujeira, pestilência crônica e fome da Inglaterra medieval. Inculcava pureza, mas nunca inculcava limpeza. O cristianismo católico praticamente não contestou o poder na França durante gerações. Ela era livre para ensinar como quisesse e tanto quanto quisesse. Dominou totalmente a vida comum. O

---

[63] Não há como esconder a cristofobia (talvez o termo não seja exato, mas aqui vou usar este) por parte dos comunistas, sejam os revolucionário-leninistas, sejam os fabiano-gramscistas. A obsessão pelo fim do cristianismo e do judaísmo lembra sempre Marx, Lenin, Nietzche e, agora, Wells.

[64] "**papaguear.** [De papag(aio)+ear².] *V. int.* **1.** Falar como papagaio, sem nexo; palrar, tagarelar: "Somente o Felisberto, que a cólera do hóspede não conseguira fazer calar por muito tempo, papagueava, como de costume" (Inglês de Sousa, O Missionário, p. 376). *T.d.* **2.** Repetir sem ligar sentido ao que diz; dizer (coisas sem nexo). [F. palr.: papaguear. Conjug.: v. *frear.*] < Ferreira, Aurélio Buarque de Holanda. Novo dicionário Aurélio da língua portuguesa – 4. ed. – Curitiba : Ed. Positivo ; 2009 >

[65] Note que, na verdade, a fúria não se dá somente contra a Igreja Católica, é contra o Cristianismo, o que é deixado transparecer aqui.

sistema católico na França não pode ter colhido nada que ele não plantou, pois nenhum outro semeador foi autorizado. Aquela multidão horrível de maltrapilhos assassinos com a qual estamos tão familiarizados nos quadros do período, foi a colheita final de seu regime.

Quanto mais os reacionários católicos insultam o povo comum insurgente da primeira Revolução Francesa, mais condenam a si mesmos. É a distorção mais descarada da realidade que eles choraminguem da guilhotina e da carroça que levava os presos, como se não fossem produtos puramente católicos, como se tivessem vindo de repente do exterior para destruir um paraíso refinado. Eles foram o último estágio da injustiça sistemática e da ignorância de um regime estritamente católico. Uma fase sucedeu a outra com lógica inflexível. A Marselhesa[66] completou o ciclo de vida do catolicismo.

Também na Espanha e no México temos visto a indiscutível ascensão católica moral e educacional, a Igreja com uma mão livre, produzindo uma onda semelhante de ressentimento cego. A multidão lá também era cruel e blasfema; mas o catolicismo não pode reclamar; porque o catolicismo os concebeu. Padres e freiras, que tinham sido os únicos professores do povo, foram insultados e ultrajados e igrejas depredadas. Com certeza, se a Igreja fosse aquilo que ela diz que é, as pessoas teriam gostado

---

[66] Marselha ou Massília é a segunda cidade mais populosa da França. Sua população aderiu à Revolução e, aproximadamente, 500 voluntários partiram a Paris em 1792 para lutar com o governo revolucionário. A caminho entoavm um hino, apelidado de *La Marseillaise* (A Marselhesa), depois adaptada para hino nacional da França.

113

dela. Elas não teriam se comportado como se o sacrilégio fosse um extravasamento gratificante.

Mas essas revoluções católicas são apenas espécimes de um único tipo de revolução. Uma revolução não precisa ser uma trovoada espontânea de indignação contra desumanidades e privações intoleráveis. Pode assumir muitas outras formas.

Como uma segunda variedade de Revolução, que está em contraste agudo com a revolta-indignação na qual tantos e tantos períodos de incontestável ascensão católica terminaram, vamos usar o que a gente pode chamar de "conspiração revolução", na qual uma quantidade de pessoas começa organizando as forças de desconforto e ressentimento[67] e afrouxando o controle das forças do governo, no intuito de acarretar uma mudança fundamental de sistema. O ideal deste tipo é a Revolução Bolchevique na Rússia, desde que ela é um pouco simplificada e incompreendida. Isto, reduzido a uma teoria que funciona[68] por seus defensores, é concebido como um cultivo sistemático de um estado de espírito público favorável a uma Revolução, juntamente com um círculo reservado de preparação para uma "tomada de poder". Um número considerável de escritores

---

[67] São os chamados agitadores profissionais, que tanto são pagos para isso, quanto são bem treinados e eficientes. Hoje em dia, usa muito as redes sociais como facebook, whatsapp, etc. Incontáveis vezes eles vêm até de outros países, que tenham interesse em desestabilizar o país foco da revolução, mas, na maioria, são nativos na briga interna pelo poder. Toda revolução precisa começar agitando o povo e colocando-o nas ruas, revoltado.

[68] Foi o que Lenin fez; depois Antonio Gramsci. Aquele usou o meio revolucionário, este o da doutrinação lenta.

comunistas e outros esquerdistas, jovens homens brilhantes, sem muita experiência política, têm deixado suas imaginações perdidas sobre a "técnica" de uma tamanha aventura. Eles têm buscado as revoluções nazi-fascistas no material para seus estudos. A estrutura social moderna, com sua concentração de autoridade, informação e poder coercitivo sobre estações de rádio, telefonia, escritórios de jornais, delegacias de polícia, armamentos e afins, presta-se à exploração quase-mafiosa deste tipo. Há um grande tumulto e uma ocupação de centros-chave, uma captura organizada, prisão ou assassinato de possíveis opositores, e o país é confrontado com um fato consumado. Segue o recrutamento da população mais ou menos relutante.

Entretanto, uma revolução não precisa ser nem uma explosão nem um golpe de Estado. E a Revolução que assenta-se diante de nós agora como a única alternativa de esperança contra o caos, diretamente ou após um interlúdio do comunismo mundial, deve ser alcançada, se é que será alcançada ao todo, mas por nenhum desses métodos. O primeiro é muito retórico e caótico e leva, simplesmente, a um campeão[69] e à tirania; o segundo é muito conspiratório e leva através de uma disputa obscura de personalidades autoritárias por um objetivo semelhante. Muito menos é lúcido e deliberado o suficiente para conquistar uma mudança permanente na forma e textura das questões humanas.

Um tipo totalmente diferente de revolução pode ser e pode não ser possível. Ninguém pode dizer

---

[69] Um salvador da pátria.

que é possível, a menos que seja tentado, mas pode-se dizer com alguma segurança que, a menos que ele possa ser alcançado, a perspectiva para a Humanidade por muitas gerações, no mínimo, é o desespero. A nova Revolução almeja essencialmente uma mudança nas ideias diretivas. Na sua totalidade, ela é um método não experimentado.

Para seu sucesso, depende de um número suficiente de mentes poder ser convencido a perceber que a escolha diante de nós agora não é entre mais uma revolução ou um conservadorismo mais ou menos reacionário, porém tanto uma escolha entre continuar e, assim, organizar o processo de mudança em nossos negócios, quanto para produzir uma nova ordem mundial ou sofrer um colapso social total e talvez irreparável. Nosso argumento em todas as partes tem sido que as coisas foram longe demais para ser reconduzidas de novo a alguma semelhança do que elas tinham sido. Não podemos mais sonhar em permanecer onde estamos nem pensar em voltar no meio de um mergulho. Devemos avançar com essas mudanças atuais, nos adaptar a elas, nos ajustar ao mergulho ou ser destruídos por elas. Devemos atravessar essas mudanças, assim como devemos passar por essa guerra mal-concebida, porque até agora não há um término possível para ela.

Não há de ser possível um jeito de findá-la até que a nova Revolução se defina. Se ela estiver solucionada agora sem um pacto inteligente e inteligível, aceito por todas as partes do mundo, teremos apenas o simulacro de uma paz. Uma paz celebrada agora não irá nem mesmo nos salvar dos

horrores da guerra; ela vai atrasá-los somente para agravá-los num período de poucos anos. Você não consegue cessar esta guerra ainda, na melhor das hipóteses, pode adiá-la.

A reorganização do mundo deve, a princípio, ser, sobretudo, obra de um "movimento", ou um partido, ou uma religião ou culto, como preferirmos chamá-lo[70]. Podemos chamá-lo de Neo-Liberalismo ou o Novo Radicalismo ou algo congênere.[71] Não será

---

[70] A coisa escolhida para preencher tal espaço foi o Ambientalismo, que traz verdades, mentiras e exageros. Não deixa de ser uma crença semelhante a uma religião, mas foge da linha de rejeição pelas religiões estabelecidas, as quais, entretanto, rejeitam umas às outras, em geral. Assim, supera o obstáculo da rejeição. Fica claro que o projeto de Wells vem sendo levado adiante e que o Ambientalismo é empurrado goela-abaixo da população por parte de ricas empresas globalistas apenas por ser uma ferramenta do projeto e não por ser, completamente, verdadeiro. Ficou clara a ideia de criar uma nova religião, uma nova crença, por parte de Wells. Talvez não haja aí um anti-semitismo, mas há um anti-judaísmo e, claramente, um anti-cristianismo, melhor dizendo um projeto de acabar com as religiões, a continuidade do empreendimento dos intelectuais iluministas como Voltaire, a intolerância às religiões, aproximando cada vez mais o Governo Global de uma ditadura imbatível e duradoura, visto que grande e robusta o suficiente para não ser combatida por revoluções populares nem partidos opositores. Independentemente desse ser o "lado" ruim do ambientalismo, concordo que os esgotos a céu aberto nos bairros pobres já deviam ter sido resolvidos, os lixões ao redor das cidades cheios de sacolas plásticas também, a caça comercial que extingue espécies, o plástico nos oceanos, etc., mas, definitivamente, concordo com o físico e meteorologista, Prof. Dr. Luís Molion que não há aquecimento global e sim aquecimento pontual das cidades, sendo que o Planeta é constituído mais por água e ermos do que por elas e os oceanos estão esfriando e ponto final. Tal catastrofismo se destina a chantagear psicologicamente as massas para lhes impor o Ambientalismo.

uma organização unânime, seguindo a linha do Partido e assim por diante. Pode ser muito livremente divergente e bem sofisticada, mas se um número suficiente de mentes em todo o mundo, independentemente de raça, origem ou condição econômica e social, puder ser levado ao reconhecimento livre e sincero dos fundamentos do problema humano, então sua colaboração efetiva num esforço consciente, explícito e aberto para reconstruir a sociedade humana, irá acontecer.

E, para começar, farão tudo o que puderem para difundir e aperfeiçoar essa concepção de uma nova ordem mundial, que considerarão a única estrutura de trabalho para suas atividades; ao mesmo tempo em que, se empenharão em descobrir e se associar, todo mundo, em qualquer lugar, que for intelectualmente hábil para compreender as mesmas ideias gerais e, moralmente disposto a realizá-las.

A distribuição dessa concepção essencial pode ser chamada de propaganda, mas, na realidade, é educação. A fase de abertura deste novo tipo de revolução deve envolver, portanto, uma campanha para uma educação revigorada e modernizada em todo o mundo, uma educação que terá a mesma proporção da educação de duzentos anos atrás, como a iluminação elétrica de uma cidade atual tem para os lustres e lâmpadas de óleo do mesmo período.[72] Nos

---

[71] Óbvio que Wells não é liberal, trata-se de uma ironia onde se permite o uso do rótulo alheio, desde que o conteúdo seja o meu. Claro que ele jamais taxaria o comunismo de 'novo radicalismo'. O contexto da obra permite-nos identificar que o autor visa os fundamentos comunistas.

[72] Normalmente os difusores dessa educação mundial uniforme

níveis mentais atuais, a Humanidade não pode fazer melhor do que está fazendo agora.

Vitalizar a educação só é possível quando ela está sob a influência de pessoas que estão aprendendo. É inseparável da ideia moderna de educação que ela esteja ligada a pesquisas incessantes. Dizemos pesquisa em vez de Ciência. É a melhor palavra, porque está livre de qualquer sugestão dessa finalidade, que significa dogmatismo e morte.

Toda educação tende a se tornar estilística e estéril, a menos que seja mantida em estreito contato com a verificação experimental e o trabalho prático[73] e, consequentemente, esse novo movimento de iniciativa revolucionária, deve ao mesmo tempo

---

são as prefeituras, Estados e municípios e, seu criador, a Unesco. Há uma necessidade de esconder isso da população (não sei o porquê, já que o cidadão comum não é hostil) e de emburrecê-la para não perceber contradições que existem. Daí, uma das partes desse projeto, na prática, tem sido o boicote ao ensino da Lógica Aristotélica e da Metodologia Científica (de Bacon e Descartes), esta chamada de Lógica Cartesiana. Bem como também, da Ética Aristotélica, vista como conservadora, anti-ecumênica e exclusivista, etc. É a base da cultura ocidental, que, para os globalistas, precisa se fundir com todas as demais, o islamismo, a cultura africana, asiática... O homem aristotélico torna-se muito exigente e excludente, na opinião dos que crêem em Wells e na necessidade dessa nova crença substituta às atuais. Aqui está a mais pura aplicação do gramscismo. As demais crenças serão toleradas, mas já estarão tão enfraquecidas nas mentes das pessoas que estarão ali só *pro forma*, como um folclore. A crença oficial (Ambientalismo) virará lei imposta draconianamente com suas proibições e obrigações. No atual algoritmo, imagine como estará daqui há 80 anos! Enfim, trata-se de uma unidade: a mesma maneira de pensar imposta por doutrinação a todos no mundo.

[73] A grande falha da educação brasileira, ausência de experimentalismo.

sustentar atividades sociais e políticas realistas e trabalhar firmemente para a coletivização de governos e da vida econômica. O movimento intelectual será apenas a parte inicial e correlacionada da nova direção revolucionária. Essas atividades práticas devem ser diversas. Todo mundo engajado nelas deve estar pensando por si mesmo e não esperando ordens. A única ditadura que ele reconhecerá é a ditadura do entendimento evidente e do, incontestável, fato.

E, para que essa Revolução em desfecho seja concluída, deve ser bem-vinda a participação de todo tipo imaginável de ser humano que tenha a capacidade mental de ver essas realidades óbvias da situação mundial e a qualidade moral de fazer alguma coisa para colaborar.

Levantes revolucionários anteriores foram estragados pela má-psicologia. Eles deram grande campo à satisfação dos complexos de inferioridade que surgem pelas desvantagens de classe. Sem dúvida, é muito injusto que alguém seja melhor educado, mais saudável e com menos medo do mundo do que qualquer outra pessoa, mas essa não é a razão pela qual a nova Revolução não deveria fazer pleno uso da saúde, educação, vigor e coragem do afortunado. A Revolução que estamos contemplando terá como intuito abolir a amargura da frustração. Mas certamente não fará nada para vingá-la. Absolutamente nada. Deixa o passado mortal castigar seus mortos.

Uma das tendências mais perversas no ensino marxista é sugerir que todas as pessoas de posses e capacidade, vivendo numa comunidade onde uma

empresa privada desorganizada desempenha um papel importante, são, necessariamente, desmoralizadas pelas vantagens de que desfrutam e que elas devem ser desapropriadas pelo trabalhador e pelo camponês, que são apresentados como dotados de uma virtude coletiva capaz de operar todo o complexo maquinário de uma comunidade moderna. Todavia, a verdade extravagante da matéria é que, uma disputa descoordenada entre indivíduos e nações iguais, desmoraliza todos os envolvidos. Todo mundo está corrompido, o vagabundo furtando na beira da estrada, o agricultor servil que beija a mão da Europa Oriental, a vadia subornada, tanto quanto a mulher que se casa por dinheiro, o administrador do comércio, o organizador industrial, o exigente proprietário do aluguel e o agente diplomático. Quando a atmosfera social está contaminada, todo mundo está doente.

Riqueza, liberdade individual e educação podem produzir esbanjadores e pessoas opressivas, mas também podem desvencilhar para oportunidade mentes criativas e administrativas. A história da Ciência e da invenção antes do século XIX confirma isso. No geral, se nós quisermos assumir que há alguma coisa boa em toda a Humanidade, é mais razoável esperá-la aparecer quando tiverem mais oportunidades.

E, em refutação adicional da caricatura marxista[74] dos motivos humanos, nós temos o número

---

[74] Como deu para perceber até aqui, o socialismo fabiano e o revolucionário nem sempre estão de acordo. Isso não pode ser visto como uma divergência constante entre eles, mas sim

muito considerável de pessoas jovens, provenientes de lares de classe média e alta, que figuram no movimento da extrema esquerda em todos os lugares. É sua reação moral ao "sufocamento" e à ineficiência social de seus pais e seu próprio tipo de pessoa. Eles procuram um extravasamento para suas habilidades que não é vantajoso, mas é útil. Muitos têm solicitado uma vida honrosa - e quase toda vez acham, e a morte vem junto - na briga contra os católicos e seus ajudantes mouros e fascistas na Espanha.

É uma desgraça de sua geração, que muitos deles tenham caído nas armadilhas mentais do marxismo. Tem sido minha experiência absurda encontrar reuniões barulhentas de homens jovens, ricos, em Oxford;[75] nenhum deles atrofiado fisicamente como eu fui por vinte anos de desnutrição e educação debilitada, todos fingindo ser brutos que

---

dependente de indivíduo para indivíduo entre seus membros. Wells demonstra aversão ao socialismo revolucionário, muito embora defenda uma revolução... Todas as formas de socialismo concordam com a forma de administração marxista, divergindo só na escalada do poder. Na prática, na maioria das vezes tanto partidos quanto seus membros e ativistas se unem para botar um deles no poder.

[75] Exatamente igual ao que aconteceu no Brasil, onde a militância do socialismo começou nas grandes universidades, USP, Unicamp, etc. e estendendo-se o eleitorado, ele chegou ao poder democraticamente em 2002 sem que quase ninguém soubesse, com exatidão, o que era socialismo. Só a partir de 2013, com sua tentativa de erguer a antiga Cortina-de-ferro soviética aqui na América Latina (desde o México) e impedir a alternância de poder na Venezuela, Bolívia e aqui no Brasil, é que povo foi às ruas e às redes sociais, a oposição derrubou Dilma e seu Decreto 8243 e houve a, histórica, eleição de 2018. Em todo esse período o público mais fanático pelo PT sempre foi aquele descrito por Wells, gente de classe média e alta, querendo brincar de ser proletária....

foram civilizados, proletários sem colarinho branco e numa aversão perplexa contra minha tirania burguesa e o conforto modesto dos meus anos decadentes; e recitando as frases ridículas da luta de classes, pelas quais eles protegiam suas mentes de qualquer reconhecimento das realidades do caso. Mas, embora essa atitude demonstre a educação desestimulante de suas escolas públicas e preparatórias, que lhes têm jogado, de maneira acrítica e emocional, nos problemas da vida acadêmica[76], ela *não desvaloriza o fato de terem achado extremamente atraente a ideia de se doar por uma reconstrução revolucionária da sociedade, que prometeu acabar com seu enorme desperdício de potencial de felicidade e de façanha, [*não desvaloriza o fato] apesar das próprias vantagens deles parecerem ser razoavelmente seguras.

Por causa da abordagem direta com desconforto, indignidade, anos sacrificados, mutilação - a morte termina ligeiro, mas a gente acorda de novo com a mutilação todo dia - por obra dessa guerra mal-inventada; confrontados também pela reversão da Rússia à autocracia e a extinção fiscal da maioria dos benefícios sociais de suas famílias; é provável que esses jovens com um jeito esquerdista estejam, na certa, não apenas para fazer algum reexame muito proveitoso de suas próprias possibilidades, mas também para encontrar a si mesmos e tomar partido, nesse reexame, por um número muito considerável de outros que, até agora, tem sido repelidos pela óbvia burrice e hipocrisia dos símbolos da foice e do martelo (trabalhadores e camponeses de Oxford!) e do

---

[76] 'undergraduate' é o estudante, aquele que ainda não possui um diploma de bacharelado ou equivalente, o acadêmico.

dogmatismo intransigente do marxista ortodoxo. E esse povo novo não consegue, em vez de esperar para ser surpreendido por uma revolução insurrecional da qual emergirão sujos de graxa, meio barbudos, conscientes de classe e em perigo constante de assassinato, decidir que, antes que a Revolução se apodere deles, eles se apoderarão da Revolução para salvá-la da ineficiência, das distorções mentais, decepções e frustrações que a têm derrotado na Rússia.

Esta nova e completa Revolução que contemplamos pode ser definida em poucas palavras. Ela é (a) socialismo-mundial completo, cientificamente planejado e dirigido, além de (b) uma insistência baseada na lei, lei inspirada num ressentimento sádico concebido no ciúme dos direitos individuais da Declaração dos Direitos do Homem, mais (c) a liberdade completa de discurso, crítica e publicação, além de expansão perseverante da organização educacional para as, sempre crescentes, demandas da nova ordem. O que nós podemos chamar de O Coletivismo Bolchevique ou oriental, a Revolução da Internacional,[77] falhou em alcançar até o primeiro desses três itens e nem sequer nunca tentou os outros dois.

Colocando em resumo, é o triângulo de Socialismo, Lei e Conhecimento, que molda a Revolução que ainda pode salvar o mundo.

---

[77] Internacional Comunista era a reunião anual, fundada por Lenin, para congregar os partidos comunistas de países diferentes. A I Internacional Comunista aconteceu em Moscou, no mês de março de 1919 e a última, em 1935 também naquela cidade.

Socialismo! Tornar-se coletivistas sinceros? Pouquíssimos homens das classes mais afortunadas na nossa antiga sociedade em colapso, com mais de cinquenta anos, serão capazes de reajustar suas mentes a isso. Parecerá uma sugestão inteiramente repulsiva para eles (a faixa etária nos Ministérios Britânicos, atualmente, é bem superior a sessenta). Mas ela não precisa ser repulsiva ao todo para os seus filhos. Eles serão empobrecidos de qualquer maneira. Os astros em suas órbitas estão olhando para isso. E isso os ajudará grandemente a perceber que um controle administrativo para participação administrativa e, depois, para administração direta são passos fáceis. Eles estão sendo dados agora, primeiro em um assunto e depois em outro. Em ambos os lados do Atlântico. Relutante e frequentemente, de maneira muito dissimulada e contra resistências enérgicas, mas decrescentes. A Grã-Bretanha, como a América, pode se tornar um sistema socialista com uma revolução definitiva, jurando o tempo todo que não está fazendo nada desse tipo de coisa.[78]

Na Bretanha, agora, nós não temos classe educada distintamente, porém em toda a acidentada

---

[78] A doutrinação criada por Antonio Gramsci foi bastante eficiente para isso em vários lugares e, o fabianismo norte-americano do partido Democratas é a organização mais rica, poderosa e influente da face da Terra hoje. Tal convencimento entra com mais facilidade nas cidades cosmopolitas como Nova York, cujos habitantes têm pensamentos parecidos em todos os países, ex. São Paulo, Londres, etc. Entretanto as grandes massas do eleitorado estão nos interiores, visto que cada país possui poucas metrópoles. A isso se deve a vitória do Brexit, as de Theresa May, Boris Johnson e Donald Trump vitoriosos pela esmagadora maioria interiorana dos seus países, por mais que os jornalistas da capital os tenham sabotado.

escala social há homens e mulheres cultos que têm refletido intensamente sobre esses grandes problemas que estamos discutindo. Essa concepção de Revolução para evocar um mundo coletivizado liberal[79] pode apelar para muitos deles e, talvez, o bastante para começar a avalanche de propósitos que, certamente, se desenvolverá a partir de um começo claro e determinado. E assim, para concluir, resumimos nossa pesquisa a um exame do que deve ser feito agora para salvar a Revolução, o que o movimento ou seu partido - na medida em que ela possa usar a aparência de um partido, ela deverá fazer isso, que será sua política. Até agora, temos demonstrado porque um homem razoável, de qualquer raça ou idioma, em qualquer lugar, deveria se tornar um Revolucionário "Ocidental". Temos agora que revisar as atividades imediatas às quais ele pode se dedicar.

---

[79] Aparentemente Wells não conhecia muito sobre o liberalismo. Não se comparam as vocações comerciais entre os cidadãos comuns dos EUA e do Reino Unido. O europeu lê muito, mas Wells parece conhecer O Capital muito bem, não obstante mostre desconhecer completamente Adam Smith e A Riqueza das Nações. Óbvio que algo nesses moldes que ele propõe, automaticamente se desnatura como liberalismo, já estando transformado em socialismo. Ora, coletivizado significa 'socializado', 'estatizado' e o liberalismo não estatiza, posto que mira no Estado mínimo, também chamado Estado com fins restritivos, aqueles previstos em suas constituições (referindo-me às repúblicas, posto que o Reino Unido não tem constituição). Enfim, ele não tinha um grande conhecimento de Teoria Geral do Estado, mas talvez isso fosse o normal para aquela época. Não existe algo 'coletivizado liberal', pois 'coletivizado' e 'liberal' são coisas antagônicas mutuamente excludentes entre si.

9

POLÍTICAS PARA O HOMEM SENSATO

VAMOS REAFIRMAR AS conclusões gerais para as quais nosso argumento anterior nos trouxe.

O estabelecimento de um socialismo mundial progressivo, no qual as liberdades, a saúde e a felicidade de cada indivíduo são protegidas por uma lei universal baseada na reafirmação da Declaração dos Direitos do Homem, e onde há a máxima liberdade de pensamento, crítica e sugestão, é o plano, objetivo e racional, diante de nós agora. Somente a realização efetiva desse objetivo pode estabelecer a paz na Terra e impedir a atual marcha dos assuntos humanos para a miséria e a destruição. Nós não podemos reiterar esse objetivo tão clara e frequentemente. O triângulo de coletivização, lei e conhecimento deveria incluir o propósito comum de toda a Humanidade.

Mas entre nós e esse objetivo intervém as desordens vastas e profundas de nosso tempo. A nova ordem não pode ser trazida à existência sem um esforço gigantesco e, mais ou menos coordenado, dos elementos mais sensatos e capacitados da população humana. A coisa não pode ser feita rápida e melodramaticamente. Esse esforço deve fornecer a estrutura para todas as atividades sociais e políticas sensatas e um critério prático para todas as associações religiosas e educacionais. Entretanto,

como nosso mundo é, pluralisticamente, variado e confuso, então é impossível restringir esse novo movimento revolucionário a qualquer única classe, organização ou partido. É algo grande demais para isso. Em sua expansão, ele produzirá e, quiçá, descartará várias organizações e partidos, convergindo para seu objetivo final. Consequentemente, na ordem de recapitular as atividades sociais e políticas das pessoas sensatas e inteligentes hoje em dia, nós temos que negociar com elas aos poucos, sob vários pontos de vista. Temos que considerar um avanço em uma frente longa e variada.

Vamos começar então com o problema da sanidade em face dos métodos políticos do nosso tempo. O que devemos fazer na qualidade de eleitores? Acho que a história das chamadas democracias no último meio século é bastante conclusiva. Nossos métodos eleitorais atuais, que não dão escolha senão uma eleição bilateral ao cidadão e, portanto, lhe impõem um sistema bipartidário, constituem uma mera caricatura de governo representativo. Eles têm produzido, em ambos os lados do Atlântico, grandes, estúpidas e corruptas máquinas partidárias.[80] Isso era obrigado a acontecer

---

[80] Tudo o que temos na política moderna, de Adam Smith e Marx e para cá, ainda é apenas socialismo contra liberalismo, através dos seus incontáveis partidos em todo o mundo. Isto se dá porque se trata de uma classificação criada pelos escritores de Ciência Política e, absolutamente tudo, irá cair dentro dela, pois qualquer administração irá aumentar ou diminuir o tamanho do Estado, como qualquer cor estará entre as primárias ou entre as secundárias, já que não se escapa das classificações. Mas o fato é que a polarização na política existe. Parece que Wells pensava que isso era uma falha do sistema representativo e que a revolução que trouxesse uma coletivização seria melhor. Será?

e, até hoje, existe uma espécie de timidez na mente de homens jovens interessados em política quando se vem debater Representação Proporcional. Eles acham que é um "bocado esquisita". Na melhor das hipóteses, é uma questão secundária. Os políticos do partido se esforçam para manter essa timidez, porque sabem muito claramente, que o que é chamado de Representação Proporcional, cujo único voto transferível em grandes currais eleitorais, trazendo uma dúzia de membros ou mais, é extinção para o mero partido picareta e é destruição para as organizações partidárias.[81]

O sistema da máquina eleitoral nos Estados Unidos é mais elaborado, mais profundamente enraizado legalmente na Constituição e, ilegalmente, no sistema de despojos, e pode provar ser mais difícil para modernizar o sistema britânico, que é baseado sobre uma antiquada tradição de castas. Mas tanto o Parlamento, como o Congresso são, essencialmente, similares em sua qualidade fundamental. Eles negociam títulos de nobreza, concessões e o bem-estar social, e só são amáveis na adversidade e, finalmente, para os movimentos da opinião pública. É uma questão em aberto se eles são muito mais sensíveis ao

---

Como terminaram essas coletivizações, na prática, desde a URSS de Stalin a Putin, até uma das mais recentes delas, na Venezuela de Chavez e Maduro? Por um lado achava essa dicotomia prejudicial e procurava uma terceira via, mas, em contradição, terminava por reafirmar uma delas, modificada em detalhes e mantida no principal: coletivização/socialização, ou seja, Estado máximo, tributador e controlador da economia.
[81] Não entendi porque ele disse que a Representação Proporcional é extinção dos partidos golpistas e a destruição das organizações partidárias.

sentimento popular do que os ditadores que denunciamos tão abertamente como sendo a antítese da democracia. Eles revelam um grande desprezo pelas respostas das massas. Eles explicam menos. Eles ignoram mais. Os ditadores precisam continuar falando e falando, nem sempre com sinceridade, mas precisam conversar. Um ditador mudo é inconcebível.

Em tais tempos de estresse extenso e crise como o presente, a lentidão maçante, a ineficiência e o desperdício do sistema partidário tornam-se tão manifestos que algumas de suas piores pretensões são deixadas de lado. O jogo partidário está suspenso. A oposição de Sua Majestade abandona a pose de defender os interesses dos cidadãos comuns contra aqueles cabras safados nas cadeiras do governo; Republicanos e Democratas começam a cruzar a linha partidária para discutir a nova situação. Inclusive os homens que vivem profissionalmente pela safadeza parlamentar (Congressistas), abandonam a carreira se estiverem com muito medo da situação dos negócios. A aparência de um governo nacional de todos os partidos unificados na Grã-Bretanha, em pouco tempo, parece inevitável.

A Grã-Bretanha, com efeito, tem virado socialista em uns dois meses; ela também está suspendendo os partidos políticos. Do mesmo jeito que os Estados Unidos fizeram na grande crise. E em ambos os casos, isso aconteceu porque a podridão e a ineficiência da política partidária fediam até bater no céu diante do perigo. E, já que em ambos os casos, o Partido do Governo levantou as mãos e fugiu, existe alguma razão admissível pela qual nós deveríamos

deixá-lo voltar a qualquer vestígio de vitória ou restabelecimento, e pela qual nós deveríamos não ir adiante de onde estamos rumo a um regime socialista menos improvisado sob uma administração não-partidária permanente, para a realidade, senão para a forma de um governo socialista permanente?

Agora, aqui eu não tenho nada para sugerir sobre a América. Eu nunca tentei, por exemplo, descobrir as consequências da ausência de ministros executivos do Legislativo. Estou inclinado a pensar que esse é um dos pontos fracos na Constituição e que o costume inglês,[82] que expõe o ministro ao período de perguntas na Câmara e faz dele um dos principais impulsionadores da legislação que afeta seu departamento, é menos complicado e, portanto, um processo mais democrático que o americano. E os poderes e funções do Presidente e do Senado são tão diferentes dos poderes consolidados do Gabinete e do Primeiro Ministro[83], que mesmo quando um cidadão inglês diligentemente "assaltou[84]" os pontos constitucionais, ele ainda está tão perdido para compreender a realidade viva, quase quanto seria se lhe mostrassem a partitura de uma ópera antes de ouvi-la tocar ou os diagramas técnicos de uma máquina que ele nunca tinha visto em funcionamento. Assaz poucos europeus compreendem a história de

---

[82] 'English usage' não quer dizer 'o idioma inglês usado, que expõe...", mas sim, refere-se ao Direito Consuetudinário Inglês, cujas tradições orientam, e há o costume-direito do período das perguntas.
[83] Ele está comparando EUA com Reino Unido, daquele lado Presidente e Senado, deste Gabinete e Primeiro Ministro.
[84] Estudou, devorou, pesquisou – porém, mesmo lendo, não compreendeu nada.

131

Woodrow Wilson, do Senado e de sua Liga das Nações. Eles pensam que "América", que eles supõem ser uma enorme senhora solteira, plantou a última instituição na Europa e depois, deliberadamente, desertou de sua responsabilidade por ela, e eles nunca irão pensar o contrário. E eles acham que "América" manteve-se fora da guerra até o limite máximo da decência, nos sobrecarregou por munições que contribuíram para a vitória comum, e fez uma queixa porque a consequente dívida não foi exonerada. Eles falam assim, enquanto os americanos falam como se nenhum inglês tivesse sido morto entre 1914 e 1918 (tínhamos 800.000 mortos) até que os nobres recrutas americanos se apresentaram para morrer por eles (na ordem de, aproximadamente, 50.000). Saboreiem, por exemplo, até mesmo o título de Inglaterra de Quincy Howe,[85] esperando que cada americano cumpra seu dever. É o pior dos títulos, mas muitos americanos parecem gostar.

Em cima da minha escrivaninha, enquanto escrevo, está um panfleto do Sr. Robert Randall, no estilo de um ofício circular e enfeitado; o qual incita um ataque comum aos Estados Unidos como solução do problema da Europa. Nenhum dos países jamais se sentirá unido a menos que possua um inimigo comum, e o inimigo comum natural da Europa, é declarado,

---

[85] Quincy Howe (1900-1977) foi um jornalista americano, famoso por suas transmissões de rádio durante a Segunda Guerra Mundial, que atuou como editor-chefe da Simon & Schuster de 1935 a 1942. Falando para o público aliado e ouvido por todos sob alcance, acabou-se dizendo "Inglaterra de Quincy Howe", considerado título desagradável para os ingleses por ele não ser daquele país. Seria como anunciar: o Brasil de Maradona está vencendo a Copa.

são os Estados Unidos. Então, para produzir os Estados Unidos da Europa, devemos começar denunciando a Doutrina de Monroe. Eu acredito na honestidade e nas boas intenções do senhor Robert Randall; eu tenho certeza, que ele não é mais bem pago da Alemanha, direta ou indiretamente, do que o senhor Quincy Howe ou o senhor Harry Elmer Barnes; mas, será que, mesmo o mais brilhante dos propagandistas de guerra nazista, poderia ter uma ideia alienante mais eficiente?..

Contudo, eu me desvio do meu tópico. Não sei como os homens sensatos na América estão indo começar o relaxamento da asfixia da Constituição, obter o controle de seu próprio país para tirá-lo das mãos daqueles políticos caricatos e, solenemente astutos, com suas grandes e fortes mandíbulas desenvolvidas por chiclete e, esnobes falando, dos quais as fotografias adicionam um verdadeiro elemento de pavor às páginas da revista *Time*, e como aqueles homens sensatos estão indo abolir o sistema de despojos, descobrir e educar para expandir um serviço civil competente capaz de resgatar as promessas atrapalhadas do *New Deal*, e pôr a América em alinhamento com a reconstrução do resto do mundo. Entretanto, percebo que na política e, realmente, na maioria das coisas, o humor e a sanidade subjacentes dos americanos estão aptos a encontrar uma maneira de contornar e fazer o impossível, e tenho tão poucas dúvidas de que eles irão administrar isso, da mesma maneira que eu tenho quando vejo um artista de rua na sua pequena cadeira e tapete, todo amarrado, erguido com correntes,

esperando até que haja moedas de um centavo suficientes no chapéu para justificar o esforço.

Essas diferenças de método, ritmo e tradição são um grande problema para todo o mundo de língua inglesa. Nós ingleses não respeitamos os americanos o suficiente; estamos muito dispostos a achar que eles são todos Quincy Howes e Harry Elmer Barneses e Borahs e coisa do gênero, monomaníacos[86] anti-britânicos convencidos e desconfiados, que devem ser bem-humorados a qualquer custo; é por isso que nós nunca somos tão francos e rudes com eles como eles merecem. Mas quanto mais nós devemos nos conter, menos os amamos.[87] Irmãos de verdade podem se amaldiçoar e se manter amigos. Algum dia a Bretanha dará à Columbia um pedacinho de sua mente, e isso poderá clarear o ar. Disse-me um inglês exaltado faz um dia ou mais: "Eu peço a Deus que eles continuem fora do fim desta guerra de todo jeito. Nunca devemos ouvir o fim disso se eles não..."

No entanto, em um ritmo diferente, nossas duas pessoas estão viajando em direção aos mesmos objetivos, e é lamentável que uma diferença de

---

[86] **monomania.** [De mon(o)- + -mania.] *S. f.* **1.** *Psiq.* Forma de insanidade mental em que o indivíduo dirige a atenção para um só assunto ou tipo de assunto. **2.** *P. ext.* Atividade dirigida para uma ideia fixa. < Ferreira, Aurélio Buarque de Holanda. Novo dicionário Aurélio da língua portuguesa – 4. ed. – Curitiba : Ed. Positivo ; 2009 >

[87] O ufanismo patriota americano é chato e ajudou a alimentar a ideologia antiamericana surgida espontaneamente e aproveitada por seus muitos inimigos. Também vejo um ufanismo burro propagado pelos políticos pernambucanos do PSB aqui, guardadas as devidas proporções.

sotaque e linguagem faça mais estrago do que uma diferença de idioma.

Até aqui, como a Grã-Bretanha vai, as coisas estão cada vez mais perto de mim, e parece-me que há uma excelente oportunidade agora para pegar o país em um estado de socialização, suspender a política partidária e mantê-lo assim. É uma conclusão lógica, mas amiúde desconsiderada, da possível criação dos Governos Nacionais de Todos os Partidos[88] e da suspensão de eleições, que, como não há oposição, as críticas partidárias devem dar lugar a críticas individuais de ministros e, em vez de substituir governos, nós deveríamos nos estabelecer para eliminar falhas administrativas individuais. Já não precisamos mais restringir nossa escolha de servidores públicos a carreiristas políticos. Podemos insistir em homens que fizeram e podem fazer coisas e, quando quer que uma eleição ocorra, nós podemos organizar um bloco de eleitores apartidários que votarão, possivelmente, num estranho com capacidade comprovada e, de qualquer jeito, insistirão numa declaração clara de serviço concreto que ele prestou ao País de todo candidato ao Parlamento, caso existam, de seus sigilos financeiros, passados e presentes, suas relações familiares e quaisquer títulos, de nobreza ou honoríficos, que possua. Podemos conseguir esses dados necessários publicados e prestar atenção no que os jornais se recusam, mais ou menos, a fazer. E se ainda houver apenas políticos para votar, podemos pelo menos votar e inutilizar nossos títulos de eleitor como forma de protesto.

---

[88] Governos de Coalizão Partidária Total em cada nação.

Atualmente, vemos um serviço público após o outro em uma bagunça através do manuseio incompetente de alguns picaretas partidários e das atividades ocultas das partes interessadas. As pessoas já estão perguntando por que Sir Arthur Salter não está no controle da Allied Shipping novamente, Sir John Orr dirigindo nosso suprimento de alimentos, talvez com Sir Fredrick Keeble para ajudá-lo e, Sir Robert Vansittart no Ministério das Relações Exteriores. Queremos conhecer os indivíduos responsáveis pela incapacidade dos nossos Ministérios da Inteligência e da Propaganda, para que possamos induzi-los a deixar a vida pública. Seria assaz fácil agora agitar um número de pessoas impacientes com um grito de "Competência sem Partido".

A maioria das pessoas nas Ilhas Britânicas está, sinceramente, cansada do Sr. Chamberlain e seu governo, mas não pode enfrentar uma divisão política em tempos de guerra, e o Sr. Chamberlain se agarra no cargo com toda a teimosia de um percevejo. Contudo, se nós não atacarmos o governo como um todo, mas ministros individuais, e se os substituirmos um por um, passado pouco tempo, deveremos ter um governo tão rejuvenescido que até o Sr. Chamberlain perceberá e aceitará sua aposentadoria. Um grupo bem pequeno de pessoas com espírito público, poderia organizar uma Sociedade de Vigilância, ativa para manter essas ideias diante da massa de eleitores e começar a eliminação de elementos inferiores de nossa vida pública. Este seria um trabalho prático de importância primordial em nossa regeneração política. Ele levaria diretamente a uma estrutura política nova e

mais eficiente para prosseguir depois que a presente guerra tiver entrado em colapso ou, caso contrário, findado.

Seguindo em direção a essa campanha pelo sepultamento decisivo do desgastado sistema partidário, lá vem a necessidade por uma busca, muito mais extenuante, por habilidades administrativas e técnicas em todo o país. Não queremos sentir falta de um único jovem que possa ser útil no grande negócio de reformar a Grã-Bretanha, a qual, tem sido tão grosseira, desperdiçada e atrapalhadamente socializada por nossas perturbações da guerra, para que ela possa vir a ser um sistema permanentemente eficiente.

E, desde a base da pirâmide educacional até o ápice do ensino superior de professores, chefes de departamentos e pesquisas, há necessidade de uma tal aceleração das mentes e dos métodos, que apenas um movimento mais ou menos organizado de homens, prudentemente críticos, possa promover. Agora, queremos ministros de qualidade elevada em todos os departamentos, mas em nenhum departamento da vida pública há um homem de entendimento criativo, iniciativa ousada e poder administrativo, tão necessários quanto no Ministério da Educação.

Tão tranquilo e discreto tem sido o fluxo de negócios educacionais no Império Britânico que parece quase escandaloso e é, certamente, "vulgar" sugerir que precisamos de um Ginger Group[89]

---

[89] Refere-se à militância. Grupo Gengibre, equivalente a Grupo Animação. Segundo o *Cambridge Dictionary, of the Cambridge Unversity Press, it is: "a group of people, especially within*

educacional para descobrir e apoiar assim um ministro. Queremos um Ministro da Educação que possa chocar os professores induzindo-os a um autoexame, eletrificar e rejuvenescer velhos senhorios ou guardá-los lá longe, em torres de marfim, e estimular os mais jovens. Sob o sistema partidário, o Ministério da Educação sempre foi um local tranquilo para algum político digno de partido, com um respeito abjeto por sua *Alma Mater*[90] e pelos funcionários permanentes. Durante o período de guerra, quando outros departamentos acordam, o Departamento de Educação afunda dentro da mais profunda letargia. Não se pode *lembrar de só um ministro britânico da educação, desde que há, na história da nossa ilha, tais coisas como ministros da educação, [*lembrar de só um] que significou, de maneira nenhuma, alguma coisa educacionalmente, ou que fez algo por seu próprio impulso que fosse do mínimo valor durante seu tempo.

Suponha que encontremos algum vivo - logo - e o deixemos se abrir!

Novamente, há algo a ser feito muito mais revolucionário que descarregar bombas sobre policiais inocentes ou assassinar monarcas ou ex-monarcas

---

a political party, who try to encourage other people to follow a new, more interesting, or more active way of doing things" ou "um grupo de pessoas, especialmente dentro de um partido político, que tentam incentivar outras pessoas a seguir uma maneira nova, mais interessante ou mais ativa de fazer as coisas."

[90] Mãe que alimenta; refere-se à pátria ou à universidade que tenha formado alguém. Expressão de origem romana.

inofensivos. E, no entanto, está apenas pedindo que um departamento existente seja o que ele finge que é.

Uma terceira direção, para a qual o acúmulo armazenado de alguma sanidade mental deveria direcionar sua atenção, é a injustiça, tosca e indireta, dos nossos métodos atuais de expropriação das antigas classes bem-sucedidas.[91] O único princípio observável parece ser 'viúvas e crianças primeiro'. A socialização está sendo efetuada na Grã-Bretanha e na América de modos idênticos, não por desapropriação visível (com ou sem indenização), mas aumentando o controle do governo e elevando os impostos.[92] Igualmente, nossas grandes comunidades estão entrando no socialismo de trás para frente e sem nunca olhar ao seu redor. Isso é bom, na medida em que essa experiência técnica e essa capacidade diretiva é alterada passo a passo, a partir de trabalho totalmente privado para serviço público, e nesse sentido, cidadãos sensatos e prestativos têm pouco a fazer além de tornar o processo consciente de si mesmo e o público informado da natureza real da mudança, mas é ruim em sua destruição indiscriminada das poupanças, que são o lado mais exposto e vulnerável do sistema obsoleto. Eles são

---

[91] Isto é, praticamente, uma declaração de fundação da Sociedade Fabiana, ao criticar os métodos crassos do socialismo soviético, mas manter os mesmos objetivos com outros meios.

[92] Os EUA e o Reino Unido já tiveram administrações socialistas e, apesar da maioria dos não-norte-americanos desconhecer, não há apenas dois partidos lá. Outra coisa que nos EUA é de conhecimento da população, e aqui apenas os conhecedores de Ciência Política sabem, é que uma forma de socialismo é a que o Estado se apropria do patrimônio privado através do aumento de impostos, tornando-se sócio-majoritário de todos em todo, só que com poder absoluto.

expropriados do mesmo jeito pelo controle de lucros e a tributação e, ao mesmo tempo, sofrem no poder aquisitivo pela aceleração daquele processo de inflação monetária que é o reajuste inevitável, a petição de falência, de uma comunidade que gastou demais.

A classe empresarial diminui e morre; viúvas e órfãos, os idosos que já passaram pelo trabalho e os enfermos que são incapazes de trabalhar, são expostos, em seus anos declinantes, a uma diminuição dolorosa do seu modo de vida; há, sem dúvida, uma redução do desperdício social, mas também há um empobrecimento indireto da opinião livre e da livre iniciativa científica e artística, como as infinitas sociedades, instituições e serviços que têm enriquecido nossas vidas e que foram muito amplamente apoiadas por assinaturas voluntárias, definham. No presente, grande parte dos nossos assistentes sociais, profissionais científicos, artísticos e literários são educados fora do fundo de poupança privada. Numa revolução de guerra de classes, essas pessoas economicamente muito indefesas, mas socialmente muito convenientes, são submetidas a humilhações vingativas - vista como um grande triunfo por seus vizinhos mais sórdidos – mas, uma revolução conduzida com bom senso provavelmente criará um sistema de anuidades e compensações por um tempo, e de assistência para associações outrora voluntárias, que aliviarão as deslocações sociais devido ao desaparecimento de um estrato de pessoas, relativamente livres e independentes, antes de seus sucessores, ou seja, a crescente classe de funcionários aposentados, administradores públicos e assim por

diante, que saem dos empregos, desenvolvem seus próprios métodos de afirmação e empreendimento.

10

DECLRAÇÃO DE DIREITOS DO HOMEM

VAMOS NOS VOLTAR AGORA para outro sistema de problemas na coletivização do mundo, que é a preservação da liberdade no Estado socialista e a restauração daquela confiança sem a qual o bom comportamento é geralmente impossível.

Essa destruição da confiança é um dos males menos claramente reconhecidos da presente fase de desintegração mundial. No passado, houve períodos em que comunidades inteiras ou, pelo menos, grandes classes dentro de comunidades desenvolveram seus negócios com honestidade geral, franqueza e senso de honra pessoal.[93] Eles tinham um orgulho

---

[93] A ingenuidade de Wells na compreensão da disputa pelo poder era grande. Com a aplicação do gramscismo, o próprio socialismo viu que precisava combater o conservadorismo, fazer as coisas dar errado e gerar o caos para conduzir as massas a uma revolta tal que possibilitasse sua chegada ao poder. Desestabilizar o inimigo tornou-se essencial. Então foi estimulado exatamente o contrário daquela honestidade geral, doutrinando-se as massas a ser desonestas, desde a traição dos cônjuges até sócios, vendedores e inquilinos. Como Lenin havia ordenado: destruam-se suas famílias! O resultado foi visível e o homem das décadas anteriores de 1950, em geral, era completamente diferente daquele nos anos 2000. Eis aqui a questão da destruição da **Ética** aristotélica, a pedra no sapato da revolução socialista. O cristianismo também entra nesse pacote como pedra no sapato do socialismo. Já a **Lógica** aristotélica e a cartesiana nos permitem perceber contradições e nos induzem a recusá-las, desvendando essas manipulações subliminares e, logo, também se tornam um incômodo para o socialismo.

entusiasmado na qualidade de suas ações. Eles viveram a vida completamente em termos toleráveis e tolerantes com seus vizinhos. As leis que eles observaram têm variado em países e períodos diferentes, mas sua natureza geral era tornar possível e natural uma vida ordeira e obediente à lei. Eles foram instruídos, acreditaram e tiveram todos os motivos para acreditar: "Isto (aquilo ou aquilo outro) é certo. Faça o certo e nada, a não ser por algum acidente excepcional e estranho, pode bulir com você. A Lei garante você disso. Faça o certo e nada irá tirar o que é seu nem dar errado."

Em nenhum lugar do mundo agora existe muito mais daquele sentimento abandonado e, à medida que ele desaparece, o comportamento das pessoas degenera em direção a um tumulto de pânico, em direção à desonestidade, ao excesso, à formação de quadrilhas, ao acúmulo de desconfiança, dissimulação e toda a baixeza e sentimento anti-social que é resultado natural da insegurança.

Diante do que agora equivale a alguma coisa como uma debandada moral, cada vez mais homens sensatos perceberão a urgência de uma restauração da confiança. Quanto mais a socialização prossegue e quanto mais autoridade diretiva é concentrada, mais necessária é uma proteção eficiente de indivíduos contra a impaciência de funcionários bem-intencionados, de mente estreita ou cruéis e, de fato, de todos os abusos de autoridade possíveis que são inevitáveis à nossa raça perversa, ainda infantil, sob tais circunstâncias.

No passado, o Mundo Atlântico foi particularmente bem-sucedido em expedientes para encontrar esse aspecto da natureza humana. Nosso método característico e tradicional pode ser chamado de o método da declaração fundamental. Nossos povos ocidentais, por um feliz instinto, produziram declarações de Direito, a partir da Magna Carta em diante, para fornecer uma defesa estrutural entre o cidadão e o, necessário, crescimento da autoridade central.

E, claramente, a organização bem-sucedida do coletivismo mais universal e penetrante que agora está sendo imposta a todos nós, será frustrada em seu aspecto mais vital, a menos que sua organização seja acompanhada pela preservação de uma nova Declaração dos Direitos do Homem, que, por causa da crescente complexidade da estrutura social, deve ser mais generosa, detalhada e explícita do que qualquer uma de suas antecessoras.[94] Tal declaração deve se tornar a lei-comum fundamental de todas as comunidades e coletividades reunidas sob a *Pax Mundial*. Ela deveria estar entrelaçada com os objetivos de guerra declarados das potências combatentes agora; deveria se tornar o fato principal em qualquer acordo; deveria ser apresentada aos Estados agora combatentes, para sua aprovação, seu silêncio envergonhado ou sua rejeição.

---

[94] Apesar de ver que ele era um sujeito sincero face ao medo que estava, Wells também queria ser um dos autores dessa histórica declaração que idealizou, um dos pais fundadores dessa nova terra prometida; sonhava em fazer algo útil e ser um vulto mundial inesquecível para a História, ao mesmo tempo em que tentava solucionar o problema do qual tinha pavor (a II Guerra), unindo o útil ao agradável.

Pela ordem, para ser o mais claro possível sobre isto, deixem-me submeter a vocês um esboço para sua consideração desta proposta de Declaração dos Direitos do Homem - usando "homem", é claro, para abranger todos os indivíduos, machos ou fêmeas, da espécie. Esforcei-me por trazer tudo o que é essencial e omitir quaisquer questões secundárias que possam ser facilmente deduzidas de suas declarações gerais. É um esboço para sua consideração. Pontos podem ter sido esquecidos e podem conter repetições e declarações supérfluas.[95]

"Desde que um homem vem a este mundo completamente sem culpa própria, uma vez que ele é manifestamente um herdeiro conjunto das acumulações do passado, e como essas acumulações são mais que suficientes para justificar as reivindicações que são feitas aqui por ele, seguem-se:

"(1) Que todo homem sem distinção de raça, cor, crença ou opinião professada tem direito ao alimento, abrigo, assistência médica e atenção necessárias para realizar todas as suas possibilidades de desenvolvimento físico e mental e se manter em bom estado de saúde desde o nascimento até a morte.

"(2) Que ele tem direito a educação suficiente para torná-lo um cidadão útil e interessado; que a educação especial deve ser tornada tão disponível quanto proporcionada a ele em igualdade de oportunidades para o desenvolvimento de seus dons pessoais a serviço da Humanidade; que ele deve ter

---

[95] Todo escritor deveria fazer uma declaração destas em sua obra porque é impossível que não existam tais falhas em qualquer uma.

fácil acesso a informações sobre todos os assuntos de conhecimento comum ao longo de sua vida e desfrutar da máxima liberdade de discussão, associação e adoração.

"(3) Que ele possa se engajar livremente em qualquer ocupação lícita, ganhando tal salário qual a necessidade de seu trabalho, e o desenvolvimento que este proporciona ao bem-comum e possa justificá-lo. Que ele tem direito a emprego remunerado e a uma livre escolha sempre que houver qualquer variedade de empregos disponíveis para si. Ele pode sugerir o emprego para si e ter sua reivindicação considerada publicamente, aceita ou dispensada.

"(4) Que ele terá o direito de comprar ou vender, sem restrições discriminatórias, qualquer coisa que possa ser comprada ou vendida legalmente, em tais quantidades e com tais reservas que estejam compatíveis com o bem-comum."

(Aqui interpolarei um comentário. Temos que ter em mente que, em um Estado coletivista, comprar e vender para assegurar renda e lucro não será simplesmente desnecessário, mas impossível. A Bolsa de Valores, após sua carreira de quatrocentos e tantos anos, necessariamente, se dissipará com o desaparecimento de qualquer motivo racional, seja para grandes acumulações ou para o armazenamento contra ruína e indigência. Muito antes de chegar a era da coletivização completa, as economias de indivíduos para consumo posterior, provavelmente, serão protegidas por algum desenvolvimento de Sistema Único de Confiança dentro de um serviço público. Eles, provavelmente, terão direito a juros a

uma taxa tal que compense a inflação secular que deveria continuar num crescente enriquecimento da comunidade mundial. Herança e doação em uma comunidade cujos meios de produção e de toda a monopolização possível são coletivizados, podem dizer respeito a poucos objetos, mais do que relativamente pequenos, bonitos e íntimos, que proporcionarão prazer, mas nenhuma vantagem social injusta ao recebedor.)

"(5) Que ele e seus bens pessoais adquiridos legalmente têm direito à proteção policial e legal contra violência privada, ruína, extorsão e intimidação.

"(6) Que ele possa circular livremente pelo mundo às suas próprias custas. Que sua casa ou apartamento particulares ou uma cerca de jardim, razoavelmente limitada é seu castelo, que pode ser acessado apenas com seu consentimento, porém que ele deve ter o direito de ir e vir para qualquer tipo de país, matas de charneca, montanha, fazenda, grande jardim ou que não seja isso, ou sobre os mares, lagos e rios do mundo, onde sua presença não será destrutiva de alguma utilidade especial, perigosa para si mesmo nem seriamente inconveniente para seus concidadãos.

"(7) Que um homem, a menos que seja declarado por uma autoridade competente como um perigo para si mesmo e para os outros, por anomalia mental, com uma declaração que deve ser confirmada anualmente, não deve ficar preso por um período maior que seis dias sem ser acusado de um delito definido em lei, nem por mais de três meses sem

julgamento público. No final deste último caso, se ele não tiver sido julgado e sentenciado pelo devido processo legal, deve ser solto. Nem ele deve ser recrutado para serviço militar, policial ou qualquer outro serviço para o qual tenha objeção de consciência.

"(8) Que, embora um homem esteja sujeito à livre crítica de seus conterrâneos, ele deve ter proteção adequada contra qualquer mentira ou deturpação que possa detratá-lo ou injuriá-lo. Todo registro administrativo e dados de um homem devem estar abertos à sua inspeção pessoal e privada. Não deverá haver dossiês secretos em nenhum departamento administrativo. Todos os dossiês deverão ser acessíveis ao homem a quem concernem e sujeitos à verificação e correção por sua objeção. Um dossiê é apenas um memorando; não pode ser usado como prova sem a devida confirmação em tribunal público.

"(9) Que nenhum homem deve ser submetido a qualquer tipo de mutilação ou esterilização, exceto com o seu próprio consentimento deliberado, dado livremente, nem deve ser submetido à agressão física, exceto na repressão de sua própria violência, nem ser submetido à tortura, espancamento ou qualquer outra punição corporal; ele não deve ser submetido à prisão com tal excesso de silêncio, zoada, luz ou escuridão que cause sofrimento mental, ou a encarceramento em locais infectados, cheios de vermes ou senão em alojamentos insalubres, nem ser colocado em focos de vermes ou na companhia de pessoas infestadas. Ele não deve ser alimentado à força nem empatado de

negar-se a comer se ele assim quiser. Ele não deve ser forçado a tomar remédios, nem estes lhes devem ser ministrados sem o seu conhecimento e consentimento. Que as punições extremas às quais ele pode ser submetido são reclusão de segurança máxima por um período até quinze anos ou sua morte".

(Aqui, eu gostaria de pontuar que não há nada nisso para proibir qualquer país de abolir a pena de morte. Qualquer país de abolir a pena de morte! Nem também afirmo o direito geral de cometer suicídio, porque ninguém pode punir um homem por ter feito isso, se ele escapar. Mas ameaças e tentativas incompetentes de cometer suicídio pertencem a uma categoria completamente diferente. São atos indecentes e angustiantes que podem, facilmente, se tornar um sério transtorno social, contra o qual o cidadão normal tem direito a proteção.)

"(10) Que as disposições e princípios incorporados nesta Declaração devem ser mais completamente detalhados em um código dos direitos humanos fundamentais, que deve ser, facilmente, tornado acessível a todos. Esta Declaração não deve ser limitada nem arquivada sob qualquer que seja o pretexto. Ela incorpora todas as declarações de direitos humanos anteriores. Doravante, para uma nova aurora, ela é a lei fundamental para a Humanidade em todo o mundo.[96]

"Nenhum tratado e nenhuma lei afetando esses direitos fundamentais devem ser impostos a nenhum

---

[96] Muita pretensão de Wells, certamente num momento de devaneio! Redigir, sozinho, uma lei imposta a todo o Planeta!

homem, província ou divisão administrativa da comunidade, que não tenham sido feitos abertamente, por e com a aquiescência, ativa ou tácita, de todo cidadão adulto por elas afetado, ou dado por um voto direto da maioria de seus representantes eleitos publicamente. Em questões de comportamento coletivo, é com a decisão da maioria que os homens devem se conformar. Nenhuma administração, sob um pretexto de urgência, conveniência ou similar, deve ser delegada com poderes para criar ou definir mais delitos ou estabelecer estatutos, que de alguma forma infringirão os direitos e liberdades aqui declarados. Toda legislação deve ser pública e exata. Nenhum trato secreto deve ser obrigatório para indivíduos, organizações ou comunidades. Nenhuma ordem em conselho ou algo correlato, que estenda a aplicação de uma lei, deve ser permitida. Não há fonte de lei senão o povo, e como a vida flui constantemente para novos cidadãos, nenhuma geração do povo pode, no todo ou em parte, renunciar ou delegar o poder legislativo inerente à Humanidade".[97]

    Eu acho que existe alguma coisa que, mentes mais perspicazes do que a minha, podem lapidar em uma Declaração de trabalho que, da maneira mais eficiente, começaria a restauração da confiança que a plataforma mundial precisa. Muito disso pode ser mais bem formulado, mas acho que incorpora a boa vontade geral da Humanidade, de polo a polo. É,

---

[97] Em outras palavras, essa declaração de direitos foi feita apenas por Wells sozinho sem outorga de direitos para representar ninguém, e sem companhia de célebres juristas e intelectuais, mesmo assim ela valeria como norma pétrea imutável inclusive pelas gerações seguintes! Absurdo.

certamente, o que todos nós queremos para nós mesmos. Poderia ser um instrumento muito potente, de fato, na atual fase dos assuntos humanos. É necessário e aceitável. Incorpore isso em seus tratados de paz e artigos da federação, eu diria, e você terá uma base firme, que ficará cada vez mais sólida, para a destemida vida cosmopolita de uma nova ordem mundial. Você nunca obterá esta ordem sem um tal documento. É a chave perdida para infinitas dificuldades contemporâneas.[98]

E se nós, as democracias sérias, não estamos lutando por esses direitos humanos comuns, então pelo que, em nome da aristocracia e da pequena nobreza, da Coroa e da Igreja Estabelecida, da cidade, do jornal *The Times*[99], do Exército e do Clube Naval, nós, britânicos comuns, estamos lutando?

---

[98] Concordo com esse escritor esplêndido, mas sei que não basta um documento. Vivo num país onde eles não saem do papel.
[99] Jornal londrino fundado em 1785 e com alcance por todo o Reino Unido até hoje.

11

POLÍTICAS INTERNACIONAIS

E AGORA, TENDO COMPLETADO nossa imagem de pelo que os elementos sensatos na sociedade humana podem, razoavelmente, trabalhar e esperar, tendo superado os pesadelos horríveis da guerra de classes e do Estado-escravagista totalitário de nossas imaginações, então agora somos capazes de atacar os enigmas imediatos do conflito internacional e do relacionamento com alguma esperança de uma solução geral. Se nós percebermos, de todo o coração, que um acordo mundial baseado nas três ideias de socialismo, lei e conhecimento, não é apenas possível e atraente, mas a única maneira de escapar do aprofundamento do desastre, então manifestamente, nossa atitude em relação aos ressentimentos da Alemanha, os prejuízos da América ou da Rússia, a pobreza e a subnutrição da Índia ou as ambições do Japão, devem ser francamente convenientes. Nenhuma dessas é questão primária. Nós, homens sensatos, nunca devemos perder de vista nosso objetivo final, mas nossos métodos para chegar lá terão que variar de acordo com as alterações flutuantes do sentimento nacional e da política nacional.

Existe essa ideia de federalismo, sobre a qual eu já teci uma crítica no capítulo sete. Como mostrei lá, as propostas de Streit levarão você mais longe, ou pousarão você em lugar nenhum. Vamos supor que

possamos fortalecer suas propostas a ponto de criar um consórcio econômico socialista e a adesão a essa Declaração de Direitos, condições primárias para qualquer união federal; então, torna-se uma questão de humor e ocasião com quais comunidades a associação federal pode ser iniciada. Podemos, ainda, encorajar experimentos federais debilitados que não se aventuram ir tão longe quanto ao longo do caminho do bom senso, na certeza de que ou eles se dissiparão de novo ou se tornarão realidades liberais, do tipo com o qual o mundo inteiro deve, finalmente, se conformar. Por trás dessas tais tentativas indecisas, uma propaganda educacional pode ser ativa e eficiente.

Mas quando se trata da taxa e da quantidade de participação na construção de uma ordem mundial racional, que podemos desejar de qualquer país ou grupo de países, nós estamos em um campo onde existe pouco mais do que adivinhações e generalizações aleatórias sobre "caráter nacional", para se trabalhar em cima delas. Estamos lidando com massas de pessoas que podem ser influenciadas enormemente por um jornal brilhante ou por uma personalidade extraordinariamente persuasiva ou convincente, ou por mudanças quase acidentais no fluxo dos eventos. Eu, por exemplo, não consigo dizer até que ponto a maior parte das pessoas educadas e capazes no Império Britânico pode agora concordar com nossa ideia de aceitar e divulgar um coletivismo, ou quão forte possa ser sua resistência conservadora. É o meu próprio país e eu devo conhecê-lo melhor, e não conheço bastante desapaixonadamente ou bastante profundamente para decidir isso. Eu não vejo

153

como alguém possa predizer esses turbilhões e turbilhões de resposta.

A defesa de tais movimentos da mente e da vontade como estou falando aqui, está, em si mesma, entre as causas operacionais do ajuste político, e aqueles que estão envolvidos na luta são menos capazes de estimar como ela está indo. Cada fator nos assuntos políticos e internacionais é um fator flutuante. O homem sábio, portanto, não colocará seu coração sobre nenhuma incerteza ou combinação particular. Ele favorecerá tudo que se direcionar ao fim que almeja.

O presente escritor alimenta a ideia de que a realização de um propósito comum e de uma herança cultural comum podem se espalhar por todas as comunidades de língua inglesa, e não pode haver danos nos esforços para dar essa expressão concreta. Ele acredita que a dissolução do Império Britânico pode inaugurar essa grande síntese. Ao mesmo tempo, existem fatores contribuindo para uma associação mais estreita dos EUA com o que chamamos de as potências de Oslo. Não há razão para que uma dessas associações deva ficar no caminho da outra. Alguns países como o Canadá já repousam sob o que é, praticamente, uma garantia dupla; ela tem a segurança da Doutrina Monroe e a proteção da Esquadra Britânica.

Uma Alemanha de oitenta milhões de pessoas que foram persuadidas a concordar com a Declaração dos Direitos do Homem, e que já é altamente coletivizada, pode chegar muito mais cedo a um regime socialista completamente liberal[100] do que a

Grã-Bretanha ou a França. Se ela participar de um consórcio para o desenvolvimento das chamadas regiões politicamente atrasadas do mundo, pode já não estar disposta a promover aventuras militares, além de estresse e miséria. Ela pode entrar em uma fase de recuperação social e econômica tão rápida que estimule e responda a todos os outros países do mundo. Não cabe a outros países ditar sua política interna e, se o povo alemão quiser permanecer unido como um povo, em Estados federados ou em um Estado centralizado, não há nenhuma justiça nem sabedoria os impedindo.

Os alemães, como o resto do mundo, têm que ter sucesso com a coletivização, têm que produzir seu padrão, e não podem se entregar a isso[101] se eles são, artificialmente, divididos e desorganizados por algum esquema antiquado do cais de Quai d´Orsay[102]. Eles devem fazer a coisa certa ao seu próprio modo.

---

[100] Não existe regime socialista liberal. O autor conhecia Ciência Política apenas superficialmente. Mesmo assim, ao dizer que a Alemanha era altamente coletivizada, ele entendia que nazismo era uma das formas de socialismo, os socialismos nacionalistas, estando aquele como gênero e este como espécie e nisto acertou.

[101] Refere-se a 'aventuras militares' e a permitir que outros países ditem sua política interna.

[102] Segundo a Wikipédia: "Quai d'Orsay é o nome de um cais na margem esquerda do rio Sena em Paris, que se estende entre a Torre Eiffel e o Palácio Bourbon, onde fica a Assembleia Nacional Francesa e o Hôtel de Lassay, residência do presidente dessa assembleia. Quai d'Orsay é também uma metonímia do Ministério das Relações Exteriores, que ali fica situado, junto ao Palácio Bourbon." Acessado em 01/02/2020. Nota-se que seria a mesma metonímia de 'o Palácio do Planalto' para o Presidente do Brasil, ou seja, Quai d'Orsay quer dizer, o poder político da França. O texto quer dizer que os alemães não podem aceitar aquilo porque a culpa deles estarem sendo divididos e

Que a tradição beligerante possa persistir na Alemanha, por mais ou menos uma geração, é um risco que as potências atlânticas têm de correr. O mundo teria o direito de insistir que, não apenas algum governo alemão, mas o povo em geral, reconhecesse inequívoca e repetidamente, os direitos do homem afirmados na Declaração, e que a Alemanha seja desarmada e que qualquer atitude agressiva, qualquer avião de guerra, navio de guerra, arma ou o arsenal descoberto no país seja destruído imediatamente, de forma brutal e completa. Porém isso é uma coisa que não deveria ser limitada à Alemanha. A Alemanha não deveria ser apontada por isso. O armamento deveria ser uma ilegalidade em todos os lugares, e algum tipo de força internacional patrulharia um mundo vinculado por tratados. Armamento parcial é um desses absurdos queridos por homens "razoáveis" de mente moderada. O próprio armamento está fazendo guerra. Fazendo uma arma, apontando uma arma e disparando-a, são todos atos da mesma ordem. Deveria ser ilegal construir, em qualquer canto do mundo, todo mecanismo com o propósito específico de matar homens. Quando você vê uma arma, é razoável perguntar: "Quem é que planeja matar?"

O rearmamento da Alemanha depois de 1918 foi amplamente tolerado, porque ela jogou com a russofobia britânica contra o medo russo de um ataque "capitalista", contudo, aquela desculpa já não pode servir a nenhum traficante de guerra dissimulado no meio de seu povo, depois do seu pacto com Moscou.

---

desorganizados é, exatamente, de Paris.

Liberada dos encargos econômicos e das restrições que aleijaram sua recuperação após 1918, a Alemanha pode encontrar uma saída completa e satisfatória para a energia de seus homens jovens, na sua coletivização sistemática, elevando o padrão de sua vida comum, deliberada e constantemente, dando à Rússia uma vantagem em eficiência, e forçando a "política" indiferente e a desatenção evasiva do Mundo Atlântico, a permanecer concentradas nas realidades da vida. A ideia de dividir novamente a Alemanha em fragmentos discordantes, de modo a adiar indefinidamente sua recuperação definitiva, é um sonho do preguiçoso pseudo-democrático. É diametralmente oposta à reconstrução mundial. Nós temos necessidade das qualidades peculiares de seu povo, e quanto mais cedo ela se recuperar, melhor para o mundo inteiro. É absurdo retomar a política de conter a Alemanha, simplesmente, para que a velha ordem possa desfrutar de mais poucos anos de auto-indulgência na Inglaterra, França e América.

Um medo demorado da agressão militar alemã pode não ser tão ruim para os Estados menores do Sudeste da Europa e da Ásia Menor, demolindo seu nacionalismo excessivo e os induzindo a trabalhar juntos. A política do homem sensato deveria ser muito mais bem acolhida por todos os experimentos possíveis em entendimentos internacionais duplicados, e sobrepostos um sobre o outro. Ele tem que assistir as atividades de seu próprio ministério das relações exteriores com inveja incessante, em busca de sinais daquele espírito maquiavélico que fomenta a divisão entre governos e povos estrangeiros e planeja, perpetuamente, frustrar o movimento progressivo nos

assuntos humanos, convertendo-o num vai-e-vem indeciso da balança do poder.

Este livro é uma discussão de princípios orientadores, e não dos intermináveis problemas específicos de ajuste, que surgem no caminho para a concretização mundial da unidade coletiva. Eu vou só passar a vista naquela velha ideia de Napoleão III, a União Latina, por meio da possibilidade de uma situação na América do Sul espanhola e portuguesa, paralela àquela amontoação da Doutrina Monroe e das pátrias europeias, coisa que já existe, na prática, no caso do Canadá; e também não discorrerei sobre as múltiplas possibilidades de aplicação sincera da Declaração dos Direitos do Homem na Índia e na África – e, particularmente, para essas partes do mundo nas quais mais ou menos povos negros estão despertando para as realidades da discriminação racial e da opressão.[103]

Eu vou contar uma passagem advertindo contra qualquer tratamento maquiavélico do problema do Norte e do Leste da Ásia, no qual os britânicos podem ser conduzidos por sua russofobia congênita. O coletivismo soviético, especialmente se atualmente ele se tornar liberalizado e mais eficiente por meio de uma cura da sua corrente obsessão por Stalin, pode se espalhar muito efetivamente pela Ásia Central e China. Para alguém alimentado mentalmente em cima das ideias de uma infindável competição de potências

---

[103] Exatamente tudo o que é apresentado para as populações hoje como doutrina social. Não obstante a parte que discordo (e essa não é uma delas), Wells era muito inteligente e, já em 1940 conseguia enxergar problemas sociais vivos até hoje, infelizmente.

visando uma hegemonia para todo o sempre, uma aliança com o Japão, um Japão tão truculento e militarizado quanto possível, parecerá a resposta mais natural do mundo. Contudo, para qualquer um que tenha compreendido a realidade da presente situação da Humanidade e a conveniência urgente da coletivização mundial, essa unificação imensa será algo para acolher, criticar e ajudar.

O velho pesadelo dos "projetos para a Índia", por parte da Rússia, também pode fazer sua parte para distorcer a situação asiática para muitas pessoas. No entanto, uma centena de anos de negligência misturada à exploração e surtos ocasionais de genuína solicitude, deveriam ter ensinado aos britânicos que o destino final das centenas de milhões da Índia não repousa agora sobre nenhum governante conquistador, mas total e exclusivamente na habilidade dos povos indianos para cooperar na coletivização mundial. Eles podem aprender muito por meio do preceito e exemplo da Rússia e do mundo de língua inglesa, porém os dias para mera revolta ou para assistência por uma mudança de mestres passaram. A Índia tem que resolver por si mesma, com sua própria maneira de participação na luta por uma ordem mundial, a partir do *Raj* britânico como uma linha de referência. Nenhum poder externo pode resolver isso para os povos indianos, nem forçá-los a resolver se eles não tiverem vontade.

Mas eu não vou vaguear mais além no meio desses problemas e possibilidades em constante transformação. Elas são, por assim dizer, eventualidades e oportunidades marginais. Imensas,

embora algumas delas permaneçam secundárias. Todo ano, ou então agora, as mudanças de canais da política precisam ser recarregadas. As atividades e respostas do homem sensato, em qualquer país específico e em qualquer tempo específico, serão determinadas sempre pela concepção dominante de um movimento secular para uma só ordem mundial. Esse será o objetivo permanente implícito de toda a sua vida política.

Há, todavia, outra linha de consolidação mundial para a qual deve ser chamada a atenção antes de concluirmos esta seção, e é o que podemos chamar de internacionalismo *ad hoc*[104] que é admiravelmente demonstrado no *Governo Internacional* de Leonard Woolf, um clássico publicado em 1916 e que ainda constitui uma leitura proveitosa.

A típica organização *ad hoc* é a União Postal, que David Lubin, aquele brilhante pensador desprezado, teria desenvolvido até controlar o transporte e equalizar fretes por todo o mundo. Ele baseou suas ideias na sua experiência prática nos negócios de encomendas por correspondência, do qual derivou sua fortuna muito considerável. A partir daquele problema de ajuste de frete, ele passou à ideia

---

[104] Latim; significa 'para isto' ou 'para o ato'; no Direito, por exemplo, seria o caso de não haver defensor público numa audiência e o juiz nomear um advogado como 'defensor ad hoc', que teria tal atribuição apenas para aquela audiência; o mesmo poderia se dar com oficial de justiça, chefe de secretaria, oficial do cartório, etc. Então a expressão aqui significa 'internacionalismo substituto' ou 'internacionalismo reserva'. É um 'tapa-buraco' para uma emergência. Ele diz ad hoc, porque são entidades privadas, já que considera que o titular ideal para tal empreitada é o Estado global.

de uma pesquisa controlada do mundo, para que uma escassez aqui ou um excesso ali, pudesse ser previsto e remediado a tempo. Ele teve a visão na forma do Instituto Internacional de Agricultura em Roma, que em seu apogeu fez tratados como um poder soberano independente, para o suprimento de devoluções a partir de quase todos os governos da Terra. A guerra de 1914 e a morte de Lubin em 1919, assinalaram o desenvolvimento desse experimento, admirável e mais inspirador, do internacionalismo *ad hoc*. Sua história é, certamente, algo que deveria fazer parte da educação obrigatória de todos os estadistas e jornalistas. No entanto, nunca na minha vida conheci um político profissional que sabia alguma coisa qualquer que fosse, ou que queria saber alguma coisa sobre ela. Ele não recebeu votos; pareceu difícil rotulá-lo; qual foi o bom disso?

Outra organização *ad hoc* que pode ser capaz de uma extensão considerável de suas funções é a *Elder Brethren of Trinity House*, que controla os faróis e os mapas dos mares em todo o mundo. Mas seria necessária uma revisão e uma extensão assaz considerável do livro do Sr. Woolf e, apesar das tensões da guerra que têm atrasado e, em alguns casos, revertido seu desenvolvimento, estaria muito além do nosso presente alcance, atualizar o percurso histórico de redes de trabalho internacionais *ad hoc*, classificando desde convênios comerciais internacionais, organizações científicas e técnicas, repressão ao tráfico de escravos brancos e cooperação policial internacional, até serviços de saúde e missões religiosas. Do mesmo jeito que sugeri que os Estados Unidos e a Grã-Bretanha podem se tornar socialismos

completos sem saber, também não é um sonho totalmente impossível que o mundo descubra, para sua grande surpresa, que já é praticamente uma cosmópole, através da extensão e do entrelaçamento dessas cooperações *ad hoc*. Em todo caso, temos esse processo colateral muito poderoso, seguindo lado a lado com os esquemas políticos mais definidos que nós discutimos.

Examinando as possibilidades desses vários ataques sobre os obstáculos, complicados e intrincados, que se levantam entre nós e uma nova e mais esperançosa ordem mundial, percebem-se tanto as razões para a esperança naquela grande possibilidade, quanto o absurdo demasiado do excesso de confiança. Somos todos como soldados num vasto campo de batalha; não podemos ter certeza da tendência das coisas; podemos ficar exaltados quando a desilusão estiver laçando-se impetuosamente sobre nós; podemos estar à beira do desespero, sem saber que nossos antagonistas já estão em colapso. Minhas próprias reações variam entre uma fé quase mística no triunfo final da razão humana e da boa vontade, e a propensão de determinação estóica para continuar até o fim, diante do que parece algo como um desastre inevitável. Há fatores quantitativos nas perspectivas, para os quais não têm dados; existem elementos de tempo e oportunidade além de qualquer estimativa. Cada uma dessas atividades que estivemos investigando, tende a atrasar a aproximação da destruição e fornece um ponto de apoio para uma nova contra-ofensiva ao adversário.

No companheiro predecessor deste livro, *O Destino do Homo sapiens*, tentei persuadir do fato de que nossa espécie não tem mais motivos para acreditar que possa escapar da derrota e da extinção, do que qualquer outro organismo que desempenhe ou tenha desempenhado seu papel no drama da vida. Eu tentei deixar claro como é precária a nossa situação atual e quão urgente é que façamos um esforço extenuante para nos ajustar agora. Somente um tempinho atrás, parecia que isso era um apelo a um mundo surdo e cego, invencivelmente plantado em seus modos habituais na questão sobre se essa inclinação ao pessimismo refletia um humor ou uma fase em mim mesmo, e eu apresentei uma sugestão qualificada ou algo assim; mas, da minha parte, não achei nenhum motivo sério para acreditar que o esforço mental que era claramente necessário para que o homem escapasse daquele destino que marchava sobre si, jamais seria feito. Suas resistências conservadoras, sua apatia, pareciam incuráveis.

Agora, de repente, em todo lugar, a gente se encontra com mentes alarmadas, abertas e perguntadoras. Até agora, as tremendas deslocações da presente guerra foram imensamente benéficas em despir o que pareciam ser ilusões de segurança, bastante invencíveis, apenas um ano atrás. Eu nunca esperava viver para ver o mundo com seus olhos tão, amplamente, abertos quanto eles estão hoje. O mundo nunca esteve tão alerta. Pouco pode vir disso, muito pode vir disso. Nós não sabemos. A vida não significaria absolutamente nada se soubéssemos.

12

ORDEM MUNDIAL EM ESSÊNCIA

NÃO HAVERÁ, então, dia certo quando uma nova ordem mundial surgir. Passo a passo, aqui e ali, ela chegará e, mesmo assim ela surgirá, desenvolverá novas perspectivas, descobrirá problemas insuspeitos e seguirá para novas aventuras. Nenhum homem, nem grupo de homens, jamais será evidenciado como seu pai ou fundador. Pois seu criador não será este homem, nem aquele homem, nem qualquer homem, mas O Homem, aquele ser que, em alguma medida, está em cada um de nós. A ordem mundial será, como a Ciência e como a maioria das invenções, um produto social, onde um número incontável de personalidades terá vivido excelentes existências, derramando o seu melhor na conquista coletiva.

Podemos encontrar em pequena escala, um paralelo ao provável desenvolvimento de uma nova ordem mundial, na história da aviação. Menos de um terço de século atrás, noventa e nove pessoas em cada cem, teriam lhe dito que voar era impossível; pipas e balões e, possivelmente, até um dirigível elas poderiam imaginar; elas sabiam dessas coisas há uns cem anos; mas uma máquina mais pesada que o ar, voando e desafiando o vento e a gravidade! Aquilo elas entendiam que fosse absurdo. O suposto aviador era o típico inventor cômico. Qualquer cabra besta

poderia mangar dele. Agora considere como o ar está, completamente, conquistado.

E quem fez isso? Ninguém e todo mundo. Mais ou menos vinte mil cérebros, cada qual contribuindo com uma ideia, um dispositivo, uma amplificação. Eles estimularam um ao outro; eles saíram um do outro. Eles eram como gânglios excitados em um cérebro maior, transmitindo seus impulsos para lá e para cá. Eram pessoas das mais diversas raças e cores. Você pode registrar, quiçá, uma centena de pessoas aproximadamente, que figuraram conspicuamente no ar e, quando você examina o papel que lhes tocou, descobrirá, em sua maior parte, que são meras celebridades do tipo Lindbergh, que se colocaram modestamente, mas firmemente no centro das atenções e não podem reivindicar, de maneira válida, qualquer contribuição efetiva seja ela qual for. Você encontrará muitas disputas sobre registros e prioridade na criação deste ou daquele passo em particular, mas as linhas de sugestão, o crescimento e elaboração da ideia foram um processo completamente impossível de rastrear. Isso vem acontecendo há não mais do que um terço de século sob os nossos próprios olhos, e ninguém pode dizer, exatamente, como isso se sucedeu. Um homem disse: "Por que não isto?" e tentei, e outro disse: "Por que não aquilo?" Uma vasta miscelânea de pessoas teve uma ideia em comum, uma ideia tão antiga quanto *Dædalus*[105], a ideia de que "o homem pode

---

[105] As letras 'a' e 'e' juntas, 'ae', têm som de 'é' em latim. Daí que se traduz por Dédalo. Artesão da mitologia grega, considerado inventor da carpintaria e, que teria construído o labirinto para Minos, rei de Creta. Este o aprisionou com seu

voar". De repente, rapidamente, ela se expandiu - aquela é a única frase que você pode usar - que voar era possível. E o homem, homem como um ser social, voltou sua mente para isto seriamente e voou.

Desse jeito, com certeza, será com a nova ordem mundial se ela alguma vez for alcançada. Uma crescente miscelânea de pessoas está dizendo - está acontecendo - aquela "*Pax* Mundial é possível", uma *Pax* Mundial na qual os homens serão, não apenas unidos, mas livres e criativos. É, absolutamente, sem importância nenhuma que quase todo homem de cinquenta anos ou mais receba a ideia com um sorriso de pena. Seus principais perigos são o sujeito dogmático e o aspirante a "líder" que tentará suprimir todas as linhas colaterais de trabalho que não sirvam à sua supremacia. Esse movimento deve ser e permanecer em muitas cabeças. Suponha que o mundo tivesse decidido que Santos Dumont[106] ou Hiram Maxim fosse o Mestre do Ar enviado do céu, tivesse lhe dado o direito de apontar um sucessor e sujeitado todos os experimentos a seu controle iluminado. A gente, provavelmente, teria o Mestre do Ar agora, com um cordão dos puxa-sacos aplaudindo, seguindo os pulos de algum aparato atrapalhado, inútil

---

filho Ícaro, mas eles escaparam usando asas que Dédalo tinha feito e fixou com cera. Ícaro voou muito perto do sol, a cera derreteu e ele morreu.

[106] Santos Dumont, na época tinha fama semelhante à de Einstein hoje, por isto está citado num livro do britânico Wells dentro de um contexto referente ao ápice da tecnologia atingida na época. Mas tudo passa. Mesmo assim, Wells é sábio o suficiente para escapar dos ingênuos ufanismos locais, que reivindicam invenções importantes para compatriotas como se elas fossem fruto de uma pessoa sozinha.

e extremamente perigoso através do País, com a mais elevada dignidade e auto-satisfação. ...

No entanto, é exatamente assim que nós ainda definimos nossos problemas políticos e sociais.

Estando com este fato essencial em mente, que a Paz do Homem só pode ser alcançada, se for alcançada de qualquer modo, por um avanço sobre uma longa e variada frente, em velocidade alternável e com diversos equipamentos, mantendo a direção somente por uma fé comum na tripla necessidade de coletivismo, lei e pesquisa, nós percebemos a impossibilidade de desenhar qualquer quadro da nova ordem como se ela fosse tão segura e estável quanto a velha ordem se imaginava ser. A nova ordem será incessante; as coisas nunca irão parar de acontecer e, assim, ela desafia qualquer descrição utópica. Mas podemos, no entanto, reunir um número de possibilidades que serão cada vez mais praticáveis, conforme a maré de desagregação baixa e a nova ordem é revelada.

Para começar com alguma coisa, nós precisamos compreender certas peculiaridades do comportamento humano que são, total e completamente, ignoradas na especulação política geral. Nós devemos considerar o papel muito importante que pode ser desempenhado em nossas dificuldades contemporâneas por uma declaração clara dos Direitos do Homem, e fizemos um esboço dessa Declaração. Não tem um item naquela Declaração, eu acredito, que um homem não considere ser uma demanda razoável – até onde ele é mencionado. Ele vai aderir a ela, naquele espírito,

167

muito facilmente. Mas quando lhe pedem não apenas para ceder, pelo mesmo gesto, a todas as outras pessoas no mundo, porém como algo pelo que ele devia fazer todos os sacrifícios necessários para sua realização prática, ele descobrirá uma relutância em "ir tão longe assim". Ele encontrará uma séria resistência brotando de seu subconsciente e tentando justificar-se em seus pensamentos.

As coisas que ele vai lhe contar serão muito variáveis; contudo, a palavra "prematuro" desempenhará um papel enorme nela. Ele demonstrará uma tremenda ternura e consideração com as quais você nunca lhe creditou antes, para com serviçais, trabalhadores, estrangeiros e, em particular, estrangeiros de uma cor diferente da sua. Eles se machucarão com toda essa liberdade perigosa. Ele lhe perguntará: Eles estão prontos para toda essa liberdade? "Candidamente, eles estão prontos para isso?" Ele ficará um tanto ofendido se você responder: "Tanto quanto você". Ele vai dizer, em um tom um tiquinho divertido: "Mas como você pode dizer isso?" e então, saindo um pouco pela tangente: "Eu me assusto que você idealize suas criaturas-semelhantes."

Conforme pressioná-lo, você encontrará essa gentileza evaporando completamente da sua resistência. Ele agora está preocupado com a beleza geral e a boniteza do mundo. Vai reclamar que esta nova Carta Magna reduzirá o mundo todo a "um nível morto de uniformidade". Você vai perguntar a ele: por que um mundo de homens-livres tem que ser uniforme e de um nível morto? Você não receberá resposta adequada. É uma suposição de vital

importância para ele e ele deve se apegar a ela. Foi acostumado a associar "livre" e "igual", e nunca teve a mente brilhante o suficiente para separar essas duas palavras e dar uma boa olhada nelas separadamente. Está, provavelmente, para retroceder a esse estágio sobre aquela bíblia do gentil impotente, o Admirável Mundo Novo de Huxley[107], e implora para que você o leia. Você deixa de lado aquela fantasia desagradável e continua a pressioná-lo. Ele diz que a natureza fez os homens desiguais, e você responde que isso não é motivo para exagerar o fato. Quanto mais desiguais e variados forem seus dons, maior é a necessidade de uma carta magna para protegê-los um do outro. Então ele vai conversar sobre estar tirando a vida do pitoresco e do romântico e você terá alguma dificuldade em conseguir definir essas palavras. Mais cedo ou mais tarde, ficará claro que ele acha a expectativa de um mundo no qual "Zé é tão bom quanto seu patrão", desagradável em último grau.

Se você ainda sondá-lo com perguntas e sugestões importantes, começará a perceber quão grande é o papel que a carência por glória acima de seus semelhantes desempenha em sua composição (e, por acaso, note, por favor, que você possui uma

---

[107] Publicado em 1932 sob o título Brave New World, é a principal obra de Aldous Huxley. Traduzido para o português por Admirável Mundo Novo com várias edições. Huxley foi um dos mais famosos escritores ingleses, indicado sete vezes para o Prêmio Nobel de Literatura, que não venceu. Ganhador de outros prêmios importantes, aristocrata, estudou em Oxford, usuário de drogas e foi precursor do movimento psicodélico hippie que difundia que as drogas abriam a mente e buscava, semelhante ao que Nietzsche havia pregado, estimular a substituição do cristianismo pelo hinduísmo. Exerceu forte influência sobre os Beatles, com sua foto na capa do principal álbum.

satisfação secreta vencendo o argumento contra ele). Ficará claro para você, se comparar o espécime sob exame com o comportamento das crianças, você mesmo e as pessoas a seu redor, sob qual necessidade urgente elas estão em relação ao senso de triunfo, de estar sendo melhor e fazendo melhor que seus semelhantes, e tendo esse senso sentido e reconhecido por alguém. É um impulso firme e mais profundo do que a luxúria sexual; é uma fome. É a dica para o desamor de tanta vida sexual, para impulsos sádicos, para avareza, acumulação e, contínuas e intermináveis, desonestidade e traição, que dão aos homens a sensação de tirar o máximo proveito de outrem, mesmo que não consigam o apanágio.

Em última instância, isto é o porquê nós devemos ter leis e porque a Carta Magna e todos os seus documentos análogos estabelecem derrotar a natureza humana em defesa da felicidade geral. A lei é, essencialmente, um ajustamento daquele desejo de glória sobre outros seres vivos, em favor das necessidades da vida social, e é mais necessária em uma sociedade coletivista do que em qualquer outra. É uma barganha, é um contrato anti-social, para fazer o que nós deveríamos ter feito por e para reprimir nossos egoísmos extravagantes em troca de concessões recíprocas. E, em face dessas considerações, avançamos quanto à verdadeira natureza da fera com a qual temos que lidar, e é evidente que a política do homem sensato, como as argumentamos, deve antecipar uma forte oposição a esse implemento vital primário para acarretar a nova ordem mundial.

Eu tenho sugerido que a discussão atual de "Metas da Guerra" pode, muito efetivamente, ser transformada na propaganda desta nova Declaração dos Direitos do Homem. A oposição a ela e as tentativas que serão feitas para adiar, mitigar, abafar e esvaziá-la precisam ser vigiadas, denunciadas e combatidas persistentemente em todo o mundo. Não sei até que ponto esta Declaração que eu esbocei pode ser aceita por um bom católico, mas o Totalitário pseudo-filósofo insiste na desigualdade de tratamento para "não-arianos" como um glorioso dever. Como os comunistas responderiam às suas cláusulas eu suponho que fosse depender das suas ordens de Moscou. Mas os que são chamados de "democracias" presumem-se ser diferentes, e seria possível agora fazer daquela Declaração um teste minucioso da honestidade e do espírito dos líderes e governantes em quem confiam. Esses governantes podem ser levados ao ponto, com uma precisão inatingível por qualquer outra maneira.

Entretanto, os tipos e personagens, autoridades e funcionários, indivíduos arrogantes e agressivos que irão se assustar com esta Declaração, contestá-la e desafiá-la, não esgotam as resistências de nossa natureza degenerada a esse implemento para o estabelecimento de justiça elementar no mundo. Visto que uma proporção muito maior de pessoas dentre as "democracias" será encontrada, que prestará atenção e então, começa descobrindo como, em seu desejo inato por aquele senso de superioridade e vantagem que repousa tão perto do núcleo das nossas vontades individuais, descobrindo como elas podem sabotá-la discretamente e burlá-la. Mesmo que elas apenas

fraudem-na só um pouquinho. Eu estou inclinado a achar que essa perfídia é uma fraqueza universal. Eu tenho uma verdadeira paixão por servir o mundo, mas tenho uma disposição assaz aguçada para receber mais remuneração pelo meu serviço, mais reconhecimento, e assim por diante, do que mereço. Eu não confio em mim. Eu quero estar sob leis justas. Nós queremos lei porque somos todos potenciais infratores da lei[108].

Isto é uma considerável digressão dentro da psicologia, e eu não farei mais do que olhar de relance para quão amplo papel, este desejo por superioridade e maestria, tem tocado nas práticas sexuais da Humanidade. Lá, temos os meios prontos para um

---

[108] Brilhante frase de Wells. A lei existe, exatamente, porque o ser humano não é perfeito, porque santos e heróis são raríssimos e porque uma hora ou outra cada um de nós irá praticar uma conduta que precisará ser coibida pelos outros. Mas não quer dizer que apenas leis escritas funcionem, pois a Inglaterra é um dos melhores países do mundo com suas leis costumeiras. Normas são necessárias para a convivência pacífica em grupos. Essa admissão da natureza humana como ela é, em vez da ingenuidade ou hipocrisia exagerada de um platonismo, foi declarada por Erasmo de Rotterdam, ao fundar O Humanismo com seu Elogio da loucura, e seguida no personagem Sancho Pança de Cervantes, na dicotomia Quixote (platônico-idealizado) Sancho (aristotélico-realista). No Direito Penal existe o brocado 'O Direito não foi feito para heróis', antiqüíssimo, e vindo, precisamente, dali. Claro que heróis não precisariam de leis, mas nunca houve uma coletividade de heróis, nem sequer heróis perfeitos. Para que ninguém seja surpreendido e diga "eu não sabia que a punição era esta" ou "eu não sabia que isto era proibido", então as normas prévias são criadas e isto é conhecido como segurança jurídica. Há um provérbio latino usado no Direito e que confirma tudo isto: *ubi societas, ibi jus* (onde houver sociedade, haverá o Direito), pois, é certeza que surgirão os desentendimentos. Este capítulo todo é brilhante para se refletir sobre a mesquinhagem da natureza humana.

alívio considerável dessa tensão egoísta na fanfarronice e segurança mútuas. Contudo, o motivo de sua digressão aqui é enfatizar o fato de que a generalização de nossas "Metas da Guerra" para dentro de uma Declaração de Direitos, embora simplifique enormemente a questão da guerra, não vai eliminar a oposição aberta e sincera, nem as infinitas possibilidades de traição e sabotagem.

Tampouco altera o fato de que, mesmo quando a luta parece estar caminhando definitivamente para uma social-democracia mundial, ainda pode haver atrasos e desapontamentos muito grandes antes que ela se torne um sistema mundial eficiente e benéfico. Inúmeras pessoas, de marajás a milionários e de verdadeiros cavalheiros a senhoras lindas, odiarão a nova ordem mundial, ficaram infelizes pela frustração de suas paixões e ambições através do advento dela e morrerão protestando contra ela. Quando tentamos estimar sua promessa, devemos ter em mente a angústia de uma geração ou mais de descontentes, muitos deles pessoas bastante galantes e de boa-aparência.

E não será matéria fácil minimizar a perda de eficiência no processo de mudança do espírito e do orgulho do trabalho de administração daquele investidor bem-remunerado, com uma bela ostentação de gastos e uma esposa socialmente ambiciosa, para um homem relativamente menos bem-pago e com um elevado nível de autocrítica, ciente de que será mais estimado em razão do que ele coloca no seu trabalho que pelo que obtém dele. Haverá muita efusão social,

tragicomédia e perda da eficiência durante o período da mudança, e é melhor estar preparado para isso.

  Contudo, depois de fazer concessões a essas tensões de transição, nós ainda podemos esperar com alguma confiança por certas fases no início da Ordem Mundial. A guerra, ou o medo dela, levarão todos os lugares à concentração de um vasto número de trabalhadores, à fabricação de munições e à construção de estruturas ofensivas e defensivas de todos os tipos, para a frota naval, as comunicações internas, estruturas de reposição e fortificação. Haverá tanto um grande acúmulo e controle de material e maquinário industrial, quanto também de mãos já bem acostumadas a manuseá-lo. Conforme a possibilidade de vitória conclusiva se esvai e essa bagunça de guerra passa de sua fase distintamente militar em direção à revolução, e conforme algum tipo de Congresso da Paz se reúne, será não apenas desejável, mas necessário aos governos, devolver esses recursos e atividades para a reconstrução social. Será, obviamente, muito perigoso e um desperdício colocá-los para fora do emprego. Eles certamente devem ter aprendido agora o que desemprego significa em termos de desorganização social. Os governos terão que restabelecer o mundo, planejar e edificar a paz, quer queiram, quer não queiram.

  Mas será perguntado: "Onde você encontrará o crédito para fazer isso?" e para responder a essa pergunta, devemos reiterar o fato de que o dinheiro é um instrumento e não um fim. O mundo terá o material e as mãos necessárias para um recondicionamento de sua vida em todo lugar. Eles

174

estão todos ao seu redor agora clamando para ser usados. É, ou de qualquer jeito tem sido, a função do sistema de crédito monetário contemporâneo reunir trabalhadores e materiais e estimular sua união. Esse sistema sempre justificou suas atividades nesse terreno, ou seja, seu direito de existir e, se ele não existe para esse propósito, então para qual propósito existe e que outra necessidade tem para ele? Se agora o mecanismo financeiro não quer funcionar, se ele nos confronta com um *non possumus*[109], então, claramente, renuncia a sua função.

Então ele tinha que sair do caminho. Vai declarar que o mundo tinha parado quando a verdade será que a cidade tinha parado. É o escritório de contabilidade que faliu. Faz muito tempo que agora, um número crescente de pessoas faz perguntas sobre o escritório contábil mundial, indo até o fim para tais questões fundamentais como "O que é dinheiro?" e "Por que os bancos existem?" É desconcertante, mas estimulante, descobrir que não há resposta lúcida se aproximando.

Alguém pode ter imaginado que, bem antes disto, um dos numerosos grandes banqueiros e especialistas financeiros em nosso mundo, se apresentaria com uma justificativa clara e simples para as práticas monetárias de hoje. Ele teria mostrado o quão completamente razoável e confiável esse sistema de crédito monetário era. Ele teria mostrado o

---

[109] Nos confronta com um "não", uma negativa. Non possumus, em latim literalmente significa, não podemos. Tratam-se daquelas inabilitações que os bancos, empresas e negócios em geral dão para a maioria das pessoas comuns.

que havia, temporariamente, errado com ele e como colocá-lo para funcionar novamente, como o eletricista faz quando as luzes se apagam. Ele teria nos libertado de nossa angústia que se aprofunda por causa do dinheiro no Banco, nossa pequena reserva de títulos entocada,[110] o esvaziamento do colete salva-vidas da propriedade que garantiria nossa independência até o fim. Ninguém daquela qualidade se apresenta. Não tem alguém tão grande quanto um Bagehot[111] nestes últimos dias. Fica cada vez mais claro para nós que não é totalmente um sistema e nunca foi um sistema, mas sim um acúmulo de convenções, usos, desenvolvimentos colaterais e expedientes compensatórios, que agora rangem e oscilam cada vez mais, e dando a todos o sinal de um colapso social completo e horripilante.

A maioria de nós acreditou até o derradeiro momento que, em algum lugar distribuído entre os bancos e prefeituras em um tipo de escritório de contabilidade mundial, havia livros contábeis, quiçá numerosos e intrincados, todavia, no fim das contas, só contas convenientes. Somente agora está ficando claro, para as pessoas decentes e confortáveis, que a casa de contagem está em uma bagunça desesperada, que códigos parecem ter sido perdidos, entradas erradas, adições desviadas para baixo da coluna, registros mantidos em tinta que se apagou. . . .

---

[110] O mesmo que guardar na toca, como um bichinho. Enfurnar. Squirrel é esquilo. Usá-lo como verbo, como 'esquilar' é uma maneira de falar exclusiva deles e sem tradução exata para nós. Entocar se aproximou quase que com perfeição. Guardar em lugar seguro.

[111] Walter Bagehot (1826 – 1877) foi um escritor britânico, jornalista e empresário.

Por anos, tem havido uma grande e crescente literatura sobre dinheiro. Ela é muito variada, mas tem uma característica geral. Primeiro, há uma rápida exposição do sistema existente como incorreto. Depois, há uma demonstração eloquente de um novo sistema como correto. Deixe isso ou aquilo ser feito, "deixe a nação possuir seu próprio dinheiro", diz um profeta do rádio com sinceridade, insistência, simplicidade; e tudo ficará bem. Esses vários sistemas de doutrina rodam periódicos, organizam movimentos (com a camisa colorida completa), encontram-se, demonstram. Eles se desconsideram um ao outro explicitamente. E, sem exceção, todos esses reformadores monetários revelam sinais de extrema tensão mental.

O problema secreto em suas mentes é a dúvida corroendo sobre se seu próprio "plano" eficiente, a panaceia, é de alguma maneira, obscuro e traiçoeiro e provavelmente os desapontará se posto à prova. A luta interna contra essa sombra intolerável trai a si mesma em seu comportamento exteriorizado. Suas cartas e panfletos, com apenas uma exceção, têm muito em comum com as cartas que se recebe dos lunáticos, de que existe uma energia inesgotável a letras maiúsculas e termos abusivos. Eles gritam à menor provocação ou até sem provocação. Eles não estão gritando tanto para o leitor irritante, que permanece tão obstinado quando eles têm sido tão claros, tão claros, quanto para o sussurro cético dentro de si.

Porque não existe um sistema monetário perfeito por si só e nunca poderá existir. É um sonho

177

como o *elixir vitæ*[112] ou movimento perpétuo. Está na mesma ordem de pensamento.

Já temos chamado atenção, em nosso exame das propostas do Sr. Streit, sobre a *União Agora*, para o fato de que o dinheiro varia em sua natureza e operações, com a teoria da propriedade e distribuição, na qual a sociedade se baseia, que em um coletivismo completo, por exemplo, ele se torna pouco mais do que o cheque entregue ao trabalhador para permitir a ele comprar tudo o que quiser dos recursos da comunidade. Toda desvinculação da produção ou da empresa do controle coletivo (nacional ou cosmopolita) aumenta as funções possíveis do dinheiro e, portanto, faz dele algo diferente. Por conseguinte, pode haver infinitas espécies de dinheiro - tantos tipos de dinheiro quanto existem tipos e variedades de ordem social. O dinheiro na Rússia soviética é um instrumento diferente do dinheiro francês ou americano. A diferença pode ser tão grande quanto aquela entre pulmões, bexigas natatórias[113] e guelras. Não é simplesmente uma diferença quantitativa, assim como muitas pessoas parecem imaginar, que pode ser ajustada variando a taxa de câmbio ou qualquer tipo de artifício, é mais profundo, é uma diferença de qualidade e de espécie. O pensamento disso, sem máscaras, faz com que nossas pessoas de negócios e de finanças se sintam desconfortáveis, confusas e ameaçadas, e continuem mudando suas barras de ouro desta caixa-forte para aquela, esperando quase além da esperança que

---

[112] Elixir da imortalidade.
[113] Órgão que permite os peixes ósseos controlar sua profundidade.

ninguém vá dizer mais nada sobre isso. Funcionou muito bem por um tempo, continuar como se o dinheiro fosse a mesma coisa em todo o mundo. Eles não admitirão como essa suposição está deixando de funcionar agora.

Pessoas inteligentes colheram uma certa vantagem de uma, mais ou menos definida, compreensão da natureza variável do dinheiro, mas, desde que não se poderia ser um financista ou diretor de negócios sem uma fé subentendida no direito de alguém lucrar com sua inteligência superior, não parecia haver qualquer motivo para eles fazerem um escarcéu público sobre isso. Eles conseguiram seus lucros e os apartamentos foram deixados de lado.

Nós compreendemos diretamente essa verdade não muito obscura de que pode haver, e há, diferentes tipos de dinheiro dependentes dos costumes econômicos ou sistema em operação, que não são realmente intercambiáveis, então fica claro que uma ordem mundial coletivista, cuja lei fundamental seja uma Declaração de Direitos como a que nós temos delineado, terá que continuar suas principais, suas operações primárias, pelo menos com um novo dinheiro mundial, um dinheiro especialmente planejado, diferindo em sua natureza de qualquer tipo de convenções monetárias que até agora tenham servido às necessidades humanas. Ele será emitido contra toda a produção à venda da comunidade, em troca dos serviços dos trabalhadores para a comunidade. Não haverá mais razão para ir à cidade por causa de um empréstimo do que para ir ao Oráculo de Delfos por causa de conselho sobre ele.

Na fase de estresse social e socialização de emergência pela qual nós estamos, certamente, passando, esse novo dinheiro pode começar a aparecer muito em breve. Os governos, achando impossível recorrer aos emaranhados expedientes da casa de contas financeiras, podem tomar um atalho para recuperação, requisitar os recursos nacionais ao seu alcance e colocar sua mão-de-obra desempregada para trabalhar por meio desses novos cheques. Eles podem executar acordos de permuta internacional em uma escala crescente. O fato de que a casa de contas está em uma bagunça sem solução por causa de suas tentativas desesperadas de ignorar a natureza proteana[114] do dinheiro, se tornará mais manifesto à medida que ele ficar menos importante.

O crédito bancário e a reserva cambial além de todas as artes da agiotagem, usura e antecipação, certamente diminuirão juntas à medida que a Ordem Mundial se estabelecer. Se e quando a Ordem Mundial se estabelecer. Eles serão substituídos, como cascas de ovos e membranas fetais. Não há razão para taxar aqueles que idealizaram e trabalharam esses métodos e instituições como malandros e vilões. Eles fizeram isso honestamente de acordo com suas luzes. Eles eram uma parte necessária do processo de saída do *Homo sapiens* de sua caverna e descida de sua árvore. E o ouro, aquele adorável material pesado, será libertado de seus cofres e esconderijos para o uso

---

[114] Neologismo. Refere-se a *Proteus*, que podia metamorfosear-se (mitologia grega). Sinônimo de excessivamente variável, instável, volátil. Não confundir com o neologismo prótea, relativo às plantas proteáceas.

do artista e do técnico - provavelmente a um preço consideravelmente inferior às cotações atuais.

Nossa tentativa de prever a vinda da Ordem Mundial é enquadrada, então, em um imenso e crescente espetáculo de atividade construtiva. Nós podemos antecipar uma rápida transfiguração da face da Terra, conforme sua população é distribuída e redistribuída de acordo com os requisitos variáveis da produção econômica.

Não é somente que exista o que é chamado de falta de moradia em quase todas as regiões da Terra, mas a imensa maioria das acomodações existentes, segundo os padrões modernos, é imprópria para a ocupação humana. Dificilmente existe uma cidade no mundo, o Novo Mundo[115] bem como o Velho, que não precisem ter metade de suas moradias destruídas. Talvez Estocolmo, recondicionada sob um regime socialista, possa alegar ser uma exceção; Viena estava esperançosa até que seu espírito foi quebrado por Dollfuss[116] e pela reação católica. De resto, por trás de umas poucas centenas de avenidas principais e paisagens, frentes para mares e rios, capitólios, castelos e coisas assim, favelas e colônias imundas mutilam a infância e degradam e desvitalizam seus idosos entorpecidos. Você dificilmente pode dizer que

---

[115] A expressão 'Novo Mundo' se refere às Américas e 'Velho Mundo' à Europa.
[116] Engelbert Dollfuss (católico), foi chanceler da Áustria em 1932. Fechou o parlamento, proibiu o Partido Nazista Austríaco e assumiu poderes ditatoriais. Proibiu o socialismo em 1934. Em Fevereiro daquele ano houve acirrados protestos em Viena contra a violência da guarda de Dollfuss; depois, o Partido Social-Democrata fez uma greve geral que terminou numa guerra civil; é a isto que Wells se refere.

as pessoas são nascidas em tais marginalidades; elas são apenas quase paridas.

Com a cooperação da imprensa e do cinema, seria fácil engendrar um interesse público e um entusiasmo mundialmente amplos pelos novos tipos de casas e móveis que agora estão ao alcance de todo mundo. Aqui estaria uma saída para o patriotismo urbano e regional, para vergonha, orgulho e esforço locais. Aqui estaria material sobre o qual discutir. Em todo lugar que homens e mulheres tenham ficado assaz ricos, poderosos o suficiente, e livres o bastante, seus pensamentos se voltaram para arquitetura e jardinagem. Aqui estaria um novo incentivo para viajar, para ver o que outras cidades e as zonas rurais estavam fazendo. O homem comum nas suas férias faria o que o milorde inglês do século XVII fazia; ele fazia seu *Grand Tour* e voltava de suas jornadas com desenhos arquitetônicos e conceitos para aplicação em casa. E essa construção e reconstrução seria um processo contínuo, um emprego continuado, indo de bom para melhor, na medida em que as forças econômicas se deslocassem e mudassem com novas descobertas e as ideias dos homens desenvolvidos.

É duvidoso, em um mundo de necessidades e padrões avançando, se muitas pessoas gostariam de viver em casas manifestamente antigas, assim como não gostariam de viver com roupas velhas. Exceto em alguns lugares do País onde edifícios antigos se casaram alegremente com alguma beleza local e se tornaram coisas quase naturais, ou onde alguma cidade grande tenha exibido uma fachada ousada para o mundo, duvido que haja muito a preservar. Em

países tão grandes e abertos como os Estados Unidos, tem ocorrido um desenvolvimento considerável da casa portátil nos últimos anos. As pessoas rebocam um trailer atrás de seus carros e se tornam nômades sazonais. . . . Mesmo assim, não tem precisão de se dissertar mais do que isso sobre uma riqueza sem fim de tantas possibilidades. Milhares desses que têm ajudado nas evacuações e mudanças, monstruosas e indelicadas, da população, que têm acontecido recentemente, devem ter tido suas imaginações agitadas pela percepção opaca do quanto melhor tudo isso poderia ser feito, se fosse feito em um novo espírito e com uma intenção diferente. Deve haver uma multidão de pessoas jovens e um tanto novas, maduras bastante para a infecção por essa ideia de botar em ordem e restabelecer o mundo. Os homens jovens que agora estão debruçados sobre mapas de guerra e planejando anexações e delimitações estratégicas, novas linhas Maginot, novos Gibraltares e Dardanelos, podem, atualmente, idealizar a feliz e saudável distribuição de rotas e distritos residenciais em relação a esta ou àquela região importante de fornecimento mundial para petróleo, trigo ou energia hidrelétrica. É, essencialmente, o mesmo tipo de celebração só que melhor empregado.

Considerações desse tipo são suficientes para fornecer um pano de fundo de atividades esperançosas à nossa futura ordem mundial. Entretanto, nem todos nós somos arquitetos e jardineiros, há muitos tipos de mentes e vários daqueles que estão treinando ou sendo treinados para as cooperações especializadas de estado de guerra e o desenvolvimento de um moral combatente, podem estar mais dispostos a continuar

com um trabalho, definitivamente, educacional. Dessa forma, eles podem demasiado facilmente, satisfazer a sede de poder e serviço honrado. Eles enfrentarão um mundo em extrema necessidade de mais professores e por professores propensos à inovação nos quais se inspirar. Em todos os níveis de trabalho educacional, do jardim da infância ao laboratório de pesquisa, e em todas as partes do mundo, desde Capricórnia ao Alasca e da Costa do Ouro ao Japão, vai ter carência de trabalhadores ativos para colocar as mentes em harmonia com a nova ordem e resolver, com toda a racionalização de mão-de-obra, e multiplicando o aparato disponível, cinema, rádio, livros e fotos acessíveis e todo o resto disso, os intermináveis novos problemas de ligação humana que vão surgir. Lá, temos uma segunda linha de trabalho, ao longo da qual, milhões de jovens pessoas podem escapar da estagnação e da frustração que se fecharam sobre seus antecessores, conforme a antiga ordem chegou ao seu fim.

Uma variedade robusta e categórica dos novos jovens será necessária para o trabalho policial do mundo. Eles estarão mais dispostos a ter autoridade e a menos atividades de ensino ou criativas do que seus companheiros. O velho provérbio ainda se manterá para a nova ordem, o de que se precisa de todos os tipos para se fazer um mundo, e a alternativa para conduzir esse tipo de temperamento para dentro da conspiração, e combatê-lo e, se você puder suprimi-lo, é empregá-lo, conquistá-lo, confiar nele e dar-lhe a lei por respaldo para respeitar e fazer cumprir. Eles querem uma lealdade e essa lealdade encontrará seu melhor uso e satisfação a serviço da ordem mundial.

Eu observei, no curso das viagens aéreas que fiz, que os aviadores de todas as nações têm uma semelhança comum entre si, e que o vírus patriótico nos seus sangues é amplamente corrigido por um profissionalismo maior. Atualmente, a perspectiva perante um jovem aviador é morrer em uma espetacular rinha de cães antes dos vinte e cinco anos. Eu me pergunto quantos deles realmente se alegram com essa perspectiva.

Não é irracional antecipar o desenvolvimento de uma polícia de desarmamento *ad hoc*, que venha a ter sua maior força no ar. Quão facilmente o espírito de uma polícia aérea pode ser desnacionalizado é demonstrado pelo exemplo das patrulhas aéreas na fronteira Estados Unidos-Canadá, para as quais o Presidente Roosevelt chamou a minha atenção. Há muito contrabando ao longo daquela fronteira e os aviões agora desempenham um papel importante na sua supressão. No começo, os Estados Unidos e o Canadá tinham, cada qual, seus próprios aviões. Então, em uma onda de consenso, os dois serviços foram agrupados. Agora, cada avião leva um funcionário da alfândega dos Estados Unidos e um do Canadá. Quando o contrabando é visualizado, o avião pousa sobre ele e qual oficial atua é determinado pela destinação das mercadorias contrabandeadas. Lá, nós temos um paradigma para um mundo lutando através da federação para a unidade coletiva. Uma polícia de desarmamento *ad hoc* com sua força principal no ar, necessariamente, entraria em estreita cooperação com as várias outras atividades policiais no mundo. Em um mundo onde criminosos podem voar para qualquer lugar, a polícia deve ser capaz de voar para qualquer

lugar também. Já temos uma rede de trabalho mundialmente extensa, de homens competentes combatendo o tráfico de escravos brancos, o tráfico de drogas e assim por diante. A coisa já começa.

Tudo isso que eu escrevo é para prover material imaginativo para esses que enxergam a ordem vindoura como um mero interrogatório em branco. O povo diz muita besteira sobre o desaparecimento de incentivo no socialismo. A verdade é exatamente o contrário. É a apropriação, criadora de dificuldades dos recursos naturais pela propriedade privada, que rouba os ricos de incentivo e os pobres de esperança. Nossa Declaração de Direitos Humanos assegura ao homem a satisfação adequada de todas as suas necessidades elementares em espécie e nada mais. Se ele quiser mais do que isso, terá que trabalhar para tal, e quanto mais saudável, bem alimentado e melhor alojado ele for, mais entediado ficará por inatividade e mais ele desejará alguma coisa para fazer. Estou sugerindo o que ele provavelmente fará em termos gerais, e isso é o máximo que se pode dizer agora. Podemos falar dos princípios gerais sobre os quais essas questões serão tratadas por um socialismo mundial em consolidação, porém, dificilmente, podemos nos aventurar a antecipar as formas detalhadas, a imensa riqueza e variedade de expressão que um número cada vez maior de pessoas inteligentes imporá sobre aquelas ideias primárias.

Mas há mais uma sugestão estrutural que pode ser necessária para trazer à nossa ilustração. Até onde eu sei, foi abordada primeiramente por aquele pensador muito corajoso e sutil, Professor William

James, em um pequeno livro intitulado *O Equivalente Moral da Guerra*. Ele apontou a necessidade de uma concepção de dever coexistir, lado a lado, com a ideia de direitos, d'onde haveria alguma coisa na vida de cada cidadão, homem ou mulher, que lhe desse imediatamente um senso de obrigação pessoal para com o Estado Mundial. Ele alegou isso em relação ao fato de que continuará existindo, em qualquer ordem social que possamos conceber, uma multidão de serviços necessários que, por nenhum tipo de estratégia, podem ser tornados atraentes como ocupações normais ao longo da vida. Ele não estava pensando tanto no problema, de solução rápida, das tarefas mecânicas pesadas, mas sim nas tarefas incômodas como as do carcereiro, do atendente de asilo; o cuidador de idosos e de doentes, enfermagem em geral, serviços de saúde e sanitários, um certo resíduo da rotina religiosa, explorações e experimentos perigosos. Sem dúvida, a bondade humana é suficiente para fornecer voluntários a muitas dessas coisas, mas será que o resto de nós tem direito a lucrar com sua devoção? A solução é o recrutamento universal por um certo período da vida adulta. Os jovens terão de prestar tantos serviços e correr tanto risco para o bem-estar geral, quanto a comunidade mundial precisa. Eles estarão aptos a prestar esses serviços com a renovação e o vigor daqueles que sabem que serão prontamente liberados e que encontram sua honra através do desempenho; eles não serão submetidos àquela tentação mortal da pusilanimidade auto-protetiva e à insensibilidade mecânica, que ataca todos os que são empurrados por necessidade econômica para essas convocações gerais para o bem.

É bem possível que uma certa porcentagem desses recrutas seja conquistada pelo interesse no que eles estiverem fazendo; o assistente do asilo pode decidir se especializar em trabalho psicoterapêutico; a enfermeira do hospital sucumbe àquela curiosidade que está por trás do grande fisiologista; o trabalhador do Ártico pode se apaixonar por seu deserto de neve. . . .

Uma outra probabilidade sedutora de uma ordem mundial coletivista, tinha que ser notada aqui, e é um enorme aumento no ritmo e na quantidade de pesquisas e descobertas. Eu escrevo pesquisas, porém, com isso eu quero me referir à investida de cano duplo contra a ignorância, o ataque biológico e o ataque físico, que é, geralmente, conhecido como "Ciência". A "Ciência" chega até nós a partir da acadêmica Idade das Trevas, quando os homens tinham que se consolar por sua ignorância, fingindo que havia uma quantidade limitada de conhecimento no mundo, e pequenas aberturas em capuzes e batinas altivas sobre solteirões que sabiam tudo o que havia para ser conhecido. Agora é evidente que nenhum de nós sabe demais, e quanto mais nós examinamos o que pensamos saber, mais coisas até então não detectadas encontraremos escondidas em nossas pressuposições.

Até agora, esse negócio de pesquisa, que chamamos de "mundo científico", tem ficado nas mãos de bem poucos trabalhadores, de fato. Rejeito a sugestão de que, em nosso mundo atual, de todos os cérebros capazes de contribuições grandes e magistrais para o pensamento e as conquistas

"científicas", cérebros da qualidade dos de Lord Rutherford, ou de Darwin, Mendel, Freud, Leonardo ou Galileu, nem um em mil, nem uma dentre vinte mil pessoas, jamais consegue nascer em condições que lhe permitam perceber suas oportunidades. O resto nunca aprende uma língua civilizada, nunca chega nem perto de uma biblioteca, nunca tem a menor chance de auto-realização, nunca ouve o chamado. Eles são subnutridos, morrem jovens, são mal aproveitados. E dos milhões que dariam bons, úteis e entusiasmados ajudantes de pesquisadores e de exploradores, nem um em um milhão é utilizado.

Contudo, agora considere como serão as coisas se tivermos uma educação ativa arejando o mundo inteiro, e se tivermos uma busca sistemática e continuamente mais competente por uma qualidade mental excepcional, e uma rede de oportunidades permanentemente mais extensa para isto. Suponha que uma mente coletiva despertando implique numa atmosfera de crescente respeito pelas conquistas intelectuais e numa crítica mais viva aos impostores. O que hoje nós chamamos de progresso científico pareceria um avanço pobre, indeciso e incerto em comparação com o que estaria acontecendo nessas condições mais afortunadas.

O progresso da pesquisa e da descoberta produziu resultados tão brilhantes e surpreendentes no último século e meio que poucos de nós estamos cientes do pequeno número de homens ilustres que se preocuparam com elas e, de como as figuras menores por trás desses líderes ficaram bem para trás numa comitiva de especialistas tímidos e mal-providos, que

quase não ousam enfrentar um funcionário público em seu próprio território. Esse pequeno exército, esse "mundo científico" de hoje, contando, eu suponho, da cabeça até o rabo, até a última lavadora de garrafas, não uma parelha de centenas de milhares de homens, certamente, será representado na Nova Ordem Mundial, por uma força de milhões, mais bem equipados, amplamente coordenados, livres para questionar e capazes de exigir oportunidades. Seu melhor não será melhor que o nosso, o qual não poderia ir além, mas eles serão muito mais numerosos e suas listas e fileiras, exploradores, mineradores, funcionários de equipes experimentais e um grupo enciclopédico de orientadores compostos de classificadores, coordenadores e intérpretes, terá um vigor, um orgulho e uma confiança que farão os laboratórios de hoje parecerem a meio caminho do retrocesso da alcova do alquimista.

Pode-se duvidar que o "mundo científico" irá rebentar desse jeito quando a revolução for alcançada e que o desenvolvimento do poder do homem sobre a natureza, sobre sua própria natureza e sobre este Planeta, ainda inexplorado, sofrerá uma aceleração contínua com o passar dos anos? Nenhum homem pode adivinhar de antemão quais portas se abrirão nem sobre que país das maravilhas.

Essas são algumas sugestões incompletas da qualidade dessa grande vida que uma nova ordem mundial pode abrir para a Humanidade. Eu não vou especular mais sobre elas, porque eu não gostaria que dissessem que este livro é utópico ou "imaginativo" ou qualquer coisa desse tipo. Não escrevi nada que

não seja estritamente razoável e praticável. É o mais sóbrio e o menos original dos livros. Acho que escrevi o suficiente para mostrar que é impossível aos assuntos mundiais permanecer no seu nível atual. Ou nossa espécie luta pelos caminhos difíceis, embora bastante óbvios, que colecionei neste livro, para alcançar um novo nível de organização social, ou a Humanidade entra em colapso. Pode haver uma pequena dúvida da abundância, animação e vigor de vida que aguardam nossas crianças naquele planalto. Se for alcançado. Não há dúvida de sua degradação e miséria, se não for.

Não há nada realmente novo neste livro. Mas tem havido certa temeridade em reunir fatos que muitas pessoas evitaram ligar por medo que eles possam formar uma mistura explosiva. Talvez eles formem. Eles podem explodir totalmente algumas barreiras mentais obstinadas. Apesar dessa possibilidade explosiva, dessa necessidade explosiva, pode ser que isto permaneça, essencialmente, uma coletânea, um resumo e um encorajamento de ideias atualmente prevalecentes, mas ainda hesitantes. É uma afirmação clara da revolução para a qual a razão aponta um número crescente de mentes, mas que ainda falta determinação para realizar. Em *O Destino do Homo Sapiens*[117], enfatizei a urgência do caso. Aqui reuni as coisas que eles podem e precisam fazer. É melhor eles convocarem sua bravura.

~~~~~~ * FIM * ~~~~~~

---

[117] Outro livro de Wells.

QUADRO DE RESUMO DO LIVRO

Capítulo 1	**O Fim de Uma Era** – esclarece que o objetivo da obra é apresentar um meio de se alcançar a paz mundial; já se considerava que a guerra era fase superada da história humana quando a II Guerra chegou; faz um resumo histórico; diz que a culpa é do capitalismo e que é o fim da era dos Estados soberanos
Capítulo 2	**Conferência Aberta** – examina as forças disruptivas; diz que é necessário um grande debate aberto a todas as pessoas do mundo para acabar com a guerra, em vez de uma conferência de diplomatas sem contato com o mundo real; mas há altos funcionários que atrapalham a comunicação entre os países em guerra, adiando a paz; há censura no Oriente e escassez de boas publicações no Ocidente; diz tratar-se de uma pesquisa sobre um caminho para a paz mundial
Capítulo 3	**Forças Disruptivas** – essas forças chegaram e reduziram o sonho do pluralismo de Estados; Estados soberanos estão ultrapassados; tais forças são a abolição da distância e a mudança de escala; há necessidade de um controle coletivo do mundo, da vida econômica e biológica; Wells demonstra muito espanto com tanta tecnologia surgindo
Capítulo 4	**Luta de Casses** – o conflito perpétuo entre pessoas para tirar o máximo umas das outras; os desprovidos nunca conseguiram se rebelar de maneira eficiente; o dogma marxista da

192

	luta de classes atrapalha o esforço humano; tece extensas críticas a Marx
Capítulo 5	**Jovens Não-Selvagens** – os pontos de ruptura são os jovens desempregados, de educação média; o problema da humanidade não é fome ou escassez, mas sim excesso (superprodução); a massa desses jovens está crescendo; Wells demonstra uma fobia do desemprego; mas o salvador da pátria não poderá cumprir suas promessas a eles; os aliados não apresentaram uma proposta pós-Hitler; devemos reconhecer os erros e nos sentar para aquela conferência aberta; apresenta a coletivização como solução
Capítulo 6	**Socialismo inevitável** – hoje, todos os caminhos levam ou ao socialismo ou à dissolução social; surpreendidos pela II Guerra; Wells conta o dia-a-dia dela no Reino Unido; acreditava no colapso universal do capitalismo e na revolução socialista inevitável; imaginava que a II Guerra fosse tal colapso; o obstáculo para essa união é o pluralismo religioso, com seus cultos e tradições incompatíveis
Capítulo 7	**Federação** – trata-se do projeto de federação, que Wells toma emprestado de Clarence K. Streit e lhe dá suas contribuições; uma federação global que significa socialismo mundial uniforme; as democracias ainda não foram alcançadas; economia livre de alfândegas, uma moeda única mundial, sendo precursor das atuais uniões de comércio como Alca, Mercosul, Brics; há uma revolução mundial em curso (|II Guerra) e dois blocos disputam para

	decretar ou o Socialismo Mundial Ocidentalizado ou o Socialismo Mundial Orientalizado; para ele a federação se chamaria Estados Unidos do Mundo
Capítulo 8	**O Novo Tipo de Revolução** – uma revolução não precisa ser uma guerra como a Revolução Francesa, (imaginava ter sido culpa da Igreja Católica); o segundo tipo de revolução é a 'revolução conspiração', que ele exemplifica com a Revolução Bolchevique, que seria um golpe de Estado; nenhum dos dois é bom; considerava que a revolução que estava diante dele era para escolher entre implementar a Nova Ordem Mundial ou ver o colapso mundial; a guerra só terminaria quando a Revolução se definisse; a reorganização do mundo deve ser encabeçada por uma nova crença a ser criada; a nova revolução não terá vingança; os jovens devem se apropriar dela para que não fracasse; ela deve ser moldada pelo triângulo Socialsmo-Lei-Conhecimento; a pesquisa do livro deve ser sobre o que o movimento deve fazer para salvar a revolução
Capítulo 9	**Políticas para o Homem Sensato** – depois de ter dito porque alguém sensato deveria se filiar ao movimento, agora visa dizer o que ele fará dentro do movimento; a nova ordem só surgirá com um esforço conjunto das pessoas sensatas e capacitadas; propõe a suspensão de eleições para que as escolhas para os cargos políticos possam ser preenchidas por técnicos capacitados; dá várias ideias para diferentes grupos; pleiteia

	o sepultamento do sistema partidário; uma das tarefas desses sensatos seria conscientizar
Capítulo 10	**Declaração de Direitos do Homem** – o problema da liberdade e da confiança no Estado socialista; urgência na restauração da confiança; no socialismo será necessária uma proteção contra o abuso de autoridade; apresenta uma nova declaração de direitos do homem com 10 artigos
Capítulo 11	**Políticas Internacionais** – lembra da urgência do pacto mundial sobre socialismo-lei-conhecimento; defende um desarmamento Estatal e individual; menciona situações de vários lugares; a Federação Global deve acolher todos os países; fala sobre internacionalismo *ad hoc*, que, para ele, é tudo o que tem um caráter multinacional, como a União Postal, o controle mundial de faróis e mapas, a repressão ao tráfico de escravos brancos e missões religiosas; a dificuldade de educar as pessoas para aceitar essa nova ordem é imprevisível; é uma discussão de princípios orientadores, e não dos intermináveis problemas específicos;
Capítulo 12	**Ordem Mundial em Essência** - a nova ordem será um produto social, fruto do ser humano e não de alguém; ela não é tão estável quanto a velha ordem imaginava ser, mas será incessante; defende que devemos ter leis escritas porque o ser humano tem um impulso para levar vantagem sobre os outros e precisa ser controlado; trata da natureza do dinheiro; será necessário um nova moeda mundial

COMENTÁRIOS DO TRADUTOR

Primeiramente: quando se fala em nova ordem mundial hoje em dia, pensamos logo em teorias da conspiração afirmando que a Terra é plana, o homem não foi à Lua, que há reuniões secretas de pessoas das famílias mais ricas do mundo visando conquistar o poder político e reduzir a população criminosamente, que praticam pedofilia, infanticídio e rituais satânicos, além dessas teorias induzirem as pessoas a deixar de tomar vacinas. Não nos enquadramos em tais teorias. Tratamos de Ciência Política.

Mas reconheço que há diferença entre vacinas testadas no tempo padrão e as do corona-vírus, abreviadas. Na Noruega, segundo a Agência Norueguesa de Medicamentos, ao menos 13 idosos morreram após tomá-las (Pfizer /BioNTech, de RNA mensageiro). O tempo foi insuficiente para estudos nessa faixa etária. Mesmo assim salvaram vidas.

Não deixamos hiatos lógicos, explicando cronologicamente, como se processa a mecânica de cada fenômeno.

E apesar de não concordar com teorias da conspiração, negar o Pós-modernismo, tanto como período quanto como movimento ideológico, seria o mesmo que negar o Renascimento. A instituição de maior alcance, na época, era a Igreja Católica. Hoje, a ONU. A lucrativa atividade bancária buscava legalização e redenção. Hoje é o narcotráfico. A ideia defendida era o Humanismo, contrário à Igreja Católica. Hoje, é o Fabianismo (explicaremos o que é

mais adiante), favorável à ONU. A maior tecnologia de comunicação de massa era a imprensa de Gutenberg. Em nosso tempo, foi a Cambridge Analytica e, ainda, as redes sociais[118]. Loureço o Magnífico (da família Medici), é comparável a George Soros. Lourenço, mecenas, se infiltrou na Igreja para dominá-la, a financiou e elegeu seu filho como o Papa Leão X, sucedido por Clemente VII, sobrinho dele (de Lourenço). Soros, mecenas, financia o Partido Democratas dos EUA e elegeu Obama, influente na ONU. Renascentistas ou contra-renascentistas, quem prosperou? Quais os acertos do lado que prosperou? Quais as deficiências do que perdeu? Como usar esse conhecimento atualmente, no Pós-modernismo?

Após traçar esse ᵃ⁾paralelo entre Renascimento e Pós-modernismo, falemos de algumas ᵇ⁾ferramentas políticas usadas na prática, apesar de não declaradas, e passemos ao ᶜ⁾Brexit, já que é o fato principal ligado ao *globalismo* hoje. Isto considerando que globalismo é o maior ícone da *nova ordem mundial*. Será que isso

---

[118] As redes sociais começaram com a ARPANET (Advanced Research Projects Agency Network - Agência de Projetos de Pesquisas Avançadas para Rede de Trabalho, do Depto. de Defesa dos EUA, em 1966), com J.C.R. Licklider, Donald Davies, Paul Baran, Bob Taylor, Larry Roberts, Leonard Kleinrock, Bob Kanh, Vint Cerf, Ivan Sutherland, Wesley Clarck e Barry Wesler, baseados também em conceitos do francês Louis Pouzin. Entre contribuições de muitos outros, chegando no primeiro serviço de internet ao consumidor, o Prodigy (1979), de Henry Heilbrunn, passando pela primeira rede social para consumidores, a BHI ou Geocities (1994), de David Bohnet e John Rezner e a O.D. (Open Diary, 1998 – de Bruce Ableson e Susan Ableson) até chegar no Facebook (2004), de Mark Zuckerberg.

existe? A ideia de se criar uma federação global que trouxesse uma organização política mais pacífica surge com este livro. Atos foram postos em prática desde 1940? Algo foi, realmente, aproveitado?

Sexta-feira, dia 31 de janeiro de 2020, marcou a saída do Reino Unido da União Europeia. O Reino Unido brexitou e o mundo não acabou nem para ele nem para ninguém. Mas e todo aquele terror que os jornalistas bancaram sobre o apocalipse do Brexit? Foi pífio intelectualmente e sórdido moralmente. Tivemos o apocalipse ambiental, o da vitória de Bolsonaro, o da vitória de Trump, o do impeachment de Trump, o da III Guerra Mundial quando o general iraniano foi morto, tudo isso fora o do Brexit e outros. Cadê as novas vespas mortais dos EUA (que, supostamente, tinham vindo da China)? Onde estão a praga de gafanhotos e a nuvem de poeira? Aterrorizar é ferramenta política. Criar uma tensão apocalíptica 'faz' com o que os fins justifiquem os meios, pois, para corrigir o problema, aceitar-se-ão todos os meios.

A partir disso, vamos ver seis ferramentas políticas comuns, tantas vezes usadas para impor uma nova geopolítica global. Além do assistencialismo (uso de programas sociais para manter as pessoas dependentes de seus "favores" sem jamais permitir sua independência e dignidade, e manipular suas mentes para que se sintam em dívida e gratas a seu escravizador), existem outras coisas nojentas na política, como manipular o estado mental das massas, causando-lhes sofrimento para tirar proveito, crimes que fazem com que todos nós sejamos gado. Entre elas: 1) engenharia do consenso; 2) uso da

calamidade; 3) dissonância cognitiva; 4) desvio do foco, 5) vitimização e 6) uso das guerras.

A *engenharia do consenso* (1) cria pânico (a partir de um fato, de notícia exagerada ou até de ficção), fragiliza a população emocionalmente e consegue sua obediência e quase unanimidade, ainda fazendo-a esperar pela solução e considerar quem a trouxer como o salvador da pátria. Mesmo que a situação geradora do pânico não tenha sido premeditada até pelo próprio beneficiário dela, muitas vezes, surgindo uma calamidade ao acaso, tais consequências podem ser planejadas. "Não criamos o problema, mas vamos nos aproveitar dele!" É o caso da Pandemia (com hiper-exposição jornalística, hiper-notificação de casos e de mortes, questionável eficácia dos exames de detecção, inclusive o PCR, e incontáveis desvios de dinheiro da saúde)[119]! Passou-

---

[119] O famoso advogado alemão Reiner Füllmich, reunido com outros, formou uma comissão investigativa independente que, depois de ter ouvido cientistas descrentes da pandemia (até Dr. Michael Levitt, ganhador de Prêmio Nobel de Química em 2013), chegou à conclusão de que ela não existe, o teste PCR não funciona, é uma manobra para algumas multinacionais farmacêuticas ganharem dinheiro, Tedros Adhanon está envolvido e também que visa criar terror para instituir um regime ditatorial. Ele está convocando clientes para ajuizar ações coletivas na Alemanha, Reino Unido, EUA e Canadá. Por enquanto, estou em fase de verificação, como um cético agnóstico provisório. O blog de verificação AFP Checamos nega os argumentos de Reiner. É necessário ter ciência da divergência. Também vi divergência entre médicos esclarecidos e renomados sobre os riscos das vacinas, com fases abreviadas pela pressão sofrida. Mas quase todos os jornalistas empurram na goela do cidadão comum que há unanimidade no tema e ele está esgotado ou que só leigos estúpidos estão discordando. Aqui em minha região soube de casos de hiper-notificação e percebi que os governadores Brasil a fora tinham um certo controle sobre os números, pois, conforme lhes fosse conveniente eles

me a impressão que prefeitos e governadores inescrupulosos, visando buscar mais dinheiro para suas regiões, induziram médicos obedientes a atestar covid19 como *causa mortis*, mesmo quando não era, pois, um número maior de mortos dava direito a decreto de calamidade e obtenção de mais dinheiro puxado do Governo Federal, na indústria da morte. A Rede Globo e a Band têm fomentado o horror e direcionado a compra da Coronavac, do laboratório chinês Sinovac Biotech Ltda, um negócio milionário.

Muito embora não tenha sido disseminada com esse fim, a Pandemia foi usada para frear a guinada à direita que o mundo tinha dado ao eleger Trump, Boris Johnson, Netanyahu e Bolsonaro. No cotidiano sou testemunha ocular que uma parte dos cidadãos mais simplórios faz uma dedução lógica bem superficial: se a vida está ruim, culpado é quem está no poder hoje. Ou seja, se a pandemia causou o dano, desgastou esses presidentes e tal tipo de cidadão não considera sua origem nem as divergências que estão em torno dela. A Pandemia, aleatoriamente, também prejudicaria os ditadores socialistas, numa roleta russa, mas jornalistas ocidentais não têm questionado sua competência, mesmo tendo nas mãos a ferramenta do autoritarismo com obediência absoluta para fechar cidades, impedir de sair de casa, prender, soltar e matar, e os jornalistas desses países são imprensa oficial.

Na eleição dos EUA em 2020, o Partido Democratas criou pânico e histerismo com o

---

aumentavam ou diminuíam. Para realizar as eleições (com aglomerações) elas diminuíram. Isto é fato. Minha cidade é polo industrial-comercial e esperava-se mais casos do que se viu. Logo, há mentiras no meio. Talvez apenas nossos descendentes saibam separá-las das verdades.

movimento Neo-antifas (agressivo e intimidador) e motivou seu eleitorado, obtendo cem por cento de aproveitamento, fazendo com que todo ele fosse às urnas e cada um saísse de casa para votar como se estivesse fugindo de um animal ou cumprindo o dever de se livrar do próprio Hitler ou correndo para sobreviver ao apocalipse ambiental, convencidas de que Trump representava o perigo. Trump falou em fraudes. Passada a eleição, Biden discursa para apagar o incêndio do caos, que atrapalharia seu governo se continuasse, saindo imediatamente, de uma postura revolucionária progressista para uma pacificadora e conservadora, com o belo (e hipócrita) *discurso de unificação*. Em 06-01-2021, sem provar as fraudes que afetassem o resultado, Trump instigou uma multidão a invadir o Capitólio, que é o congresso nacional dos EUA. Como represália, a conta dele no Twitter foi banida e a rede social Parler, apoiadora de Trump, foi bloqueada por Google, Instagram e Apple. Sem servidor para armazenar os dados, saiu do ar (p. favor, leia a, extensa, nota de rodapé e depois volte para esta página).[120]

---

[120] O famoso ator Arnold Schwarzenegger, ex-governador da Califórnia, do mesmo parido de Trump, ficou contra ele e postou, no seu canal do Youtube (Canal Arnold Schwarzenegger) – em 10-01-2021 – o seguinte discurso emocionante: "Como imigrante neste país, eu gostaria de dizer algumas poucas palavras aos meus concidadãos americanos e aos nossos amigos ao redor o mundo sobre os acontecimentos dos últimos dias. Eu cresci na Áustria. Estou bem consciente da *Kristallnacht*, ou A Noite dos Vidros Quebrados. Foi uma noite de tumulto contra os judeus criada em 1938 pelo equivalente nazista dos Proud Boys. Quarta-feira foi o Dia dos Vidros Quebrados bem aqui nos Estados Unidos. ... Eles não só derrubaram as portas do prédio que abrigava a democracia americana. Eles pisotearam os próprios princípios sobre os quais nosso país foi fundado. Eu cresci nas ruínas de um país que

Diz-se que quando Hermann Göring foi sofreu a perda de sua democracia. Nasci em 1947, dois anos depois da Segunda Guerra Mundial. Crescendo, fui rodeado por homens destroçados bebendo, fugindo da culpa por sua participação no regime mais perverso da história. ... Mas meu pai chegava em casa bêbado uma ou duas vezes por semana, gritava, nos batia e aterrorizava minha mãe. Não o considerei totalmente responsável porque nosso vizinho estava fazendo a mesma coisa com sua família e também o próximo vizinho seguinte. ... Eles estavam com dor física pelos estilhaços em seus corpos e dor emocional pelo que viram ou fizeram. Tudo começou com mentiras, e mentiras, mais mentiras e intolerância. Então, sendo da Europa, eu tinha visto em primeira mão como as coisas podem sair fora de controle. ... Agora, você vê esta espada? Esta é a espada de Conan. ... nossa democracia é como o aço desta espada. Quanto mais ele é temperado, mais forte se torna. Nossa democracia tem sido temperada por guerras, injustiças e insurreições. Eu acredito que, por mais chocados que estejamos com os eventos dos últimos dias, sairemos mais fortes porque agora entendemos o que pode ser perdido. ... Precisamos nos curar, não apenas como republicanos ou democratas, mas sobretudo, como americanos." Acessado em 16-01-2021 às 12h. Site: < https://www.youtube.com/watch?v=x_P-0I6sAck > Percebe-se que a imagem que ele tem de Trump, o associa ao nazismo. Embora Arnold seja um homem de bem, e tenha sido governador, não compreende tão profundamente a política e nem tem obrigação de compreender. Arnold não levou em conta o significado das doutrinas políticas e nem a história dos partidos, estava se referindo à pessoa de Donald Trump. Avaliar a pessoa em quem se vota é tão importante quanto o partido. Não conheço Trump, mas em algumas de suas entrevistas antigas, o vi falando sobre vingança e tenho minhas dúvidas se ele é uma boa pessoa. Mesmo que tivesse provado a fraude, uma revolução só se justificaria se não houvesse meios de se concorrer de novo. Entendo que, nos EUA hoje, há uma multidão conservadora eleitoralmente órfã que não se sente representada pelo Partido Republicano (que é, predominantemente, liberal, exceto por algumas figuras conservadoras como Reagan e Trump) e, na falta de alguém como Reagan para representá-los melhor, se agarram a Trump. Há uma massa precisando oficializar sua

inquirido no Tribunal de Nuremberg, sobre como conseguiu fazer a população alemã permitir aquilo, ele respondeu: "Foi fácil, não tem nada a ver com o nazismo, tem a ver com a natureza humana. Você pode fazer isso em um regime nazista, socialista, comunista, em uma monarquia e até mesmo em uma democracia. Tudo o que você precisa fazer para escravizar as pessoas é assustá-las. Se você consegue imaginar uma maneira de assustar as pessoas, pode obrigá-las a fazer o que você quiser." Não sei se ele, realmente, disse isso, mas o conteúdo é verdade. Os nazistas usaram a crise de 1929 para amedrontar as pessoas com o desemprego que viria caso eles não ganhassem e, assim, foram bem votados. Ainda estamos falando da primeira ferramenta: a engenharia do consenso.

O Partido Democratas dos EUA criou o caos para atrapalhar o governo Trump e desgastar sua imagem, mas, vencida a eleição, teve imediatamente, o cuidado de acabar com o caos, pois, atrapalharia a sua administração também. O caos atrapalha qualquer

---

representatividade, seus anseios e extravasar esses sentimentos, reprimidos tanto pelo Democratas (que os ataca) quanto pelo Republicanos (que os ignora). O anseio por um salvador da pátria é algo perigoso. Não se consegue formar um partido conservador, encorpado, nos EUA e no Brasil, porque a má-fé dos socialistas identifica isso com nazismo e a ignorância dos políticos aceita a pecha (não é o caso de Arnold, que não criticou o partido, mas só Trump). Então os EUA possuem apenas 2 partidos com chances de vencer eleições federais, mas 3 eleitorados principais (os liberais do P. Republicanos, os social-democratas do P. Democratas e os conservadores, sem partido). No entanto, isso favorece o P. Democratas porque divide o eleitorado do P. Republicanos. Depois desta enorme nota de rodapé sobre a invasão do Capitólio, vamos voltar ao livro algumas páginas atrás.

governo. Trump levou a culpa pelo seu caos, mas o Partido Democratas conseguiu esconder o seu debaixo do tapete. Trump e Bolsonaro foram atacados constantemente desde o primeiro dia dos seus governos. Não os deixaram governar e exercer suas atribuições legais com tudo o que tinham direito por suas constituições. Para Bolsonaro foi pior, devido à militância do STF[121], que impedia muitos projetos, ao lado das obstruções do Presidente da Câmara, Rodrigo Maia e, do Senado, Davi Alcolumbre, que atrapalharam tudo o que puderam; além dos jornalistas da Globo e da Band, tanto em seus canais abertos quanto por assinatura, falando mal dele todos os dias e o dia inteiro, fazendo mais militância do que jornalismo, até jogar a população contra ele. Os jornais noturnos da Rede Tv e SBT, apesar de mais sutis, não divulgavam as notícias de inaugurações de obras importantes e dava para perceber, claramente, o ar de reprovação dos jornalistas contra o Presidente. Só teve o apoio da Rede Record e dos jornalistas Ernesto Lacombe e Sikêra Jr. (ambos da Rede Tv).

A segunda ferramenta política sórdida é a *calamidade* (2). É uma faca de 2 gumes. Desde Roma

---

[121] A militância é uma sabotagem contra o Presidente eleito, a qual dilui a governabilidade e prejudica o povo, constituindo-se em mera politicagem e crime, uma conspiração. Os poderes do Presidente para gerenciar a Pandemia, dentre outros, foram transferidos para os governadores. O Parlamento, mercenário e extorsionário, ficou majoritariamente do lado do STF. Os generais de Exército não aceitaram atuar como poder moderador para resolver a continuidade da disputa pelo poder, pós-eleição, transformada em contenda institucional, descumprindo a intenção com a qual o art. 142 da CF/88 foi redigido, na época, pelo Prof. Ives Gandra Martins. O Presidente virou figura simbólica. Seus quase 58 milhões de votos foram desrespeitados.

toda calamidade tanto aumenta os poderes do Estado e das autoridades quanto lhes desgasta. Ela lhes dá condições de suspender até os direitos individuais, que é um poder supra-constituinte, extraordinário até para o parlamento.

Desde Roma a calamidade outorgava, legalmente, poder do cônsul se tornar ditador até resolvê-la. Às vezes, se aproveitam de uma calamidade natural, e outras vezes a criam para atingir esse fim. Exemplo de calamidade é a Pandemia. Opino que foi criada para findar a Revolução de Hong Kong (território excessivamente valioso que ameaçava se emancipar da China, invocando o princípio da autodeterminação dos povos), obrigando as pessoas a ficar em casa, seja por terem adoecido, seja pelo toque de recolher. O Governo chinês assumiu o risco dela se espalhar, mas sabia que ela não era tão grave quanto a imprensa tem divulgado. O Partido Comunista Chinês, que é o Estado, passou a ter poder até de proibir as pessoas de sair de casa e pacificou Hong Kong.

No Brasil, em meados de janeiro de 2021 faltaram respiradores hospitalares em Manaus (grande polo industrial beneficiado como zona franca, município de 2,2 milhões de habitantes) e estabeleceu-se a calamidade ali. A mídia, em geral, explorou isto politicamente questionando a competência do Presidente, apesar de destituído pelo STF de seus poderes para gerenciar a crise, exceto do poder de distribuir dinheiro a Estados e municípios. Muito bem usada pelos juízes do STF, de visão socialista, a Pandemia aumentou os poderes do Estado, mas diminuiu os do Presidente liberal/conservador.

O site da Controladoria-Geral da República, publica que, em 2020, a União transferiu R$ 2,36 bilhões para a Prefeitura de Manaus (prefeito David Almeida) e mais 3,17 bilhões diretamente aos moradores de lá, sendo 2,2 bilhões de auxílio emergencial, 255 milhões de bolsa família, 6,5 milhões de seguro defeso e 654 milhões de BPC (benefício de prestação continuada) – Fonte: <http://www.portaltransparencia.gov.br/localidades/1302603-manaus>. Ou seja, a única coisa que estava autorizado a fazer, o Governo Federal fez. Porém, o governador (Wilson Lima) e o prefeito, não mantiveram o estoque de respiradores e disseram que não estavam conseguindo adquiri-los. Mas adquirir respiradores era tão fácil que até mesmo artistas (Gustavo Lima e Whindersson Nunes) compraram alguns e enviaram para lá.

William Bonner e muitos jornalistas desgastaram apenas a imagem do Presidente e preservaram os verdadeiros culpados. Luciano Huck disse que estava sensibilizado com as pessoas na Pandemia, mas não teve a atitude de Gustavo e Whindersson, pensando apenas nas suas obsessões egoístas para as eleições de 2022. As entrevistas diárias de Dória não eram informativos da saúde, mas antecipação de campanha se aproveitando das mortes, num palanque do horror. Há um jogo de interesses.

A Dissonância cognitiva (3) é a neurose causada por ordens contraditórias (ex.: obstruir cigarro mas liberar/estimular maconha). As leis perdem a objetividade, as pessoas ficam confusas e, sem entendê-las, passam a obedecer às autoridades mais próximas de si, trocando a objetividade pela subjetividade. Elimina-se qualquer critério objetivo racional limitador dos poderes das autoridades e o

poder se torna ilimitado, exceto quando alguém mais poderoso tem interesse na situação, usa a hierarquia e avoca a decisão. É a aplicação massificada das experiências conhecidas como Cachorrinho de Pavlov (Ivan Pavlov, criador do conceito de reflexo condicionado, Prêmio Nobel de Medicina e Fisiologia em 1904). A questão é gerar neurose coletiva, depois curá-la. A diferença é que não visa a somatização, como a experiência de Pavlov, mas apenas a geração artificial da neurose *a fim de* aumentar a)os poderes das autoridades, b)a obediência ao sujeito e não à lei (que deixa de existir) e c)a 'ordem' pública, medo e obediência cega, com seus toques de recolher,[122] etc.

Às vezes, ela (dissonância cognitiva) pode ser só uma desordem natural da liberdade democrática plural, de cujas diversas forças políticas contrastantes criam normas também contraditórias mas, outras vezes, é planejada. No caos do pânico, as pessoas obedecerão aos procedimentos confiáveis que já conheçam, e vão correr por onde a tabuleta indicar a saída de emergência. Entretanto, se as placas não derem para entender ou forem contraditórias, elas vão perguntar ao funcionário. No Brasil, o entulhamento jurídico com, aproximadamente, 6 milhões[123] de leis contraditórias, aumenta o poder subjetivo das autoridades, que escolhem a norma que quiserem

---

[122] Na Pandemia fecharam-se as escolas, comércios e proibiram-se as pessoas de sair de casa. Casos de suicídio aumentaram. A depressão infantil também. Esforcei-me para que minha filha menor não contraísse tal coisa, passeando e brincando com ela até duas vezes por semana.

[123] O País possui 5.570 municípios. Fazendo-se uma média de mil leis para cada um, teremos mais de 5,5 milhões delas apenas municipais. Entretanto, a CF prevê 7 tipos de leis só entre as federais. Incluindo-se as federais, as estaduais e municipais de todas os tipos, arredondamos para 6 milhões.

conforme sua conveniência ou capricho e, por outro lado, as pessoas da massa ignara, já acostumadas a ser semi-escravas, aceitam a imposição, e as pessoas poderosas não são afetadas. Sobre isso, vale a pena ler Montesquieu, *in* Do espírito das leis.

A quarta ferramenta: *O desvio do foco* (4) acontece quando se cria uma lei com imposição absurda e inofensiva para desviar a atenção do público de corrupções graves ou da rejeição de alguma autoridade. Em vez de uma lei, pode ser também um espetáculo, como uma Copa do Mundo, ou até um falso escândalo inofensivo, como gafes, ofensas, etc. Lembram da lei para andar com os faróis acesos? Pode até não ter sido essa sua intenção, mas ela teve esse efeito também.

Vitimização (5) é o ato de dar uma de coitadinho, tão usado pelos sonsos. A prisão de Hitler aumentou sua popularidade, mesmo considerando que ele interpretava uma personagem forte. Transformar-se em mártires e fazer o papel de vítima é algo muito usado pelos políticos, em geral, dissimulados.

Quando uma nação estava dividida e seu governante desgastado por uma das facções, declarações de *guerra* (6) eram usadas para uni-la contra um inimigo comum, desviando o foco do governante e superando sua impopularidade.

As fundações bilionárias, como a *Open Society Foundations*(https://www.opensocietyfoundations.org/), ligadas a partidos, bancam comerciais, doam e emprestam dinheiro, seus dirigentes conversam com donos de emissoras, etc. Fabricam essas coisas e 'investem' muito no Brasil. Agem em nome de

crenças políticas como a criada por Wells e sob interesse da sede de poder.

A consequência atual mais relevante ligada à teoria de Wells foi o BREXIT (saída do Reino Unido da União Europeia), pois, mesmo com pouco tempo de instituição, a UE criou obstáculos para que o Reino Unido saísse dela.

Reino Unido (abreviado por BR – de Bretanha), que somado de *'exit'* ou 'saída' fica BR + EXIT, ou BREXIT, significando sua saída da União Europeia.

Ele quase que não pôde mais sair, quase perdeu sua soberania, mesmo sendo uma das nações mais poderosas da Terra. Isto mostra que, na prática, a natureza da UE está deixando de ser a de uma confederação e se tornando a de uma federação[124]. Certamente, se tivessem passado mais algumas décadas, a situação teria se cristalizado, se convalidado no tempo e se tornado irreversível a não ser através da guerra. A formação da UE e a pressão para que o RU não saísse dela estão em harmonia com as propostas deste livro. Os globalistas tentam convencer a opinião pública de que aqueles que não desejarem fazer parte desses blocos são rudes e maus, bárbaros. Tentam impor seu globalismo. Ora, curiosamente, ninguém pode acusar a Suíça nem a Noruega de ser nações hostis. Acontece que a Suíça sequer fazia parte da ONU até 2002 e, ainda hoje não faz parte da UE; e acontece que a população da

---

[124] Confederação (entidades-membro têm soberania e podem sair à hora que quiserem). Federação (entidades-membro só tem autonomia e não podem se separar da união).

Noruega (considerada o melhor país do mundo), já consultada por dois referendos (1972 e 1994), não deseja se integrar à UE e, nem por isso podemos procurar defeitos nas relações internacionais desses países organizados, pacíficos e que oferecem uma boa qualidade de vida para seus cidadãos. Liechtenstein só entrou na ONU em 1990. Então, porque estigmatizar a Inglaterra por sair da UE?

Mas Wells visava a *paz mundial*. Por que ele propôs uma federação e não uma confederação? A ideia de Wells é que se houvesse apenas um país no mundo ele não teria contra quem fazer guerra e a paz mundial estaria alcançada. Daí seu projeto de *acabar com as soberanias*, deixando somente a soberania do Estado global, destinada a conter insubordinações que violassem a paz por parte dos seus entes federados. Wells foi *simplista!* Inevitavelmente essa obsessão por paz será autoritária, e qualquer sinal de divergência ou protesto passará a ser malvisto. Uma unanimidade será exigida. Paz será sagrada e divergência uma heresia dogmática, um tabu.

Se isto não foi posto em prática de uma vez foi porque não seria aceito na época. Assim, a estratégia foi fabiana, ir executando ponto por ponto, aos poucos, comendo pelas beiradas feito papa quente. Ir reeducando uma nova geração até que a anterior tivesse passado. E, de fato, foi um projeto do fabianismo. Você verá que cada etapa foi elaborada por intelectuais do partido. Ele já está tão adiantado que não é mais percebido. Foram especialistas em escondê-lo e ridicularizar quem o visse.

Só que soberania é um patrimônio político de cada povo. A soberania inglesa não é da rainha da Inglaterra, do primeiro-ministro ou das autoridades inglesas, mas do povo inglês. Essa maioria que decidiu sobre uma questão local (Brexit), que mora espalhada pelas pequenas cidades, não é o número x de votos. Cada voto é uma pessoa, que paga impostos e tem nome, sentimentos, família... Isto resume o *princípio da autodeterminação dos povos*.

A última tragédia que fez a ordem mundial se alterar foi a II Guerra Mundial. O Renascimento e o Iluminismo também conseguiram tal feito. De 2011 para cá houve fenômenos sociais de repercussão global, mas nem a ordem mundial mudou por causa deles nem é possível afirmar que eles foram coordenados entre si ou premeditados por um grupo.

Um êxodo islâmico foi um dos subprodutos da Primavera Árabe, a qual, tenho para mim que foi criada por Barack Obama com uso de agitadores profissionais. Já a Tentativa de Revolução de Hong Kong, provavelmente, é um movimento autônomo. A Pandemia de 2020 (atrapalhou a eficiência econômica da administração Trump, que estava com desemprego zero), certamente, originou-se das negligências com pesquisas de armas biológicas na China (e talvez tenha sido intencional a fim de impedir a Revolução de Hong Kong), as quais vinham sendo denunciadas desde 2015, conforme reportagem do dia 16 de novembro, no programa TGR Leonardo, da televisão italiana Rai3 HD, e debilitou a economia de grande parte do mundo, empobrecendo muitos países. Nenhum país ainda está falando em apurar isso ou que

sanções a China, eventualmente, sofrerá. Parecem querer varrer para debaixo do tapete e ignorar a atrocidade. A Pandemia aumentou os poderes das autoridades e acabou com os direitos individuais[125], porém, provisoriamente e de forma "consentida", o que não alterará a ordem mundial, já que ela retomará o seu nível.

A campanha ambientalista anterior à Pandemia (com incêndios criminosos praticados por donos de ONGs que perderam patrocínios do Governo Federal no Brasil para justificá-la, pois, de início, era insinuado pelos jornalistas que eles eram fruto de uma, absurda, combustão espontânea causada pelo aquecimento global), na qual a mascote Greta Thunberg foi usada, nem é elaborada, nem organizada e nem bancada por ela, como, infantilmente, a maioria dos jornalistas sugere a seu público, como se para começar um movimento global, bastasse uma adolescente ter a 'brilhante' ideia de ficar em pé na rua com algo escrito num papelão que, na outra semana, redes de tv do mundo inteiro estariam noticiando repetidamente, atribuindo importância e, do nada, surgiriam multidões solidarizadas protestando em todos os países importantes; como também é auto-evidente que o movimento agressivo dos Neo-antifas e ainda a gigantesca massa de manobra do caso George Floyd, são coordenadas pelo poderoso grupo fabiano norte-americano e visam desgastar a imagem de Donald Trump para impedi-lo

---

[125] Agora em dezembro de 2020, na Europa, já se fala até em passaporte-de-imunidade, para que a plenitude do direito de ir e vir dependa da comprovação de ter tomado a vacina contra covid 19, foçando-se, indiretamente, as pessoas a tomá-la.

de se reeleger, já que é ano de eleições lá. Esses três movimentos (Greta, Antifas e Floyd) são, inegavelmente, coordenados entre si.

Em 2018 tinha sido lançado o filme Pantera negra. Em 23 junho de 2020 Simon Fuller, dono e produtor da banda infanto-juvenil Now United, relança a música triste Stand together (também de 2018) para apoiar o movimento Neo-antifas, comover e doutrinar crianças e adolescentes mundo afora, começando com as palavras: "Afaste-se se você não é meu amigo" e prosseguindo como refão "Namatikategaleo" (curvo-me diante de ti, do sânscrito; na ocasião, em referência ao gesto de se ajoelhar, símbolo do movimento Neo-antifas). Minha filha de 9 anos escuta essa banda. Fuller usou seus artistas juvenis sem que eles sequer compreendam o assunto. Daqui a 20 anos as crianças que foram influenciadas pensarão que na década de 2020 todos os norte-americanos eram racistas e não saberão que foram doutrinadas. Isso é apenas um exemplo entre milhares. A ideia de lutar por alguma coisa é carismática e vende muito. Lutar por algo justo como o combate ao racismo é comovente. Revolução é uma ideia carismática, a caridade e a união de todos também. O problema é que as pessoas não sabem o que é uma revolução: é uma guerra. A outra questão é que coisas boas como caridade e união podem ser usadas apenas como ferramenta política de manipulação de massas para se alcançar outras coisas que não têm a ver com elas, fazendo com o que sejam apenas a isca. Não há nada mais fácil do que iludir crianças e jovens usando palavras-gatilho como *'luta'*, *'fé'*, *'libertar'*. No presente caso, foi apenas

participação na campanha política para eleger Joe Biden[126].

Por derradeiro, algo que chama nossa atenção no Brasil é o *aumento da influência da China* no País, mas que não teve planejamento conjunto com os demais acontecimentos acima, embora, obviamente ela tenha calculado suas repercussões para poder se planejar.

O investimento da China no Brasil pela ferrovia que ligará o Pacífico ao Atlântico lhe dará vantagens comerciais e militares; as privatizações do Governo de São Paulo direcionadas para favorecê-la e a parceria com Dória[127], a compra, pela China, de

---

[126] Desde que se assumiu o governo, Trump não teve um minuto de sossego para governar seu país, pois, mesmo antes da Pandemia, de Greta, do Antifas e Floyd, partidos de esquerda da América Latina congregaram milhares de pessoas, as induziram e conduziram a entrar nos EUA ilegalmente. Se Trump fechasse os olhos seria acusado de ilegalidades, abrindo-os, de xenofobia. Sobretudo, o Partido Democratas visava conquistar o eleitorado latino. Deu errado e, em 2020, eles perderam em Miami. Ainda é de se notar que essa imigração em massa é uma burla às eleições através da importação de um eleitorado clandestino que, paupérrimo e ignorante, vindo de países fracassados pelo socialismo, ficará grato ao salvador da pátria que lhe abrir as portas à democracia capitalista, contudo, este salvador da pátria, que, ao legalizar os imigrantes usufruirá dos seus votos, é exatamente o grupo socialista que, para se perpetuar no poder importando esse curral eleitoral, visa transformar o refúgio capitalista num país tão fracassado quanto aquele do qual fugiram. A massa leiga não saberá disso e ajudará seu próprio inimigo. Sob este aspecto, não se trata de xenofobia.

[127] Que, vergonhosamente, tem usado a pandemia como palanque eleitoral diariamente, dando entrevistas coletivas; comprou a vacina chinesa precipitadamente, sendo ela mais cara e menos eficiente que as demais, além de remunerar quem causou o problema, a China. Há uma notória insistência dos jornalistas

grande parte da Band (que faz campanha para Dória), as ligações da China com o PSB e o PSDB, além da tentativa de controlar o agronegócio brasileiro através da Cofco International *(China Oil and Foodstuffs Corporation),* maior empresa de alimentos chinesa, que é uma estatal da China interferindo no Brasil, são coisas a ser acompanhadas atentamente na busca da formação de conclusões equilibradas, tanto se evitando os exageros, quanto as negligências e subestimações. Se atentarem contra o livre mercado ou a segurança nacional, merecem sofrer interferências estatais brasileiras.

---

brasileiros em defender a compra da vacina Coronavac, e em insinuar inépcia do Presidente no gerenciamento da crise por não a ter comprado antes. Ela é a vacina escolhida por João Dória e que será fabricada pelo Instituto Butantan. Até o momento (08/01/2021), não está sendo usada nem na própria China (que aplica a de outro laboratório chinês, o Sinofarm) e sua autorização na Anvisa só foi requerida pelo Instituto Butantan em 08/01/2021, portanto, não há que se culpar, maliciosamente, outrem por ausência de uso até a data em que for aprovada (17/01/2021), caso passe nos testes, já que, inclusive, o Presidente não tem controle sobre as aprovações técnicas daquele órgão. Quanto à vacina de Oxford (preferida pelo Presidente e mais respeitada pela comunidade científica internacional), veio ficar pronta estes dias, quando começou a ser usada no Reino Unido, e também só teve pedido de autorização apresentado na Anvisa, hoje, 08/01/2021. Esta será produzida pela Fiocruz. Tanto a Coronavac (do Sinovac Biotech), quanto a vacina usada na China (do Sinofarm) e a Sputnik V da Rússia, foram vistas com desconfiança por toda comunidade científica internacional, exceto em países mais ideológicos do que científicos. A vacina da Moderna só ficou pronta esta semana e a da Pfizer (a mais eficiente, porém suspeita de mortes de idosos na Noruega) exige uma temperatura de conservação muito difícil de se atingir pela quase totalidade dos postos de saúde brasileiros, com refrigeradores especiais caros e inexistentes por aqui.

Iniciamos falando das relações da ordem mundial com 9 fatos sociais: a criação do terror como ferramenta política, o Brexit, a Primavera Árabe, a Revolução de Hong Kong, a Pandemia, a Campanha Ambientalista que usou a mascote Greta, o Movimento Antifas, o caso George Floyd e a influência da China no Brasil.

No domingo de 23 de abril de 2017 foi a eleição presidencial na França, onde a principal decisão do eleitorado foi entre candidatos que apoiavam sua permanência na União Europeia ou a sua saída. *A UE é uma verdadeira federação globalista, a mais importante depois da ONU. Heranças deste livro.* O presidente eleito naquele pleito foi Emmanuel Macron (na época com 39 anos), com uma evidente ambição de se tornar o grande líder da UE (provavelmente o presidente da Comissão Europeia). Óbvio que ele, querendo se amostrar, dará à UE uma atuação mais protagonista e intervencionista. Ameaça até intervir na Amazônia, ideia compartilhada por Joe Biden. Claro que a cobiça de ambos é nas riquezas do subsolo e na demagogia salvacionista do apocalipse ambiental, capaz de render capital eleitoral global e um poder mundial, a nova ambição dos políticos poderosos, os meta-políticos em busca da onipotência.

Somos um país inculto. Cultura não é formada pelo que está nas escolas, mas pelo que se conversa na calçada com o vizinho e nos bares, que vem do que se vê na televisão. Se somos incultos, é culpa das criaturas de baixo nível às quais são entregues os microfones, escolhidas unicamente por suas boas

aparências, vozes bonitas, puxa-saquismo, etc. As informações reproduzidas nas esquinas viram cultura popular.

Como o irmão do Cride, cuja televisão deixou burro, muito burro demais (música Televisão, da banda Titãs), o brasileiro assiste televisão excessivamente e é muito influenciado. Todavia, a porta do conhecimento está sempre entreaberta. Ainda bem que a internet dos *smartphones* vem substituindo a audiência das televisões e, no futuro, as coisas mudarão por aqui.

Tá vendo porque é que o brasileiro desconhece bons autores, bons artistas, informações importantes, etc.? Ele é guiado por cegos.

Vale acrescentar que há também uma campanha de desinformação proposital e outra de deturpação dos valores morais cujo principal vetor foi a televisão. Por isso o brasileiro da década de 1960 para cá se tornou outra pessoa moralmente. Ele era mais correto e inteligente. No Brasil, a família Marinho usa sua empresa, a Rede Globo, a favor do fabianismo, que é sua crença política e sua meta de poder. Daí seus ataques diuturnos a Donald Trump ou a qualquer presidente republicano nos EUA. Os Marinho possuem empreendimentos lá e são mais favorecidos pelo Partido Democratas. No Brasil, eles perderam dinheiro com a vitória de Bolsonaro, que eliminou da Globo propagandas da Petrobras, Caixa Econômica, Banco do Brasil, Correios e programas assistenciais, além de acabar com a sequência de perdões às suas dívidas tributárias e ainda os ameaçou, publicamente, de negar a renovação da

concessão para transmitirem seu sinal em 2022, caso não estejam quites com a Fazenda Pública.

Então somos incultos, assistimos televisão excessivamente e desconhecemos certas celebridades mundiais porque somos guiados por cegos. Wells (renomado há mais de 100 anos em todo o mundo civilizado e *ainda desconhecido no Brasil*), escreveu com sinceridade porque estava apavorado, já que se encontrava numa nação (Inglaterra) sendo atacada por um inimigo poderoso contra o qual ela tinha acabado de entrar em guerra, a Alemanha. Curioso é que se Hitler queria um Governo Global levando a Alemanha a se expandir e conquistar a maior parte possível do mundo, junto com a Itália e o Japão (chamadas de Potências do Eixo), imitando os conquistadores antigos, por sua vez, paradoxalmente, o autor sugeriu como resposta *"antagônica"* exatamente *a mesma coisa* que Hitler queria, a criação de um Governo Global, só que a) não das Potências do Eixo (Alemanha-Itália-Japão) e b) nem imposto pela força. Há *em comum* 1) esse globalismo e 2) a natural imposição de sua cultura pelos vencedores de guerras, quando impunham seu idioma, moeda e, às vezes, até sua religião, modo de se vestir e hábitos alimentares[128]. O Governo Global de Wells também impõe sua cultura para as civilizações, como a criação dessas <u>nova Ética</u> e <u>nova Lógica</u> que, segundo Karl Popper, por enfatizar a eliminação de divergências em vez da verificação de veracidade, supostamente, *amortecem os atritos entre os povos*. A par do que há em comum,

---

[128] Houve casos em que tribos inteiras morreram de depressão por causa disso. Agora é o caucasiano que está ameaçado pelos globalistas.

há *em divergência* que o globalismo de Wells não é nacional pela imposição de uma aliança de nações contra as demais, e sim uma suposta democracia global. Porém, afirma-se que ela terminará como uma ditadura global.

  Novas Ética e Lógica? A ética é o comportamento humano pautado em crenças morais e a Ética (inicial maiúscula), mui resumidamente, é a parte da Filosofia que o estuda sob o ponto de vista dos valores morais. Uma parte dele é universal (absoluto), ou seja, praticado por todas as coletividades em todas as épocas, graças a que foi possível elaborar declarações de direitos chamadas de universais (como a que o próprio Wells elaborou). A Ética aristotélica é aquela influenciada por Aristóteles (o estagirita; o primeiro pesquisador científico da História), quando descreveu a cultura grega no livro Ética a Nicômaco (nome do seu filho), uma ética resultante no padrão de comportamento dos europeus e de todos os que vieram da expansão dos Império Romano e Império Britânico, e, depois, resultante na influência do Iluminismo e suas democracias liberais, ou seja, resultante em nós (taxados de ocidentais caucasianos[129]). Esse padrão é, praticamente, idêntico

---

[129] Homem do Cáucaso. Região montanhosa de 440.000km^2 entre o Mar Negro e o Mar Cáspio. Fronteira entre a Europa e a Ásia, onde fica o monte Ararat (em que, supostamente, a Arca de Noé encalhou, sendo assim, berço da nova civilização), abrangendo a Turquia, Armênia e Azerbaijão. Na mitologia grega, leva o nome de um pastor morto pelo deus Cronos, e é um dos pilares do mundo, onde Zeus acorrentou Prometeu. Lá há, aproximadamente, cinquenta comunidades de culturas e línguas diferentes. Zona de influência das antigas civilizações da Mesopotâmia. Considerada, arqueologicamente, berço do homem norte-africano, do Sudoeste da Ásia e subcontinente

ao padrão do cristianismo, chamado de Ética cristã, a que é influenciada pela Bíblia Sagrada, referindo-se ao povo católico e de religiões derivadas do catolicismo, entre a Igreja Católica Apostólica Romana (tanto em sua ortodoxia quanto nas seitas que lhe derivaram), como também entre o Protestantismo da Reforma em sua ortodoxia e nas seitas que lhe derivaram. Enfim, Ética aristotélica e Ética cristã são semelhantes.[130]

---

indiano e do branco europeu. Hoje a expressão *homem caucasiano* é associada a este, taxado, pelos fabianos, de ser rude, invasor bélico expansionista dos seus impérios, genocida e escravizador, nacionalista e xenófobo, machista, racista, homofóbico, moralmente proibitivo, padronizador e excludente que, ao se apoderar do cristianismo hebreu, o teria impregnado com todas essas características. Adquiriu conotação pejorativa. Apesar de haver uma meia-verdade nisso, tal consideração dos fabianos é inverídica porque aquelas características estão presentes em todas as civilizações e não só no homem branco europeu. Também porque foram sazonais. Há quem considere que algumas daquelas características estão presentes na própria Bíblia em maior ou menor grau.

[130] Apesar da Ética aristotélica ser semelhante à Ética cristã e de ter o apoio da Igreja Católica e do Protestantismo, esse pensamento, de acabar com a Ética aristotélica, é compartilhado pelos pais da Teologia da Libertação (que é uma heresia, principalmente por constituir um ateísmo que usa a religião para manipular as massas cristãs politicamente, rumo ao marxismo, sem que elas saibam, comparando-se com a libertação do Egito mas sem crer que Deus libertou seu povo e sim uma revolução, que Jesus é um revolucionário a ser imitado e não a Segunda Pessoa da Trindade pagando pelos pecados, que veio para ser imitado mas não para se crer no seu sacrifício, que o pecado é apenas a exploração do trabalhador, e que a meta da Bíblia é a libertação do capitalismo e não a salvação da alma). O homem caucasiano é acusado, por tal teologia, de constituir uma tribo bélica que saiu escravizando todas as outras, oprimindo e impondo sua cultura. Tal teologia surgiu na década de 1960 na América Latina. Seu marco é 1971, quando o padre peruano

No Oriente há padrões de comportamentos influenciados por outras religiões, que podemos chamar, por exemplo, de Ética confucionista, Ética maometana, etc. Essas Ética aristotélica e Ética cristã, são também conhecidas como: <u>conservadorismo</u>. Elas constituem um padrão de comportamento com limites morais bem específicos, como, por exemplo, o da proibição do homicídio, do roubo e do desrespeito aos pais. Uma oligarquia que adote tais crenças apresentará respostas diferentes quanto a temas bem práticos como aborto, mentira como algo considerado errado em vez de lubrificante social, pena de morte, liberação das drogas, pedofilia e idade sexual, poligamia, racismo, genocídio, doutrinação, corrupção, etc. Os partidários de Wells tentam acabar com o conservadorismo.

Já, quando falamos em lógica, nos referimos à forma de raciocinar que dê sentido às conclusões tiradas, e Lógica (com inicial maiúscula), resumido modo, é a parte da Filosofia que estuda essa forma correta de raciocinar. O primeiro que escreveu sobre

---

Gustavo Gutiérrez publicou *A teologia da libertação*. Entre seus fundadores estão Richard Shaull, Jürgen Moltmann, Johann Baptist Metz e Harvey Cox. Os principais expoentes no Brasil são Frei Betto, Dom Hérder Câmara e Leonardo Boff. O Papa Francisco não se declara abertamente, mas apoia os princípios dessa teologia. João Paulo II e Bento XVI (que, curiosamente, na escolha do isolamento face ao perigo, simboliza e passa por coisas semelhantes às que São Bento de Núrsia passou ao se decepcionar com as corrupções do Clero) a declararam como heresia. Considero que a única coisa que podemos aproveitar dela é a crítica a um cristianismo egoísta, com ganância e sem a caridade. Mas ela é um cristianismo sem Deus e com manipulação de massas, ou seja, um marxismo disfarçado de cristianismo.

ela foi Aristóteles (mas ela já existia, ele apenas a catalogou e organizou) no livro Organon, que deu origem à nossa gramática (no seu capítulo Categorias[131]) , daí chamamos de Lógica aristotélica. Ela busca descobrir a verdade só pelas afirmações, sem exames empíricos, cálculos matemáticos nem investigação probatória, portanto, aplicando-se a textos e discursos escritos ou falados, descobrindo e eliminando as contradições. Depois, veio a Lógica cartesiana, oriunda do livro Discurso do Método e Regras para a Direção do Espírito, de René Descartes (Descartes em grego é transliterado por *Cartesius*, daí o adjetivo 'cartesiana', aquela que se refere a *Cartesius*), mas que teve origem com Francis Bacon no livro Novo Organon, e busca descobrir a verdade não mais apenas por detectar e eliminar as falácias (mentiras) dos discursos escritos ou verbais, mas sim, argumentando que a única coisa capaz de servir de prova do que se afirma é o exame, o que seja empírico, a investigação científica, portanto servindo para questões de fato, onde se afirma que algo existe ou aconteceu, sendo o único método capaz de provar se é verdade, porém, não servindo quando o discurso não se refere a fato, mas sim a ideias, como, um que diga que algo é bom ou ruim, por exemplo. Desse

---

[131] O projeto de desconstrução dessa Lógica chaga ao ponto de excluir questões de gramática da prova do ENEM, porque deseja uma geração de pessoas que não consiga raciocinar organizadamente e compreender o que lê. Gramática em si, já é uma parte da Lógica Aristotélica. A escola brasileira, em geral, não fornece saber ao aluno, apenas informações para ele passar nesse vestibular, induzindo-o a ter isto por única meta de vida. Se o ENEM não exigir tal conhecimento as escolas não o fornecerão. É a obstrução da política sobre o saber, como na Idade das Trevas.

modo, a Lógica cartesiana tem sua utilidade para uns casos (achar contradições) e a Lógica aristotélica para outros (investigação dos fatos científicos), ambas se complementando na eliminação de falácias. A Lógica cartesiana é também conhecida por Metodologia Científica. Por fim, há a <u>Lógica holística</u> que se refere, não a uma parte da Filosofia que estude algo com esse nome, mas ao próprio raciocínio asiático, mais propriamente da China e Índia, muito ligado às suas superstições, como, por exemplo, as explicações de energias religiosas que a acupuntura dá para o fato de suas agulhadas nos fazerem sentir choques ou nos provocar sono, sendo que, a Lógica cartesiana, nos dá outra explicação mais racional e que pode ser comprovada para o mesmo fenômeno.

Os seguidores do Governo Global de Wells, sob influência do grupo apelidado de Escola de Frankfurt (*Max Horkheimer, Theodor W. Adorno, Walter Benjamin, Herbert Marcuse e Jürgen Habermas*) e dos filósofos Karl Popper e Paul Feyerabend, tentam desconstruir a Lógica Aristotélica e a Lógica Cartesiana, visando substituí-las pela Lógica holística. Buscam essa uniformização cultural mas falam em respeito às diversidades, contudo só as que lhes convém.

Concluímos que a Ética aristotélica, a Lógica aristotélica e a Lógica cartesiana dão importância à busca da verdade[132], no entanto, Karl Popper defende

---

[132] No campo científico isso é essencial, pois, quando se pesquisa um remédio que cure uma doença ou um cálculo estrutural de engenharia, sobre o peso que uma coluna suportará, mentir seria um charlatanismo perigoso.

que enfatizar a eliminação de divergências em vez da verificação de veracidade, supostamente, *amorteceria os atritos entre os povos e evitaria guerras, como a Segunda Guerra Mundial.*

Ética	→ parte da Filosofia que estuda o comportamento
Lógica	→ parte da Filosofia que estuda a forma correta de organizar os pensamentos

Cronologia da Lógica:

1	2	3
Lógica	Metodologia Científica	Anarquismo epistemológico
Aristóteles	Francis Bacon	Karl Popper
	René Descartes	Paul Feyerbend

Não botamos a Escola de Frankfurt no quadro porque, apesar de influenciar com sua crítica da cultua ocidental, ela não propôs nada em substituição, nem mesmo o anarquismo.

"**Frankfurt, escola de** – A escola de Frankfurt recebeu esse nome porque seus principais representantes integravam o Instituto de Pesquisas Sociais de Frankfurt, na década de 1930. O exame crítico que esse grupo fez das sociedades

desenvolvidas exerceu poderosa influência sobre os movimentos de contestação da segunda metade do século XX, particularmente as manifestações estudantis de maio de 1968 na França. ..." < Nova Enciclopédia Barsa. – 6ª ed. – São Paulo: Barsa Planeta Internacional Ltda., 2002, p.439, vol. 6 >

Cronologia da Ética:

1	2	
Conservadorismos	Progressismos	
Moisés Confúcio Aristóteles Jesus Maomé	Erasmo de Rotterdam, criticou o conservadorismo imposto por um Estado religioso e despótico; depois vieram críticos de todos os conservadorismos: Nietzche, Émile Durkheim, Max Weber e Lenin.	George Soros, investe na destruição do conservadorismo e da cultura judaica, cristã e caucasiana

Atualmente os escritores mais famosos que defendem o *conservadorismo* são Olavo de Carvalho, no Brasil, e, Roger Scruton, no Reino Unido. O conservadorismo visa conservar as Lógica Aristotélica, Lógica Cartesiana e a Ética Cristã. Aqui a palavra *progressismo* não possui sentido etimológico e nem nada a ver com progresso como avanço tecnológico, mas sim com progresso no

sentido de progredir, ir a diante, sair do conservadorismo, estando dentro do contexto político da época do Iluminismo. Quem teria sido o primeiro progressista, mas cujas críticas ao conservadorismo foram até um limite racional para os defeitos do conservadorismo da época? Erasmo de Rotterdam.[133]

---

[133] Erasmo denunciou a cultura medieval e é o criador do Humanismo. Elogio da Loucura é o melhor livro que já li. Padre Erasmo era amigo do Papa e podia se dar ao luxo de criticar o cristianismo da época, mas, por via das dúvidas, para garantir sua segurança, resolveu fazer isso na forma de uma comédia para não deixar ninguém com raiva. O livro é muito engraçado. É um monólogo em que a insanidade se personifica e fala, como se no meio do palco recitando. Critica o excesso de seriedade, de proibições inúteis e caçoa de coisas do dia-a-dia. Erasmo se inspirou em Dante Alighieri e sua comédia divina. Já Cervantes se inspirou em Erasmo para criar o, humaníssimo, Sancho Pança contraposto ao perfeito Dom Quixote, que era só reflexo da caduquice de um velhinho. Não há uma elite iluminada! Padre Erasmo destroi o homem-modelo, o heroi, diz que "nós nos enganamos redondamente quando queremos distinguir-nos do gênero humano" e mostra que a imperfeição é comum e que *o Direito não foi feito para heróis*, porque, simplesmente, raramente há heróis e santos, sendo exceções e não regra, e absolutamente, não há gente perfeita. Mas, o ser humano é capaz de tudo, desde um ato heroico num momento até a inveja, o despeito e a traição em outro. Então, reconhecendo o óbvio, *a natureza humana* (daí o nome Humanismo; também por tirar a exclusividade do foco para a religião e trazê-lo para o homem), desde as virtudes e as fraquezas reais da vida, a experiência ou a infantilidade, a inteligência e a burrice, a coragem e o medo, a sinceridade e a mentira, o altruísmo e o egoísmo, a generosidade ou a ganância, o afeto caridoso e perdoador ou a raiva homicida, um arroto e um peido, - e devemos esperar tudo isso do ser humano, pois é seu normal – com as naturais incoerências dessas contradições coexistindo, potencialmente, em cada pessoa, (então) é certeza que surgirão desentendimentos até entre a menor das coletividades, o casal, e devem existir normas prévias para termos a segurança do conhecimento antecipado dos prêmios e castigos e do que devemos ou não fazer, sobretudo para desestimular as más-condutas *(ubi societas, ibi jus)*. Foi o

A Nova Ordem Mundial! Eu me pergunto: primeiro a questionar a Lógica aristotélica e a Ética aristotélica e sugerir que devia ser mais flexível do que era na época, com o excesso de rigor e brutalidade da Idade Média. Porém, Erasmo se radicaliza e apresenta a mentira como lubrificante social. O extremo do conservadorismo na época deve ter criado uma vida insuportável. Contudo, desde a década de 2000, no Brasil, passamos a viver o extremo oposto, um progressismo exacerbado e, radicalmente permissivo (uma irresponsabilidade geral). Na prática isto também não foi bom e resultou em DSTs, gravidez adolescente aos milhares, criminalidade geral e desrespeito mútuo total, onde todo mundo engana todo mundo, o desonesto é considerado esperto e o honesto considerado besta. Houve uma explosão de violência, crime e corrupção e a vida também ficou insuportável. Foram dois extremos na prática. Aqueles valores morais eram necessários para um convívio social. As manifestações de 2013 foram um marco, onde a população, levada ao limite do cansaço mental, causado pela imposição de um progressismo que agredia costumes religiosos enraizados há 500 anos, e pela insatisfação com a corrupção do PT, fruto do desprezo pelos valores morais, onde nada mais funcionava no Estado, então as manifestações foram o *marco do clamor popular pela volta dos valores morais do conservadorismo no Brasil, principalmente a honestidade.* Erasmo expressa o rompimento com o conservadorismo medieval e seu homem ideal, perfeito, que é só um mito, como bem compreendeu Cervantes ao criar Dom Quixote. Erasmo encarna o reconhecimento de que ser humano é algo normal, com todos os sentimentos humanos. Um resumo do seu pensamento seria: Vê as coisas da natureza humana como normais! Ele apenas diferenciou as, sonhadas, coisas ideais das coisas reais. A Lógica aristotélica e a Ética aristotélica foram criticadas, inicialmente, por três homens brilhantes, Erasmo, Bacon e Descartes. Mas isto se deu porque a Lógica aristotélica era imposta, proibia outras, não permitia pesquisa científica e não resolvíamos nossos problemas nem para curar uma pequena infecção. Tais motivos cessaram. Já a Ética aristotélica medieval era imposta e hipócrita, porque era censuradora e não permitia admitir certa coisas. Isto também cessou. Cessadas as causas, deixa de se justificar o efeito e não há porque querer acabar com elas, já corrigidas como estão hoje. Quem diria que Dante, apenas com um livro, iria desencadear tudo isto?! Encerro esta, extensa mas proveitosa, nota de rodapé sobre Erasmo de Rotterdam.

como uma obra da importância desta ainda não estava traduzida para o português? Como seu autor ainda é, praticamente, desconhecido por aqui? Foi a partir daí que resolvemos fazer a tradução. Pela importância da obra.

Buscamos sair daquelas traduções enlatadas e com cara de plástico vermelho, amarelo e azul dos brinquedos do *shopping center*, para dar um espírito de obra brasileira à tradução e fazer com que o leitor se sinta como se tivesse lendo um livro da literatura brasileira. Tivemos muito cuidado e esforço para manter as flexões verbais, na medida do possível, p. ex. quando um verbo estava flexionado *no tempo* presente, pretérito ou futuro, bem como *no modo* indicativo, subjuntivo ou imperativo, e *nas formas nominais* gerúndio, particípio ou infinitivo, etc. Aproveitamos a oportunidade concedida pelo nosso vasto idioma, e lançamos mão dos verbetes 'nordestinos' compreensíveis em todo o País, já que isso humaniza mais a obra, deixando-a parecida com um diálogo do leitor com o escritor.

Enfim, a tradução deste livro é para que você tenha uma visão panorâmica e conheça a origem de uma das ideias políticas mais influentes hoje em dia, o fabianismo (explicamos o que é no capítulo de Comentários do Tradutor).

Na década de 30 a vida continuava normalmente e, no Reino Unido, as pessoas estavam felizes e empolgadas com os avanços tecnológicos.

Voltemos ao texto principal acima, com as letras maiores, tratando da nova ordem mundial impondo uma nova ética e uma nova lógica hoje.

Pilotos corajosos, principalmente britânicos e norte-americanos, batiam um recorde atrás do outro nas experiências de velocidade terrestre, exibindo seus carros-foguete em praias e desertos. Sobretudo, Wells era um homem da Ciência, um biólogo apaixonado pelo pioneirismo tecnológico. A vida prosseguia normalmente, mocinhas se enfeitavam para seus namorados, casavam, ouviam música, todos trabalhavam, admiravam seus campeões no esporte, assistiam aos concursos de lindas misses... O Thunderbolt e seu piloto, Capitão George Eyston, avivaram o mundo. Eram super-carros com turbinas de avião da Rolls Royce que tinham passado dos 500 km/h. A empolgação de Wells com a tecnologia vinha da ousadia daqueles pilotos. Esse cenário de normalidade se misturou com uma guerra, que ninguém esperava e chegou de repente feito visita ruim. Foram as circunstâncias em que o livro foi escrito.

Mas, por que ler este livro? É necessário reconhecer manipuladores (muitas vezes psicopatas) quando nos deparamos com eles, e sua principal característica é tentar controlar nossos atos sem nos dizer sua finalidade nem a causa que os motiva, usando-nos como a robôs ingênuos, geralmente, sem deixar clara a visão panorâmica aérea da situação, em que se perceberiam todos os lados em disputa e suas propostas. E, normalmente, esses tais manipuladores tentam nos impedir de ouvir a versão do outro lado (ou sua própria!) e de organizar as ideias parte por parte, para pô-las em debate uma a uma, respeitando as regras de Lógica; eles não querem nem ouvir falar nessas regras de Lógica nem em Metodologia

Científica, porque pretendem apenas entulhar falatórios e publicações sem fim, eternamente, até se amontoarem umas sobre as outras, de modo indefinido, sem que sejam organizadas e avaliadas, de maneira que não passem de lixo repetitivo de diversos autores, até *criar uma aparência de unanimidade para não deixar você raciocinar*, esgotando todo o seu tempo, energia e dinheiro gasto comprando livros, unicamente com materiais medíocres em que um só repete, com sua própria linguagem, o que outros já disseram. Por isto alguns querem acabar com a Lógica Cartesiana e manipular as massas mais facilmente. <u>Políticos, em geral, preferem as massas leigas!</u>

Ler este livro é ouvir um dos lados que falta ser ouvido, conhecer a origem e fundamentos do fabianismo. Coisas que eles próprios tentam esconder, tal a dificuldade de convencer a opinião pública a aceitá-los, e, afinal a estratégia mais conhecida de todas é se camuflar. Dá até para ridicularizar o adversário taxando-o de teórico da conspiração. Por exemplo, a imagem do socialismo nos EUA é impopular e o Partido Democratas prefere se esconder sob a falsa classificação de neoliberal, liberalismo social, social-liberalismo ou até liberalismo moderno. Contudo, entre outras coisas, ele defende mais controle da economia, por isso, não faz *jus* ao apelido que reivindica para esconder seu fabianismo. Esses socialistas ocultos se revoltam quando alguém os desnuda.

As pessoas já ouviram falar em Marx e Lenin, mas raros são os que conhecem Gramsci e os membros da Escola de Frankfut. Até Wells,

celebridade famosa em sua época, é desconhecido em muitos lugares. As pessoas conhecem sua obra e, provavelmente, já assistiram filmes dos seus livros, mas nem o conhecem e nem sabem do seu trabalho político. Enquanto os leninistas buscaram divulgar e endeusar seus pensadores, os fabianos fizeram o contrário: aplicaram as doutrinas sem dizer as fontes. Isso é estratégia militar desde os tempos e Sun Tzu. O general só vai contando os planos aos subalternos conforme o que cada um precise saber para a missão que lhe é dada. Então só os grupos de cúpula do fabianismo discutiam essas coisas em suas reuniões e foros.

Nem se trata de esconder e nem é possível proibir alguém de ler ou aprender, é somente discrição. Por exemplo, esta obra estava disponível apenas em inglês e muitas outras também. As pessoas não leem essas coisas, só quem é da área de Ciência Política ou História (e olhe lá) e quem é de dentro dos partidos políticos, geralmente os que são intelectualizados e fazem parte do seu Estado-maior. Então, não se precisa esconder, basta não fazer alarde.

A quase totalidade dos escritores de política não deixa claro seu partidarismo, tenta se travestir de imparcial e doutrinar seus leitores subliminarmente. Desonestidade intelectual que mina a credibilidade. Só idiotas permanecem dando crédito a manipuladores.

Assim, o leitor vai absorvendo só um dos argumentos, lendo unicamente material de sua crença, numa espécie de auto-sugestão parecida com a da auto-hipnose; repetindo, repetindo, repetindo a mesma

coisa até que acredita nela. O que as facções religiosas e políticas fazem com as pessoas é isso.

    Claro que quem se permite ser isolado se torna mais fraco e vulnerável e assim também é psicologicamente; saia do isolamento; sempre que você for formar uma opinião sobre algo tente ter uma visão geral, como que olhando de cima para um mapa espalhado sobre a mesa, e tente identificar quantos são e quais são todos os pontos envolvidos na questão, tente listar pelos nomes todos esses partidos, e compreender apenas os principais e antagônicos (se forem muitos) e, finalmente, veja a versão dos mais relevantes representantes intelectuais de cada um deles, resumindo os pontos importantes; só as seitas de fanáticos tentam prender você dentro de uma redoma fechada onde te induzem a não ter contato ou ouvir os outros; então, se perceber que está ficando isolado, saia ligeiro. Saia do isolamento. Em política, é preciso conhecer as principais linhas de pensamento, e o livro de Wells é uma delas, por mais que eu discorde dele. Conheça essas ideias-base, 'ouça' os 'dois' lados no debate. Não tenha medo, pois não é tão complicado como lhe disseram. Se não consegue ouvir/ler a outra parte é porque já é um fanático. Cure-se.

    As pessoas se auto-sugestionam e ficam reforçando missões mentais, sem questionar de vez em quando a repetição diária de algumas das ordens que dão a si mesmas e que viram um hábito. O reforço a essas ordens torna-se compulsão automática. Contudo, essa auto-hipnose nem sempre é natural, sendo, tantas vezes, coisas que precisam ser

reforçadas exatamente porque nem são nosso *desejo* e nem nossa *tendência* automaticamente *natural*, mas apenas a decisão de uma parte de nossa mente. Porém muitas decisões são emocionais por pura simpatia do carisma por algo que, apesar de carismático, é errado. Outras coisas são velhos hábitos de decisões que você tomou numa época em que não sabia tanto quanto sabe hoje, entretanto, não parou para revê-las depois que aprendeu mais e apenas continuou repetindo pela inércia do movimento no piloto automático. Tudo aquilo que você necessita estar reacionando pertence a essa categoria. É imprescindível *parar* e *refletir*, retomando o controle. Assim é com o *fanatismo político* que se tornou uma compulsão emocional. Carece-se *parar*[a], ter *visão*[b] racional panorâmica de todas as *ideias*[b.I] em questão, dos *resultados*[b.II] e da *história*[b.III] de cada uma, depois *admitir*[c] para si mesmo, honestamente, o que é verdade ou mentira[c.I], mais o que é correto ou errado[c.II] e o que funcionou ou fracassou[c.III], e só a partir daí, *decidir*[d] o que apoiar, e se permanecerá[d.I] com a mesma ideia ou migrará[d.II] para outra, porém saindo do modo automático da compulsão. Sobretudo, se você percebe que foi fanatizado por ter passado por uma manipulação, lavagem cerebral ou doutrinação desde a infância, tem mais motivos ainda para se desligar da ideia.

A curiosidade é parte inerente da inteligência. Se alguém tolheu a sua, você deve recuperá-la. Tenha o interesse de saber d'onde vêm as ideias que influenciam sua vida. Digo isto porque a maioria das leis impostas às populações do mundo vem de inspiração em doutrinas de escritores-filósofos. Estados e seus ordenamentos jurídicos vêm dos

filósofos e religiosos (ou de quem escreveu usando seus nomes)! Moisés (judaísmo), Jesus (cristianismo), Maomé (islamismo), Adam Smith (liberalismo), Karl Marx (comunismo) e H. G. Wells (fabianismo) são as mais importantes facções políticas/religiosas contemporâneas (outras já passaram mas perderam o poder e a relevância para nossa história atual), pois, todo o resto é apenas derivação, subproduto. Temos neste livro a origem de uma das forças mundiais, quiçá a mais influente delas, a que, aparentemente, tem se tornado tendência para o futuro, com adesão de um grupo de bilionários, de muitos líderes políticos e grande parte da opinião pública mundial, tendo força suficiente até mesmo para pressionar as mais poderosas nações da Terra, como Reino Unido e EUA. Nada mais, nada menos, é o grupo do Partido Trabalhista Inglês (Tony Blair) e do partido Democratas dos EUA (Bill Clynton, Barack Obama, Joe Biden). Este livro é a ideia por trás da própria ONU e do ambientalismo. O que é mais forte que a religião ambientalista hoje?

     Então aproveitamos o final deste tópico para **declarar abertamente nossa posição política**. Como você já deve ter percebido, ao contrário de Wells, defendemos o **liberalismo** (quanto a modo de administração do Estado) e o **conservadorismo** (quanto aos costumes). Fomos fiéis na tradução do livro (a seguir consta o original em inglês paralelo à tradução parágrafo por parágrafo) e **temos sido claros quanto às nossas opiniões para evitar lhe induzir subliminarmente**, como outros, provavelmente, já fizeram. Cremos que você tem o direito de ver as

opiniões em jogo e decidir livremente e por conta própria.

Até agora vimos que governo global traz semelhanças com o mesmo projeto de Hitler e falamos sobre uniformização cultural. Passaremos uma vista nas origens do socialismo, no fabianismo (inclusive o brasileiro), na relação da teoria de Wells com o cristianismo, entraremos na Teoria Geral do Estado (T.G.E.), compreenderemos as forças políticas mundiais contemporâneas, o eterno embate entre conservadorismo e progressismo, as culturas em choque de convivência e o Pós-modernismo, tudo de maneira breve e que você entenda.

As origens do socialismo foram as mentes de Pitágoras (~570-490 a. C.) e Platão (~427-347 a. C.), depois sendo organizado e escrito por Karl Marx e Engels. Você sabe a origem das ideias que afetaram sua vida? A origem daquelas a que você aderiu? Foram homens como Dante, Erasmo de Rotterdam, Charles Darwin, Voltaire, Adam Smith, Marx e Foucalt ... cujas palavras influenciaram os políticos e suas decisões, as leis que criaram e impuseram, guerras e revoluções, alianças, proibições, imposições ou permissões, conteúdos das escolas, decisões de tribunais superiores, etc. Olavo de Carvalho foi decisivo na queda do PT. Mesmo que grande parte dos políticos brasileiros não conheça as ideologias políticas, eles obedecem às diretrizes dos donos de partidos, muitos destes, fanáticos. Dentre os dirigentes partidários (muitos anônimos), por sua vez, há assaz letrados (Cristovam Buarque, FHC, Marco Maciel, Aloizio Mercadante e José Sarney)[134], reitores de

universidades, escritores, etc. que as conhecem e direcionam suas bancadas segundo elas. A finalidade de traduzir este livro é dar ao público brasileiro o direito de <u>ir direto à fonte</u> na compreensão do globalismo fabiano porque isto evita distorções de intermediários. Tal livro é a uma das fontes em que gente como FHC se inspirou, direta ou indiretamente.

Nova Ordem Mundial trata da proposta de uma geopolítica global contemporânea que deu origem ao globalismo, força que sustenta a ONU e a União Europeia. Ao eleger Benjamin Netanyahu, Donald Trump, Boris Johnson e Jair Bolsonaro o mundo está dizendo não ao globalismo. Como se dissesse: não somos cosmopolitas e não queremos essa Nova Ordem Mundial. Claro que haverá alternância de poder, mas essa parte significativa do eleitorado permanecerá.

O título poderia ser traduzido para o português brasileiro em linguagem de hoje como: "Mundo sob nova administração" ou "Nova proposta de geopolítica mundial".

A grande fúria de Wells é contra o catolicismo. Quando lemos Nietzche, vemos que seus sacos de pancadas são o cristianismo como um todo, e Immanuel Kant, e endeusando sempre a virilidade. Já Wells endeusa o socialismo ao modelo fabiano

---

[134] Os partidos de esquerda brasileiros se aconselham com intelectuais como Mangabeira Unger (brasileiro, professor em Harvard, ministro-chefe da Secretaria de Assuntos Estratégicos na era Lula, pré-candidato à Presidência da República em 2006 e cuja candidatura não se concretizou), Paulo Freire e Hélio Bicudo.

(*adiante explico o que é fabianismo*), e ataca sempre a Igreja Católica. Wells repudia o cristianismo por causa daquele puro ódio que os comunistas têm dele; o cristianismo só seria inconveniente para essa união global pela aversão que os muçulmanos lhe têm, mas que, não fosse isso, ele em si, é uma religião magnífica. Eu o vejo, entre outras coisas, com a finalidade de transmitir uma lição de moral cujos valores são bons, pois, ensinam o arrependimento pelo mal, o perdão e o amor aos inimigos, a honestidade, a sinceridade, a verdade e sua busca, a valorização da família, a compaixão, a caridade voluntária e desinteresseira, etc. E sei que ele não é uma filosofia axiológica, mas uma religião, prega a religação do homem com Deus através do sacrifício do Senhor Jesus Cristo pagando pelos demais na conquista do perdão divino.

O livro, de 12 capítulos, poderia ser resumido assim: o autor achava que o mundo estava entrando em colapso e que se tratava do apocalipse capitalista, então sugeriu uma revolução pacífica onde os governantes se unissem para formar um governo global. No capítulo 7, vemos que ele se baseou na ideia de outra pessoa, o escritor Clarence K. Streit, que em 1938 tinha publicado o livro *União Agora,* sugerindo uma federação mundial, porém liberal e não socialista como a que Wells passou a defender.

Direto ao miolo da baraúna: O globalismo leva, necessariamente, a uma ditadura mundial? Globalismo em si é bom ou ruim? <u>Isto é a principal polêmica da Ciência Política mundial hoje!</u> A ONU

evitou guerras? Ajudou ou atrapalhou? E um governo global seria bom?

A partir de 1940, este foi o livro que deu forma à Social-democracia, um tipo de socialismo que continua influenciando a vida de todos nós. É a corrente política mais influente do mundo até hoje. O globalismo foi introduzido nela a partir daqui.

Sem ser pusilânime, poderia dizer que este é o manual da ditadura global boazinha que já está sendo criada e lhe imporá uma lógica, uma ética e uma religião. Digo isto como quem está coarando no pino de meio dia e vai jogar pedra em marimbondo; cutucar seu vespeiro! Porque poderia muito bem ficar quieto e evitar até mesmo de ser ridicularizado, simplesmente como, inclusive, Olavo de Carvalho foi.

A *Teoria Geral do Estado,* de Dalmo de Abreu Dallari e a de Darcy Azambuja, por exemplo, traz os elementos fundamentais do Estado como – povo, território e soberania. Apesar de continuar assim nos livros, a prática vem mudando. A partir do Brexit, a soberania da poderosa Inglaterra foi abalada, saindo do nível absoluto para o relativo, e quase não a permitiram sair da União Europeia. A soberania nunca sequer foi classificada entre absoluta e relativa, porque parecia auto-evidente o fato de ser absoluta, de modo que nem era preciso dizer, como a própria palavra 'soberania' subentende. Soberania já dá a ideia de completude. Porém, na prática, ela vem sendo relativizada, logo, em breve quiçá tal verbete perca a propriedade.

Pelo princípio da autodeterminação dos povos, unanimemente aceito, um Estado global não poderia suprimir a soberania local dos demais Estados, porém o Reino Unido, mesmo tendo votado para sair, quase não saiu da UE. Este princípio sempre foi reconhecido como sensato e, no Brasil, consta, explicitamente, do inciso III do art. 4º da CF. Por que, de uma hora para outra, algo que foi reconhecido por todas as pessoas durante gerações, passaria a ser ignorado?

Há os dois lados dessa moeda. Em 23 de janeiro de 2020, foi noticiado que o Tribunal Internacional de Haia obrigou o Governo de Myanmar a parar o genocídio da minoria muçulmana rohingyas. A maioria budista tem perseguido os rohingyas. O princípio da autodeterminação é absoluto ou relativo? E a soberania? Não devemos opinar, apenas iremos explanar como está hoje na prática. A história antiga descreve situações de intervenção por motivos humanitários, como quando Israel intervinha em nações que matavam bebezinhos em sacrifícios religiosos (filisteus, ex.). Contudo, a história recente trouxe à autodeterminação e à soberania um respeito absoluto durante séculos sem registro de intervenções. Entretanto, desde 1948 vem se consolidando a ideia de relativização.

Texto do Jornal RTP (de Portugal): "O Tribunal Internacional de Justiça decidiu esta quinta-feira que Myanmar *deve tomar medidas urgentes* para proteger a população muçulmana rohingya de perseguições e atrocidades. .... O caso foi tornado público por Abubacarr Marie Tambadou, ministro da Justiça da Gâmbia, que apresentou queixa ...O

procurador-geral e ministro da Justiça Abubacarr, justificou o processo afirmando que tinha como objetivo fazer justiça e responsabilizar Myanmar pelo genocídio que estava a acontecer. ..."

Este é o exercício de um poder global imposto sobre um país (Myanmar) que relativiza sua autodeterminação e soberania para proteger uma minoria, mas ainda não chega a ser o Estado global que Wells desejava. Pergunta-se: nos moldes atuais esse poder é suficiente para resolver os conflitos e trazer a paz? O Governo global de Wells funcionaria melhor? A ideia de paz eterna em toda a Terra não é absurda? Sobretudo, uma coisa é passar por cima da soberania de Myanmar para proteger uma minoria de genocídio, outra é passar por cima da soberania da Inglaterra sem motivo nenhum e desconsiderando a opinião da maioria do seu povo! Com que direito se faz isso?

Então, os fabianos criticam o intervencionismo caucasiano por, supostamente, ter sido gratuito, mas contraditoriamente, propõem intervir no mundo todo e impor a cultura uniformizada que escolherem, a pretexto de ter uma causa justa na proteção dos mais fracos (porém criticam os hebreus, quando faziam o mesmo). Ainda assim, os fabianos falam o tempo todo em aceitar as diferenças!

O Conselho de Segurança da ONU tem o poder de determinar até ataques bélicos contra um país, mas cada um dos seus cinco membros permanentes[135] tem direito de veto sobre sanções

---

[135] Estados Unidos, Rússia, Reino Unido, China e França.

econômicas e intervenção militar. As sanções contra a Síria foram vetadas pela Rússia. Isto sim, é algo mais próximo do Governo global. Em todo o caso, *a ideia do autor neste livro foi levada adiante pelas maiores autoridades do mundo tanto no caso da criação da ONU quanto dessas sanções militares. Este livro foi influente na história humana!*

Wells propõe o fim das soberanias e a relativização da autodeterminação, dando lugar a um Estado global sem fronteiras, sem alfândegas e com moeda mundial única. Os **Estados Unidos do Mundo**. Ele defende que seja um Estado socialista.

Há o socialismo leninista (revolucionário) e o fabiano (suave). Tomando emprestado o vocabulário do Professor Raimundo (Chico Anysio) se dirigindo a Rolando Lero (Rogério Cardoso), aquele é violento como um corno crasso e este gentil como um corno proxeneta, mas ambos são cornos: revoltados e invejosos. Nelson Rodrigues em A vida com ela é, capítulo A dama do lotação, conta que – Solange chifrando seu marido Carlinhos – "No meio do jantar, acontece uma pequena fatalidade: cai o guardanapo de Carlinhos. Este curva-se para apanhá-lo e, então, vê, debaixo da mesa, apenas isto: os pés de Solange por cima dos de Assunção ou vice-versa." – E na hora da confusão com o marido confessa: "— Ele não foi o único! Há outros!" Calmo depois de um rompante histérico inicial, este seria o corno proxeneta. Em outro conto, "O marido sanguinário — Eu sou mulher de um homem só. Te avisei, não avisei? Que não admitia sociedade? Pois é. Deixei uma carta para meu marido, contando tudinho, e vim pra ficar. Estupefato,

Eurilo, que estava sentado, ergueu-se: — "Contou tudo como? Você está louca? Bebeu? Quer que teu marido me dê um tiro? Fala! Queres?" ...Acabou voltando para o lar. Levava, na alma, o tédio, o enjôo, o nojo do pecado. Mas o marido, ao vê-la, esbravejou: — Ah, ele te mandou de volta? Mandou? Cachorro! Quarenta minutos depois, o marido entrava no apartamento do Eurilo, levando a mulher pela mão. Eurilo encostou-se à parede, chorando. O fulano espetou-lhe o dedo na cara: — Não aceito devolução! Ou tu ficas com minha mulher, ou eu te dou um tiro na boca. Escolhe! Eurilo caiu, de joelhos, num choro ignóbil: — "Fico, sim, fico!". O outro saiu dali assoviando, feliz da vida." Já este é um exemplar de corno valentão, crasso.

Maquiavel dividia a estratégia entre a coragem do leão e a astúcia da raposa, cada virtude a depender da ocasião. Ele não estudou o Estado, por isso seu material não poderia ser chamado de Ciência Política ou Teoria Geral do Estado. Ele estudou como se chega ao poder e se mantém nele. Observou as virtudes e as ocasiões. É como se o socialismo violento de Marx e Lenin fosse a estratégia do leão e o socialismo fabiano fosse a estratégia da raposa. Vai dando uma lavagem cerebral e...

Internacionalmente, há 5 forças[136] disputando (ora disputando, ora se aliando para dividi-lo) o poder

---

[136] O narcotráfico, apesar de ser uma força, não disputa o poder legalmente, salvo raras exceções. Ele tem se infiltrado em cargos de poder clandestinamente através dos financiamentos de campanhas e corrupções, mas busca apenas proteção e não legalização. Cada cartel ou facção possui organização para a prática dos seus crimes, contudo, nem há uma organização dos

no mundo hoje: o comunismo, o fabianismo, o capitalismo liberal, o islamismo e o meta-capitalismo. Este último, basicamente, é amorfo e está apenas patrocinando o fabianismo e não possui lado próprio, mas irá sempre pender para onde lhe for mais favorável conforme as circunstâncias, e seu nome mais conhecido é o do mega-investidor George Soros (que foi aluno de Karl Popper). Após a vitória de Donald Trump, Soros convocou uma reunião com o partido Democratas, financiado por ele. As empresas Google, Facebook e Twitter, influenciadas por ele, anunciaram que iriam começar a atacar a mídia alternativa impedindo suas postagens nos sites que administram, segundo a fonte: <https://youtu.be/4E1KL92L-yY>, o que mostra o poder desse grupo de bilionários, neste caso em defesa do fabianismo. E elas cumpriram a ameaça. O **comunismo** prega o fim da propriedade privada, das heranças e a tutela das pessoas por um Estado grande e poderoso, tem por principal propaganda a redução

---

diversos carteis/facções entre si e nem visando fins políticos (exceto as FARC, que financiaram a primeira campanha de Lula). Há uma histórica complacência entre narcotráfico e socialismo. Quem busca a legalização das drogas são mais agremiações filosóficas ou políticas do que o próprio narcotráfico. Elas também querem a redenção do narcotráfico. Geralmente são agremiações anti-conservadoras e pré-revolucionárias, como os liberais, os social-democratas e os leninistas (este último, quando em fase de consolidação no poder, porque depois de consolidado proíbe as drogas). Como não há uma organização dos diversos carteis entre si, então a expressão 'o narcotráfico' não se aplica a um sistema, mas sim generaliza diversos grupos difusos, quase sempre desunidos e inimigos. Há meta-capitalistas esclarecidos que aparentam ter interesse em entrar nessa atividade onde conseguirem legalizá-la. Há muitos políticos importantes envolvidos com ela, principalmente em países como o México e o Brasil.

das desigualdades sociais e visa se perpetuar por verdadeiras monarquias absolutistas vitalícias, como a China, Rússia, Coreia do Norte, Cuba, Venezuela, Vietnã, Camboja, etc. O **fabianismo** não aceita o comunismo autoritário, mas crê nas doutrinas de Marx, desde que aplicadas sem violência. O **islamismo**, em geral, vem lutando por uma expansão global e tem visões políticas autoritárias mesmo nas suas facções que discordam do ISIS (Estado Islâmico). O **capitalismo liberal** crê no Estado mínimo e considera que o Estado é um mal necessário e, por isto, deve ser o menor possível, com o mínimo de repartições públicas, de funcionários públicos, de burocracia, de impostos e interferências na economia; seus principais teóricos (Adam Smith, Ludwig von Mises, Friedrich Hayek – Nobel/1974 e Milton Friedman – Nobel/1976) comprovaram que o marxismo é impossível tecnicamente. **Meta-capitalistas** são os empresários que atingiram um nível de riqueza da maior magnitude e que se tornaram agiotas de Estados e de campanhas políticas. O que lhes interessa é o lucro, não importando a quem financiem. Como a família Odebrecht aqui no Brasil. O mais famoso deles é o financista húngaro-estadunidense (etnicamente judeu) George Soros (nascido em 1930, filósofo, um dos atuais donos da antiga Vale do Rio Doce e criador da Open Society Foudation, autor de *The alchemy of finance* e um dos grandes formuladores da Teoria Geral da Reflexividade, criada por Karl Popper), que financia o partido Democratas, nos EUA, ao qual é afiliado. São só negócios e o socialismo precisa ser financiado se quiser chegar ao poder e se manter nele.

Também há uma ala conservadora, principalmente ligada às religiões, conforme cada País. No Brasil essa ala parece estar misturada com os liberais, e conquistou a Presidência da República com Jair Bolsonaro. O grupo mais influente dentro dessa ala é ligado a Olavo de Carvalho, à família real brasileira, ao catolicismo conservador e simpatiza com o monarquismo (canal de Youtube Terça Livre e jornalista Allan dos Santos). Outro grupo influente nela é o das Forças Armadas, predominantemente positivista.[137] A principal preocupação dos

---

[137] Os comandantes militares brasileiros, geralmente positivistas baseados em Auguste Comte, são mais próximos do liberalismo do que do conservadorismo. Esses comandantes criticam[a)] a dissolução dos laços que une a sociedade e acusam Olavo de Carvalho e seu grupo de estimular tal dissolução com discórdias e excesso de críticas, considerando-os desagregadores; tais comandantes não[b)] são avessos ao comunismo, não[c)] dão importância à revolução cultural que incomoda os conservadores, não[d)] são tão proibitivos quanto os estes, sendo inclinados à neutralidade e indiferença sobre os costumes, portanto, mais laicos e liberais. Ainda se esforçam para manter[e)] alguma neutralidade política dentro dos quartéis. Bolsonaro tem uma base de apoio dividida entre conservadores, liberais e positivistas, três alas rivais entre si. E ainda é refém do centrão. Enquanto ele tenta se equilibrar sobre essas quatro colunas instáveis (conservadores, liberais, positivistas e centrão) seus inimigos tentam derrubá-lo. Para completar, sem um rol de amigos extenso, não teve pessoas leais às quais entregar os principais cargos que conseguiu conquistar, e assim, ajudou Rodrigo Maia, Davi Alcolumbre e Kássio Nunes a chegarem aos postos de presidente da Câmara, do Senado e a ministro do STF, respectivamente. Ainda há uma oposição militante do STF contra si. A lição tirada daqui é de imaturidade da República Federativa do Brasil, porque desde José Sarney, os únicos presidentes que conseguiram governabilidade foram FHC e Lula, ambos às custas de compra dos parlamentares, enfeixando os poderes

conservadores é a moralidade, havendo deles neutros quanto a Estado máximo ou mínimo. Não chegam a ter representatividade como força política mundial autônoma.

Já o liberalismo, no Brasil, provavelmente possui influência entre o grande empresariado esclarecido, contudo não tem representatividade popular e, praticamente, não há propaganda relevante dele. Aqui se situa o partido Republicanos dos EUA, pois sua principal bandeira é o tamanho do Estado (mínimo) e seu conservadorismo é algo secundário ao qual nem todos os seus líderes aderem.

O islamismo e o capitalismo liberal são as menos poderosas entre essas 5 forças hoje. Já o fabianismo conta com a ONU, a UE, o Vaticano sob o papado de Francisco (adepto da Teologia da libertação, que é uma heresia tanto quanto a Teologia da prosperidade) e o dinheiro dos meta-capitalistas. É o grupo com mais dinheiro. Liderado pelo partido Democratas (EUA), o fabianismo possui metade do poderio norte-americano e o apoio de metade da opinião pública de lá, seu eleitorado. Estamos tratando das 5 forças políticas mundiais.

---

através da corrupção. O Brasil precisa decidir se deseja continuar extorquindo seus presidentes e se a única moeda de troca permitida, na prática, será a corrupção. Se ela for aceita se tornará sistemática, como na era PT. Se for negada, mas sem outra opção em seu lugar, dará asas às imaginações revoltadas que enxergam o uso da força dos golpes de Estado como única alternativa a esse dilema brasileiro. Além disso, Bolsonaro enfrenta 35 anos de aparelhamento estatal em cargos de carreira indemissíveis e estratégicos, ausência de capital humano de nível superior não-bitolado para ocupar outros e a Pandemia.

Na década de 1940 os riquíssimos não adotavam esse pensamento meta-capitalista. Todos eles eram capitalistas, liberais quanto ao Estado e conservadores quanto aos costumes. O capitalismo liberal *era* a maior força mundial. A balança se modificou quando os riquíssimos mudaram de lado, tornando-se meta-capitalistas, e o, recém-criado, fabianismo, conquistou parte da classe média e muitos ricos, além de inúmeros intelectuais, e foi praticando décadas de gramscismo (doutrinação baseada nos ensinos de Antonio Gramsci), ora se infiltrando nos meios de comunicação e nas cátedras, ora se apoderando deles (que hoje lhe pertencem) em 80 anos de persuasão insistente. A França era aliada-irmã dos EUA, mas hoje, sob governo do ambicioso megalomaníaco Macron, ela apóia apenas o Democratas, tendo trocado uma sensata política de Estado por uma de governo.

Um europeu raramente ficará contra o fabianismo por causa da sua crença no globalismo. As grandes guerras sempre foram no seu quintal e eles conheceram o medo. Os EUA hoje estão sozinhos e divididos internamente. Os Democratas estão com os demais fabianos mundiais, mas os Republicanos estão isolados e não comandam nem o próprio país completamente[138]. Contudo, os socialistas sempre tentam colar a pecha de brancos, ricos esnobes e poderosos nos capitalistas e, por outro lado, se vitimizar como o partido coitadinho vermelho dos

---

[138] A invasão do Capitólio em 06-01-2021 deixou exposta também uma fratura dentro do próprio Partido Republicano, mostrando que há dois eleitorados diferentes ali, os liberais, apoiados pelo partido e os conservadores, ignorados por ele.

pobres defendendo as minorias e a pobreza, lutando pela igualdade e sendo perseguido pelos poderosos. Isto é mentira.

Segundo a Enciclopédia Barsa, **fabianismo**: "Os fabianos rejeitaram a doutrina filosófica, econômica e política de Marx e a tese da revolução violenta como o caminho para a transformação social.

Fabianismo é a doutrina política dos socialistas idealistas e pacifistas ingleses, que fundaram em 1883 a Fabian Society. O nome do grupo foi inspirado na carreira do cônsul romano Quinto Fábio Máximo, dito Cuntactor (Contemporizador), cuja cautela valeu-lhe o êxito mesmo contra exércitos mais poderosos.

... Suas armas eram palestras, grupos de discussão, reuniões, conferências e cursos, pesquisa de temas políticos, econômicos e sociais, e a publicação de livros, panfletos e periódicos.

Em 1889 os jovens intelectuais da Fabian Society publicaram um volume de ensaios, os Fabian Essays on Socialism (Ensaios fabianos sobre socialismo), que resumem o corpo de sua doutrina. A obra foi editada pelo dramaturgo George Bernad Shaw, o mais famoso expoente do fabianismo. ... Os fabianos de início tentaram influenciar os partidos Liberal e Conservador, mas a seguir ajudaram a organizar o Comitê de Representação Trabalhista, que em 1906 se transformou no Partido Trabalhista inglês, o Labour Party, ao qual se filiou a Fabian Society." < Nova Enciclopédia Barsa. – 6ª ed. – São Paulo: Barsa Planeta Internacional Ltda., 2002, p.177, vol. 6 >

Wells era membro dessa Sociedade Fabiana. Veja que o próprio partido político mais poderoso do Reino Unido foi fundado por essa sociedade. Tal partido é aliado do partido Democratas, de Obama. Então, em 1883 houve uma cisão no socialismo, e socialistas ingleses fundaram o Fabianismo, passando a ser conhecido como Socialismo Democrático ou Social-democracia. Então há o socialismo leninista (revolucionário, estratégia do leão, corno crasso) e o socialismo fabiano (suave e persuasivo, estratégia da raposa, corno proxeneta).

A Sociedade Fabiana se inspirava nas estratégias de Quinto Fábio Máximo, mostrando como a luta pelo poder e pelas crenças é levada sério, e aonde seu grau de profissionalização chegou ao ir buscar tão longe, material de estudo contra um grupo que, na época, era mais forte.

Quinto Fábio Máximo (275-203 a.C.), da família Fábia, foi eleito cônsul cinco vezes, era conhecido como o protelador ou aquele adia, porque evitava os combates com o exército de Aníbal até desgastá-lo e ter oportunidades. Aparentemente um homem muito educado, conciliador e agregador, um diplomata, um político. Na Wikipedia, buscando-se pelo nome Fábio Máximo Cunctator, consta que: "Em 217 a.C., logo depois da derrota na Batalha do Lago Trasimeno[5], Fábio foi nomeado ditador novamente[6][7] ... A partir daí, como a guerra contra Aníbal era puramente defensiva, Fábio tornou-se a pessoa mais importante em Roma. Apesar de não ser o mais habilidoso dos generais, Fábio, mais do que todos os seus contemporâneos,

entendia a tática e a geniosidade de Aníbal e situação complicada pela qual passava a República Romana. Cícero[8] afirmou que Fábio "enervou a Guerra Púnica" .., um elogio mais verdadeiro que o de Ênio, que disse que "um homem restituiu o nosso estado adiando" ...; ...

Seu primeiro ato como ditador foi acalmar e melhorar o ânimo dos romanos realizando sacrifícios solenes e suplicando ajuda aos deuses romanos[9] enquanto tornava o Lácio e as regiões vizinhas inexpugnáveis para o inimigo, desviando Aníbal de Roma. Quando escolhia um local para estacionar seus exércitos, seguia um plano imutável e simples: evitava o contato direto com inimigo mudando o acampamento de um planalto para outro, negando à cavalaria númida e à infantaria ibera suas vantagens. A partir destes acampamentos protegidos, vigiava atentamente os movimentos de Aníbal, capturando unidades que se separassem do exército principal, especialmente as que saíam em busca de suprimentos ou saques, obrigando a Aníbal a exaurir suas forças e as de seus aliados com pedidos urgentes e manobras desnecessárias[10]. Esta estratégia provocou grande polêmica, pois os romanos eram um povo belicoso e orgulhoso. ..."

Essas táticas para combater um inimigo mais forte já eram conhecidas de Sun Tzu e seus comentadores. Por exemplo, no comentário que inseriu no verso 23 do cap. I de A arte da guerra, Che'em Hao disse: "Dêem-se rapazinhos e mulheres ao inimigo para o desvairar, e jades e sedas para excitar as suas ambições." É mais difícil vencer um

inimigo organizado. Incesto, poligamia, adultério, legalização da pedofilia, maconhismo, bebedices, pornografia, destruição do cristianismo e da hierarquia, desarmamento civil, – toda essa salada de temas está contida no livro de Wells. A sociedade e suas autoridades não aceitavam ceder o poder aos grupos comunistas. Como vencer uma sociedade, relativamente, organizada? Canse o inimigo, desagregue-o, desorganize-o, torne-o preguiçoso e fraco, desorganize sua sociedade criando o caos pré-revolucionário. Segue-se a revolução e a tomada do poder. Wells é contra essa tomada de poder violenta ou por golpe de Estado, prefere a manipulação até sua entrega espontânea, sendo também contra esse caos pré-revolucionário, entretanto forneceu munição para que isso fosse feito. Em todo caso, após a tomada do poder, estimula-se o comportamento ordeiro novamente, para se conservá-lo sem tumultos (eis o que é conservadorismo). Mas o fabianismo é isso: revolução cultural, gramscismo.

Sobrecarregam-se os serviços públicos, nada funciona, a população se enfurece e vai às ruas – está pronto o clima revolucionário – é só fazer a revolução, tomar o poder e, depois, exigir paz social, ordem e conservadorismo. Nem mesmo Jomini, Clausewitz ou Liddell Hart previram nem deram atenção a tal coisa. Os EUA perderam a guerra do Vietnã[139] internamente, quando a opinião pública era

---

[139] Guerra com causas altamente complexas envolvendo, principalmente, a França, o Japão, a URSS e a China. A entrada (1955) e a saída (1975) dos EUA se deram sob administração do Partido Republicano, que, normalmente, é contrário ao envolvimento na política externa e a guerras. Internamente nos

jogada contra o Governo por artistas como Jane Fonda. É a importância da influência moral (opinião pública). O fabianismo trabalha assim, inspirado em Quinto Fábio Máximo.

Por isto, essas facções socialistas se tornam progressistas (anti-conservadoras) já que o conservadorismo lhes atrapalha; <u>seu progressismo é só questão de estratégia na disputa pelo poder;</u> a maior força conservadora é a religião, no Ocidente, o cristianismo, que depende do judaísmo para existir (se o judaísmo acabar, estará provado que a Bíblia é uma fraude); assim, Marx, Lenin e Nietzche, mandam destruir cristianismo e judaísmo, planejando desconstruir primeiro sua base, <u>a família</u>. E, eficiente, meio escolhido por seus sucessores foi a desunião, jogando homens contra mulheres, pais contra filhos e geração contra geração pela desconfiança mútua, prostituição, pornografia, adultério, divórcios, poligamia, pedofilia, incesto, alcoolismo e drogas, etc.

A desordem é para que a população se revolte com seu governo e a tomada do poder seja facilitada; *enfraquecer* a sociedade, enchê-la de discórdia, divisões, adultérios, casamentos falidos, drogas, alcoolismo, vícios, desonestidade e velhacaria, perversões, pornografia, etc. Haverá revoltas, greves e povo nas ruas contra os políticos. Uma sociedade

---

EUA, o movimento da contracultura, que usava a guerra como base de sua revolta e pregava o pacifismo hippie, era organizado pelo Partido Democratas, que, apesar disso, era favorável às intervenções externas e à guerra, mas viu oportunidade de usar essa campanha para desestabilizar o lado contrário e conquistar o poder. O maior ícone artístico da contracultura pelo fim da guerra foi John Lennon.

organizada, com pessoas satisfeitas, famílias fortes, com grande número de membros, pessoas unidas com seus vizinhos, de valores morais conservadores *e armadas* impossibilitariam a tomada de poder. Qual é mais fácil? Vencer um exército cheio de bêbados, drogados, preguiçosos e doentes ou um exército organizado e disciplinado? O mesmo se dá com a sociedade. Uma família com 11 filhos, mais tios e primos, se unidos com seus vizinhos da rua toda, imediatamente, formará um grupo de mais de 100 pessoas bem armadas e é impossível subjugar um povo assim. Daí os *socialistas leninistas (revolucionários)* não gostarem da classe média, que é, geralmente, conservadora. Eles precisam de: juventude, agressividade e desemprego. Mas, tanto eles quanto os fabianos, são avessos ao conservadorismo, cada um ao seu modo.

Outro ponto é o *apoio*, pois a tendência de uma sociedade conservadora é não votar nos que demonstrem revolta e não participar de revoluções, já que cada um tem suas ocupações e não perderá tempo com essas coisas exóticas. Além disso, apoiará a polícia no combate aos vândalos revolucionários. Entretanto, se chegar no ponto dos vândalos começarem a derrotar a polícia, abrem-se duas hipóteses: a) uma *sociedade desarmada* permitirá que os revolucionários tomem o poder e ficará inerte. b) numa *sociedade armada* alguns lutarão contra os revolucionários e não aceitarão ser expropriados, etc. Conservadores não apóiam revolucionários e seu histerismo, suas pilhagens, suas propostas de vingança e assassinato, vandalismo, ateamento de fogo, invasões, etc. Tanto leninistas quanto fabianos

se candidatam e precisam do seu voto. Pessoas conservadoras tendem a desaprovar agitadores e murmuradores e a focar mais no seu trabalho e sua família, detestando os que falam da vida alheia e das autoridades – e é isso que a Bíblia ensina – são "conformistas" ou conformadas, satisfeitas.

Ainda temos o *recrutamento*, pois: qual é mais fácil de cooptar para uma revolução cheia de saques e bagunças? Jovens cristãos com trabalho certo ou marginais drogados? Por isso Lenin queria jovens selvagens (desordeiros) e desempregados a fim de recrutá-los. O povo satisfeito e ocupado estará em casa ou no trabalho, mas povo insatisfeito e desempregado poderá ir para as ruas.

Enfim, uma sociedade forte, satisfeita, unida, armada, com saúde física e mental, ocupada em seus empregos, com pessoas dispostas e sem fadiga, casamentos duradouros e união familiar, fraternidade entre vizinhos, gente honrada e corajosa que pensa como pessoas livres e quer ter a dignidade de se sustentar em vez de ser sustentada, não obedece cegamente a ninguém nem a ordens absurdas, etc. (uma sociedade assim) é invencível e indissolúvel. Contudo, uma sociedade fraca é insatisfeita, desunida e dividida, desarmada, doente física e mentalmente, cheia de desempregados, com pessoas sem disposição, casamentos fracassados e desunião familiar, apatia e desprezo, arengas entre vizinhos, gente desonrada e medrosa que pensa como escrava e quer ser sustentada sem dignidade e possui obediência cega até a ordens absurdas, e tal sociedade será derrotada e dissolvida. Logo, a relação do progressismo com a

política é o *enfraquecimento* da sociedade, a obtenção de *apoio* e o *recrutamento*, visando a tomada do poder.

1	2	3
ENFRAQUECIMENTO	APOIO	RECRUTAMENTO

Ainda por cima, revolução cultural é um nicho de mercado fabricador de divisões para 'defender' um dos lados surgidos com a divisão. Jogar homens contra mulheres, negros contra brancos, ricos contra pobres e gays contra héteros, onde os adeptos dessa teoria do opressor se tornam eleitores do seu, suposto, defensor; que, de minoria em minoria, forma uma eleitorado suficiente para elegê-lo. O feminismo e o anti-racismo tiveram motivos existenciais justos no início, que, depois de solucionados, fizeram os movimentos precisar forçar a barra com mentiras para continuar existindo e rendendo capital eleitoral. Hoje não têm mais motivos para movimentos assim, e mulheres não ganham menos que homens nos mesmos empregos quando a comparação se dá na mesma empresa e com idêntica produtividade, carecendo-lhes usar as distorções das médias matemáticas para insinuar que tem diferença. Há policiais racistas, mas não são regra e a maioria dos negros que morrem em confronto com a polícia não é pelo motivo de serem negros, assim como a maioria dos 'feminicídios' não ocorre 'por ser mulher' ou pelo jargão que 'ele não aceitava o fim do relacionamento', havendo outros motivos obscuros que se faz questão

de esconder na mídia. A maioria dos homossexuais assassinados também não é por homofobia, mas sim por ciúmes entre casais homossexuais, extrapolamento em festas turbinadas, outros desentendimentos normais (como uma briga por herança ou por ofensas), ou dívidas de tráfico ou desentendimentos em programas de prostituição homossexual, etc. como também acontece com os heterossexuais, sejam homens ou mulheres. Bem como, nos lugares onde se apresentam números insinuando que tanto por cento dos presos ou assassinados são negros, esquecem-se de mencionar que é porque o mesmo percentual da população (ou mais) é de negros ou mulatos e que sequer há exatidão nisso porque o critério adotado para essa identificação, é somente a livre declaração do próprio indivíduo numa repartição pública e ele declara o que quiser. Sobretudo, o Brasil é um país de mulatos. Quase todo mundo aqui é mulato. Estes, se declaram como negros.

Os telejornais quase não têm notícias, só pauta, ou seja, coisas que eles saem catando porque seus diretores mandam que todos os dias publiquem algumas sobre feminismo, ambientalismo, negrismo e gayzismo. É doutrinação diuturna em tempo integral em todas as emissoras.

O PT continuou com o anti-conservadorismo mesmo depois de conquistar o poder, principalmente no governo Dilma. Marilena Chaui, filósofa do PT, disse publicamente odiar a classe média, que é conservadora (e o partido ficou calado, demonstrando concordar com ela). Até censuraram uma propaganda

de lingerie em nome do feminismo, que afirmou que ela transformava a mulher em objeto. Mas obrigaram os vestibulandos do ENEM a considerar a fanqueira Valesca Popozuda (mulher-objeto, seminua e com apelo sexual), como pensadora (talvez Dilma sentisse atração por ela)! Induziram a elegante Gisele Bündchen a fazer uma propaganda ambientalista dizendo que mijassem durante o banho para economizar água das descargas. Houve continuidade de propaganda anti-racista, feminista, abortista, pró-homossexualismo, de liberação de drogas, ambientalista, etc. (coisa de governo que não tem projeto administrativo, só doutrinário). Placas nas estradas, fotos e folders nas repartições públicas. Nas televisões: excessiva propaganda dessa doutrinação e dos ministérios, empresas (até da Petrobrás, que é monopólio e não precisa de propaganda) e de programas assistenciais do Governo, propagandas que rendiam muito dinheiro para os donos de emissoras. Isto saturou o povo, pois, governantes não podem nem entrar no terreno da superexposição nem abusar da interferência nos costumes, seja com o progressismo, seja com o conservadorismo, pois tal coisa cansa mentalmente as pessoas.

  As possíveis razões para ter insistido nisso são: [I] ou o governo queria se tornar uma ditadura e manteve o projeto de caos até dar um auto-golpe, dissolvendo os demais poderes para governar sozinho e consolidar seu poder ou criar uma nova constituição, mas não fez isso rápido o suficiente porque não obteve apoio das Forças Armadas e o projeto da Lava-Jato já estava em curso para derrubá-los e empoderar o PSDB; [II] ou não foi questão estratégica e Dilma

apenas tinha algum trauma por ser bissexual e resolveu tentar fazer com o que as novas gerações não passassem o que ela passou sob a discriminação do conservadorismo; III) ou estava apenas levando a sério demais o projeto de destruição da cultura caucasiana por acreditar excessivamente nas ideias da Escola de Frankfurt, em Jean-Paul Sartre, Karl Popper e Paul Feyerabend, etc..

Em todo caso, foi um erro estratégico de psicologia social, pois, isso é como DR (discutir relação): se for o tempo todo, cansa. Observe que isto deu errado nos EUA também, pois, logo após criar o movimento da contracultura, os Democratas perderam as eleições por três mandatos seguidos, dois de Ronald Reagan e um de George Bursh. Ou seja, **todas as vezes que um governante interferir demais nos costumes, irá cansar a mente da população, que se cansará também dele.** Deve interferir apenas naquilo que for essencial (ex.: aborto, drogas, etc.) e também ter uma exposição equilibrada, evitando uma superexposição prolongada, que desgaste sua imagem.

No caso do PT, considerando as sucessivas declarações de Lula insistindo por uma nova assembleia constituinte, considerando o Decreto 8243/2014 e o papel de financiador da cortina de ferro na América do Sul que o País vinha exercendo, em parceria com Cuba e Rússia, presumo que *a primeira alternativa estava correta* (queria se tornar uma ditadura e manteve o projeto de caos), até porque houve uma tentativa de cooptação dos militares para isso, os quais recusaram a oferta e, graças a Deus, a política não conseguiu se infiltrar nos nossos quarteis.

Apesar disso, também não duvido que as demais alternativas tenham acontecido em conjunto com a primeira.

O meio adotado pelo fabianismo é bem mais sofisticado e emprega a persuasão e os amortecedores culturais ao ponto de criar uma nova religião e usá-la para se impor através dela.

Os monoteístas cristãos são monógamos e consideram o sexo com crianças um absurdo chamado pedofilia e criminalizado e cultuam um Deus masculino. Os monoteístas muçulmanos são polígamo-machistas e consideram normal um homem de 70 anos casar com uma menina de 9 e ainda ter mais algumas esposas além dela, ou mesmo chicotear suas esposas. Eles precisam conviver com os movimentos feministas e com castas hindus e tribos africanas politeístas, porque os meios de transporte atuais e de comunicação, como a internet e os telefones, os põem em contato constante. No Ocidente o Movimento do Orgulho Gay realiza uma das maiores passeatas anuais do mundo.

Como culturas tão diferentes podem conviver num governo único? Wells considerou que a única forma de permitir um pluralismo pacífico seria *flexibilizar* todas elas, mas para isto, era preciso desobstiná-las por suas crenças e folclores, sendo 'necessário' fazê-las enxergá-las apenas como mitologias, mas não como verdades.

Esses cristãos eram a pedra no sapato de Marx por causa da sua intransigência em aceitar confiscos, pilhagens, assassinatos, etc. e sua recusa em fazer

parte da revolução, assim taxados de ignorantes alienados. E, na ortodoxia cristã, o ecumenismo é uma heresia, dificultando sua convivência com as demais crenças, portanto, tornando impossível o governo global e ficando incômodos para os fabianos também. Logo, o conservadorismo não é aceito nem por A nem por B, nem por leninistas nem por fabianos.

Quase todos os cristãos acreditam que muitos países se juntarão e atacarão Israel no lugar chamado Armagedom, e haverá uma ditadura global que controlará o sistema financeiro e será intolerante com sua religião, isto porque sua regra de fé diz o seguinte: "Apocalipse, Cap. 17: 12 – Os dez chifres que viste são dez reis, os quais ainda não receberam o reino, mas receberão autoridade, como reis, por uma hora, juntamente com a besta. 13 – Estes têm um mesmo intento, e entregarão o seu poder e autoridade à besta. ... 17 – Porque Deus lhes pôs nos corações o executarem o intento dele, chegarem a um acordo, e entregarem à besta o seu reino, até que se cumpram as palavras de Deus ..." < João; ΑΠΟΚΑΛΥΨΙΣ (Apocalipse); Patmos, Grécia; ~ 65/95 d.C., tradução de João Ferreira de Almeida; Almeida Revisada Imprensa Bíblica >

O Comentário Bíblico Beacon, protestante, apresenta as três visões do assunto: a preterista, a historicista e a futurista. E, no comentário do Apocalipse, feito por Ralph Earle, pós-doutorado pela *Harvard University* e *Edinburgh University* (Escócia), diz: "Os *futuristas* enxergam uma confederação de dez reis no fim desta era, todos favoráveis ao Anticristo." < Earle, Ralh; edição brasileira do Comentário bíblico Beacon em dez volumes; volume X, Hebreus a Apocalipse, p. 481, ed. CPAD, 1ª

edição/2006, tradução de Valdemar Kroker e Haroldo Janzen >

Wells escreveu uma das ideias mais antijudaicas e anticristãs, talvez não por esse Armagedom, mas sim por exigir um ecumenismo incompatível com aquelas religiões, jogar as pessoas contra elas e criar um plano para acabar com suas convicções. Ele sugeriu a criação de uma nova crença para a Humanidade, que, para ser implementada, exige uma revolução cultural num longo prazo, uma reeducação para um homem mais manso e cosmopolita, mais gay. Essa reeducação tem vindo, há décadas, pela influência que a UNESCO exerce sobre os ministérios de educação e pelas campanhas feitas por muitas redes de televisão.

Os fabianos consideram necessária uma só Ética a fim de possibilitar um governo global e construíram essa coisa chamada de 'politicamente correto'. Consideram inconvenientes as religiões, porém, principalmente o cristianismo, e desejam se livrar dele. Resolveram tentar criar uma crença comum sem precisar proibir as religiões e fabricaram o panteísmo ambientalista inspirados em Spinoza. Sua principal missão não é salvar o Planeta, é ser a crença-comum que possibilite o globalismo[140]. Precisa-se de

---

[140] Desde a década de 1970 houve uma grande campanha publicitária, envolvendo muitos artistas, pela substituição do cristianismo pelo ambientalismo e de Deus pela Mãe Natureza. O *musical* Hair (1968), de James Rado e Geromi Ragni (e transformado em filme), é o seu maior símbolo. Virou filme da campanha de contracultura em desfavor da Guerra do Vietnã, e de *apologia ao sexo livre e uso de drogas*. Até a década de 1990 usava-se a metáfora da 'era de aquário' para substituir a 'era de peixes', símbolo do cristianismo (iniciado com pescadores

uma semi-unificação dos *pensamentos* e *comportamentos*. Com uma ética global e uma crença global, fica mais fácil impor a aceitação de um governo global. Essa crença global é o ambientalismo. Wells foi o criador da ideia, mas os principais difusores do ambientalismo no fabianismo foram Max Horkheimer e Theodor W. Adorno, da Escola de Frankfurt. Hoje o ambientalismo ainda é usado para atacar o principal financiador do conservadorismo, o agronegócio, em regra, composto de pessoas conservadoras ligadas ao campo, aos costumes das cidades pequenas e ao cristianismo. Visa enfraquecê-las.

Há décadas há uma grande campanha de marketing para persuadir as pessoas a aderir aos valores deste livro e isto é bancado por grandes magnatas e suas fundações beneficentes; a maioria das redes de televisão, artistas importantes e formadores de opinião em geral, é patrocinada por ela; você e eu estamos no centro deste furacão porque vivemos na época em que esta gigantesca campanha de marketing de proporções mundiais, chamada de **Movimento Ideológico do Pós-modernismo,** está acontecendo; então, nós estamos em situação parecida

---

transformados em pescadores de homens). A música Aquarius, cantada por Ronnie Dyson para o *filme* Hair (1979), apesar de fazer referência a tal filme de apelo adulto, era muito tocada no programa infanto-juvenil (porém, sensualizado) de Xuxa Meneghel, inclusive com versão em português cantada por ela. Também no Brasil, em 1997, Deborah Blando, na música Unicamente, um misto de candombleismo e ambientalismo, cantava: "Vem sentir a era das águas, o velho tempo terminou. Somos filhos da mãe natureza" e "Raiou o sol, que haja luz no novo dia".

com aqueles que viveram durante o Renascimento, cheio de mecenas e mercenários; saber lidar com esses convites para a persuasão é compreender todas as forças que tentam nos convocar para suas pretensões.

O pretexto[141] apresentado é que o homem caucasiano é acusado de ser muito rude e constituir uma tribo bélica que se aproveitou de ser, tecnicamente mais talentoso, estar à frente das demais em tecnologias e armas, e saiu escravizando todas as outras e impondo sua cultura. Por isso precisa ser destruído. Análise falsa da História. Esse, suposto, talento técnico foi sazonal. Egito, Babilônia (Iraque) e Pérsia (Irã) já foram grandes impérios e a escravidão foi praticada por todas as raças e contra todas as raças. Sobretudo, a cultura imposta pela Nova Ordem também é caucasiana e também é imposta.

Mas, em consequência daquele pretexto, só falta criminalizar o fato de ser homem, branco, heterossexual e cristão. A *igualdade* vem sendo *diferenciada* em detalhes, e o homem branco, heterossexual e cristão discriminado (toda discriminação é ridícula e perigosa) e perdendo direitos com relação ao Estado, às coletividades, ao interesse público, a mulheres, a negros e mulatos, a homossexuais e a não-cristãos. O direito individual, no Brasil, praticamente, já não existe mais há décadas. Assim, revogado esse direito do indivíduo (a menor das minorias), cassou-se o de todos, exceto das

---

[141] Trata-se de um pretexto que encobre uma disputa pelo poder, embora haja pessoa sinceras que, realmente, acreditem nessa ideologia por terem sido fanatizadas.

autoridades e dos influentes. Isso é uma distorção da equidade (que é correta) pregada por Rui Barbosa e, na prática, a única fonte do direito é a corrupção, o tráfico de influência e o fanatismo ideológico (pois, as fontes declaradas como oficiais – jurisprudência, lei e doutrina – são produzidas por gente bitolada e semianalfabeta, oriundas do curso de Direito, que se tornou uma doutrinação). Não há racionalidade alguma. Demonizar qualquer raça é racismo.

Os cristãos já lotaram as catacumbas de Roma uma vez, também praticaram atrocidades na Idade Média e, recentemente, eram degolados pelo ISIS sem que a comunidade internacional demonstrasse preocupação com essa cristofobia. Devemos ter cuidado para que isso não aconteça contra nenhum grupo, seja ele religioso, racial, etc. No entanto, na prática, só vemos preocupação na defesa dos outros grupos e indiferença na defesa desses cristãos. Isto me preocupa.

A disputa entre Donald Trump e a candidata de Barack Obama nos EUA em 2016 representou a competição entre a doutrina deste livro contra o republicanismo do Iluminismo. O Partido Republicano de Trump é o ícone atual do liberalismo econômico do Iluminismo do século XVIII. O Partido Democratas, de Obama e Hillary Clinton, representa a doutrina deste livro. Iluminismo contra Fabianismo. Isto se repete agora com Biden, que se aproveita do fracasso criado pela Pandemia, crê nos mesmos princípios de Estado máximo que a China e usou a instigação ao caos, quando os Neo-antifas ateavam fogo em propriedade privada, para jogar a culpa em

Trump[142]. Este, vinha com os melhores resultados econômicos dos últimos 60 anos e uma boa popularidade antes da tragédia, mesmo tendo recebido a economia quase aos farrapos por parte de Obama.

Trump – partido Republicanos	Biden – partido Democratas
O liberalismo republicano do Iluminismo	O fabianismo

Política internacional contemporânea e compreensão das eleições norte-americanas são importantes para não deixar hiatos lógicos sobre a repercussão das ideias de Wells nesses 80 anos.

Apesar do conflito perpétuo entre leninistas e fabianos, simbolizado pelo filme O homem de aço, da *DC Comics* (diálogos de General Zod contra Jor-El; Krypton é um avançado planeta globalizado, e passa por um apocalipse ambiental; superman é um imigrante; traça-se um paralelo salvacionista com Jesus; todo esse contexto não estava na trama dos criadores originais e foi incluso pela DC), - apesar do conflito entre leninistas e fabianos, ambos crêem na mesma base ideológica e têm uma finalidade semelhante. Os leninistas ainda hoje acreditam na *utopia* do comunismo anárquico, mesmo com seus

---

[142] Agora em janeiro de 2021, uma multidão invadiu o congresso e 4 pessoas morreram no tumulto. Trump foi acusado de instigar este caos de 1 dia no calor dos acontecimentos, mas não se falou no caos de meses que o Partido Democratas não só instigou, mas, literalmente, criou. Ambos erraram.

socialismos jamais tendo conduzido a ele em cem anos. Os fabianos não buscam tal utopia, mas "outra": a do Estado global socialista. Então, em geral e apesar da mesma base, essas duas facções são rivais e, sempre que for conveniente, competirão e se atacarão, seja em eleições, em guerras, ataques cibernéticos ou através de incitação de revoluções para cada uma desestabilizar a outra.

O comunismo marxista é, essencialmente, anárquico. Logo, quando há Estado, chama-se socialismo e quando não há, chama-se comunismo. Socialismo é, teoricamente, um meio de se atingir o comunismo, um tipo de Estado que promete levar a sociedade a uma vida comunista, reeducando-a.

Os leninistas aproveitam todo o conteúdo de Marx, mas os fabianos só aderiram a uma parte da crença. Contudo, ambos se unem em situações onde haja um inimigo comum a ser derrotado.

Os fabianos não são comunistas porque não crêem na *utopia do comunismo* mas na *utopia do Estado-global*, são socialistas-globalistas. Eles desejam acabar com as ditaduras atuais e, por isso, promoveram a Primavera Árabe. Tal coisa é essencial para, algum dia, inaugurarem seu Estado Global. Também incitam o anti-americanismo porque desejam minar todos os patriotismos, já que isto é indispensável para dissolver as soberanias nacionais. Preferem o jargão: sou cidadão do mundo.

Assim, o foco dos fabianos é a conquista do governo dos EUA e seu ninho é o Partido Democratas. Visam usar os EUA para interferir no

mundo junto com a ONU e ir abrindo caminho para construir sua utopia global. É por causa disso que esse partido é tão voltado para a política externa e suas intervenções (fazendo tudo em conjunto com a ONU, OTAN, etc.), apesar de sucatear as forças armadas norte-americanas, enquanto o Partido Republicano dos EUA é mais voltado para a política interna.

O Partido Democratas dos EUA foi fundado pelos idos de 1828, por Tom Perez e, no início, era *extremamente liberal*, contra a concentração de poder político e econômico no governo federal. Era o partido do Presidente Kennedy (eleito em 1960 e assassinado em 1963). Abraham Lincoln era do Partido Republicano (eleito em 1860) e lutou contra a escravidão, mas o Democratas era liberal de um jeito que ficou até contra isso porque defendia que cada estado tivesse sua soberania para decidir em seu território. Então, o Partido Democratas se dividiu e uma parte apoiou Lincoln, mas o Democratas ainda deu apoio aos governadores que queriam a escravidão. Naquele tempo, eles defendiam os Estados Confederados da América, mas hoje defendem a ideia de federação (membros só têm autonomia) em vez de confederação (membros têm soberania). Até 1892 eram liberais extremistas, por isso confederados, contra um poder central e a favor das soberanias estaduais.

Entretanto, foi se modificando. Nenhum partido é um bloco fechado, unânime ou estático. No Brasil, por exemplo, o PT oscila entre fabianismo e leninismo, conforme a conveniência e que grupo interno esteja no seu controle.

A Grande Depressão (1929) sucedeu uma bolha econômica causada pelo Partido Republicano (*como a bolha brasileira da era PT, quando o Estado gastou demais*), que perdeu para o democrata Roosevelt.[143] Nessa época o Partido Democratas era mais austero e defendia um controle das contas públicas com menos gastos. O candidato republicano teve sua popularidade minada e perdeu para Roosevelt. Porém, ao chegar ao poder, este se deparou com uma crise tal que, na época, não havia resposta em pensador economista algum, exceto alguns esboços nas ideias de Keynes. O próprio Roosevelt ajudou a elaborar o plano e diz-se que se baseou também nas políticas de Getúlio Vargas. Assim como o Plano Real, ele deu certo e reconhecemos os méritos de ambos para suas situações. Surgiu então o plano econômico chamado de New Deal, depois do qual o Partido Democratas se tornou, definitivamente, social-democrata (fabiano), deixando de ser liberal.

---

[143] Presidente de 1933-45. Por causa da calamidade da Segunda Guerra Mundial, conseguiu ser eleito para um terceiro mandato consecutivo, pois, tinha a imagem de 'salvador da pátria' que conseguira solucionar a Crise de 1929, onde, de fato, fora eficiente. Ainda, para resolver a calamidade da Crise de 1929, tentou enfeixar o Poder Judiciário, nomeando extraordinariamente, juízes para a Suprema Corte. Há que se considerar todos os pontos: o momento calamitoso, sua eficiência administrativa, sua perpetuação e enfeixamento de poderes, a habilidade do Partido Democratas em ser bem-sucedido se aproveitando de calamidades e a decepção do eleitorado da época com o Partido Republicano. Mas enfeixamento de poderes é sempre perigoso e a outorga de um terceiro mandato subsequente, seja para quem for, exige sempre cautela. O mesmo se aplicando ao mandato de George H. W. Bush, que se seguiu a dois de Ronald Reagan e aos quatro mandatos seguidos do PT no Brasil.

Nos EUA, os partidos, apesar de manter o mesmo nome, mudam de método administrativo e 'ideologia' ao longo do tempo, pois, possuem suas divisões internas. Partidos são feitos por pessoas e não pessoas por partidos. O Partido Democratas teve várias fases e várias pessoas; não é um bloco fechado e tinha divisão interna até se consolidar na atual fase de social-democracia unânime. Aumentou sua popularidade depois da II Guerra Mundial, quando começou a usar a bandeira dos direitos civis, principalmente, do anti-racismo e do feminismo.

Hoje é filiado à ALIANÇA PROGRESSISTA (associação internacional de partidos social-democratas criada em 2013 e sediada em Berlim, Alemanha), da qual fazem parte, pelo Brasil: PT e PSB; pelos EUA, o Partido Democratas; pelo Reino Unido, o Partido trabalhista; pela Suécia, Partido Social Democrata; dentre muitos outros. Esta é uma das inúmeras associações internacionais oficiais dos partidos socialistas e social-democratas.

Quadro histórico da social-democracia:

| 1863 – na Alemanha, Ferdinand Lassalle funda a ADAV (Associação Geral dos Trabalhadores Alemães); aqui nasceu a social-democracia | 1883 – socialistas britânicos fundam a Fabian Society e explicitam a cisão com os socialistas revolucionários; em 1906 criam o Partido Trabalhista Inglês | 1889-1916 – reunião chamada Segunda Internacional - leninistas se tornam globalistas e desejam que os trabalhadores do mundo se unam; consideram que só pobres são enviados para as guerras e que devem-se unir contra isso; social-democratas ainda não são globalistas |

| 1917 – Revolução Russa: bolcheviques seguem como revolucionários (leninistas) e vencem; mencheviques seguem como social-democratas | 1929-1950 – *Ponto de encontro entre o Partido Democratas dos EUA e o Fabianismo*; Grande Depressão norte-americana; Roosevelt (Partido Democratas) implanta o New Deal | 1959 – Social-democracia adota, oficialmente, o Programa Godesberg, em que abole a luta de classes e cria a tributação progressiva como a forma de seu socialismo |

Nesse *ponto de encontro* o Partido Democratas dos EUA se casou com o fabianismo, nas décadas de 1930-50, depois da Grande Depressão (consequência da bolha financeira causada por uma administração liberal oriunda do Partido Republicano).

Com o Partido Republicanos desgastado, então o Partido Democratas consegue eleger Roosevelt. A única forma de resolver a crise, na época, foi com uma administração social-democrata através do plano apelidado de *New Deal* (Novo Pacto-social). Nesse mesmo período, o economista Lord John Maynard Keynes, observa o que foi feito e transforma em teoria, tornando-se o principal economista da social-

democracia. Os social-democratas brasileiros citam também o economista Gunnar Myrdal (Nobel de economia). Foram importantes para essa ala o sociólogo britânico T. H. Marshal e o primeiro-ministro alemão Otto von Bismark (conservador). Este foi o primeiro a pôr em prática a social-democracia como método administrativo (na década de 1880), forçado pelo Partido Social-democrata Alemão, que o pressionava.

Quanto à influência na economia, cada grupo desses se baseia nas seguintes ideias principais:

Extrema esquerda	Centro-esquerda	Direita
Socialismo	Fabianismo	Liberalismo
Karl Marx: Estado controla a economia	**Keynes**: Estado interfere na economia	**Adam Smith**: Estado libera economia

Tanto o socialismo quanto o liberalismo se mostraram capazes de atingir o pleno emprego, ou seja, eliminar o desemprego (Exs.: a era PT, no Brasil, e o governo Trump, nos EUA). No socialismo/fabianismo o Estado impulsiona a economia investindo, gasta mais e a dívida pública aumenta e, geralmente, causa inflação, e pode gerar bolhas de hiper-valorização ilusórias que estourarão, não sendo sustentável. O método liberal de Trump não causou problema e só foi freado pela Pandemia. Até a crise de 1929 o liberalismo tinha ciclos de superprodução (empresas produziam demais e chegava no ponto de não se conseguir vender o excedente, gerando crises) porque não se sabia controlar tal coisa. Enquanto o socialismo/fabianismo crê no resultado rápido dos gastos públicos na geração de emprego, o liberalismo crê na austeridade, que tem um resultado mais lento, porém, sustentável. Assim, este acusa àquele de

imediatismo e prodigalidade, pois não se pode gastar mais do que se arrecada. Sobretudo, gastos públicos geram corrupção e podem torná-la sistêmica.

Ainda nesse período (1930-50), além da definição econômica, a social-democracia ou fabianismo, absorve as influências de H. G. Wells, tornando-se globalista, desarmamentista e ambientalista, e, por fim, absorve também as influências de Aldous Huxley que, visando uma revolução cultural, originaram o movimento da contracultura e *apologia ao uso de drogas*, adquirindo seu formato atual.

"Huxley, Aldous – Intelectual culto e requintado, Huxley fez muito sucesso, nas décadas de 1930 e 1940, com uma série de romances de técnica em parte experimental, quase sempre comprometidos com a discussão de ideias. Anos mais tarde, adquiriu importância por ter antecipado elementos da contracultura das décadas de 1960 e 1970, como a rejeição do comunismo, as tendências anarquistas, o interesse pelo Oriente e as experiências místico-visionárias.

...Malgrado a diversidade de sua produção, destacou-se sobretudo por seus romances e ensaios. Sua cultura polivalente permitiu-lhe escrever sobre os assuntos mais variados e sua inquietação levou-o a conhecer países de todas as latitudes e a submeter-se a experiências pioneiras sobre a **expansão da consciência, até mesmo pela ingestão de alucinógenos.** ..." < Nova Enciclopédia Barsa. – 6ª ed. – São Paulo: Barsa Planeta Internacional Ltda., 2002, p.499/500, vol. 7, grifo nosso > Huxley também

influenciou os Beatles e fez parte da capa de *Sgt. Pepper's Lonely Hearts Club Band*, daí o ativismo político de John Lennon (inspirado em Huxley e Wells) e sua ligação com as religiões orientais, rejeitando o cristianismo.

Como muitos artistas, os Beatles foram usados na campanha do Pós-modernismo (alguns até sem saber), a exemplo do U-2 na Irlanda, e de Chico Buarque, Caetano Veloso e Gilberto Gil no Brasil. A contracultura tomou rumo de apologia ao uso de drogas[144], com propagandas explícitas como os jargões 'sexo, drogas e rock'n roll' e 'paz e amor', com o rock psicodélico de Janis Joplin movido a LSD nas veias, o Queen e as orgias de Freddie Mercury, o *reggae* do jamaicano Bob Marley[145] e sua maconha, a

---

[144] Existe aí, por parte do comunismo chinês, um certo revanchismo pela Guerra do Ópio. O comunismo ocidental tomou partido também, por solidariedade a ele, além de ver na apologia às drogas uma ferramenta para a revolução cultural que enfraquecesse a sociedade conservadora da época.

[145] Na capa de Catch a Fire aparece fumando um cigarro de maconha chamado ganza, pois defedia o uso "espiritual" da maconha baseado na crença da seita religiosa rastafári. Ras tafari é Príncipe Tafari ou Príncipe da Paz, se referindo a Tafari Makonnen (Hailê Selassiê). As letras de suas músicas eram extremamente ideológicas anti-capitalistas. Rastafári, fundada por Marcus M. Garvey, é uma seita que interpreta erroneamente a Bíblia e crê que Hailê Selassiê (1892-1975; último imperador da Etiópia) é Jesus Cristo em sua segunda vinda. Referem-se a Javé (ou Jeová) como Jah. Não é um bloco fechado e há diversos grupos divergentes sobre partes menos importantes da crença, assim como em quaisquer religiões ou políticas. Muitos dos membros usam cabelos dreadlock. É uma das espécies de teologia da libertação e um movimento negrista que defende a volta de todos os negros para a África. Completamente emocional e sem nenhum argumento racional, *além da* indignação contra a, vergonhosa, escravidão colonial e da

sociedade alternativa de Raul Seixas com seu Maluco beleza, até artistas e bandas mais recentes com nomes de drogas, como Skank, e jovens como Kurt Cobain (Nirvana), Amy Winehouse, e a campanha do grupo brasileiro Planet Hemp; ou com propagandas subliminares onde se insinuava ou se usavam símbolos associados às drogas, como as jaquetas de couro negras, os olhos de bêbado e poses, caras e bocas; mas nem todos os artistas se conduziram por essas vertentes, alguns apoiando apenas o comunismo. Enfim, com ou sem apologia às drogas, o progressismo teve uma habilidade *maior* em produzir uma arte carismática para divulgação de suas ideias *do que* o, engessado, conservadorismo, que se tornou insosso e precisa se aperfeiçoar. O Pós-modernismo, como o Renascimento, tem sua força nas artes e seus financiadores (por influência de Theodor W. Adorno, da Escola de Frankfurt), sabendo emocionar e alegrar. Já o conservadorismo tem o melhor produto, mas só não sabe divulgá-lo ainda.

As consequências daquela irresponsabilidade (campanha de apologia às drogas) foram desastrosas, com o empoderamento dos traficantes, o surgimento de carteis e narcocracias na América Latina e facções no Brasil, tomada das favelas, rivalidade entre facções, morte por dívidas de tráfico, tribunais do crime, torturas, chacinas, rebeliões em presídios,

---

valorização da cultura africana. Marley e o rastafári influenciaram muito o Brasil: o axé music em geral, o reggae no Maranhão, Gilberto Gil, Cidade negra, Tribo de Jah, e o gospel Pregador Luo (este sem perceber, segue apenas a parte negrista) seguem sua linha. Também se explicitando em expressões como "o cachimbo da paz", mencionado por Chiclete com Banana e Gabriel Pensador.

violência e balas perdidas, multidões de escravos cujas famílias viram perambulando pelas cracolândias, matando, roubando e morrendo, emagrecendo feito farrapos humanos e se destruindo, fazendo números para overdoses, suicídios e sanatórios. Meninos sem camisa com fuzis pendurados nas bandoleiras a serviço dos traficantes, comandam as favelas. Não há o glamour de liberdade de Woodstock ou abertura de consciência, só doenças mentais, perda dos empregos ou abandono dos negócios e mendicância nas ruas em noites violentas, causadas pela escravidão do vício, d'onde as pessoas querem sair e não podem mais. Era tudo ilusão. Os fabianos têm responsabilidade histórica sobre isso e não poderão se eximir dela.

O site R7 noticia o seguinte fato, ocorrido na madrugada de sexta-feira, 11/12/2020: "Homem mata a esposa e a filha de 5 anos em Osasco, na Grande SP: Suspeito estaria sob efeito de drogas ao cometer o crime. Uma faca foi apreendida e as circunstâncias do crime ainda são investigadas

... De acordo com informações da Polícia Militar, o suspeito estaria sob efeito de drogas ao assassinar Aline dos Santos e a criança chamada Ester. ..." < Fonte: https://noticias.r7.com/sao-paulo/homem-mata-a-esposa-e-a-filha-de-5-anos-em-osasco-na-grande-sp-11122020 > Acessado às 20h 43min. de 14/12/2020.

O programa Alerta Nacional, da Rede Tv, de 14/12/2020 apresentou duas notícias de terror que já fazem parte do cotidiano brasileiro, de tal modo, que são banalizadas e não causam mais choque algum nas

pessoas. Em qualquer país civilizado, onde as pessoas tivessem em seu estado mental normal e com noções saudáveis sobre valores, seriam uma raridade, causariam comoção nacional e ficariam em evidência por mais de um ano. As notícias são as seguintes: "Mais de 300 facadas". Em Sol Nascente-DF, aproximadamente 1h da madrugada de 18-12-2020, um homem drogado esfaquiou a namorada enquanto gritava até a chegada da polícia: "Jesus, Filho de Deus, Filho de Deus, Filho de Deus" e "só o Senhor Jeová". A cena foi filmada pelo vizinho. Havia cocaína sobe a cama. A outra notícia: "Mulher abandona bebê de 11 meses em lixeira no Amazonas". Ela estava obcecada em busca de drogas. < fonte: https://www.redetv.uol.com.br/jornalismo/alertanacional/videos/todos-os-videos/alerta-nacional-14-12-20-%7C-completo >. Acessado ás 9h e 30min. de 15/12/20. Tanto o assassino quanto a mãe que abandonou a criança eram usuários. Essa é a vida real da grande massa de usuários. A ideia de abertura de consciência de Huxley era uma fraude. Desenvolvimento de crises psicóticas e esquizofrenias são mais realistas. É o drama das vidas das pessoas comuns. Por isso, e não só pela guerra do tráfico contra a polícia, ou entre quadrilhas rivais e entre traficantes e devedores assassinados, é que os cemitérios, sanatórios e presídios estão superlotados. O resto é mentira. Quem apoia isso é sociopata.

    A aplicação de drogas e anabolizantes nos soldados nazistas, para lhes dar mais disposição nas batalhas, havia chamado atenção. A Revolução Chinesa também. Percebendo-se que ela foi uma revolução cultural, onde alunos eram estimulados a

agredir professores visando quebrar a hierarquia[146], logo concluiu-se que as drogas poderiam servir de instrumento para revoluções assim.

No Pós-guerra, filmes de contestação do conservadorismo, que jogavam os filhos contra os pais, como *Rebel without a cause* (Juventude transviada), se tornaram uma febre, e James Dean, virou o ídolo mundial que influenciou Elvis Presley e Bob Dylan. Era a representação do adolescente reprimido, incompreendido e angustiado que buscaria fuga nas drogas.

Para terminar a conversa, a disseminação da cultura das drogas como projeto político em nome do fanatismo a uma ideologia, só pode ser classificada como atrocidade ou até genocídio. Essa dívida histórica é do fabianismo.

As únicas coisas em que o socialismo tem razão são: chamar atenção para o problema da miséria, que humilha o homem; humanizar a economia, chamando-lhe atenção contra a insensibilidade. Porém, seus métodos, em geral, não funcionam e até pioram a situação. A concorrência da iniciativa privada barateia os preços e proporciona muito mais acesso aos bens de consumo!

---

[146] A classe profissional dos professores no Brasil também é vítima disso, mas, cada um lecionando na sua área e desconhecendo Ciência Política, induzidos pelos sindicatos, que são instrumentos dos partidos socialistas, acabam apoiando, quase sempre, exatamente os partidos que fabricam tais vandalismos, já que essas agremiações crêem na sua revolução cultural. Veja: O livro negro do comunismo, da editora Bertrand Brasil, no capítulo sobre a China.

Em todo o mundo, nos períodos de eleições, a maior parte da imprensa tem dito a seus telespectadores quem são os candidatos que receberão rótulos como extrema esquerda, centro moderado e extrema direita. Têm dado uma atenção especial aos rotulados como extrema direita, associando-os ao perigo e a maníacos feito Hitler. Infelizmente, os rótulos são aplicados sem primeiro se delinear os limites do seu significado com clareza e, para os jornalistas, ser de extrema direita significa ser conservador e ser anti-globalista, induzindo-se as pessoas a crer que seja nacionalista, racista e xenófobo. O que é apresentado como centro moderado, em geral, é apenas o sujeito que é, 'elegantemente' a favor do globalismo, por mais que ele creia no marxismo, que é extremismo de esquerda puro. Mas o que deveria ser dito é o seguinte: ser anti-globalista não faz de ninguém extremista de direita, não faz de ninguém nacionalista, nem racista, nem xenófobo. E muito menos, genocida em potencial.

O fabianismo é uma das mais fortes correntes políticas do Brasil, partido do ex-presidente Fernando Henrique Cardoso (FHC) e de Aécio Neves, José Serra, Geraldo Alckmin e João Dória Júnior, o PSDB (Partido da Social-democracia Brasileira). Daí a importância deste material de pesquisa para que se compreenda a política **a partir das suas origens**, indo direto à fonte. O PSDB foi criado em 1988 por dissidentes do PMDB, dentre Mário Covas e outros. Internacionalmente, seu símbolo é uma rosa vermelha sobre um fundo branco; no Brasil, o desenho de um tucano e suas cores são o azul royal e o amarelo ouro, sendo o número 45; nos EUA, a cor azul e o desenho

de um burrinho. Símbolos, cores e nomes variam conforme fiquem desgastados. Às vezes, até se extinguem partidos ou se mudam seus nomes e, outras, se mantém os nomes, mas mudam as opiniões. Partidos políticos desgastados são como vírus mutantes e se adaptam para sobreviver. A única segurança que você tem é que sua raiz e seu objetivo, quase sempre, são imutáveis e, cada pessoa carrega uma história da qual não pode se livrar. No atual contexto, fabianismo, globalismo, social-democracia e trabalhismo são sinônimos.

 A social-democracia já foi testada no Brasil e falhou. A Constituição de 1988 é social-democrata. A social-democracia se baseia na ideia do aumento dos impostos aos poucos, fazendo o Estado ir se tornando sócio de todos os negócios até virar dono deles sem que ninguém perceba, como a rã que morreu cozida. Isso foi decidido por seus pensadores em 1959, no Programa Godesberg. O aumento tributário progressivo faz com que paguemos tanto imposto para bancar um Estado que promete tudo. Ele presta todo tipo de serviço, mas não consegue fazer nada bem feito. Com a hiper-tributação, os preços das coisas sobem e as pessoas não conseguem comprar os bens que precisam. No final, nem você compra dignamente, nem recebe uma esmola estatal de boa qualidade. Em regra, ela vem com filas de espera nas quais as pessoas tem que chegar de madrugada, com distribuição de fichinhas e má-qualidade. Por essa hiper-tributação o preço de um carro aqui é mais caro do que o veículo idêntico nos EUA. O mesmo se dá com uma casa, um quilo da carne, etc.

A hiper-tributação desmontou grande parte do nosso parque industrial porque é mais barato comprar produtos da China do que produzi-los aqui. Sem poder competir, indústrias fecharam ou terceirizaram, deixando de gerar empregos no Brasil. Graças a isso e à burocracia excessiva, não temos uma fábrica de máquinas de ressonância magnética ou sequer de microchip para celular, apesar de termos toda a matéria-prima e até nióbio em nosso subsolo. O parque industrial de um país envolve sua independência.

Veja adiante 2 quadros mostrando as consequências econômicas do fabianismo e do leninismo:

FABIANISMO
Social-democracia favorece meta-capitalistas:

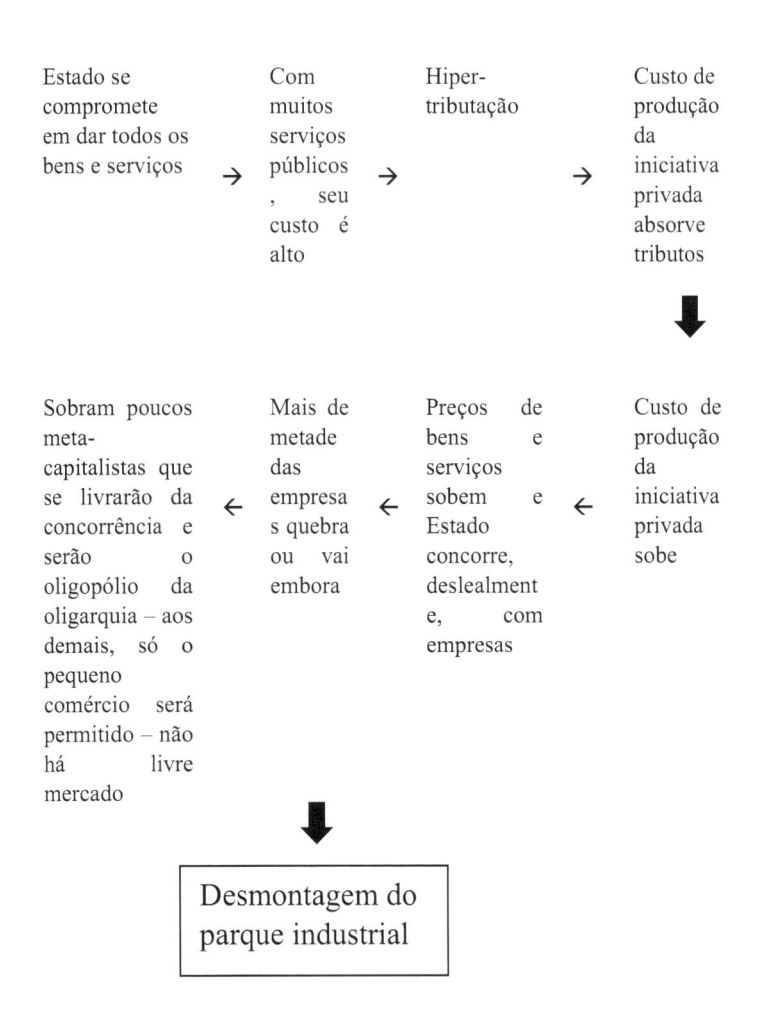

Estado se compromete em dar todos os bens e serviços →	Com muitos serviços públicos, seu custo é alto →	Hiper-tributação →	Custo de produção da iniciativa privada absorve tributos

⬇

Sobram poucos meta-capitalistas que se livrarão da concorrência e serão o oligopólio da oligarquia – aos demais, só o pequeno comércio será permitido – não há livre mercado ←	Mais de metade das empresas quebra ou vai embora ←	Preços de bens e serviços sobem e Estado concorre, deslealmente, com empresas ←	Custo de produção da iniciativa privada sobe

⬇

> Desmontagem do parque industrial

A economia no socialismo, tanto social-democrático quanto leninista, só tem como dar certo depois que sua ditadura se consolida no poder, mas, até lá, o percurso é de fome, como foi na China. E, consolidados no poder, a liberdade terá sido perdida aos poucos.

LENINISMO - Socialismo leninista leva ao desabastecimento:

| Estado se compromete em dar todos os bens e serviços → | Com muitos serviços públicos, seu custo é alto → | Hiper-tributação | → | Custo de produção da iniciativa privada absorve tributos |

⬇

| As que sobram não dão conta da demanda: desabastecimento compensado com racionamento ← | Mais de metade das empresas quebra ou vai embora ← | Preços de bens e serviços sobem e Estado concorre, deslealmente, com empresas ← | Custo de produção da iniciativa privada sobe |

⬇

Sociedade passa a depender, inteiramente, do Estado →

Estado não tem diversidade produtiva e não dá conta da demanda.
Não há mais empresas para bancar o Estado e empregar pessoas.
Ele passa a ser cabide de emprego e tem que ser bancado pelos cidadãos sufocados pelos tributos. O emprego de quase todos é o Estado e os tributos pagos com o salário.
Há duas classes: a rica oligarquia do Estado-maior e o resto da população, toda empobrecida, por igual.

⬇

Acesso aos bens de consumo e serviços é precário: escassez, má qualidade, demora, fichinhas e filas de madrugada, racionamento, falta de diversidade e corrupção generalizada para ter acesso ao básico; empobrecimento e ignorância ← Má qualidade de bens e serviços, escassez, atraso e ineficiência

O Brasil se tornou um fabianismo ao estilo 'capitalismo de Estado'[147] (Governo tem participação em muitas empresas ou controla e subsidia oligopólios para os quais direciona os direitos através de agências reguladoras), em que agiotas de campanha meta-capitalistas elegem políticos que lhes permitirão acesso às licitações e impedirão seus concorrentes, além de usar o dinheiro arrecadado com impostos para lhes conceder gigantescos empréstimos a fundos perdidos, através de bancos como o BNDES e o Banco do Nordeste.

Enquanto nos EUA o melhor negócio é a credibilidade de uma empresa, para vender suas ações e arrecadar, o melhor negócio por aqui é vender para o Estado, desde cimento e serviços na construção de obras públicas até merendas e uniformes escolares, fardas e toalhas para presídios, etc., pois, se conseguir romper a barreira do oligopólio fraudador de licitações, controlada pela patotinha dos amigos do rei, um clube fechado que não quer deixar outros concorrerem lealmente, terá entrado no paraíso do grande negócio socialista, onde seus concorrentes não entrarão.

O agiota de campanha financia o político, que recebe o poder do povo e o arrenda de volta para o agiota de campanha, o qual o usa para roubar e evitar concorrência. Eis o negócio do meta-capitalista como

---

[147] Mises é contra o uso dessa expressão, pois considera que ela camufla o fato de que o Estado esteja no controle da economia e seja o verdadeiro dono das empresas, fazendo do empresário apenas um gerente. Discordo dele para o caso do Brasil, onde o empresário tem poder de dono, embora o Estado seja sempre seu sócio.

foi o petrolão, envolvendo Alumini Engenhari (Alusa, que participou da Refinaria de Abreu e Lima, envolvendo o governador de Pernambuco, Eduardo Campos), Odebrecht, OAS, Camargo Corrêa, Queiroz Galvão, UTC Engenharia, Engevix, IESA Óleo e Gás, Toyo Setal, Mendes Júnior, Galvão Engenharia, Skanska, Promon Engenharia, GDK, JBS (Friboi, Seara, etc.) e outras no maior roubo da história do mundo, canalizado para um projeto de consolidação no poder e sua perpetuação com o partido PT (Partido dos Trabalhadores).

Os meta-capitalistas mundiais são um grupo mais seleto ainda do que esses. Gente do nível de Soros, consegue interferir na política mundial e tirar proveito, amiúde, de modo lícito, como quando em 1992 ele quebrou o Banco da Inglaterra (BoE ou The Old Lady of Threadneedle Street), e ganhou 1 bilhão de dólares na Quarta-feira Negra (16-11-1992) às custas de criar uma crise que prejudicou a população de todo o país.

Governando o Brasil desde 1985, a social-democracia tem sido intolerante com seu sucessor, o conservadorismo-liberal. Pois, o governo Bolsonaro é a primeira oportunidade de uma administração conservadora-liberal, no entanto, os ministros do STF, conluiados com Rodrigo Maia e Davi Alcolumbre, não o deixaram governar e o acusaram de não governar, visando desgastar sua imagem e impedir-lhe uma reeleição. As intenções de muitos parlamentares aparentavam ser de extorqui-lo para criar um substituto ao mensalão. Nisto, a social-democracia se mostra como ícone mundial histórico da [1]intolerância,

do ²caos sexual, do ³caos das drogas, da ⁵hipertributação, da ⁶uniformização cultural e da ⁷ditadura global. E, na prática, deixa os países com o comércio morto, estagnados numa oligarquia estatal de oligopólios empresariais, onde não surge mais concorrência para os meta-capitalistas, como na Península Escandinava.

Então, em todo o mundo, nos períodos de eleições, a maior parte da imprensa tem dito a seus telespectadores quem são os candidatos que receberão rótulos como extrema esquerda, centro moderado e extrema direita. Se *hoje*, no Brasil, uma parte dos políticos de centro é apelidada de *centrão* num aumentativo pejorativo que indica mercenarismo fisiológico[148] praticado por extorsionários, na *década de 1990*, ser de centro era bem-visto e o PSDB de FHC era chamado, elogiosamente, de *neoliberal*, a fim de indicar que andava num caminho do meio, livre da extrema direita e da extrema esquerda, dando-se a entender que era mais sensato e confiável (e reconheço que seu Plano Real foi ótimo e essencial para a época).

Naquele tempo, para os professores universitários (que doutrinavam seus alunos), ser intelectualizado era sinônimo de ser de esquerda e quem discordasse era considerado analfabeto. Para esse público e com relação ao que eles desejavam, o

---

[148] Fisiológico hoje em dia, referindo-se à política, é a palavra usada por jornalistas para indicar os políticos que não creem nalgum método administrativo e, portanto, não militam por projetos de nenhum método de administração do Estado, nem socialista nem liberal, e atuam apenas para manter seus cargos e seu poder.

PSDB era, raivosamente, taxado de ser direita. A maioria desses guias de jovens, na verdade, era cega, preguiçosa e burra.

Os jornalistas viam diferentemente. Havia uma insinuação por parte de todos os jornalistas que dizia: vote nele (FHC) porque é erudito. Como se dissessem 'ele ouve MPB e bossa-nova de Caetano, Vinícius e Tom Jobim, tem topete, usa blazer sem gravata, é elegante!' Era o símbolo da fineza desejada pela classe média da ocasião. E tinha dado demonstrações, como ministro da fazenda, de ter um projeto administrativo. Era o que estava subentendido e foi lançado no inconsciente coletivo. Porém o contexto geral do que era social-democracia nunca tinha sido dito num pequeno e organizado compêndio como este capítulo. Nunca se falou de sua história, seu marxismo, seu globalismo, suas ligações com o Partido Democratas dos EUA e com George Soros, acostumado a comprar estatais privatizadas, como o fez com a Vale usando dinheiro do BNDES e favorecido pelos políticos que tinha bancado! Aqui mostramos a social-democracia nua e sob uma ressonância magnética.

O principal argumento usado pelos fabianos é seu **sucesso na Península Escandinava** (Noruega, Suécia e Finlândia) e **na Dinamarca.** Tem quem diga que sua qualidade de vida não se deve ao fabianismo mas a uma organização da educação natural daqueles povos. Eu desconheço seus Estados e suas realidades, então, *neste parágrafo* apenas palpitarei. Sei que sua qualidade de vida é boa, mas não tenho certeza que sejam o "paraíso na Terra", pois, aparenta faltar-lhes

uma oposição, criando-se uma semi-unanimidade em que as corrupções dos seus altos-funcionários públicos sejam ocultadas, já que não há quem denuncie e que se as aceitam desde que a qualidade do IDH permaneça boa; e aparenta existir uma grande ingenuidade (ou indiferença) da população. Também tenho dúvida se os dados de preenchimento para IDH correspondem à realidade. Considerando-se que a honestidade de seu povo seja elevada, isto se deve à educação conservadora das monarquias que não chegou a ser corroída pela disputa de poder, sendo mérito do conservadorismo[149] e não do fabianismo. E seu parlamentarismo só se justifica nas monarquias, já que o povo não escolhe os reis e precisa escolher, indiretamente, o primeiro-ministro, aumentando o poder popular. Numa república, o parlamentarismo diminuiria o poder popular em vez de aumentá-lo.

O principal argumento contra o globalismo é de que o projeto é para a criação de uma **ditadura global** que irá impor um só padrão de ética (comportamento) e pensamento (organização das ideias, lógica) a fim de unificar uma só legislação universal aplicável por esse novo Leviatã, que tentará ser único. Sobretudo, haverá um líder distante, impossível de ser pressionado pela maioria das pessoas.

Os partidários da Ética aristotélica e da Ética cristã não aceitam mexer nelas e absorver costumes que consideram de bárbaros. Os estudiosos da Lógica

---

[149] Nos lugares em que o fabianismo está consolidado no poder ele deixa de incitar o caos pré-revolucionário mesmo que não apoie o conservadorismo.

aristotélica e todo o seguimento da Metodologia Científica cartesiana/baconiana também rejeitam a ideia de fabianismo, afirmando que ela tenta fazê-los engolir contradições e mentiras (falácias).

Para a criação do governo único, persuadir-se-á de uma crença única a fim de que se abandonem as suas velhas crenças e adiram a ela em todas as suas partes, com a desconstrução do padrão do homem branco ocidental euro-descendente (apelidado de 'caucasiano') e seu modelo conservador de cristianismo, sob alegação de que um novo pensamento mais flexível, de ecumenismo filosófico-religioso, é necessário para a convivência pacífica de todo esse pluralismo. É "necessário" fazê-los engolir coisas que entram em atrito entre si, como islamismo com cristianismo ou cristianismo com movimento LGBT; as contradições do socialismo. Logo, eles devem ser doutrinados a não perceber contradições ou a aceitá-las com naturalidade. Seria a universalização do paradigma comportamental escolhido por uma elite arrogante que pensa que é iluminada e que usa uma militância que ela própria considera como idiotas úteis (expressão de Lenin) para propagá-lo.

Exemplo claríssimo disso é o filme As aventuras de Pi, de 2012 (dirigido por Ang Lee e de autoria de Yann Martel), onde o protagonista afirma ser cristão, muçulmano e hindu, sem enxergar as impossibilidades que impedem alguém de crer em coisas contraditórias entre si, agindo como um verdadeiro adepto da Lógica holística, enquanto seu pai representa um sujeito completamente racional, que pensa de maneira aristotélica e cartesiana.

Outro exemplo que demonstra o desespero dos grupos de socialistas pré-revolucionários pelo abafamento dos ensinos de Lógica aristotélica e cartesiana é a questão do aborto, em defesa da qual eles alegam que a mulher abortante estaria exercendo apenas o direito de fazer o que quisesse com seu corpo, quando qualquer criatura com um cérebro saudável e uma mente preenchida com uma forma de pensamento normal, percebe que se trata de uma falácia grosseira, pois parte de seu corpo, que você pode cortar a hora que desejar, são seus dedos, seu nariz, seus mamilos, etc. mas não um feto, que é outra pessoa e não um órgão que o corpo feminino já tivesse nascido com ele. Se quer retirar seu útero retire, mas o feto não é o útero.

Outro exemplo que me vem à cabeça agora é o comercial ambientalista que passava na Band mais ou menos em 2014, e que pedia para economizarmos água, dizendo que cada vez que dávamos descarga no banheiro iam embora 40 l. d'água, quando uma caixa de descarga padrão no Brasil, sequer cabe 20l. Sem lhe emburrecer um grupo desses não pode cooptá-lo. Simples assim.

Um novo mundo está sendo moldado com crenças idênticas para todos, a fim de que não haja atrito e facilitem-se suas relações e convivência sem fronteiras num Estado único, global, com a religião universal do ambientalismo amenizando as demais, que estarão transformadas em folclores sem qualquer convicção, além da Ética do politicamente correto substituindo a Ética aristotélica dos ocidentais e as éticas confucionista, maometana e judaica dos

orientais, mais a Lógica Cartesiana ocidental, substituída pela antiga Lógica holística, uma lógica sem lógica, sem oferecimento de resistências, que não discorda nem exige provas, pacata. É a formatação do sistema operacional *MS-dos* da Humanidade e a substituição por outro! Essa manipulação gigantesca é intolerância religiosa?

Religiões	→	substituídas por ambientalismo
Ética aristotélica, cristã, confucionista, maometana e judaica	→	substituída por Ética do politicamente correto
Lógica Cartesiana	→	substituída por Lógica holística

As lógicas aristotélica e cartesiana se complementam, constituindo uma muralha mental contra falácias. A Lógica aristotélica é incômoda para esses que querem um novo mundo porque ela é chata, rigorosa, percebe e aponta as contradições no seu discurso, e a Lógica (ou metodologia) cartesiana é empírica, experimental, exige provas... e é necessário emburrecer para pacificar. Como as massas são sempre compostas de gente simples, então o emburrecimento sempre funcionou, desde o pão-e-circo romano até sempre. Por mais que o aristotélico detecte uma contradição no discurso e diga: tu estás mentindo! Será ignorado. Por mais que o cartesiano conteste as informações e diga: duvido! Precisamos

testar. Será ignorado. Os vigaristas conduzirão as massas leigas.

Religião, Lógica e Ética. Judaísmo, cristianismo e islamismo trocados por ou misturados com ambientalismo, que conseguirá ecumenizá-los. Lógica Cartesiana por "Lógica" holística. E, Ética aristotélica pelo politicamente correto. A padronização desse sistema operacional mental formado pela religião-Lógica-Ética, é tratada por Wells no 3º § do capítulo 6, onde ele ainda não fala em ambientalismo porque a crença a ser criada não havia sido estabelecida em 1940, mas deixa bem clara sua necessidade. Seus sucessores foram complementando suas ideias até detalhar sobre religião, lógica e ética. Também transformaram a parte saudável do ambientalismo numa religião panteísta inspirada em Spinoza (que era doido).

Trata-se do jogo de interesses das pessoas (comuns ou poderosas) especulando se é melhor para elas estar sob a tutela da oligarquia que administra pelos métodos de Adam Smith ou os de Karl Marx.

É uma luta pelo poder e todos os lados em guerra precisam conquistar o apoio da opinião pública, chamada por Sun Tzu de influência moral, e sem a qual não se chega à vitória; por isso todos os lados lutam para convencer você.

O fabianismo é uma doutrina convincente nos seus nobres fins de trazer a paz; será que é realista? Os militares acreditam mais na dissuasão e na imutabilidade da natureza humana, isto é, que sempre haverá conflitos e eles devem ser dissuadidos com

demonstrações de força. Será que eliminar o patriotismo (diferente de nacionalismo) e as nações para trocá-los por uma só administração centralizada é um bom negócio, e seria possível, ou só uma aventura irresponsável de gente arrogante? Vejo o fabianismo como algo ruim que tem coisas a aproveitar, e o conservadorismo como algo bom que tem arestas a aparar.

Muitos líderes e governos tentaram expandir seus impérios até onde puderam como Alexande Magno, Roma, Gengis Khan, o Reino Unido, Portugal, Espanha, a URSS, etc.; o pensamento de se expandir e tentar impor seu governo como global é antigo; a diferença da ideia do autor é a criação *democrática* de um governo global e a renúncia das soberanias pelos próprios Estados que desejem se tornar membros – ter saído da ditadura global (ou ocidental) católica da Idade Média e cair em outra agora não é bom negócio. A proposta de Wells é tendência e vai se concretizar porque ela é mais comovente e a imensa maioria das pessoas se sentirá na obrigação de tentar de tudo, e só crer que alguma possibilidade deva ser descartada depois de ser tentada, sob pena de se sentir irresponsável e culpada pelas guerras. Considerarão que quaisquer danos causados pela própria tentativa serão menores do que os causados pelas guerras em si mesmas, então será natural escolherem os danos menores. Tenho pra mim que as pessoas optarão pela Nova Ordem Mundial, embora eu discorde e tenha certeza que irão se arrepender.

Acho que temos problemas sérios para resolver na odisseia humana e que alguns deles podem até representar o risco de um sofrimento indescritível para muitos milhões, e mesmo da nossa extinção, todavia isto chega a ser improvável porque, na hora H, o ser humano sempre tem feito a coisa certa para sobreviver.

Todas as teorias são apenas teorias. Porém já vimos o suficiente nessa trajetória para entender que "a gente NÃO precisa de um super-homem" para resolver nossos problemas! Porque os salvadores da pátria sempre têm o outro lado da moeda, oculto até que aparece inoportunamente. Nossos problemas, nossa responsabilidade. Resolvê-los sem histeria, com proporcionalidade em vez de excessos faz até parecer coisa de um demagogo que quer sair bem na fita, e nunca teve contato com as aflições humanas. Não há solução mágica. Ela exige algum suor e algumas lágrimas. Não podemos endeusar ninguém por aqui, porque homens endeusados se tornam demônios. As soluções para grandes sofrimentos não podem adquirir a mesma medida do desespero dos que sofrem com eles, porque a falsa ideia de que situações extremas exigem medidas extremas, sempre nos levou à crueldade e ao genocídio.

Por outro lado, aqueles que estão fora do problema, dentro de uma sala com ar condicionado, se tornam tão insensíveis a ele que parecem a face do desdém apático. Nem o histerismo do desespero nem apatia da insensibilidade. Aquele leva a ações desproporcionais e malucas, e esta ao ódio das vítimas ignoradas, que num futuro explodirá. Precisamos ser

mais solidários para resolver nossos problemas para que eles não dêem lugar a atrocidades.

O problema do meu irmão precisa ser meu também quando ele não conseguir resolvê-lo sozinho, ou a Humanidade será um eterno caos. Como me escandaliza, ver que numa era de tanta tecnologia, desde os esmartefones, *internet, flyboard air*, viagem a Marte, etc. o Continente da África inteiro esteja passando fome até ver criancinhas exibirem as costelas e morrer de fome, ... de fome! Isto é vergonhoso para a raça humana. Isto apenas por causa das estúpidas guerras religiosas, de revoluções comunistas que não trouxeram proveito para os povos e do egoísmo e ganância capitalistas. Agora ganha corpo a ditadura fabianista, que também trará sofrimento. O homem deveria ser um ser moral, mas ainda parece um animal perigoso. Se cada um, pelo menos, pensasse "o que posso fazer de melhor na minha vida hoje?"

Nossa odisseia precisa corrigir seu curso de fanatismos, entretanto com muito cuidado nas escolhas. A opção por esse Estado global vindouro será a mais errada que os líderes da Humanidade, no futuro, irão fazer, encantados com as palavras bonitas de uma poesia falsa. E, por isso, o mundo viverá algo semelhante à Idade das Trevas por tempo imprevisível, ainda que sob a ilusão de estar vivendo uma era dourada, cego por uma ignorância jamais vista antes, e que já começou, nesta era de engano.

Mas eu preciso pensar nos dois lados, muito embora os socialistas não ajam assim. Imagine que há apenas oitenta anos, países civilizados e poderosos

como Alemanha e o Japão eram loucos; considerando-se que isto pode acontecer de novo com qualquer um. Poderiam ser os EUA ou a China. Será? Não é melhor estarem calminhos sob o manto de uma união? Contudo, se o Estado global já está querendo nos impor coisas tão íntimas quanto uma doutrinação, então como podemos acreditar que será democrático? Seus funcionários de carreira, que mantém contatos obscuros com as redes de TV dos nossos países, não podem se achar iluminados, mais preparados do que nós e no direito de escolher o controle das nossas mentes como se fôssemos seu gado só porque leram alguns filósofos. Fernando Pessoa, no livro Obra poética, dizia: "E os filósofos são homens doidos."

Seria uma ditadura global de um lado, ou a eterna possibilidade de guerra do outro. Há mais alguma alternativa? Tem que acontecer, necessariamente, um novo surto de loucura em alguns países poderosos? Claro que não. Pode nem acontecer, mas sempre conviveremos com a possibilidade. E, caso aconteça, o que esperar dos tribunais internacionais sob amparo da ONU? E o bom senso da OTAN? Amenizariam?

Uma das coisas em que Wells mais insistiu foi na confecção de uma nova declaração de direitos, apesar de começar o 1º capítulo do livro criticando isso. Assim como elas "resolveram" (ou marcaram seus términos) a disputa entre o Rei João Sem-Terra e os barões, a Revolução Francesa e a Independência dos EUA, ele acreditava que também resolveriam a II Guerra, que para ele não era uma guerra mundial, mas sim o colapso do capitalismo. Ele foi ouvido e a

declaração não foi a deste livro, mas veio em 1948 (inspirada em outro livro dele também de 1940, *The rights of man*) e influencia até nossa Constituição Federal de 1988, cujo artigo 5° é quase uma cópia de algumas partes daquela.

Até aqui, tratamos da Teoria Geral do Estado de forma, razoavelmente, técnica. E abordamos soberania[I], princípio da autodeterminação dos povos[II], as forças políticas em disputa pelo poder[III], o Pós-modernismo[IV] e o trio religião-Lógica-Ética[V].

Passando agora para os fundamentos da Ciência Política, há diferenças básicas quanto à liberdade econômica:

Liberalismo	Fabianismo	Socialismo
Predomina a livre concorrência	Predominam os oligopólios[150] parceiros da oligarquia	Só há o monopólio estatal

---

[150] Na era FHC as telecomunicações foram privatizadas dando origem a poucas empresas de telefonia. Ainda hoje não conseguimos nos libertar desse oligopólio responsável por preços altos. Num país deste tamanho, deveríamos ter, pelo menos, duzentas concorrendo entre si. Hoje o brasileiro depende quase que exclusivamente do Whatsapp para se comunicar. Em Pernambuco, desde que a Celpe (Companhia Energética de Pernambuco) foi privatizada ainda não saímos do seu monopólio. O consumidor não consegue se defender dessas empresas gigantes e até para cancelar um serviço de telefonia móvel enfrenta dificuldades. Em 2015 a mineradora Samarco, a serviço da Vale e da BHP Billiton, causou a tragédia de Mariana-MG (18 mortos) e quase destruiu a cidade.

Wells definiu as partes principais do fabianismo: 1) globalismo, 2) nova crença (ambientalismo) e 3) desarmamentismo[151]. O socialismo já fazia parte do fabianismo antes mesmo de Wells, mas esse tripé foi introduzido por ele. Sua ideia básica era a de que só escaparíamos das guerras constantes se nos uníssemos em um só governo global, para o qual precisaríamos criar uma religião em comum, aceita por todos, além de acabar com a fabricação de armas de larga destruição para os Estados, bem como de armas comuns para as pessoas. Isso resultou em tudo o que o fabianismo é hoje: socialista, ambientalista, desarmamentista e globalista. Enfim, há uma agenda organizada em sua estratégia.

Desarmamento, como você pôde ver, não é questão de segurança pública. Trata de preparar caminho para os que desejam o globalismo. Maquiavel o considerava de modo diferente, dizia que aqueles a quem o governante armasse se tornariam gratos a ele e constituiriam, de certo modo, um apoio ao seu exército, devendo-se desarmar os opositores e armar os aliados. Sua visão era de não correr o risco de sofrer revoluções. Também admitia que povos armados e unidos não podiam ser subjugados.

Isto se contrapõe a tudo o que o conservadorismo e o liberalismo são hoje: liberais, moderados ambientalmente, armamentistas e anti-globalistas.

---

[151] Desarmamentismo sempre foi imposto por todos os ditadores para se consolidar no poder.

FABIANOS	LIBERAIS e CONSERVADORES
Globalistas	Anti-globalistas
Ambientalistas	Moderados ambientalmente
Desarmamentistas	Armamentistas
Socialistas	Liberais

Os liberais hoje <u>divergem</u> dos conservadores apenas quanto aos costumes e valores morais, porém no modo de administração, *geralmente*, concordam com o Estado mínimo. Os liberais entendem que o Estado não deve se meter nos costumes, e para eles, água deu, água levou, não se importam com casamento, religião, homossexualidade, etc. Já os conservadores acham que o Estado deve, moderadamente, estimular os bons costumes, para eles interpretados como os hábitos cristãos. São a favor que os casamentos durem a vida inteira, o número de divórcios se reduza, sendo os casamentos apenas entre homem e mulher, monogâmicos e não-incestuosos, que o homossexualismo ocorra o mínimo possível e a pedofilia e o estupro sejam classificados como crimes graves. Além do mais, os conservadores são contra a liberação das drogas e do aborto, enquanto os liberais são a favor.

Liberais	Conservadores
Divergem quanto aos costumes	

Durante o Renascimento e o Iluminismo, conservadores e liberais foram rivais. Os conservadores defendiam as monarquias e os liberais as repúblicas. Liberais criaram revoluções para acabar com as monarquias. Os conservadores desejavam conservar as monarquias[a], o mercantilismo (intervenção do Estado na economia)[b], a religião[c] e os costumes[d]. Liberais queriam mudar tais coisas, e criaram a ideia de Estado laico.

Nenhum grupo político é um bloco fechado e estático feito uma lata de sardinha. Há os extremistas, que desejam impor a ideia de se ter parado no tempo em que suas doutrinas foram criadas, só aceitam o que for, rigorosamente, clássico e cristalizado no tempo. Há outros mais moderados. Grupos políticos são feitos por pessoas e, assim, em todos eles existem divergências internas com vários sub-grupos.

Conservadorismo e liberalismo hoje estão dentro de nova realidade à qual se adaptam. Unem-se contra o socialismo, que lhes é um inimigo comum mais perigoso.

O princípio básico dos liberais hoje é a diminuição da intervenção do Estado em tudo e, não mais só na economia. Contudo, Adam Smith, pai do liberalismo, visava só a economia.

Durante o Iluminismo os liberais aderiram ao caos pré-revolucionário a fim de desestabilizar as monarquias. Os conservadores, traumatizados com a ideia de revolução, focam nos costumes sociais e são atentos a quaisquer sinais da faísca de um caos pré-revolucionário em algum lugar, pois visam evitar revoluções. Para os liberais, revoluções são meios aceitos na alternância de poder quando os meios políticos não permitem resolver as diferenças. Aqui há identidade de liberais e socialistas, pois ambos aceitam revolução, sendo que os liberais a consideram como última alternativa. Os socialistas leninistas aceitam a *revolução em si* e os socialistas fabianos só aceitam a *revolução cultural*. Então, há um ponto de encontro entre liberais, socialistas leninistas e socialistas fabianos: **revolução.** Liberais tanto aceitam revolução em si quanto revolução cultural. No entanto, para os conservadores revolução é uma heresia que não deve nem ser pronunciada.

Neste ponto eu divirjo dos conservadores, pois acho que as pessoas da Coreia do Norte e da Venezuela (casos extremos, como a legítima defesa) têm o direito de criar uma revolução para se livrar dos seus ditadores, embora nesse estágio, só a ajuda externa, via guerra, possa salvar aquelas pessoas.

Conservadores, em geral, são avessos até mesmo ao Humanismo. Há muita ignorância no conservadorismo. Há deles que desejariam que ainda estivéssemos sob a ditadura global católica da Idade Média. Há deles que desejariam que ainda estivéssemos sob a Lógica Aristotélica e sem a Metodologia Científica. Neste ponto também divirjo

dos conservadores, pois vejo utilidade nos dois métodos investigativos, tanto o aristotélico quanto o cartesiano. E vejo o Humanismo como uma coisa boa, desde Dante, Erasmo, Cervantes, etc. e considero que a ditadura global católica da Idade Média foi ruim. Sou cristão protestante mas não desse modelo de "cristianismo" que sente saudades da Idade das Trevas, tem fobia do Humanismo ou tampouco da Teologia da Libertação nem da Prosperidade. Estou numa situação *sui generis* e não posso ser classificado, porque, apesar de conservador, admito a ideia de revolução quando não houver outra alternativa.

Atualmente há um grande número de *conservadores* bem definidos a favor do Estado mínimo. E há um grupo de *liberais* também definidos como neutros quanto aos costumes, que apenas acham que o Estado não deve interferir, sem induzir, nem tampouco proibir, mas apenas permitir. Somando-se isto ao fato de terem um inimigo comum, possibilitou-se que se unissem, formando um grupo conservador-liberal. Nem todo liberal é anarquista, só os extremistas. No geral, eles consideram o Estado necessário, apesar de ser algo ruim, ou seja, consideram que o Estado é um mal necessário.

A divergência de liberais e conservadores não é quanto aos costumes em si, mas quanto à intervenção do Estado sobre os costumes. Os liberais mais extremos não admitem intervenção alguma, mas os conservadores admitem intervenção em situações como no caso de se obrigar que as escolas previnam sobre uso de drogas, já que estamos há décadas, no

meio a uma pandemia das drogas e violência urbana. Apesar dos liberais não admitirem esse tipo de intervenção, muitos deles, principalmente nos EUA, apoiaram a contracultura e suas campanhas publicitárias para induzir o uso de drogas, liberar o aborto, eutanásia, estimular prostituição, etc. sendo aí confundidos com socialistas pré-revolucionários porque ambos estimularam o caos, apesar das finalidades serem diferentes. Enquanto os socialistas visavam usar o caos como ferramenta da revolução, os liberais sonhavam que ele era uma *utopia de liberdade* em que se estava diminuindo, paulatinamente, os poderes do Estado. Não admitiram intervenção mas intervieram e, se não a admitiram para o bem, admitiram para o mal.

Há 3 pontos de encontro do liberalismo com o comunismo: no anarquismo[a] (para os extremistas intitulados anarco-capitalistas), no caos[b] e na revolução[c]. É fácil diferenciá-los dos comunistas (socialistas leninistas), mas nem sempre é tão fácil distingui-los dos socialistas fabianos. Daí, muitas vezes, eles próprios têm dificuldades de se diferenciar dos socialistas, como é o caso do Partido Democratas dos EUA, que começou como liberal e se tornou socialista fabiano, mas ainda se presenta como liberal.

Há 2 pontos de encontro do liberalismo com o fabianismo: a revolução cultural[a] e a recusa do comunismo[b]. Então, quando liberalismo e fabianismo praticam revolução na modalidade cultural, se tornam muito parecidos tanto por rivalizar com os leninistas quanto por apoiarem a revolução cultural, entretanto, fabianismo defende Estado máximo e liberalismo

Estado mínimo. Para terminar, o que torna liberais e fabianos semelhantes é o apoio ao caos (revolução cultural) e o anti-comunismo (oposição aos leninistas), por isso as pessoas confundem o Partido Democratas dos EUA com um liberalismo, mas ele é fabiano (social-democrata). Nem todo aquele que é anti-comunista é liberal.

Além do mais, muitos liberais do próprio século XX, como Hayek, se voltaram contra o conservadorismo por causa da antiga indiferença deste quanto a Estado máximo ou mínimo. E a partir da década de 1930, tanto liberais quanto fabianos adotaram as ideias de Max Horkheimer, Theodor W. Adorno, Walter Benjamin, Herbert Marcuse, Jürgen Habermas e, no pós-guerra, incluíram também as de Aldous Huxley, Karl Popper e Paul Feyerabend. Ainda por cima, algumas dessas pessoas se identificavam como ex-comunistas que tinham se tornado liberais. O liberalismo seguiu dando apoio ao caos contra a Ética cristã, cheio de anti-conservadorismo mais anti-comunismo, visando desconstruir as lógicas aristotélica e cartesiana em nome de um anarquismo lógico e uma holística, e se baseando nos mesmos pensadores que o fabianismo incorporou, tendo se tornado mais parecido ainda com este e diferenciando-se apenas no modo de administração do Estado.

Ou seja, apesar das semelhanças, enquanto o fabianismo seguia a progressão tributária visando chegar na hiper-tributação e aumento dos fins e tamanho do Estado, o liberalismo permanecia fiel a St^a. Lady Godiva nua em seu cavalo, e nos EUA,

quem manteve essa fidelidade foi o Partido Republicano (mas com alguns presidentes conservadores, como Ronald Reagan e Donald Trump), pois, o Partido Democratas é fabiano em tudo desde a era Roosevelt. No entanto, superada a fase de tal semelhança entre liberais e fabianos, atualmente, mundo a fora já há muitos liberais que rejeitam aquelas ideias e são conservadores quanto aos costumes, como foram Reagan e Trump.

Semelhanças (época da contracultura)	
Fabianos	Liberais
Revolução cultural/Anti-conservadorismo (Progressismo: apoio ao caos)	
Anti-comunismo (Oposição aos leninistas)	
Influência de alguns pensadores idênticos	

Hoje muitos liberais continuam anti-comunistas mas abandonaram a ideia de caos e a influência da Escola de Frankfurt, Huxley, Popper e Feyerabend, afastando-se dos fabianos e se aproximando dos conservadores.

Diferenças	
Fabianos	Liberais
Modo de administração do Estado:	Modo de administração do Estado:
hiper-tributação	hipo-tributação
mais fins para o Estado	menos fins para o Estado
Estado maior	Estado menor
Poder concentrado no Gov. Federal	Poder difuso nos governos locais
Estado global: utopia	Países com suas soberanias
Uniformização cultural (lógica/ética/religião: amortecimento dos atritos para convivência)	Diversidade cultural: Respeito às culturas

Contudo, uma coisa é permitir e outra induzir. Enquanto os liberais, *em geral*, defendem a permissão, na qual o Estado não se intrometa para proibir, nem para reprimir, nem para estimular, já os socialistas pré-revolucionários, fabricam o caos. Só que houve muitos liberais que também fizeram o mesmo. Portanto, quanto a caos pré-revolucionário, muitos liberais pararam no tempo e ainda vivem no Iluminismo anterior à Revolução Francesa, não compreendendo o sentido das ideias de Adam Smith.

O liberalismo em si significaria *neutralidade* em vez de *estímulo* ao caos. Esses próprios liberais do caos saíram do liberalismo econômico de Adam Smith e migram para um que os contrapõem, mais uma vez, aos conservadores, na tese chamada *o triângulo de Hayek*, mesmo depois de superada a fase inicial em que disputavam monarquias contra repúblicas. Nessa fase da contracultura nos EUA, o Partido Democratas já era social-democrata, entretanto, muitos liberais se uniram a isso, principalmente os libertários[152], talvez até mesmo sem distinguir do que estavam fazendo parte. Se os conservadores atuais se comprometem com a defesa de república (e não mais de monarquia) e Estado mínimo, e se os liberais desistiram de induzir o caos e passaram à indiferença quanto aos costumes, então, se aproximaram. Nessa situação sugiram pessoas que se identificaram tanto com a ideia de república e Estado mínimo, quanto de costumes conservadores. Logo, há um grupo que é conservador e liberal (do qual mais me aproximo).

Uma classificação quanto aos costumes:

---

[152] Tem uns liberais que usam a palavra *libertário*. A palavra *libertário*, inicialmente, indicava comunista anarquista (que defende o fim do Estado, desde que num modo de produção de riquezas comunista). Mas essa palavra passou a ser usada também para identificar anarquistas capitalistas (que defendem o fim do Estado, desde que num modo de produção de riquezas capitalista). Então, quando alguém se diz *libertário*, precisa indicar se é um *libertário* capitalista ou comunista, pois, só dá para perceber que se trata de um anarquista. O anarquismo não passa de uma ilusão infantil.

1	2	3
Progressistas	Liberais	Conservadores
Caos pré-revolucionário; permissivo extremo; estímulo da desordem	Neutros	Estímulo aos costumes religiosos; mais proibitivo;

Antes de falar sobre os socialistas pré-revolucionários, e diferenciá-los de outras categorias, vamos dar uma ideia do que é socialismo.

Os traços que iremos apontar do gênero socialismo, se aplicarão a quaisquer de suas espécies. Inicialmente, há muito mais países socialistas do que você imagina, pois, só vêm à mente Rússia, China, Cuba e Coreia do Norte quando falamos de tal assunto. Bem, quase metade do mundo é socialista e, só na África há 15 países assim (Angola, Moçambique, Madagascar, Congo, Benin, Etiópia, Argélia, Líbia, Cabo Verde, Guiné-Bissau, Guiné, São Tomé e Príncipe, Zâmbia, Tanzânia e Seicheles), e aqui na América do Sul podemos listar Venezuela e Bolívia, além do Brasil até a gestão PT, o qual vinha se consolidando como uma república socialista também. Não sabemos os rumos que a Argentina irá consolidar depois da derrota de Macri. Podemos lembrar do Vietnã, Camboja, Portugal (cuja constituição declara como um país socialista), Índia, Suécia (a vitrine do socialismo), etc. A situação do México é *sui generis*, se aproximando mais de uma narcocracia[153].

As características principais do socialismo são o tamanho do Estado, com muitas repartições, funcionários públicos, burocracia, tributação e mais controle sobre os cidadãos; a sufocação da iniciativa privada; a abolição da propriedade privada e das heranças; o poder dos altos funcionários para declarar o que é importante, ou seja, o que é considerado de interesse público; a superposição do que tiver sido declarado de interesse público acima dos interesses privados, isto é, acima dos direitos individuais e, desta forma, se por um lado ele permite que os *Seus Zés* da vida e as *Donas Marias* possuam suas mercearias, quitandas e padarias, etc., por outro, ele pode proibir, desapropriar ou confiscar a hora que achar que é "melhor para a coletividade", inclusive por motivo de corrupção desse funcionário visando prejudicar aquelas pessoas; o controle das relações trabalhistas pelo Estado; o formato de Estado de Direito, ou seja, sempre com leis escritas e nunca consuetudinário, todavia entulhando-se um número gigantesco de normas de várias espécies num *amontoado burocrático ininteligível* que visa ignorar as limitações constitucionais aos poderes das

---

[153] Na noite de 26 de setembro de 2014, 49 pessoas foram mortas de uma vez na cidade de Iguala (6 foram achadas e 43 ficaram desaparecidas), jovens estudantes da Escola Normal Rural de Ayotzinapa, que, num ato político (segundo suas famílias), tinham ido fechar ruas e se apropriar de vários ônibus e foram surpreendidos pela polícia, em conjunto com traficantes (os quais dizem ter pensado se tratar de uma facção rival). María de los Ángeles Pineda Villa, tesoureira do Cartel Guerreros Unidos e esposa do prefeito de Iguala, José Luis Abarca Velásquez, e candidata a prefeita, ordenou a chacina porque o ato dos estudantes atrapalhara um comício. O então Presidente, Enrique Peña Nieto, foi complacente. O muro de Trump não era xenofobia, mas precaução na fronteira com essa narcocracia.

autoridades, permitindo-lhes *poderes ilimitados*, onde se troca a objetividade pela subjetividade e o direito passa ser indicado a dedo para os amigos do rei, sem impessoalidade alguma, mostrando seu caráter absolutista, no qual tudo o que for escrito por uma autoridade é lei e pode ser imposto a seus subalternos ou súditos, deixando o povo com alma de escravo e a mentalidade de que *'lei foi feita para ser cumprida'*, quando, na verdade, *lei é feita para ser interpretada e compreendida*[154], ou seja, substitui-se ordenamento jurídico por entulhamento jurídico a fim de criar *dissonância cognitiva* onde, surgidos os conflitos sociais, as pessoas não terão procedimentos confiáveis previamente conhecidos para obedecer, como saída de emergência, e como as normas não dão para entender, pois são contraditórias, tais pessoas vão consultar a cada autoridade mais próxima de si e acatar sua ordem subjetiva, seu capricho de menino mimado; além da doutrinação através do controle da educação exercido pelo Estado; culto à personalidade dos seus líderes, heróis e mártires, e tal situação prática faz do socialismo uma seita religiosa; **a socialização (estatização)**, de tudo o que for grande, como empresas geradoras de energia elétrica, empresas distribuidoras de energia, água, redes de esgoto, estradas, construtoras, bancos, correios, empresas aéreas, petrolíferas, montadoras automotivas, hospitais, etc; criação de conselhos, de modo que, enquanto no republicanismo ocidental o poder é dividido entre o Executivo, Legislativo e Judiciário, já no socialismo, os poderes legislativos e judiciários,

---

[154] Pois, obediência cega é burrice e ordem absurda não se cumpre.

precisam ser confirmados por um grupo de pessoas chamado de Conselho, Soviete, Comitê ou afins. No Brasil isto chegou a ser feito em 2014 pelo Decreto 8.243, de 23 de maio, verdadeiro motivo da queda de Dilma Rousseff (além de se ter percebido algum distúrbio intelectual ou doença degenerativa, mais o acirramento causado pela Comissão da Verdade e da desconsideração da Lei da Anistia, com ameaças de se usar juízes federais para prender oficiais da reserva das Forças Armadas), fazendo os intelectuais e diretores de partidos mais eruditos se mobilizarem contra ela. Aqueles conselheiros teriam o poder de fazer leis, mas as leis feitas pelos vereadores só seriam postas em vigor se os conselheiros as sancionassem; da mesma forma, uma sentença de um juiz, ordenando a desocupação de um terreno invadido, só seria cumprida pela polícia depois que o conselho competente autorizasse, e daí vem o adjetivo 'soviética'. Por isto que aquele Estado era considerado um Estado soviético, regido por sovietes ou conselhos. Tais conselheiros ou 'comissários do povo', eram sempre gente de confiança do partido.

Quando o Brasil foi gerenciado pelo PSDB ele se encheu de conselhos tanto nas esferas municipais, quanto estaduais e federal, como CNJ, CNMP, conselhos tutelares, conselhos da paz, etc.

O socialismo também abole o pluripartidarismo, só permitindo o partido único que forma uma liga com o próprio Estado, tornando-se 'o Partido-Estado', desprezado as conquistas republicanas e migrando para uma monarquia absolutista, mas usando o nome de república.

Tudo é estatizado, ou seja, socializado (daí o apelido socialismo) e, para eles, passa a ser pertencente à sociedade a fim de que, num estágio posterior, *que nunca existiu na prática*, o Estado seja extinto, e aquilo que está socializado se torne comum (daí o nome comunismo), pertencente a todos, como numa tribo indígena modernizada. O socialismo seria um estágio para se atingir o comunismo, que é anárquico (sem Estado).

A sobreposição dos direitos coletivos aos individuais, relega estes a uma situação de nenhuma importância, e dá poderes absolutos às altas autoridades, podendo proibir ou obrigar o que bem entenderem, por mais banal que pareça, sendo que, em Cuba, não há direito de sair do país e os cubanos não podem tomar banho de praia para não fugirem. Na Coreia do Norte, é proibido cortar o cabelo igual ao ditador (apresentado como um ser divino).

O mais importante aqui é esta socialização, o aumento no tamanho do Estado e a proibição da propriedade privada e do direito de herança. É uma monarquia absolutista (geralmente, vitalícia e, ás vezes, até hereditária), um retrocesso à época pré-iluminista, com o Estado interferindo na economia (mercantilismo). No socialismo não há alternância de poder porque há partido único e mandatos vitalícios.

Com tudo isso, uma das pregações de Marx[155], a principal divindade do comunismo, é a *ditadura do*

---

[155] Marx chama sua doutrina de Materialismo histórico porque ela é uma das formas de materialismo, tanto por não crer em coisas sobrenaturais, como Deus, quanto por considerar que nossos valores morais são determinados pelo nosso ambiente, ou

proletariado. Assim, prometem criar um paraíso na Terra. Porém, além do fato de que toda ditadura é ruim, também há que se considerar que nunca é o proletário quem manda no socialismo, mas uma elite intelectual que, cinicamente, afirma representá-lo sem jamais ter sujado as mãos de graxa ou arrumado o próprio quarto. Concluo que toda ditadura é "boa" apenas para o ditador e para os amigos do rei. Se você não vai ser o ditador, será escravo ou capacho dele.

Voltando a falar dos pré-revolucionários: os socialistas pré-revolucionários discordam dos liberais

---

seja, pela matéria, que é a causa de tudo, relegando a consciência a um segundo plano e crendo que os valores são relativos como criações de grupos para justificar sua situação no ambiente e que inexistem valores neutros, sem jogo de interesses e justos. Contudo, defende suas ideias em nome do valor moral justiça social. Se, duvidando da metafísica, descrê dos valores morais, contradiz-se ao fundamentar sua busca por transformações sociais no valor justiça social. Os socialistas têm se esforçado para destruir ou perverter os valores morais nas consciências das massas. Porém, limites morais são importantes para a sanidade mental, pois, alguém que perde o respeito ou mata os pais, e aceita genocídios é psicopata ou insano. Nietzche, p. ex., era doente mental. Os pensadores Francis Bacon e René Descartes, classificados como materialistas, apenas separaram as superstições religiosas da investigação científica, porém jamais deram a entender que ignorassem os valores morais e o sentido de certo e errado, nem sequer que eram ateus, apesar dos valores morais não se sustentarem apenas na fé, pois é possível ser ateu e ter princípios morais. Também, sem Copérnico, Galileu, Bacon, Descartes e Newton hoje nós não teríamos os computadores e a internet, para estar lendo livros virtuais e nem sequer um antibiótico para salvar nossas vidas. Já Aristóteles sempre conciliou as vertentes materialista e idealista, buscando um método investigativo, mas também falando sobre Ética, sem relegar a consciência a um segundo plano. Já o materialismo só compreende o que é concreto e tem dificuldade de aprender sobre coisas abstratas como a felicidade e a compaixão.

porque estes, hoje, são neutros nos costumes, enquanto aqueles estimulam que os casamentos se acabem ligeiro, os divórcios aumentem, defendem os casamentos entre pessoas do mesmo sexo, a poligamia (que resolveram chamar de poli "amor") e o incesto, o homossexualismo, pedofilia livre com redução da idade sexual para 12 anos, penas brandas para o estupro na 'ideologia' *a La* Marta Suplicy (relaxa e goza) e Maria do Rosário, pornografia livre, prostituição como profissão, liberação das drogas, soltura do máximo possível de presos, desmoralização e desmilitarização das polícias e desconstrução de todas hierarquias (militares, familiares, profissionais, acadêmicas), praticamente tudo o que você vê no Brasil hoje e nem sabe de onde veio. Óbvio que se destina a provocar o caos pré-revolucionário que possibilita sua chegada ao poder.

      Esses progressistas são intolerantes religiosos e também não respeitam a infância (financiam a erotização infantil, a exemplo de Felipe Neto e seu material bizarro, patrocinado pela *Open Society Foundations*). O progressismo teve o apoio de Jean-Paul Sartre, do grupo conhecido por Escola de Frankfurt, se ramificou pelo movimento de contracultura hippie de Abbie Hoffman e seu marco histórico foi no Festival de Woodstock, tendo desembocado hoje nos cartéis e facções do narcotráfico desde as FARC, Pablo Escobar, Joaquín Guzmán (El Chapo), Fernandinho Beira-Mar e Marcola, do Comando Vermelho, PCC, Família do Norte, Okaida e suas cracolâncias.

Mas apontar esses defeitos do progressismo não significa que o conservadorismo esteja acima de quaisquer críticas responsáveis, desde aquela feita por Erasmo de Rotterdam e tantas outras, porém sem estimular pedofilia, enxurradas de gravidez adolescente, geração *baby boomer* ou dependência química e violência urbana com um assalto em cada esquina, como o progressismo fez.

A polícia também é um entrave para esses pré-revolucionários porque é exatamente ela que impedirá a ação dos seus vândalos.

Destruam suas famílias, pensava Lenin. A campanha da liberação sexual começa com Herbert Marcuse e prossegue com Michel Foucault inspirando a ideia de se estimular o homossexualismo nas escolas de crianças. Das décadas de 1970-90 houve uma enxurrada de crianças grávidas cada vez mais precocemente e explosão de bebês criados por mães solteiras e sem estrutura familiar. Essa campanha foi planejada! Isso foi uma inconsequência que prejudicou a vida de duas gerações. Essa campanha fez a geração atual pensar como pensa. Não foi natural e espontâneo, foi artificial e projetado. Agora querem dar mais um passo e impor a *Ideologia de gênero* às nossas crianças. "Marcuse, Herbert – O pensamento de Marcuse, divulgado em versões simplificadoras que enfatizavam a liberdade sexual como complemento indispensável da emancipação econômica e política, contribuiu para que se desencadeasse a rebelião estudantil de 1968.

... tornou-se militante do Partido Social Democrático Alemão. ..." < Nova Enciclopédia Barsa.

– 6ª ed. – São Paulo: Barsa Planeta Internacional Ltda., 2002, p.297, vol. 9, grifos nossos >

No caso dos EUA, muito embora a impressão que se tenha seja de uma bipolarização entre conservadorismo (Republicanos) e liberalismo (Democratas), *hoje* o Partido Republicanos é meio-conservador quanto aos costumes, mas *liberal quanto à administração*, e o Partido Democratas é anti-conservador quanto aos costumes (progressista), e é completamente *fabiano* quanto à administração, sendo a favor do aumento estatal e tributário, além de desarmamentista, e cheio de figuras abertamente marxistas, como o Senador Bernie Sanders.

1	Socialistas pré-revolucionários	Estimulam divórcios, homossexualismo, liberação das drogas
2	Liberais	Neutros

Ainda tem os socialistas pós-revolucionários, que sem exceção alguma, se tornam conservadores após se consolidar no poder (Coreia do Norte, China, Rússia, etc.), mas diferenciando-se dos conservadores tradicionais apenas na parte administrativa, pois estes são, *geralmente*, liberais administrativamente (Estado mínimo) e os socialistas, governam com Estado máximo. Logo, os pré-revolucionários visam destruir os costumes, são progressistas, e os pós-revolucionários são conservadores. Ou seja, antes de chegar no poder, progressistas, depois de tomá-lo,

conservadores, não querem bagunça que atrapalhe seu governo.

Uma última observação é que todo movimento que tem intenção de chegar ao poder por uma revolução, seja socialista ou liberal, pregará o enfraquecimento da polícia, com sua desmoralização e sua desmilitarização. Isto se dá porque a polícia impede a ação dos vândalos revolucionários e combate o exército de revolucionários na guerra civil que se segue à instauração do caos.

Socialistas pré-revolucionários	Socialistas pós-revolucionários
Progressistas nos costumes	Conservadores nos costumes

Como se pode perceber, *conservadorismo não diz respeito à forma de administração do Estado*, mas sim aos costumes educacionais. Ele *pode estar presente tanto no socialismo quanto no liberalismo.* Eu, tradutor de A Nova Ordem Mundial, sou liberal quanto a Estado e conservador nos costumes, como você nota. O socialismo da Coreia do Norte é altamente conservador e a Rússia sequer permite a passeata gay.

Conservadorismo	
Socialista	Liberal

Então, *não é o conservadorismo que define a nomenclatura 'direita' e 'esquerda'*, que se originou na Revolução Russa e se refere a Estado máximo (esquerda) ou Estado mínimo (direita), ou seja, refere-se a socialismo ou liberalismo, de modo que direita diz respeito a este e esquerda a àquele e qualquer um dos dois pode ser progressista ou conservador.

Tamanho do Estado / forma de administração			
Esquerda			**Direita**
Socialismo – Estado máximo			**Liberalismo** – Estado mínimo
Progressista	Conservador	Progressista	Conservador

Portanto, associar o nazismo à direita por ser conservador seria o mesmo que dizer que a Coreia do Norte é de direita porque também é conservadora. O que define <u>conservadorismo</u> são os <u>costumes</u> permissivos ou proibitivos. O que define <u>socialismo</u> é a <u>socialização</u>, isto é, o tamanho do Estado, contendo, englobando (socializando, estatizando) as principais atividades. São classificações diferentes (costumes e

tamanho do Estado). Os nazistas eram conservadores, mas nem todo conservador é nazista. Nazismo é, predominantemente, um método administrativo e deve ser classificado como tal, não com relação aos costumes. É um dos tipos de Estado máximo que, aceita quaisquer métodos para chegar ao poder, inclusive a revolução, porém, não admite o caos e, quanto aos costumes, é sempre conservador, tanto antes de chegar ao poder quanto após consolidado nele. Quando adotou o método revolucionário não aderiu ao caos e à revolução cultural, preferindo se organizar para uma guerra e criar grupos armados. Abusa da manipulação psicológica das massas (como todo socialismo) e se constitui numa seita religiosa cheia de fanatismo e culto à personalidade.

Uma coisa é a classificação quanto aos costumes, outra quanto ao tamanho do Estado. Sobre os costumes, poderíamos classificar diversas coletividades, como religiosas, musicais, tribos, por países, etc. cada uma delas mais proibitiva ou permissiva, porém, o presente trabalho é de Ciência Política e só classificamos os costumes dos grupos políticos. Nazismo é um tipo de administração, não de costumes.

Veja as duas classificações:

Costumes	Conservadores
	Progressistas

Tamanho do Estado	Liberal (mínimo)
	Socialista (máximo)

Note ainda que a definição de socialização também não identifica se o grupo é comunista ou anti-comunista, pois os socialistas leninistas são comunistas, mas os socialistas fabianos são anti-comunistas, entretanto <u>ambos são socialistas</u>, pois defendem o Estado máximo, sendo que os leninistas o postulam como um meio de se atingir o comunismo (anárquico) e os fabianos como o fim último, seu Estado socialista global.

Socialismo		
Leninista Comunista	Fabiano Anti-comunista

Ainda há os *princípios republicanos*, que podem ser usados tanto numa administração liberal quanto numa socialista, porém, historicamente, o socialismo sempre quis distância deles (apesar de se auto-intitular como 'república popular' ou 'república democrática'). Tais princípios são: constituição escrita para *limitar* os poderes das autoridades, pluripartidarismo com direito a qualquer cidadão participar da política, alternância de poder, sufrágio universal, liberdade de culto, pensamento e expressão, direito de defesa, proibição de prisão antes de julgamento pelo devido processo legal, duplo (ou múltiplo) grau de jurisdição, órgãos colegiados com servidores mais experientes nas instâncias superiores, partição (ou tripartição) dos poderes, direito de propriedade, concurso público abrindo oportunidade a todos em igualdade de condições para se integrar ao serviço estatal na esperança de contratar os melhores profissionais dentre os concorrentes e evitar a troca do emprego por favores, princípio da impessoalidade para manter a imparcialidade na distribuição dos direitos e evitar que sejam indicados a dedo de modo subjetivo, etc. Mas, na prática, nenhuma república é o País das Maravilhas. Mesmo assim as repúblicas

liberais se aproximam mais de atingir esses princípios do que as repúblicas socialistas.

República	
Liberal	Socialista

Os princípios mais importantes do republicanismo e que o distinguem dos demais modelos são o princípio da <u>periodicidade do mandato</u> e o da <u>partição dos poderes</u>, proibindo seu enfeixamento ou concentração nas mãos de um único grupo ou pessoa, como sistema de pesos e contrapesos e também proibindo a perpetuação do presidente no poder ou sua vitaliciedade. As repúblicas atuais surgiram para substituir as monarquias, tanto absolutistas quanto constitucionais.

Inspirado em Roma e seus triunviratos, o Barão de Montesquieu, elaborou um padrão com tripartição do Poder, que passou a ser seguido desde a Revolução Francesa até hoje e, onde há os poderes Executivo, Legislativo e Judiciário. Antes, monarcas julgavam casos como juízes, criavam leis sozinhos e administravam o patrimônio público, concentrando o poder em suas mãos. Concentração de poder <u>é a essência de uma ditadura.</u> Poderes enfeixados como um facho ou feixe de varas, também inspirados nos ditadores romanos (*o governante era autorizado a se tornar ditador para solucionar calamidades públicas e isto era previsto em lei*), foram os que deram origem ao fascismo de Mussolini, na Itália da década de

1930. O socialismo, em geral, adota esse modelo ou algo bem próximo dele. *Fasci*, em italiano, é feixes. Fascismo significa feixismo, enfeixamento ou concentração de poder, absolutismo. Já o nazismo de Hitler, aliado de Mussolini, é uma abreviação de nacional-socialismo, derivado do nome completo Partido Nacional Socialista dos Trabalhadores Alemães (*Nationalsozialistische Deutsche Arbeiterpartei*), cuja sigla era NAZI. Logo, é uma forma de socialismo que, como o fabianismo, também não visa o comunismo. Nazismo é o nacional-socialismo (um socialismo nacionalista), que, em vez de ser cosmopolita como os fabianos, é nacionalista (não confundir com patriota, que é um estado equilibrado de respeito à Pátria) e militarizado, cultuando seus símbolos nacionais. No Brasil, sua versão foi o Integralismo, de Getúlio Vargas e Plínio Salgado, cultuado pela esquerda ainda hoje.

O nazismo mantém a **essência** do socialismo (também o anti-semitismo, comum a ambos), que é a socialização, ou seja, a estatização de tudo o que é importante, ampliando os fins do Estado e seu tamanho (Estado máximo), além do enfeixamento de poderes. Por isto, e não somente por causa da nomenclatura, é uma de suas espécies, pertencendo ao mesmo gênero.

Outro traço imprescindível do republicanismo é a periodicidade dos mandatos, geralmente de quatro anos, para possibilitar a alternância do poder e evitar a perpetuação, ao passo que o socialismo usa mandatos vitalícios, muito longos ou infinitamente renováveis, como em Cuba, URSS (Stalin ficou até sua morte, em

1953), Coreia do Norte e China (o mandato de Xi Jinpin é vitalício), fazendo com o que seu formato, na maioria dos casos, não seja republicano e sim monárquico vitalício, inclusive hereditário, pois em Cuba e na Coreia o mandato passou para parentes do monarca. Há grandes distinções do republicanismo, cuja transitoriedade de mandatos vem do acúmulo de conquistas históricas universais e seu aprendizado. O socialismo nunca abandonará aqueles autoritarismos porque elas fazem parte dos seus princípios e crença na renovação constante da revolução sob o medo da burguesia voltar ao poder e também face aos interesses da sua oligarquia, portanto, alternância de poder não faz parte dos seus planos, embora não admitam isso por ser, de início, algo impopular.

Quanto ao **nazismo**, especificamente, há características exclusivas nele. Além de ser uma das subespécies de socialismo, ele possui a crença na raça ariana, que vem das ideias e Nietzche, quando abre o livro O Anticristo, com a seguinte frase: "olhemo-nos de frente, somos hiperbóreos." Ele estava querendo dizer: 'somos alemães, nossa religião original não é o cristianismo, mas sim a religião dos povos nórdicos, do extremo Norte'. Seguiu dizendo que o cristianismo não era uma boa religião e se identificado com o budismo. Hitler[156] interpretou isto como se alemães

---

[156] Hitler se tornou um fenômeno de marketing porque foi financiado pelos magnatas Fritz Thyssen, Alfred Hugenberg, Hjalmar Schacht, Carl Bosch, Nobel de Química de 1931 e sua empresa a IG Farben, além de Walt Disney e o pacifista Henry Ford, que era antissemita e ao qual Hitler foi apresentado por Winifred Wagner, nora do compositor Richard Wagner. O Partido Nazista só cresceu após a crise de 1929 diante do medo do desemprego na Alemanha. Em 1928 teve somente 2% dos

fossem de uma raça superior física e moralmente por ser descendentes dos árias, primitivos hindus que, supostamente, habitaram a lendária *Thule* ou Hiperbórea. Influenciado por uma misturada religiosa, o nazismo possui uma crença racista. Como conseqüência dela, vêm as ridículas xenofobia, anti-semitismo (normal no socialismo) e eugenismo. Por sua vez, ele não importou o ateísmo como a regra geral socialista, absorvendo inúmeras superstições de todo tipo, desde a permissão do cristianismo que não lhe criticasse até o uso da suástica budista como símbolo principal. Daí a apologia à Alemanha ter sido transformada em nacionalismo, um ufanismo a essa nação que Hitler dizia considerar superior. Coisas de um retardado.

Não se pode taxar outrem de fascista ou de nazista só por ele ser conservador. Deve-se saber sobre o que está falando.

Depois daquela análise propedêutica, parecemos entrar num emaranhado espinhoso feito carrapicho. Então precisamos brotar e florescer, mentalmente, de um jeito organizado como um pé de muçambê vencendo aquelas raízes. No entanto, não devemos permitir que nossa mente seja frondosa e vagueie por teorias exóticas cheias de meras opiniões sem fatos nem provas. Basta-lhe que seja viçosa, nutrida de rigor metodológico e se atendo a fontes de informações com credibilidade. Francis Bacon disse

---

votos, mas em 1930 alcançou 12% e, em 1932 conquistou 37%. A IG Farben o financiou em troca dele encobrir a descoberta de que o corante amarelo para margarinas, que ela fabricava, era cancerígeno.

que "... Assim, não é de se dar asas ao intelecto, mas chumbo e peso para que lhe sejam coibidos o salto e o vôo. É o que não foi feito até agora; quando vier a sê-lo, algo de melhor será lícito esperar-se das ciências." < Aforismos sobre a interpretação da natureza e o reino do homem, livro I, aforismo 104 > Portanto, depois daquela análise propedêutica, vimos as partes do fabianismo, a divergência entre liberais e conservadores, a natureza do socialismo, os socialistas pré-revolucionários e os pós-revolucionários, o conservadorismo e sua defesa da ordem, os princípios republicanos, as repúblicas liberais e socialistas, o fascismo e o nazismo.

Deve ser feita, agora, a distinção entre modo de produção de riquezas e de administração do Estado. Este vai do socialismo ao liberalismo. Já aquele, divide-se entre capitalismo e comunismo. Ou seja, são coisas diferentes. Socialismo é um modo de administração e comunismo um modo de produção. O *modo de produção* é a maneira como a sociedade se organiza em suas relações de trabalho, independentemente do Estado. Quando falamos desses modos de produção de riqueza, normalmente usamos a expressão completa 'modo de produção de riquezas e emprego dos meios de produção', sendo que esta última parte significa apenas a mão-de-obra (trabalhadores), cujo objetivo último é a plenitude, isto é, o 'pleno emprego dos meios de produção', quando a mão-de-obra está toda empregada e não há desemprego. Então a finalidade de um bom modo de produção de riquezas é que as riquezas produzidas sejam suficientes para as pessoas viver bem e que não haja desemprego.

Modo de produção de riquezas		Modo de administração do Estado	
Capitalismo	Comunismo	Liberalismo	Socialismo

Daqui você percebe que comunismo é uma coisa, e socialismo outra. Este é um modo de administrar, aquele uma forma da sociedade produzir riquezas. Os índios não têm Estado, mas têm comunismo. Tudo lhes é comum e eles formam uma comunidade. Nós, não. Somos sociedade.

Além de capitalismo e comunismo, já se produziu riquezas com o feudalismo, o escravagismo, etc. Apesar de ser algo muito simples e primário, é comum ver a confusão entre essas coisas e a ausência de uma resposta **até no meio universitário**, mesmo nos cursos que lhes dizem respeito, exibindo o baixo nível intelectual brasileiro de hoje em dia.

Assim, socialismo é o modo de administração do Estado que promete levar ao modo de produção de riquezas comunista. Este, tem-se mostrado utópico para a cultura caucasiana atual.

Os escritores de Teoria Geral do Estado, tendo este por objeto do seu estudo, dividem sua administração em três teorias: teoria dos fins restritivos do Estado (do liberalismo ou do Estado mínimo), teoria dos fins relativos do Estado (da social-democracia, ou trabalhismo, ou progressismo, ou fabianismo) e teoria dos fins extensivos do Estado (do socialismo ou Estado máximo). Em primeiro

lugar, como você pode ver, esta classificação, apesar de quase unânime, é *errada* porque não existe esse meio termo, visto que tanto Wells deixa bem claro em seu livro, quanto a prática também mostrou que a social-democracia com todos esses nomes, é apenas socialismo e Estado máximo (mesmo que privatize algumas atividades). Então só há duas teorias: Estado máximo (socialismo) e Estado mínimo (liberalismo), sendo que isto que foi colocado como terceira teoria é apenas uma divisão do socialismo e não uma terceira via.

Por que viemos até aqui? Porque estudando Nova Ordem, nos situamos na Teoria Geral do Estado, mais precisamente nesse socialismo intermediário dos fins relativos do Estado, sendo necessário que você compreenda o que estudou. Deixo claro que discordo dessa tricotomia, porque não acho que sejam três espécies (nem três teorias), mas apenas duas e que o fabianismo é somente socialismo em uma de suas subespécies.

Visão de muitos autores:

Teoria dos fins restritivos	Teoria dos fins relativos	Teoria dos fins extensivos
PEQUENO	MÉDIO	GRANDE
Liberalismo	Fabianismo; ou Social-democracia	Socialismo

Minha visão:

Gênero	Teoria do Estado (uma só teoria) Estado é um **gênero**	
Espécies	1 Estado dos fins restritivos Liberalismo	2 Estado dos fins extensivos Socialismo
Subespécies		Parcial ou relativo / Universal ou absoluto

Classe	1	2.a	2.b
	PEQUENO	MÉDIO	GRANDE
	Liberalismo	Fabianismo	Socialismo

Esse socialismo parcial, chamado Fabianismo ou *welfare state* (do inglês, *Estado de bem-estar social*), foi inspirado em *Ferdinand Lasalle* e *Eduard Bernstein*, e evoluiu para a divisão entre os socialistas que aconteceu em 1883, provocada pelos socialistas ingleses, que fundaram a Fabian Society. Na Rússia de 1903 correspondeu à ala menchevique, oposta aos bolcheviques de Lenin. Até hoje seguem os princípios de H. G. Wells. Essa identidade de princípios está no PSDB, no Partido Democratas dos EUA, no Partido

Trabalhista Inglês e na social-democracia da Suécia (país de Gretta). Tudo isso independe dos inúmeros nomes que se usam em cada partido novo que surge todo ano, devendo-se conceituar e classificar algo por sua natureza *mais do que* pelo seu nome, contudo, há que se considerar também o nome, além da origem histórica e das pessoas envolvidas, mais as peculiaridades de cada país ou cultura.

Evolução da social-democracia ou fabianismo

1	2	3	4
1863 – fundação por Ferdinand Lasalle	**1883** – Fabian Society; a cisão é declarada e surge o nome Fabianismo	**1903** – mencheviques opostos a bolcheviques; fabianos e leninistas se opõem	**1940** – absorvem as ideias de Wells

Social-democracia surge no socialismo

SOCIALISMO

(caminho do comunismo) ↓

1843 morando em Paris, Karl Marx entra contato com os socialistas franceses

1845 A sagrada família, publicada por Marx

1845-46 A ideologia alemã (escrita por Marx; só publicada em 1926)

1848 O manifesto comunista, publicado por Marx

1852 O 18 Brumário de Luís Bonaparte, publicado por Marx

1859 Contribuição à crítica da economia política, publicada por Marx

SOCIAL-DEMOCRACIA
(caminho da social democracia →)
1863 – fundação por Ferdinand Lasalle

1867 O capital -1º vol., publicado por Marx

1875 fundação do Partido Social-democrata Alemão

1885 O capital -2º vol. Editado por Engels

1894 O capital -3º vol. Editado por Engels

1904-10 O capital -4º vol. Publicado por Karl Kautsky

Para efeito ilustrativo didático apresentamos o gráfico das trajetórias em sentidos diferentes, muito embora tenhamos ciência de se tratar de duas subespécies de Estado dos fins extensivos, ou seja, dois tipos de socialismo.

Então, sobre social-democracia, diz a Enciclopédia Barsa: **Socialismo** "é a denominação genérica de um conjunto de teorias socioeconômicas, ideologias e práticas políticas que postulam a abolição das desigualdades entre as classes sociais. Incluem-se nessa denominação desde o socialismo utópico e a social-democracia até o comunismo e o anarquismo.

As múltiplas variantes de socialismo partilham uma base comum ...

Alguns teóricos postularam a revolução violenta como único meio de alcançar a nova sociedade. Outros, como os social-democratas, consideraram que as transformações políticas deveriam se realizar de forma progressiva, sem ruptura do regime democrático, e dentro do sistema da economia capitalista ou de mercado.

Maxismo e anarquismo. ... Contra as formas utópicas, humanitárias ou religiosas do socialismo, Karl Marx e Friedrich Engels propuseram o estabelecimento de bases científicas para a transformação da sociedade: ... defenderam o uso da violência como único meio de estabelecer a ditadura do proletariado. ...

II Internacional e a social-democracia. ... No Reino Unido, a orientação do movimento socialista foi ditada pela tradição do sindicalismo, mais antiga. Os sindicatos foram reconhecidos em 1875 e cinco anos depois surgiu o primeiro grupo de ideologia socialista, a Sociedade Fabiana. Em 1893, fundou-se o Partido Trabalhista, que logo se

converteu em importante força política, em contraposição a conservadores e liberais.

Na Rússia czarista, o Partido Social Democrata foi fundado em 1898, na clandestinidade, mas dividiu-se em 1903 entre o setor marxista e revolucionário, dos bolcheviques, e o setor moderado, dos mencheviques. Liderados por Vladimir Lenin, os bolcheviques chegaram ao poder com a revolução de 1917. ..." < Nova Enciclopédia Barsa. – 6ª ed. – São Paulo: Barsa Planeta Internacional Ltda., 2002, p.311/313, vol. 13, grifos nossos >

Por outro lado, o liberalismo, apelidado de *laissez faire* (do idioma francês, *deixai fazer*, indicando intenção de não interferir na economia), não admite subespécies, pois, saindo dos seus limites já não é mais liberalismo e entra-se no perímetro do socialismo. Ou seja, deixa de ser Estado mínimo quando se aumentam seus fins. Contudo, podemos dividir o Estado de fins extensivos (socialismo) em parcial (relativo) ou universal (absoluto), sendo este o socialismo completo, como o da Coreia do Norte ou China, onde não há mais pluripartidarismo e o mandato do líder é vitalício, uma monarquia; já aquele é como o da Suécia ou Portugal.

Quando falamos dos fins do Estado, é exatamente disto que estamos falando, seus objetivos mesmo. Pois, os Estados possuem finalidades descritas em suas constituições, ou compreendidas nos costumes e tradições, para aqueles que não possuem Direito escrito, como a Inglaterra. No nosso

caso, a Constituição Federal faz toda uma lista do que é obrigação (competência, objetivo, fim, ou finalidade) do Estado, desde saúde (hospitais públicos, postos de saúde, SAMU, vacinação, fabricação de medicamentos como a Lafepe em Pernambuco, realização de convênios como o SUS etc.), segurança (polícias federal e estaduais e guardas municipais), educação, de creches até universidades federais e estaduais, registros públicos (registro de nascimento, casamentos, óbitos, escrituras de casas, reconhecimentos de firmas, autenticações, protestos, etc.), fornecimento de informações e certidões, institutos de pesquisas e regulação (CMN, IBGE, IMETRO e ABNT), agências reguladoras (ANVISA, ANATEL, ANAC, ANEEL, ANTT, etc.), conselhos (CNJ, CNMP, conselhos tutelares, etc.), auxílios emergenciais (frentes de trabalho, etc.), agências de emprego, moradias populares, construção e pavimentação de vias públicas, pontos de ônibus e táxis, rodoviárias, portos, aeroportos, estradas e ferrovias, ônibus coletivos municipais e metrôs, barragens ou represas, abastecimento de água e tratamento de esgotos, limpeza urbana, cemitérios públicos, albergues, restaurantes populares, centros de reabilitação de viciados e de convivência para idosos, parques florestais e zoológicos, legislar, atividade judiciária, construir e manter prisões, manutenção das FFAA., corpo de bombeiros, mineração, regulamentação de automóveis, das relações de trabalho e consumo, meio ambiente, previdência e assistência social, bolsa-família, serviço de correios (monopólio estatal no Brasil), telecomunicações (já foi estatal e via monopólio no País), manutenção de bancos públicos (Banco do Brasil e Caixa Econômica

Federal), monopólio da Petrobrás, fabricação de dezenas de documentos impostos ao cidadão (RG, CPF, Reservista, CNH, etc.), e até a promoção de festas e eventos (ou patrocínio de artistas) com dinheiro do contribuinte (coisa que se tornou prática, embora não documentada entre os fins previstos), etc.

Os países liberais, onde o Estado é menor (mínimo), possuem menos repartições públicas, menos funcionários públicos, menos despesas para manter, menos impostos, etc. contudo, os compromissos que eles assumem são menores também. Por exemplo, nos EUA, a educação não é um dever do Estado, ele apenas auxilia nisso, e o pensamento é de que se o Estado tomar conta dela, esta poderá se tornar uma doutrinação. Lá não há ministro da educação e as melhores universidades são particulares. No socialismo os fins do Estado são mais extensos do que no liberalismo. Wells propõe um Estado que cuide de, absolutamente, tudo! Socialista.

Fizemos a distinção entre modo de produção de riquezas e modo de administração do Estado, bem como entre Estado de fins restritivos e Estado de fins extensivos.

Como você pode ver, nos referindo à situação contemporânea, e para fins de organização mental, classificamos três coisas diferentes:

1	2	3
Costumes	Modo de produção de riquezas	Modo de administração do Estado
a) Progressismo b) Liberalismo c) Conservadorismo	a) Comunismo b) Capitalismo	a) Socialismo b) Liberalismo

Então, quando falamos de liberalismo devemos distinguir se estamos nos referindo aos costumes ou ao modo de administração do Estado. É comum os norte-americanos confundirem essas duas coisas e identificarem fabianismo com liberalismo por causa do progressismo que foi comum a ambos, mas diferenciam-se no modo de administração, que no fabianismo é sempre socialista-relativo. Neste quadro, ao contrário de página anterior, incluímos o liberalismo, para assinalar que os liberais também são lembrados pela sua interferência nos costumes durante o período da contracultua nos EUA, quando apoiaram o progressismo, muito embora, hoje sejam neutros.

A Rússia hoje está numa situação *sui generis*, tendo uma variedade de 76 grupos étnicos e idiomas diferentes dentro do maior território do mundo. Hipertrofia estatal, ineficiência burocrática e corrupção levaram a URSS à estagnação econômica na década de 80, com escassez dos bens de consumo. Em 25 de dezembro de 1991 a URSS foi abolida por Mikhail Gorbatchev e Boris Yeltsin. Com a

perestroika (reestruturação e abertura) e a glasnost (transparência e liberdade) houve dificuldade de readaptação da antiga economia e surgiram inflação, desvalorização da moeda, queda do PIB, da produção industrial e crescimento do crime organizado. Seguiu-se um caos. Não se tornou capitalista de uma hora para outra porque esse processo, naturalmente, levaria mais de uma década de reformas e privatizações, obedecendo e atualizando suas leis para extinguir cargos e o imenso cabide de empregos públicos de modo simultâneo a gerar outros privados e evitar desemprego, além de acabar com a, influente, KGB. Em 1993 Yeltsin dissolveu o Congresso de Deputados do Povo e o Soviete Supremo e marcou eleições parlamentares. O Soviete Supremo declarou o ato de Yeltsin nulo e deu posse ao vice-presidente. Yeltsin cercou o Parlamento com tropas e o bombardeou com tanques, matando, aproximadamente, 200 pessoas. Depois apresentou um projeto de Constituição, que foi aprovada por referendo popular. A Constituição de 1993 transformou a Rússia em república federativa laica com poderes Executivo, Legislativo e Judiciário, declaradamente separados, mas onde o presidente nomeia o primeiro-ministro, os principais juízes e ainda pode dissolver o Legislativo. Na prática, há enfeixamento de poderes. Prevê pluripartidarismo, sufrágio universal e mandato de 4 anos. A liberdade religiosa passou a existir e, aos poucos, o Estado se aliou ao clero ortodoxo, usando sua base ideológica como um aparato fanatizador. A imprensa se tornou livre, mas, com o passar desses 30 anos, tais direitos, em vez de aumentar, vêm sendo enfraquecidos e, hoje, há uma ditadura. A crise financeira mundial de 1998 desvalorizou a moeda em mais de 60%, a

população se desiludiu com a euforia pelo capitalismo, como se a culpa fosse deste (que nunca foi alcançado) e não dos 100 anos de socialismo. Não chegou a ser capitalista, nem a se tornar liberal, contudo amenizou seu socialismo e saiu de um Estado agigantado para um Estado menor, algo próximo de um "fabianismo" e seus oligopólios. Não possui livre mercado, exceto para pequenos comércios. Há perpetuação no poder e censura. Crimes políticos com assassinatos de adversários são comuns e têm apoio da estrutura estatal. Subsistem resquícios de um socialismo pós-revolucionário, conservador. Assemelha-se a uma monarquia czarista absolutista clandestina. É um tipo de socialismo atenuado, meio clandestino, velado. Ainda há doutrinação, aparentemente, com apoio da Igreja Ortodoxa Russa. Vladimir Putin é um ditador populista que fez parte da equipe de Yeltsin, ascendeu com a renúncia deste, sendo, de 1999 a 2000 primeiro-ministro, de 2000 a 2008 presidente, de 2008 a 2012 primeiro-ministro e, desde 07-05-2012 até agora presidente, reeleito em 2018. Nomeia os governadores dos distritos e re-estatizou setores estratégicos. Por isso, apesar de *sui generis* (um tipo único), nos dirigimos à Rússia como socialista, pois o Estado ainda controla, praticamente, tudo. < Sobre o genocídio e brutalidade da ditadura comunista da URSS, veja a obra Arquipélago Gulag, do romancista russo Aleksadr Soljetsin – Nobel de literatura/1970 e O livro negro do comunismo, de Stéphane Courtois, Nicolas Werth, Jean-Louis Panné, Andrzej Paczkowski, Karel Bartosek e Jean-Louis Margolin, da editora Bertrand Brasil, grupo Record >

Outro assunto importante: Estado democrático de Direito significa, basicamente, aquele no qual o povo vota para escolher seus governantes, e que possui leis escritas de onde vêm seus direitos. Então o Reino Unido é um Estado democrático, mas não é de Direito e sim consuetudinário (pelas tradições). Direito deve ser escrito com inicial maiúscula quando se referir a Ordenamento Jurídico (todo o conjunto de leis de um povo) e com minúscula quando se referir ao direito subjetivo (direito de alguém específico; ex: Michel tinha direito de ser ouvido na audiência). Wells propõe um Estado 'democrático' de Direito, só que global, único a ter soberania.

Estado	Democrático	de Direito
Povo-território-soberania	Voto e direitos políticos	Leis escritas/Judiciário

Com isto, encerramos nossos comentários sobre o livro. Espero que tenham usufruído da leitura de A Nova Ordem e que lhes seja útil. Segue-se um breve exercício de fixação.

Confeccionamos uma obra para lazer e para estudo, tivemos um trabalho árduo na tradução e na abrangente pesquisa, para cada notinha de rodapé, gráficos, exercício, original comparado com a tradução, etc. Foram horas e horas, escolha de fontes de alta credibilidade, e fizemos isso com muito carinho. Se tiver uma opinião diferente do tradutor, sobre os comentários ou a tradução, apelamos para sua compreensão e possibilidade de coexistência pacífica, nos desculpando por alguma graça que tenhamos feito para tornar esse tema complexo mais palatável.

Caso se sinta feliz com isso, você pode avaliar o livro e até comentá-lo. Seus comentários aparecerão para quem for olhá-lo e ajudarão outros leitores, além de nos presentear com um retorno e algum ânimo, ou a possibilidade de melhorar. Estimule-nos a traduzir e comentar outros clássicos raros ainda não disponíveis. Você pode embelezar nosso quadro de estrelinhas e nos ajudará a ter aceitação editorial, a divulgar a obra e mantê-la sempre no topo da categoria, facilitando sua localização.

Ninguém é dono da verdade e não pretendemos dar a palavra final sobre nada, apenas abrir um debate social com um enfoque mais técnico sobre o tema. Portanto, faça parte dele indicando este livro para um amigo(a), professor(a) ou aluno(a), comentando em sala de aula, divulgando em suas redes sociais e Whatsapp, etc. Por favor, avalie a obra no site Amazon. Antecipadamente, obrigado. Grande abraço.

Exercício de fixação (10 perguntas):

1) Em que época foi escrito este livro?

2) Porque Wells o escreveu?

3) Para que ele escreveu? O que o livro propõe?

4) Qual a ideia de Wells para lidar com os atritos entre as diferentes culturas?

5) Qual a opinião política de Wells?

6) Quais as inovações da Declaração de Direitos que ele apresentou?

7) A proposta do livro chegou a ser aproveitada pelas autoridades? Em quê?

8) Qual a sua relação com o BREXIT?

9) Que doutrina política o livro criou? Qual o seu principal partido no Brasil e nos EUA?

10) Que personagens importantes são adeptos das ideias deste livro?

Respostas ao exercício de fixação

1) R – Vésperas da II Guerra Mundial. Publicado em 1940, já com a guerra em curso.

2) R – Porque estava com muito medo de um ataque alemão sobre Londres e apresentou propostas para que a guerra acabasse e jamais voltasse a acontecer.

3) R - Para apresentar uma proposta que achava que fosse evitar as guerras, trazendo a paz mundial. Sua proposta era de uma nova administração para o mundo, que deixaria de ser de *Estados soberanos* para ser uma federação global de *Estados autônomos*.

4) R - Criar uma nova crença e torná-la comum a todos os povos, dar-lhes um ponto em comum.

5) R - O socialismo, porém amenizado na forma de ser desencadeado, sendo que, em vez de uma revolução sangrenta, propunha um consenso paulatino.

6) R - Primeiro, o detalhismo, a exemplo da liberdade de ir e vir (6), e tempo de prisão (7),

tortura (9), onde ele esmiúça as situações. Segundo, as outras declarações traziam, basicamente, proteção contra os abusos do Estado e autoridades para que se criasse condições das pessoas se virar, enquanto a de Wells, focou mais num assistencialismo onde o Estado as sustentaria, a exemplo do direito ao alimento, abrigo, assistência médica e atenção necessárias para realizar todas as suas possibilidades de desenvolvimento físico e mental e se manter em bom estado de saúde, direito a educação suficiente para torná-lo um cidadão útil. Em terceiro lugar, trouxe um artigo minucioso de proteção contra a tortura (9). Além disso, previu uma sub-legislação para se complementar: "Que as disposições e princípios incorporados nesta Declaração devem ser mais completamente detalhados em um código dos direitos humanos fundamentais".

7) R - R - Sim, parcialmente, na criação da ONU em 1945...... Pois, ela não é uma entidade com toda a autoridade que o autor propunha, mas um órgão preponderantemente de conselho e consenso e, muito excepcionalmente, de imposição. Porém, como há membros com poder de veto, várias imposições são barradas, como o exemplo da proposta de ataque à Síria, recentemente.

8) R - É que a União Europeia é uma federação nos termos propostos por Wells, onde o Reino Unido sofreu tanta pressão para não poder deixá-la que, na prática, quase perdeu a soberania e se tornou um Estado federado, como os Estados brasileiros são.

9) R - Incluiu o globalismo, o desarmamentismo e inspirou o ambientalismo na Social-democracia (fabianismo), a qual governa grande parte da Península Escandinava e países nórdicos, sendo a mais conhecida delas, a Suécia. No Brasil seu principal partido é o PSDB de Fernando Henrique Cardoso (presidente por 8 anos), Aécio Neves, Geraldo Alckmin, José Serra e João Dória Jr. Nos EUA é representada pelo partido Democratas, do senador Bernie Sanders (grande celebridade nos EUA e socialista auto-declarado), de Bill e Hillary Clinton, de Barack Obama e Joe Biden.

10) R - Fernando Henrique Cardoso, Aécio Neves, Geraldo Alckmin, José Serra, João Dória Jr., Bernie Sanders, Bill e Hillary Clinton e Barack Obama, dentre muitos outros.

Original em inglês comparado com esta tradução

Inglês (domínio público) (original c/ §§ numerados)	Português© (tradução c/ §§ numerados)
THE NEW WORLD ORDER Whether it is attainable, how it can be attained, and what sort of world a world at peace will have to be.	A NOVA ORDEM MUNDIAL Se for possível, como pode ser alcançado, e como deverá ser um mundo pacífico?
1 THE END OF AN AGE §1º IN THIS SMALL BOOK I want to set down as compactly, clearly and usefully as possible the gist of what I have learnt about war and peace in the course of my life. I am not going to write peace propaganda here. I am going to strip down certain general ideas and realities of primary importance to their framework, and so prepare a nucleus of useful knowledge for those who have to go on with this business of making a world peace. I am not going to	1 O FIM DE UMA ERA §1º NESTE PEQUENO LIVRO, quero definir o mais compacta, clara e proveitosamente possível a essência do que tenho aprendido sobre guerra e paz durante minha vida. Não vou escrever propaganda pacifista aqui. Eu vou despir certas ideias gerais e realidades de importância primordial para sua estrutura, e assim, preparar um núcleo de conhecimentos úteis para os que devem continuar com esse negócio de criar um mundo pacífico. Não

persuade people to say "Yes, yes" for a world peace; already we have had far too much abolition of war by making declarations and signing resolutions; everybody wants peace or pretends to want peace, and there is no need to add even a sentence more to the vast volume of such ineffective stuff. I am simply attempting to state the things we must do and the price we must pay for world peace if we really intend to achieve it.

§2º Until the Great War, the First World War, I did not bother very much about war and peace. Since then I have almost specialised upon this problem. It is not very easy to recall former states of mind out of which, day by day and year by year, one has grown, but I think that in the decades before 1914 not only I but most of my generation - in the British Empire, America, France and indeed throughout most of the civilised world - thought that war was dying out.

§3º So it seemed to us. It was an agreeable and therefore a readily acceptable idea. We imagined the Franco-German War of 1870-71 and the Russo-Turkish War of 1877-

vou persuadir as pessoas a dizer "Sim" para a paz mundial; já estivemos longe demais da abolição da guerra, fazendo declarações e assinando resoluções; todo mundo quer paz ou finge que quer a paz, e não há necessidade de adicionar sempre mais uma sentença a todo esse volume de coisas tão ineficazes. Estou apenas tentando dizer o que devemos fazer e o preço que temos que pagar pela paz mundial se, realmente, pretendermos alcançá-la.

§2º Até a Grande Guerra, a I Guerra Mundial, eu não me incomodei muito com guerra e paz. Desde então, eu tenho quase me especializado neste problema. Não é muito fácil recordar antigos estados de espírito que, dia a dia e ano a ano, têm crescido, mas acho que nas décadas anteriores a 1914, não só eu, mas a maioria da minha geração - no Império Britânico, França, América e na maior parte do mundo civilizado - pensou que a guerra estava deixando de existir.

§3º Foi o que aparentou para nós. Foi uma ideia agradável e, portanto, facilmente aceita. Imaginamos que a Guerra Franco-

78 were the final conflicts between Great Powers, that now there was a Balance of Power sufficiently stable to make further major warfare impracticable. A Triple Alliance faced a Dual Alliance and neither had much reason for attacking the other. We believed war was shrinking to mere expeditionary affairs on the outskirts of our civilisation, a sort of frontier police business. Habits of tolerant intercourse, it seemed, were being strengthened every year that the peace of the Powers remained unbroken.

§4º There was in deed a mild armament race going on; mild by our present standards of equipment; the armament industry was a growing and enterprising on; but we did not see the full implication of that; we preferred to believe that the increasing general good sense would be strong enough to prevent these multiplying guns from actually going off and hitting anything. And we smiled indulgently at uniforms and parades and army manœuvres. They were the time-honoured toys and regalia of kings and emperors. They were part of the display side of life and would never

Germânica de 1870-71 e a Guerra Russo-Turca de 1877-78 foram os últimos conflitos entre grandes potências, e que agora havia um Equilíbrio de Poder, suficientemente estável, para tornar uma grande guerra impraticável. Uma Tríplice Aliança enfrentou uma Aliança Dupla, e nenhuma teve motivo para atacar a outra. Acreditamos que a guerra estava encolhendo para meros assuntos expedicionários na periferia de nossa civilização, só para questões de polícia de fronteira. Ao que parecia, hábitos de relações tolerantes foram sendo reforçados a cada ano em que a paz das Potências permaneceu intacta.

§4º Estava acontecendo uma leve corrida armamentista; leve para os nossos padrões atuais de equipamento; a indústria de armamento estava num empreendedorismo rápido; porém nós não vimos a implicação total disso; preferimos acreditar que o aumento geral do bom senso seria forte o suficiente para evitar que esta atual proliferação de armas fosse colocada em uso prático. E nós sorrimos satisfeitos aos uniformes, desfiles e manobras das forças armadas. Eram os brinquedos de reis e

get to actual destruction and killing. I do not think that exaggerates the easy complacency of, let us say, 1895, forty-five years ago. It was a complacency that lasted with most of us up to 1914. In 1914 hardly anyone in Europe or America below the age of fifty had seen anything of war in his own country.

§5º The world before 1900 seemed to be drifting steadily towards a tacit but practical unification. One could travel without a passport over the larger part of Europe; the Postal Union delivered one's letters uncensored and safely from Chile to China; money, based essentially on gold, fluctuated only very slightly; and the sprawling British Empire still maintained a tradition of free trade, equal treatment and open-handedness to all comers round and about the planet. In the United States you could go for days and never see a military uniform. Compared with to-day that was, upon the surface at any rate, an age of easy-going safety and good humour. Particularly for the North Americans and the

imperadores. Eles faziam parte do lado exibicionista da vida, contudo nunca se transformariam em matança e destruição real. Eu não acho que exagero sobre a complacência permissiva de 1895, quarenta e cinco anos atrás. Era uma complacência que durou com a maioria de nós até 1914. Em 1914, quase ninguém abaixo de cinquenta anos na Europa ou América tinha visto nenhuma guerra em seu próprio país.

§5º O mundo antes de 1900 parecia se dirigir firmemente a uma unificação silenciosa, mas efetiva. Alguém poderia viajar sem passaporte pela maior parte da Europa; a União Postal entregava cartas sem censura e com segurança do Chile para a China; dinheiro, baseado essencialmente em ouro, oscilava apenas muito levemente; e o imenso Império britânico ainda mantinha uma tradição de livre comércio, igualdade de tratamento e abertura para todas as pessoas vindas das redondezas do Planeta. Nos Estados Unidos você poderia andar por dias e nunca ver um uniforme militar. Em comparação com hoje, a Terra vivia, de qualquer modo, uma época de segurança, livre-trânsito e bom humor,

Europeans.

§6º But apart from that steady, ominous growth of the armament industry there were other and deeper forces at work that were preparing trouble. The Foreign Offices of the various sovereign states had not forgotten the competitive traditions of the eighteenth century. The admirals and generals were contemplating with something between hostility and fascination, the hunger weapons the steel industry was gently pressing into their hands. Germany did not share the selfcomplacency of the English-speaking world; she wanted a place in the sun; there was increasing friction about the partition of the raw material regions of Africa; the British suffered from chronic Russophobia with regard to their vast apportions in the East, and set themselves to nurse Japan into a modernised imperialist power; and also they "remembered Majuba"; the United States were irritated by the disorder of Cuba and felt that the weak, extended Spanish possessions would be all the better for a change of management. So the game of Power Politics went on, but it went on upon the margins of the prevailing

principalmente para os norte-americanos e os europeus.

§6º Entretanto, à parte daquele crescimento estável e sinistro da indústria armamentista, havia o trabalho de outras forças mais profundas que antecipavam problemas. As Embaixadas dos vários Estados soberanos não tinham esquecido as tradições competitivas do século XVIII. Os almirantes e generais estavam contemplando, com oscilação entre a hostilidade e o deslumbramento, a fome de armas com que a indústria siderúrgica ia, suavemente, pressionando suas mãos. A Alemanha não compartilhou a auto-complacência do mundo de língua inglesa, ela queria um lugar ao sol. Foi aumentando a fricção pela partilha de regiões de matéria-prima na África; os britânicos sofriam de russo-fobia crônica sobre as suas vastas divisões no Leste e sobre se decidir a transformar o Japão em uma potência imperialista modernizada; e também "lembraram Majuba"; os EUA estavam irritados com a desordem de Cuba e acharam que a fraqueza das extensas posses espanholas seriam melhores para uma mudança de gestão. Então o jogo de poder político continuou, mas passou às margens da paz que

peace. There were several wars and changes of boundaries, but they involved no fundamental disturbance of the general civilised life; they did not seem to threaten its broadening tolerations and understandings in any fundamental fashion. Economic stresses and social trouble stirred and muttered beneath the orderly surfaces of political life, but threatened no convulsion. The idea of altogether eliminating war, of clearing what was left of it away, was in the air, but it was free from any sense of urgency. The Hague Tribunal was established and there was a steady dissemination of the conceptions of arbitration and international law. It really seemed to many that the peoples of the earth were settling down in their various territories to a litigious rather than a belligerent order. If there was much social injustice it was being mitigated more and more by a quickening sense of social decency. Acquisitiveness conducted itself with decorum and public-spiritedness was in fashion. Some of it was quite honest public-spiritedness.

§7º In those days, and they are

prevalecia. Houve várias guerras e mudanças de limites, porém elas não envolveram nenhuma perturbação fundamental da vida civilizada geral; elas não pareciam ameaçar seriamente o crescimento da tolerância e dos entendimentos. As tensões econômicas e os problemas sociais se agitaram e murmuraram sob as superfícies organizadas da vida política, mas não ameaçaram nenhuma convulsão. A ideia de eliminar completamente a guerra, de limpar o que havia restado dela, estava no ar, porém sem qualquer senso de urgência. O Tribunal de Haia estava estabelecido e havia uma disseminação constante das concepções do Direito Internacional e da arbitragem. Realmente parecia a muitos que os povos da Terra tinham se estabelecido em seus vários territórios para disputas jurídicas ao invés de uma disputa de guerras. Se havia muita injustiça social ela estava começando a ser cada vez mais resolvida por um acelerado senso de decência social. As próprias aquisições conduzidas com decoro e espírito público estavam na moda. Um pouco disso era muita honestidade que havia no espírito-público.

§7º Naqueles dias, que

| hardly more than half a lifetime behind us, no one thought of any sort of world administration. That patchwork of great Powers and small Powers seemed the most reasonable and practicable method of running the business of mankind. Communications were far too difficult for any sort of centralised world controls. Around the World in Eighty Days, when it was published seventy years ago, seemed an extravagant fantasy. It was a world without telephone or radio, with nothing swifter than a railway train or more destructive than the earlier types of H.E. shell. They were marvels. It was far more convenient to administer that world of the Balance of Power in separate national areas and, since there were such limited facilities for peoples to get at one another and do each other mischiefs, there seemed no harm in ardent patriotism and the complete independence of separate sovereign states. | já eram quase mais de metade das nossas vidas, ninguém pensou em qualquer tipo de administração mundial. Aquela colcha de retalhos de grandes e pequenas potências parecia o método mais razoável e possível de execução do negócio da Humanidade. As comunicações eram muito difíceis para um controle centralizado do mundo. A Volta ao Mundo em Oitenta Dias, quando foi publicada há setenta anos atrás, parecia uma fantasia extravagante. Era um mundo sem telefone ou rádio, sem nada mais veloz que um trem na estrada de ferro ou mais destrutivo do que a bomba H. E. Shell (High Explosive Shell). Eram maravilhas. Era muito mais conveniente administrar o equilíbrio do poder no mundo em áreas nacionais separadas e, já que havia tais limitações para que os povos tivessem acesso uns aos outros ou para causar prejuízos, então não parecia haver nada de errado no patriotismo ardente e na completa independência dos Estados soberanos separados. |
| §8º Economic life was largely directed by irresponsible private businesses and private finance which, because of | §8º A vida econômica em grande parte foi dirigida por empresas privadas irresponsáveis em suas finanças que, por causa de sua propriedade privada, foram |

351

their private ownership, were able to spread out their unifying transactions in a network that paid little attention to frontiers and national, racial or religious sentimentality. "Business" was much more of a world commonwealth than the political organisations. There were many people, especially in America, who imagined that "Business" might ultimately unify the world and governments sink into subordination to its network.

§9º Nowadays we can be wise after the event and we can see that below this fair surface of things, disruptive forces were steadily gathering strength. But these disruptive forces played a comparatively small rôle in the world spectacle of half a century ago, when the ideas of that older generation which still dominates our political life and the political education of its successors, were formed. It is from the conflict of those Balance of Power and private enterprise ideas, half a century old, that one of the main stresses of our time arises. These ideas worked fairly well in their period and it is still with extreme reluctance that our rulers, teachers, politicians, face the necessity for a

capazes de espalhar as suas transações unificadoras em uma rede que prestava pouca atenção a fronteiras e sentimentalismo nacional, racial ou religioso. Os "Negócios" eram muito mais uma comunidade mundial do que as organizações políticas. Havia muitas pessoas, especialmente na América, que imaginavam que os "Negócios" poderiam, finalmente, unificar o mundo e afundar os governos em subordinação à sua rede.

§9º Hoje em dia, após os acontecimentos, podemos ser sábios e ver que, sob a superfície simplista das coisas, poderes com risco de criar conflitos constantemente, estavam se fortalecendo. Mas essas forças disruptivas desempenhavam um papel, relativamente, pequeno no cenário mundial de meio século atrás, quando as ideias daquela velha geração, que ainda domina nossa vida política e a educação política dos seus sucessores, foram formadas. É do conflito daquelas ideias com meio século de antiguidade, sobre equilíbrio de poder e iniciativa privada, que surge um dos principais esforços do nosso tempo. Essas ideias funcionaram razoavelmente bem em sua época e é ainda, com extrema relutância, que

352

profound mental adaptation of their views, methods and interpretations to these disruptive forces that once seemed so negligible and which are now shattering their old order completely.

§10 It was because of this belief in a growing good-will among nations, because of the general satisfaction with things as they were, that the German declarations of war in 1914 aroused such a storm of indignation throughout the entire comfortable world. It was felt that the German Kaiser had broken the tranquillity of the world club, wantonly and needlessly. The war was fought "against the Hohenzollerns." They were to be expelled from the club, certain punitive fines were to be paid and all would be well. That was the British idea of 1914. This out-of-date war business was then to be cleared up once for all by a mutual guarantee by all the more respectable members of the club through a League of Nations. There was no

nossos governantes, professores e políticos, se posicionam diante da necessidade de uma profunda adaptação mental de seus pontos de vista, métodos e interpretações para a cessação das forças disruptivas que antes pareciam tão insignificantes mas que, agora, estão quebrando sua velha ordem completamente.

§10 Foi por causa dessa crença numa crescente boa-vontade entre as nações, por causa da satisfação geral com as coisas como elas estavam, que as declarações de guerra alemãs em 1914 despertaram uma tempestade de indignação em todos os países que permaneciam confortáveis. Considerou-se que o Kaiser alemão tinha quebrado a tranquilidade do clube do mundo, desenfreadamente e desnecessariamente. A guerra foi travada "contra os Hohenzollerns." Eles deveriam ser expulsos do clube, algumas multas pagas e tudo estaria bem. Essa era a ideia britânica de 1914. Esse negócio ultrapassado de guerra, então, estava substituído, de uma vez por todas, pela garantia de respeito mútuo pelos mais respeitáveis membros do clube por meio de uma Liga das

353

apprehension of any deeper operating causes in that great convulsion on the part of the worthy elder statesmen who made the peace. And so Versailles and its codicils.

§11 For twenty years the disruptive forces have gone on growing beneath the surface of that genteel and shallow settlement, and twenty years there has been no resolute attack upon the riddles with which their growth confronts us. For all that period of the League of Nations has been the opiate of liberal thought in the world.

§12 To-day there is war to get rid of Adolf Hitler, who has now taken the part of the Hohenzollerns in the drama. He too has outraged the Club Rules and he too is to be expelled. The war, the Chamberlain-Hitler War, is being waged so far by the British Empire in quite the old spirit. It has learnt nothing and forgotten nothing. There is the same resolute disregard of any more fundamental problem.

§13 Still the minds of our

Nações. Não havia nenhuma apreensão de natureza mais profunda na operação daquela grande convulsão por parte dos dignos anciões estadistas que construíram a paz. E então se esperava sempre resolver as coisas no Palácio de Versalhes com seus tratados.

§11 Por vinte anos as forças disruptivas têm aumentado sob a superfície daquela nação pouco povoada, e nesses vinte anos não houve nenhum ataque eficaz contra os enigmas com os quais seu crescimento nos confronta. Por tudo isso, o período da Liga das Nações tem sido o ópio do pensamento liberal no mundo.

§12 Hoje tem guerra para se livrar de Adolf Hitler, que assumiu a parte dos Hohenzollerns no drama. Ele também ofendeu as Regras do Clube e está para ser expulso. A guerra, a Guerra de Hitler-Chamberlain (Alemanha contra Reino Unido), está sendo travada, até agora, pelo Império Britânico com mentalidade bastante ultrapassada. Não aprendeu nada e nada esqueceu. Há a mesma determinação de desprezo para um problema mais elementar.

§13 As mentes da nossa confortável e influente

comfortable and influential ruling-class people refuse to accept the plain intimation that their time is over, that the Balance of Power and uncontrolled business methods cannot continue, and that Hitler, like the Hohenzollerns, is a mere offensive pustule on the face of a deeply ailing world. To get rid of him and his Nazis will be no more a cure for the world's ills than scraping will heal measles. The disease will manifest itself in some new eruption. It is the system of nationalist individualism and unco-ordinated enterprise that is the world's disease, and it is the whole system that has to go. It has to be reconditioned down to its foundations or replaced. It cannot hope to "muddle through" amiably, wastefully and dangerously, a second time.	classe dominante ainda se recusam a aceitar a simples insinuação de que seu tempo acabou, que o Equilíbrio de Poder e os métodos de negócio descontrolados não podem continuar, e que Hitler, assim como os Hohenzollerns, é o ataque de uma pequena ferida diante de um mundo profundamente doente. Livrar-se dele e de seus nazistas não será mais uma cura para os problemas do mundo assim como raspar feridas não cura sarampo. A doença se manifestará em uma nova erupção. É o sistema de individualismo nacionalista e de empresas não coordenadas que é a doença do mundo, e é todo o sistema que tem que ir embora. Tem que ser recondicionado nas suas fundações ou substituído. Não se pode esperar para "sair dessa" amistosamente, desperdiçando a oportunidade, para esperar sair perigosamente uma segunda vez que acontecer.
§14 World peace means all that much revolution. More and more of us begin to realise that it cannot mean less.	§14 Paz mundial significa uma grande revolução. Cada vez mais de nós começamos a perceber que não pode significar menos do que isso.
§15 The first thing, therefore	§15 Portanto, a primeira coisa que deve ser

that has to be done in thinking out the primary problems of world peace is to realise this, that we are living in the end of a definite period of history, the period of the sovereign states. As we used to say in the eighties with ever-increasing truth: "We are in an age of transition". Now we get some measure of the acuteness of the transition. It is a phase of human life which may lead, as I am trying to show, either to a new way of living for our species or else to a longer or briefer dégringolade of violence, misery, destruction, death and the extinction of mankind. These are not rhetorical phrases I am using here; I mean exactly what I say, the disastrous extinction of mankind.

§16 That is the issue before us. It is no small affair of parlour politics we have to consider. As I write, in the moment, thousands of people are being killed, wounded, hunted, tormented, ill-treated, delivered up to the most intolerable and hopeless anxiety and destroyed morally and mentally, and there is nothing in sight at present to

arrest this spreading process and prevent its reaching you and yours. It is coming for you and yours now at a great pace. Plainly in so far as we are rational foreseeing creatures there is nothing for any of us now but to make this world peace problem the ruling interest and direction of our lives. If we run away from it it will pursue and get us. We have to face it. We have to solve it or be destroyed by it. It is as urgent and comprehensive as that.

2

OPEN CONFERENCE

§ 1º BEFORE WE EXAMINE WHAT I have called so far the "disruptive forces" in the current social order, let me underline one primary necessity for the most outspoken free discussion of the battling organisations and the crumbling institutions amidst which we lead our present uncomfortable and precarious lives. There must be no protection for leaders and organisations from the most searching criticism, on

propagação desse processo e impedi-lo de atingir você e os seus. Ele está vindo para você e os seus agora em grande velocidade. Claramente, na medida em que somos criaturas racionais, percebemos que não há nada a fazer por qualquer um de nós agora, a não ser tornar essa questão da paz mundial uma decisão de interesse das autoridades na direção de nossas vidas. Se fugirmos dela vai nos alcançar e nos pegar. Temos que enfrentá-la. Temos que resolvê-la ou ser destruídos por ela. É tão urgente e compreensível exatamente como tudo isto.

2

CONFERÊNCIA ABERTA

§ 1º ANTES, VAMOS EXAMINAR O QUE eu chamei até agora de "forças disruptivas" na ordem social atual; deixem-me sublinhar uma necessidade primária para uma discussão mais franca e livre sobre as organizações de luta e as instituições em ruínas, no meio das quais conduzimos nossas vidas atuais, desconfortáveis e precárias. Não deve haver proteção para os líderes e organizações da crítica mais profunda, sob o fundamento daquele país estar ou poder estar em guerra. Ou

the plea that out country is or may be at war. Or on any pretence. We must talk openly, widely and plainly. The war is incidental; the need for revolutionary reconstruction is fundamental. None of us are clear as yet upon some of the most vital questions before us, we are not lucid enough in our own minds to be ambiguous, and a mumbling tactfulness and indirect half-statements made with an eye upon some censor, will confuse our thoughts and the thoughts of those with whom we desire understanding, to the complete sterilisation and defeat of every reconstructive effort.

§ 2º We want to talk and tell exactly what our ideas and feelings are, not only to our fellow citizens, but to our allies, to neutrals and, above all, to the people who are marshalled in arms against us. We want to get the same sincerity from them. Because until we have worked out a common basis of ideas with them, peace will be only an uncertain equilibrium while fresh antagonisms develop.

sob qualquer pretexto. Temos de falar abertamente, amplamente e claramente. A guerra é apenas incidental; mas a necessidade de reconstrução revolucionária é fundamental. Nenhum de nós ainda está esclarecido sobre algumas das questões mais importantes que temos adiante, não somos suficientemente lúcidos em nossas próprias compreensões, para ser ambíguos; e um sussurro só pelo tato, ou declarações indiretas feitas de olho em algum censurador, irão confundir nossos pensamentos e os das pessoas com quem desejamos entendimento, causando a esterilização completa e a derrota de todos os esforços de reconstrução.

§ 2º Nós queremos falar e dizer exatamente o que as nossas ideias e sentimentos são, não só aos nossos concidadãos, mas para os nossos aliados, para os neutros e, acima de tudo, às pessoas que marcham em exércitos contra nós. Queremos ter a mesma sinceridade deles. Porque, até aqui, temos trabalhado fora de uma base comum de ideias com eles, e a paz será apenas um equilíbrio incerto enquanto antagonismos novos se desenvolverem.

§ 3º Precisamos de um

358

§ 3º Concurrently with this war we need a great debate. We want every possible person in the world to take part in that debate. It is something much more important than the actual warfare. It is intolerable to think of this storm of universal distress leading up to nothing but some "conference" of diplomatists out of touch with the world, with secret sessions, ambiguous "understandings." . . . Not twice surely can that occur. And yet what is going to prevent its recurring?

§ 4º It is quite easy to define the reasonable limits of censorship in a belligerent country. It is manifest that the publication of any information likely to be of the slightest use to an enemy must be drastically anticipated and suppressed; not only direct information, for example, but intimations and careless betrayals about the position and movements of ships, troops, camps, depots of munitions, food supplies, and false reports of defeats and victories and coming shortages, anything that may lead to blind panic and hysteria, and so forth and so

grande debate simultâneo com esta guerra. Queremos que cada pessoa no mundo participe desse debate. Ele é muito mais importante do que a guerra atual. É intolerável pensar nesta tempestade de angústia universal, levando a nada mais que uma "conferência" de diplomatas sem contato com o mundo real, em reuniões secretas, a ambíguos "entendimentos".... Esta tragédia não pode acontecer duas vezes. Mas o que vai impedir que se repita?

§ 4º É muito fácil definir os limites razoáveis de censura num país em guerra. É evidente que a publicação de qualquer informação suscetível de ter a menor utilidade para um inimigo deve ser drasticamente antecipada e proibida; não só informações diretas, por exemplo, mas insinuações e traições por descuido sobre a posição e os movimentos dos navios, tropas, acampamentos, depósitos de munições, suprimentos alimentares e relatórios falsos de derrotas, vitórias e escassez iminente, tudo o que possa levar ao pânico cego e à histeria, e segue-se assim por diante. Porém a matéria toma um aspecto completamente

359

on. But the matter takes on a different aspect altogether when it comes to statements and suggestions that may affect public opinion in one's own country or abroad, and which may help us towards wholesome and corrective political action.

§ 5º One of the more unpleasant aspects of a state of war under modern conditions is the appearance of a swarm of individuals, too clever by half, in positions of authority. Excited, conceited, prepared to lie, distort and generally humbug people into states of acquiescence, resistance, indignation, vindictiveness, doubt and mental confusion, states of mind supposed to be conductive to a final military victory. These people love to twist and censor facts. It gives them a feeling of power; if they cannot create they can at least prevent and conceal. Particularly they poke themselves in between us and the people with whom we are at war to distort any possible reconciliation. They sit, filled with the wine of their transitory powers, aloof from the fatigues and dangers of conflict, pulling imaginary strings in people's minds.

diferente quando se trata de afirmações e sugestões que podem afetar a opinião pública no seu próprio país ou no estrangeiro, e que podem nos ajudar a chegar a uma ação política saudável e corretiva.

§ 5º Um dos aspectos mais desagradáveis de um estado de guerra em condições modernas é o aparecimento de um enxame de indivíduos, muito inteligentes pela metade, em posições de autoridade. Empolgado, vaidoso, preparado para mentir, distorcer e, geralmente, iludir pessoas em estados de condescendência por motivos de resistência, indignação, vingança, dúvida ou confusão mental, estados de espírito que, supostamente, ajudariam a levar a uma vitória militar final. Essas pessoas adoram distorcer e censurar fatos. Isso lhes dá uma sensação de poder; se elas não conseguem criar, pelo menos podem atrapalhar e esconder. Particularmente, se intrometem entre nós e as pessoas com quem estamos em guerra para atrapalhar qualquer possibilidade de reconciliação. Sentam-se, cheios do vinho de sua autoridade transitória, longe das fadigas e dos perigos do conflito, manipulando as cordas imaginárias na mente

§ 6º In Germany popular thought is supposed to be under the control of Herr Dr Goebbels; in Great Britain we writers have been invited to place ourselves at the disposal of some Ministry of Information, that is to say at the disposal of hitherto obscure and unrepresentative individuals, and write under its advice. Officials from the British Council and the Conservative Party Headquarters appear in key positions in this Ministry of Information. That curious and little advertised organisation I have just mentioned, the creation I am told of Lord Lloyd, that British Council, sends emissaries abroad, writers, well-dressed women and other cultural personages, to lecture, charm and win over foreign appreciation for British characteristics, for British scenery, British political virtues and so forth. Somehow this is supposed to help something or other. Quietly, unobtrusively, this has gone on. Maybe these sample British give unauthorised assurances but probably they do little positive harm. But they ought not to be das pessoas.

§ 6º Na Alemanha, o pensamento popular parecia estar sob o controle do Sr. Dr. Goebbels; na Grã-Bretanha, nós, escritores, fomos convidados a nos colocar à disposição de algum ministério da informação, ou seja, à disposição de indivíduos até então sem clareza e nem representatividade, e a escrever sob seu conselho. Funcionários do Conselho Britânico e do Diretório do Partido Conservador ganham posições-chave nesse Ministério. Essa organização curiosa e pouco divulgada de que acabei de falar, a criação de Lord Lloyd segundo me disseram, o Conselho Britânico, envia emissários para o exterior, entre escritores, mulheres bem vestidas e outras personagens culturais, para dar palestras, cativar e conquistar a apreciação estrangeira pelas características britânicas, pelo cenário britânico, as virtudes políticas britânicas e assim por diante. De alguma maneira isto é, supostamente, para ajudar em alguma coisa ou outra. Silenciosamente, discretamente, isso foi adiante. Quiçá essa amostra britânica forneça garantias não autorizadas, contudo provavelmente causa pouco

employed at all. Any government propaganda is contrary to the essential spirit of democracy. The expression of opinion and collective thought should be outside the range of government activities altogether. It should be the work of free individuals whose prominence is dependent upon the response and support of the general mind.

§ 7º But here I have to make amends to Lord Lloyd. I was led to believe that the British Council was responsible for Mr. Teeling, the author of Crisis for Christianity, and I said as much in The Fate of Homo Sapiens. I now unsay it. Mr. Teeling, I gather, was sent out upon his journeys by a Catholic newspaper. The British Council was entirely innocent of him.

§ 8º It is not only that the Ministries of Information and Propaganda do their level best to divert the limited gifts and energies of such writers, lecturers and talkers as we possess, to the production of disingenuous muck that will muddle the public mind and mislead the enquiring

dano. Mesmo assim, não é conveniente que elas sejam aplicadas em tudo. Qualquer propaganda de Governo é contrária ao espírito essencial da democracia. A expressão da opinião e do pensamento coletivo deveria estar completamente fora do alcance das atividades do Governo. Deveria ser o trabalho de indivíduos livres, cujo destaque é dependente da resposta e apoio do senso comum.

§ 7º Mas aqui eu tenho que fazer as pazes com o senhor Lloyd. Fui levado a acreditar que o Conselho Britânico era responsável pelo Sr. Teeling, autor de *Crise para a Cristandade*, que eu falei tanto no livro *O Destino do Homo Sapiens*. Eu agora retiro o que disse. O Sr. Teeling, presumo, foi enviado em suas viagens por um jornal católico. O Conselho Britânico era inteiramente inocente dele.

§ 8º Os Ministérios da Informação e da Propaganda fazem o seu melhor para desviar os dons limitados e as energias dos tais escritores, palestrantes e locutores que nós possuímos, e canalizá-las para a produção de estrume hipócrita que vai bagunçar a mente do público, e enganar o estrangeiro curioso, porém,

362

foreigner, but that they show a marked disposition to stifle any free and independent utterances that my seem to traverse their own profound and secret plans for the salvation of mankind.

§ 9º Everywhere now it is difficult to get adequate, far-reaching publicity for outspoken discussion of the way the world is going, and the political, economic and social forces that carry us along. This is not so much due to deliberate suppression as to the general disorder into which human affairs are dissolving. There is indeed in the Atlantic world hardly a sign as yet of that direct espionage upon opinion that obliterates the mental life of the intelligent Italian or German or Russian to-day almost completely; one may still think what one likes, say what one likes and write what one likes, but nevertheless there is already an increasing difficulty in getting bold, unorthodox views heard and read. Newspapers are afraid upon all sorts of minor counts, publishers, with such valiant exceptions as the publishers of this matter, are morbidly discreet; they get Notice D to | além disso, eles mostram uma disposição cerrada para abafar quaisquer expressões livres e independentes que, a meu ver, contradigam seus próprios planos secretos e profundos para a salvação da Humanidade.

§ 9º Em todo canto agora é difícil arranjar uma publicação adequada e de grande alcance, para discussão sincera sobre a maneira como o mundo está indo, e sobre as forças políticas, econômicas e sociais que nos conduzem. Isto não se dá tanto devido à censura, entretanto é mais pela desorganização generalizada em que os assuntos humanos estão se dissolvendo. De fato, no mundo do lado Atlântico, dificilmente ainda tem algum sinal como o daquela espionagem direta sobre opinião, que sufoca quase completamente hoje em dia, a vida mental das pessoas inteligentes italianas, alemãs e russas. Alguém ainda pode pensar o que gosta, dizer o que gosta e escrever o que gosta, mas mesmo assim, já existe uma dificuldade crescente em obter opiniões atrevidas e heterodoxas ouvidas e lidas. Os jornais estão com medo de todos os tipos dos menores crimes, os editores, com exceções tão valentes quanto os |

avoid this or that particular topic; there are obscure boycotts and trade difficulties hindering the wide diffusion of general ideas in countless ways. I do not mean there is any sort of organised conspiracy to suppress discussion, but I do say that the Press, the publishing and bookselling organisations in our free countries, provide a very ill-organised and inadequate machinery for the ventilation and distribution of thought.

§ 10 Publishers publish for nothing but safe profits; it would astound a bookseller to tell him he was part of the world's educational organisation or a publisher's traveller, that he existed for any other purpose than to book maximum orders for best sellers and earn a record commission - letting the other stuff, the highbrow stuff and all that, go hang. They do not understand that they ought to put public service before gain. They have no inducement to do so and no pride in their function. Theirs is the morale of a profiteering world.

editores deste livro, são exageradamente discretos; eles ficam de sobreaviso para evitar este ou aquele tópico em particular; há boicotes obscuros e dificuldades comerciais, dificultando a ampla difusão de ideias em geral, de inúmeras maneiras. Eu não traduzo que haja algum tipo de conspiração organizada para suprimir a discussão, mas digo que a Imprensa, as organizações editoriais e de venda de livros em nossos países livres, proporcionam uma maquinaria muito mal organizada e inadequada, para a ventilação e a distribuição do pensamento.

§ 10 Os editores publicam sem nenhuma finalidade, mas por lucros seguros; espantaria um livreiro dizer a ele que ele fazia parte da organização educacional do mundo, ou a um representante comercial de uma editora que ele existia para um outro propósito além de tirar pedidos ao máximo para os livros mais vendidos (*best sellers*) e para ganhar uma comissão-recorde – deixando ir embora a outra coisa, a coisa intelectual e tudo aquilo. Eles não entendem que deviam priorizar utilidade pública antes do ganho. Eles não têm nenhum estímulo para agir assim e nenhum orgulho na sua função. Sua moral é a de

Newspapers like to insert brave-looking articles of conventional liberalism, speaking highly of peace and displaying a noble vagueness about its attainment; now we are at war they will publish the fiercest attacks upon the enemy - because such attacks are supposed to keep up the fighting spirit of the country; but any ideas that are really loudly and clearly revolutionary they dare not circulate at all. Under these baffling conditions there is no thorough discussion of the world outlook whatever, anywhere. The democracies are only a shade better than the dictatorships in this respect. It is ridiculous to represent them as realms of light at issue with darkness.

§ 11 This great debate upon the reconstruction of the world is a thing more important and urgent than the war, and there exist no adequate media for the utterance and criticism and correction of any broad general convictions. There is a certain fruitless and unproductive spluttering of constructive ideas, but there is

um mundo de lucros. Os jornais gostam de inserir artigos corajosos olhando o liberalismo convencional, falando alto de paz e exibindo uma nobre indefinição sobre seu resultado; agora que estamos em guerra irão publicar os ferozes ataques contra o inimigo - porque tais ataques são, supostamente, para manter o espírito de luta do país; porém quaisquer ideias que são, realmente, alta e claramente revolucionárias eles não ousam pôr em circulação ao todo. Sob estas condições desorientadoras não há nenhuma discussão aprofundada das perspectivas do mundo, qualquer que seja, em qualquer lugar. A esse respeito, as democracias são apenas uma sombra melhor do que as ditaduras. É ridículo representá-las como reinos de luz em luta contra as trevas.

§ 11 Este grande debate sobre a reconstrução do mundo é uma coisa mais importante e urgente do que a guerra, e não existe mídia adequada para a publicação, a crítica e a correção de quaisquer convicções amplas e gerais. Há uma certa precipitação, infrutífera e improdutiva, de ideias construtivas, mas tem pouco senso de questionamento

little sense of sustained enquiry, few real interchanges, inadequate progress, nothing is settled, nothing is dismissed as unsound and nothing is won permanently. No one seems to hear what anyone else is saying. That is because there is no sense of an audience for these ideologists. There is no effective audience saying rudely and obstinately: "What A. has said, seems important. Will B. and C., instead of bombinating in the void, tell us exactly where and why they differ from A.? And now we have got to the common truth of A., B., C., and D. Here is F. saying something. Will he be so good as to correlate what he has to say with A., B., C., and D.?"

§ 12 But there is no such background of an intelligently observant and critical world audience in evidence. There are a few people here and there reading and thinking in disconnected fragments. This is all the thinking our world is doing in the face of planetary disaster. The universities, bless them! are in uniform or silent.

§ 13 We need to air our own minds; we need frank

sustentado, poucos intercâmbios reais, progresso insuficiente, nada é descartado, nada é resolvido e nada é aproveitado permanentemente. Ninguém parece ouvir o que outra pessoa está dizendo. Isso acontece porque não tem senso de espectador para esses ideólogos. Não há público efetivo dizendo rudemente e obstinadamente: "o que A tem dito parece importante. B e C, em vez de bombardear no vazio, nos dirão, com exatidão, onde e porque eles discordam de A? E agora nós chegamos à verdade comum de A, B, C e D. Aqui está F, dizendo alguma coisa. Ele será tão bom que se possa correlacionar o que ele tem a dizer com A, B, C e D?"

§ 12 Contudo, não há tal fundo de retorno em evidência de modo inteligente, por parte de um observador crítico dentre o público mundial. Há algumas pessoas aqui e ali lendo e pensando em fragmentos desconectados. Este é todo o pensamento que nosso mundo está produzindo diante do desastre planetário. Que as universidades, os abençoem! ou estão em um uniforme ou em silêncio.

§ 13 Precisamos arejar nossas próprias mentes; precisamos de intercâmbios

366

exchanges, if we are to achieve any common understanding. We need to work out a clear conception of the world order we would prefer to this present chaos, we need to dissolve or compromise upon our differences so that we may set our faces with assurance towards an attainable world peace. The air is full of the panaceas of half-wits, none listening to the others and most of them trying to silence the others in their impatience. Thousands of fools are ready to write us a complete prescription for our world troubles. Will people never realise their own ignorance and incompleteness, from which arise this absolute necessity for the plainest statement of the realities of the problem, for the most exhaustive and unsparing examination of differences of opinion, and for the most ruthless canvassing of every possibility, however unpalatable it may seem at first, of the situation?

§ 14 Before anything else, therefore, in this survey of the sinceros se quisermos alcançar qualquer entendimento em comum. Nós precisamos elaborar outra concepção, externa e clara, da ordem mundial que preferiríamos em lugar deste caos presente, que precisamos dissolver nossas diferenças ou precisamos de um compromisso sobre elas, de modo que possamos firmar nossos rostos com segurança em direção à possibilidade de paz mundial. O ar está cheio das panaceias de débeis mentais, nenhum ouvindo os outros e a maioria deles tentando silenciar os demais em sua impaciência. Milhares de tolos estão prontos para nos escrever uma receita completa para resolvermos os nossos problemas mundiais. Será que as pessoas nunca perceberão a sua própria ignorância e incompletude (da qual surge esta absoluta necessidade para um estatuto planeado das realidades do problema), para o exame mais exaustivo e abundante das diferenças de opinião e para a mais cruel averiguação de todas as possibilidades (entretanto, por mais desagradável que pareça) da situação?

§ 14 Antes de mais nada, então, nesta pesquisa sobre um caminho para a paz mundial, empreguei vigor na

way to world peace, I put free speech and vigorous publication. It is the thing best worth fighting for. It is the essence of your personal honour. It is your duty as a world citizen to do what you can for that. You have not only to resist suppressions, you have to fight your way out of the fog. If you find your bookseller or newsagent failing to distribute any type of publication whatever - even if you are in entire disagreement with the views of that publication - you should turn the weapon of the boycott upon the offender and find another bookseller or newsagent for everything you read. The would-be world citizen should subscribe also to such organisation as the National Council for Civil Liberties; he should use any advantage his position may give him to check suppression of free speech; and he should accustom himself to challenge nonsense politely but firmly and say fearlessly and as clearly as possible what is in his mind and to listen as fearlessly to whatever is said to him. So that he may know better either through reassurance or correction. To get together with other people to argue and discuss, to think

publicação e liberdade de expressão. É a coisa melhor pela qual se lutar. É a essência de sua honra pessoal. É seu dever, como um cidadão do mundo, fazer o que puder por ela. Não apenas deve resistir a supressões, mas também tem que lutar da sua maneira, fora do nevoeiro. Se você encontrar seu livreiro ou vendedor de jornais falhando em distribuir qualquer tipo de publicação - mesmo que você esteja em total desacordo com a visão daquela publicação - você deve apontar a arma do boicote contra o infrator e encontrar outro livreiro ou vendedor de jornais para tudo o que lê. O aspirante a cidadão do mundo deve inscrever-se também em tais organizações como o Conselho Nacional para Liberdades Civis; ele deveria usar qualquer vantagem que sua posição pudesse lhe dar para fiscalizar a supressão da liberdade de expressão; e deveria se acostumar a desafiar o absurdo, educadamente mas com firmeza, e dizer, sem medo, e tão claramente quanto possível, o que está em sua mente e escutar também destemidamente tudo o que lhe é dito. Isto, para que possa saber melhor através de confirmação ou correção. Para se reunir com outras pessoas, a

and organise and then implement thought is the first duty of every reasonable man.	fim de argumentar e discutir, pois o primeiro dever de todo homem razoável é pensar, organizar e implementar o pensamento.
§ 15 This world of ours is going to pieces. It has to be reconstructed and it can only be effectively reconstructed in the light. Only the free, clear, open mind can save us, and these difficulties and obstructions on our line of thought are as evil as children putting obstacles on a railway line or scattering nails on an automobile speed track.	§ 15 Este mundo da gente está caindo aos pedaços. Ele tem que ser reconstruído e só pode ser, efetivamente reconstruído, na luz. Só a mente livre, clara e aberta pode nos salvar, e essas dificuldades e obstruções em nossa linha de pensamento são tão ruins quanto crianças botando obstáculos numa linha de trem, ou espalhando pregos numa rodovia de alta velocidade.
§ 16 This great world debate must go on, and it must go on now. Now while the guns are still thudding, is the time for thought. It is incredibly foolish to talk as so many people do of ending the war and then having a World Conference to inaugurate a new age. So soon as the fighting stops the real world conference, the live discussion, will stop, too. The diplomats and politicians will assemble with an air of profound competence and close the doors upon the outer world and resume - Versailles. While the silenced world	§ 16 Este grande debate mundial deve continuar, e tem que ser agora. Agora, enquanto as armas ainda estão atirando, é a vez do pensamento. É incrivelmente tolo falar, como tantas pessoas fazem, de terminar a guerra e então ter uma Conferência Mundial para inaugurar uma nova era. Tão logo a luta cesse a conferência do mundo real, a discussão ao vivo vai parar também. Os diplomatas e políticos se reunirão com um ar de profunda competência e fecharão as portas do mundo exterior e retomarão - Versalhes. Enquanto o mundo silenciado boceja e espera

369

gapes and waits upon their mysteries. 3 DISRUPTIVE FORCES § 1º AND NOW LET US come to the disruptive forces that have reduced that late-nineteenth-century dream of a powerful world patchwork of more and more civilised states linked by an everincreasing financial and economic interdependence, to complete incredibility, and so forced upon every intelligent mind the need to work out a new conception of the World that ought to be. It is supremely important that the nature of these disruptive forces should be clearly understood and kept in mind. To grasp them is to hold the clues to the world's present troubles. To forget about them, even for a moment, is to lose touch with essential reality and drift away into minor issues. § 2º The first group of these forces is what people are accustomed to speak of as "the abolition of distance" and "the change of scale" in human	sobre os seus mistérios. 3 FORÇAS DISRUPTIVAS § 1º E AGORA PERMITIMOS que chegassem as forças disruptivas, que têm reduzido o sonho do final do século XIX, de um poderoso mosaico mundial do pluralismo de Estados cada vez mais civilizados, ligados por uma interdependência financeira e econômica cada vez maior, (então permitimos que chegassem as forças disruptivas) para completar a incredulidade e forçar cada mente inteligente a precisar elaborar uma nova concepção do mundo que deveríamos ter. É extremamente importante que a natureza dessas forças disruptivas seja claramente compreendida, e mantida em mente. Compreendê-las é segurar as pistas para os problemas atuais do mundo. Esquecer-se delas, mesmo por um momento, é perder contato com a realidade essencial e afastar-se por questões menores. § 2º O primeiro grupo dessas forças é o que as pessoas costumam chamar de "abolição da distância" e "mudança de escala" nas operações humanas. Esta

operations. This "abolition of distance" began rather more than a century ago, and its earlier effects were not disruptive at all. It knit together the spreading United States of America over distances that might otherwise have strained their solidarity to the breaking-point, and it enabled the sprawling British Empire to sustain contacts round the whole planet.

§ 3º The disruptive influence of the abolition of distance appeared only later. Let us be clear upon its essential significance. For what seemed like endless centuries the swiftest means of locomotion had been the horse on the high-road, the running man, the galley and the uncertain, weather-ruled sailing ship. (There was the Dutchman on skates on skates on his canals, but that was an exceptional culmination of speed and not for general application.) The political, social and imaginative life of man for all those centuries was adapted to these limiting conditions. They determined the distances to which marketable goods could conveniently be sent, the limits to which the ruler could send his orders and his

"abolição da distância" começou há bem mais de um século atrás, e seus efeitos anteriores não eram disruptivos ao todo. Ela uniu e entrançou os Estados Unidos da América espalhando-se por distâncias que, de outra forma, poderiam ter esticado sua solidariedade até o ponto de ruptura, e ela permitiu que o Império Britânico se alastrasse, mantendo contatos em todo o Planeta.

§ 3º A influência disruptiva da abolição da distância apareceu somente mais tarde. Sejamos claros sobre seu significado essencial. Ao que parece, por intermináveis séculos, o meio de locomoção mais rápido tinha sido o cavalo na estrada, o homem correndo, a galé e o barco a vela dependente das condições do tempo. (Havia o holandês fazendo um show sobre patins em seus canais, mas que foi uma exceção de alta velocidade e não uma regra geral). A vida política, social e imaginativa do homem por todos esses séculos, foi adaptada a essas condições limitantes. Elas determinavam as distâncias a que os bens comercializáveis tinham viabilidade de ser enviados, os limites aos quais o governante podia enviar suas ordens e seus

solders, the bounds set to getting news, and indeed the whole scale of living. There could be very little real community feeling beyond the range of frequent intercourse.

§ 4º Human life fell naturally therefore into areas determined by the interplay between these limitations and such natural obstacles as seas and mountains. Such countries as France, England, Egypt, Japan, appeared and reappeared in history like natural, necessary things, and though there were such larger political efforts as the Roman Empire, they never attained an enduring unity. The Roman Empire held together like wet blottingpaper; it was always falling to pieces. The older Empires, beyond their national nuclei, were mere precarious tributelevying powers. What I have already called the world patchwork of the great and little Powers, was therefore, under the old horse-and-foot and sailing-ship conditions, almost as much a matter of natural necessity as the sizes of trees and animals.

§ 5º Within a century all this has been changed and we have

soldados, os limites de onde receber notícias e, de fato, toda a escala de vida. Poderia haver bem pouco sentimento verdadeiro de comunidade além do perímetro de relações mais frequentes.

§ 4º Portanto, a vida humana caiu, naturalmente, em áreas determinadas pela interação entre essas limitações e tais obstáculos naturais como mares e montanhas. Certos países como França, Inglaterra, Egito e Japão apareceram e reapareceram na história como coisas naturais e necessárias, e, embora tenha havido esforços políticos tão grandes como os do Império Romano, nunca obtiveram uma unidade duradoura. O Império Romano manteve-se unido como papel molhado; estava sempre caindo aos pedaços. Os impérios mais antigos, além de seus núcleos nacionais, eram meros poderes precários de tributo. O que eu já chamei de miscelânea mundial das grandes e pequenas potências foi, portanto, sob as antigas condições de cavalo-e-pé e de navio-vela, uma questão de necessidade natural quase tanto quanto o tamanho das árvores e animais.

§ 5º Dentro de um século tudo isso mudou e ainda

still to face up to what that change means for us.

§ 6º First came steam, the steam-railway, the steamship, and then in a quickening crescendo came the internal combustion engine, electrical traction, the motor car, the motor boat, the aeroplane, the transmission of power from central power stations, the telephone, the radio. I feel apologetic in reciting this wellknown story. I do so in order to enforce the statement that all the areas that were the most convenient and efficient for the old, time-honoured way of living, became more and more inconveniently close and narrow for the new needs. This applied to every sort of administrative area, from municipalities and urban districts and the range of distributing businesses, up to sovereign states. They were - and for the most part they still are - too small for the new requirements and far too close together. All over the social layout this tightening-up and squeezing together is an inconvenience, but when it comes to the areas of sovereign states it becomes impossibly dangerous. It becomes an intolerable thing; human life cannot go on, with the capitals of most of the

§ 6º Primeiro veio o vapor, o trem-a-vapor, o navio-a-vapor e, então, num acelerado crescimento, vieram o motor de combustão interna, a tração elétrica, o automóvel, o barco a motor, o avião, a transmissão de energia das usinas elétricas, o telefone, o rádio. Sinto-me orgulhoso em citar esta história bem conhecida. Cito, então, em ordem, para reforçar a afirmação de que todas as áreas que foram as mais convenientes e eficientes para os velhos tempos-tradicionais de vida, tornaram-se cada vez mais inconvenientes, fechadas e estreitas para as novas necessidades. Isto se aplicou a todo tipo de área administrativa, desde os municípios e distritos urbanos, desde o âmbito de empresas distribuidoras e até os Estados soberanos. Estes eram - e na maior parte ainda são - muito pequenos e muito próximos uns dos outros para as novas exigências. Em todo o traçado social, este apertar-se e espremer-se juntos é uma inconveniência, mas quando se trata de áreas de Estados soberanos, torna-se impossivelmente perigoso. Torna-se uma coisa intolerável;

373

civilised countries of the world within an hour's bombing range of their frontiers, behind which attacks can be prepared and secret preparations made without any form of control. And yet we are still tolerant and loyal to arrangements that seek to maintain this state of affairs and treat it as though nothing else were possible.

§ 7º The present war for and against Hitler and Stalin and Mr. Chamberlain and so forth, does not even touch upon the essential problem of the abolition of distance. It may indeed destroy everything and still settle nothing. If one could wipe out all the issues of the present conflict, we should still be confronted with the essential riddle, which is the abolition of the boundaries of most existing sovereign states and their merger in some larger Pax. We have to do that if any supportable human life is to go on. Treaties and mutual guarantees are not enough. We have surely learnt enough about the value of treaties during the last half-century to realise that. We have, because

a vida humana não pode continuar com as capitais da maioria dos países civilizados do mundo ao alcance de uma hora de bombardeio das suas fronteiras, atrás das quais, ataques podem ser preparados e artefatos secretos feitos sem qualquer forma de controle. Apesar disto, ainda estamos tolerantes e leais às programações que procuram manter este estado de coisas e tratá-lo como se nada mais fosse possível.

§ 7º A presente guerra, a favor e contra Hitler, Stalin e o Sr. Chamberlain e assim por diante, nem sequer toca no problema essencial da abolição da distância. Pode, realmente, destruir tudo e ainda não resolver nada. Se alguém pudesse eliminar todas as questões do presente conflito, deveríamos ainda, ser confrontados com o enigma essencial, que é a abolição das fronteiras da maioria dos Estados soberanos existentes, e sua fusão em alguma Paz maior. Temos que fazer isso se alguma vida humana suportável for prosseguir. Tratados e garantias mútuas não são suficientes. Certamente aprendemos o bastante sobre o valor dos tratados durante o último meio século para perceber isto. Temos que, só

of the abolition of distance alone, to gather human affairs together under one common war-preventing control.

§ 8º But this abolition of distance is only one most vivid aspect of the change in the conditions of human life. Interwoven with that is a general change of scale in human operations. The past hundred years has been an age of invention and discovery beyond the achievements of the preceding three millennia. In a book I published eight years ago, The Work, Wealth and Happiness of Mankind, I tried to summarise the conquest of power and substances that is still going on. There is more power expended in a modern city like Birmingham in a day than we need to keep the whole of Elizabethan England going for a year; there is more destructive energy in a single tank than sufficed the army of William I for the conquest of England. Man is able now to produce or destroy on a scale beyond comparison greater than he could before this storm of invention began. And the consequence is the continual further dislocation of the orderly social life of our

§ 8º Entretanto, esta abolição da distância é apenas um aspecto mais vívido da mudança nas condições da vida humana, entrelaçada com o que é uma mudança geral de escala nas operações humanas. Os últimos cem anos tem sido uma época de invenção e descoberta para além das conquistas dos três milênios anteriores. Em um livro que publiquei há oito anos, *O Trabalho, Riqueza e Felicidade da Humanidade*, tentei resumir a conquista do poder e das substâncias que ainda está acontecendo. Há mais energia gasta em uma cidade moderna como Birmingham por um dia, do que precisamos para manter toda a Inglaterra elisabetana funcionando por um ano; há mais energia destrutiva em um único tanque do que a que bastou para o exército de William I na conquista da Inglaterra. O homem agora é capaz de produzir ou destruir numa escala além da maior comparação com o que ele pôde antes que esta tempestade de invenções começasse. E a consequência é o constante e mais distante afastamento da

great-great-grandfathers. No trade, no profession, is exempt. The old social routines and classifications have been, as people say, "knocked silly". There is no sort of occupation, fisheries, farming, textile work, metal work, mining which is not suffering from constant readjustment to new methods and facilities. Our traditions of trade and distribution flounder after these changes. Skilled occupations disappear in the general liquefaction.

§ 9º The new power organisations are destroying the forests of the world at headlong speed, ploughing great grazing areas into deserts, exhausting mineral resources, killing off whales, seals and a multitude of rare and beautiful species, destroying the morale of every social type and devastating the planet. The institutions of the private appropriation of land and natural resources generally, and of private enterprise for profit, which did produce a fairly tolerable, stable and "civilised" social life for all but the most impoverished, in Europe,

vida social ordenada dos nossos tataravós. Nenhum comércio, nenhuma profissão, está isenta. As velhas rotinas e classificações sociais têm sido, como dizem as pessoas, um "bobo nocauteado". Não há nenhum tipo de ocupação, seja pesca, agricultura, trabalho têxtil, trabalhos em metal, mineração, que não sofra de reajuste constante aos novos métodos e recursos. Nossas tradições de comércio e distribuição cambaleiam após essas mudanças. Qualificadas profissões desaparecem na liquefação geral.

§ 9º As novas organizações de poder estão destruindo as florestas do mundo em velocidade desenfreada, arando grandes áreas de pastagem em desertos, exaurindo os recursos minerais, matando baleias, focas e uma infinidade de espécies raras e bonitas, destruindo a moralidade de todos os tipos sociais e devastando o Planeta. As instituições de apropriação privada de terras e recursos naturais em geral, e empresas privadas visando lucro, que produziam uma vida social razoavelmente tolerável, estável e "civilizada" para todos na Europa, na América e no Oriente, exceto os mais empobrecidos, há alguns

America and East, for some centuries, have been expanded to a monstrous destructiveness by the new opportunities. The patient, nibbling, enterprising profit-seeker of the past, magnified and equipped now with the huge claws and teeth the change of scale has provided for him, has torn the old economic order to rags. Quite apart from war, our planet is being wasted and disorganised. Yet the process goes on, without any general control, more monstrously destructive even than the continually enhanced terrors of modern warfare.

§ 10 Now it has to be made clear that these two things, the manifest necessity for some collective world control to eliminate warfare and the less generally admitted necessity for a collective control of the economic and biological life of mankind, are aspects of one and the same process. Of the two the disorganisation of the ordinary life which is going on, war or no war, is the graver and least reversible. Both arise out of the abolition of distance and the change of scale, they affect and modify

séculos, têm sido expandidas para uma monstruosidade destrutiva pelas novas oportunidades. O resignado e bem-sucedido empreendedor do passado, mordiscando, ampliado e equipado agora com as enormes garras e dentes que a mudança de escala lhe proporcionou, despedaçou a velha ordem econômica aos farrapos. Independentemente da guerra, nosso planeta está sendo desperdiçado e desorganizado. O processo ainda continua, sem qualquer controle geral, monstruosamente mais destrutivo mesmo do que os terrores constantemente aprimorados da guerra moderna.

§ 10 Agora é preciso deixar claro que essas duas coisas, a manifesta necessidade de algum controle coletivo do mundo para eliminar a guerra e a necessidade, geralmente menos admitida, de um controle coletivo da vida econômica e biológica da Humanidade, são aspectos de um mesmo processo. Das duas, a desorganização da vida cotidiana que está acontecendo, com guerra ou sem guerra, é a mais grave e menos reversível. Ambas surgem da abolição da distância e da mudança de escala, afetam e modificam

each other, and unless their parallelism and interdependence are recognised, any projects for world federation or anything of the sort are doomed inevitably to frustration.

§ 11 That is where the League of nations broke down completely. It was legal; it was political. It was devised by an ex-professor of the old-fashioned history assisted by a few politicians. It ignored the vast disorganisation of human life by technical revolutions, big business and modern finance that was going on, of which the Great War itself was scarcely more than a byproduct. It was constituted as though nothing of that sort was occurring.

§ 12 This war storm which is breaking upon us now, due to the continued fragmentation of human government among a patchwork of sovereign states, is only one aspect of the general need for a rational consolidation of human affairs. The independent sovereign state with its perpetual war threat, armed with the resources of modern mechanical frightfulness, is only the most blatant and

umas às outras e, a menos que seu paralelismo e interdependência sejam reconhecidas, quaisquer projetos para federação mundial ou alguma coisa do tipo, está inevitavelmente condenado à frustração.

§ 11 Foi onde a Liga das Nações se dissolveu completamente. Foi dentro da lei; foi político. Isto foi elaborado por um ex-professor de história-antiga assistido por alguns políticos. Isto ignorou a vasta desorganização da vida humana que estava ocorrendo por meio das revoluções tecnológicas, dos grandes negócios e das finanças modernas, da qual, a própria Grande Guerra, foi pouco mais do que um subproduto. Foi feito como se nada desse tipo estivesse ocorrendo.

§ 12 Esta tempestade de guerra que está desabando sobre nós agora, devido à contínua fragmentação do governo humano num mosaico de Estados soberanos, é apenas um aspecto da necessidade geral de uma consolidação racional dos assuntos humanos. O Estado soberano independente, com sua perpétua ameaça de guerra, armado com os recursos da espantosa mecânica moderna, é

terrifying aspect of that same want of a coherent general control that makes overgrown, independent, sovereign, private business organisations and combinations, socially destructive. We should still be at the mercy of the "Napoleons" of commerce and the "Attilas" of finance, if there was not a gun or a battleship or a tank or a military uniform in the world. We should still be sold up and dispossessed.

§ 13 Political federation, we have to realise, without a concurrent economic collectivisation, is bound to fail. The task of the peacemaker who really desires peace in a new world, involves not merely a political but a profound social revolution, profounder even than the revolution attempted by the Communists in Russia. The Russian Revolution failed not by its extremism but through the impatience, violence and intolerance of its onset, through lack of foresight and intellectual insufficiency. The cosmopolitan revolution to a world collectivism, which is the only alternative to chaos and degeneration before mankind, has to go much further than the Russian; it has to be more thorough and better

apenas o aspecto mais flagrante e aterrador dessa falta de um controle geral coerente que faz das organizações empresariais privadas, combinações socialmente destrutivas. Nós ainda deveríamos estar à mercê dos "Napoleões" do comércio e dos "Átilas" das finanças, se não houvesse uma arma ou um navio de guerra, um tanque ou um uniforme militar no mundo. Ainda seríamos vendidos e desapossados.

§ 13 Federação política, temos que perceber, sem uma coletivização da economia de concorrência, está obrigada a falhar. A tarefa do pacificador que realmente deseja a paz num mundo novo, envolve não somente uma revolução política, mas uma profunda revolução social, mais profunda ainda que a revolução tentada pelos Comunistas na Rússia. A Revolução Russa não fracassou por seu extremismo, mas pela impaciência, violência e intolerância de seu início, através da falta de previsão e da insuficiência intelectual. A revolução cosmopolita para um coletivismo mundial, que é a única alternativa ao caos e à degeneração anteriores da Humanidade, tem que ir muito além da Revolução Russa; tem que ser mais completa e melhor

conceived and its achievement demands a much more heroic and more steadfast thrust.

§ 14 It serves no useful purpose to shut our eyes to the magnitude and intricacy of the task of making the world peace. These are the basic factors of the case.

4

CLASS-WAR

§ 1º NOW HERE IT IS necessary to make a distinction which is far too frequently ignored. Collectivisation means the handling of the common affairs of mankind by a common control responsible to the whole community. It means the suppression of go-as-you-please in social and economic affairs just as much as in international affairs. It means the frank abolition of profitseeking and of every devise by which human+beings contrive to be parasitic on their fellow man. It is the practical realisation of the brotherhood of man through a common control. It means all that and it means no more than that.

concebida, e sua realização exige um impulso muito mais heróico e firme.

§ 14 Não tem nenhum propósito útil fechar nossos olhos para a magnitude e complexidade da tarefa de construir a paz no mundo. Estes são os fatores básicos do caso.

4

LUTA DE CLASSES

§ 1º AGORA AQUI É necessário fazer uma distinção que é muito frequentemente ignorada. A coletivização significa o manuseio dos assuntos comuns da Humanidade por um controle comum responsável por toda a comunidade. Significa a supressão do *vá-como-quiser* em assuntos sociais e econômicos tanto quanto em casos internacionais. Significa a abolição franca da busca por lucros e por cada dispositivo pelo qual os seres humanos se esforçam para ser parasitas do seu próximo. É a realização prática da fraternidade do homem através de um controle comum. Significa tudo isso e nada mais que isso.

§ 2º A necessária

§ 2º The necessary nature of that control, the way to attain it and to maintain it have still to be discussed.	natureza desse controle, a maneira de alcançá-lo e mantê-lo ainda precisam ser discutidas.
§ 3º The early forms of socialism were attempts to think out and try out collectivist systems. But with the advent of Marxism, the larger idea of collectivism became entangled with a smaller one, the perpetual conflict of people in any unregulated social system to get the better of one another. Throughout the ages this has been going on. The rich, the powerful generally, the more intelligent and acquisitive have got away with things, and sweated, oppressed, enslaved, bought and frustrated the less intelligent, the less acquisitive and the unwary. The Haves in every generation have always got the better of the Have-nots, and the Have-nots have always resented the privations of their disadvantage.	§3º As primeiras formas de socialismo foram tentativas de pensar diferente e testar sistemas coletivistas. Mas, com o advento do marxismo, a ideia maior de coletivismo tornou-se enredada com uma menor: o conflito perpétuo de pessoas em qualquer sistema social não regulamentado para obter o melhor um do outro. Ao longo dos tempos, isso tem continuado. Os ricos, os poderosos em geral, os mais inteligentes e gananciosos, saíram com as coisas e fizeram suar, oprimiram, escravizaram, compraram e frustraram os menos inteligentes, os menos acossados e os negligentes. Os que têm as coisas, em cada geração, sempre obtiveram o melhor dos que não têm, e estes sempre se ressentiram das privações de sua desvantagem.
§ 4º So it is and so in the uncollectivised world it has always been. The bitter cry of the expropriated man echoes down the ages from ancient Egypt and the Hebrew prophets, denouncing those who grind the faces of the poor. At times the Have-nots	§ 4º Assim é, e tem sido sempre, no mundo sem coletivização. O grito amargo do homem expropriado ecoa ao longo dos séculos do antigo Egito e dos profetas hebreus, denunciando aqueles que moem os rostos dos pobres. Às vezes, os desprovidos de

have been so uneducated, so helplessly distributed among their more successful fellows that they have been incapable of social disturbance, but whenever such developments as plantation of factory labour, the accumulation of men in seaport towns, the disbanding of armies, famine and so forth, brought together masses of men at the same disadvantage, their individual resentments flowed together and became a common resentment. The miseries underlying human society were revealed. The Haves found themselves assailed by resentful, vindictive revolt.

§ 5º Let us note that these revolts of the Have-nots throughout the ages have sometimes been very destructive, but that invariably they have failed to make any fundamental change in this old, old story of getting and not getting the upper hand. Sometimes the Have-nots have frightened or otherwise moved the Haves to more decent behaviour. Often the Have-nots have found a Champion who has ridden to

recursos têm sido tão incultos, tão impotentemente distribuídos entre seus companheiros mais bem-sucedidos que eles têm sido incapazes de perturbação social, mas sempre que tais desenvolvimentos como de plantação, trabalho de fábrica, a acumulação de homens em cidades portuárias, o desmantelamento dos exércitos, a fome, e assim por diante, sempre que se reuniram massas de homens da mesma situação de desvantagem, seus ressentimentos individuais fluíram juntos e se tornaram um ressentimento comum. As misérias subjacentes à sociedade humana foram reveladas. Os que têm as coisas se viram atacados por revolta vingativa e ressentida.

§ 5º Notemos que essas revoltas dos desprovidos ao longo dos séculos, às vezes, têm sido muito destrutivas, mas que, invariavelmente, tem falhado em construir qualquer mudança fundamental nessa velha, velha história de conseguir e não conseguir levar vantagem. Às vezes, os desprovidos têm assustado ou, de outra forma, induzido os abastados a um comportamento mais decente. Amiúde, os desprovidos têm encontrado um Campeão que monta no

power on their wrongs. Then the ricks were burnt or the châteaux. The aristocrats were guillotined and their heads carried on exemplary pikes. Such storms passed and when they passed, there for all practical purposes was the old order returning again; new people but the old inequalities. Returning inevitably, with only slight variations in appearance and phraseology, under the condition of a non-collective social order.

§ 6º The point to note is that in the unplanned scramble of human life through the centuries of the horse-and-foot period, these incessantly recurring outbreaks of the losers against the winners have never once produced any permanent amelioration of the common lot, or greatly changed the features of the human community. Not once.

§ 7º The Have-nots have never produced the intelligence and the ability and the Haves have never produced the conscience, to make a permanent alteration of the rules of the game. Slave

poder sobre suas desgraças. Em seguida, os empilhamentos ou os castelos foram queimados. Os aristocratas foram guilhotinados e suas cabeças levaram cortes exemplares. Tais tempestades passaram, e quando passaram, lá para todos os propósitos práticos, foi a ordem velha retornando outra vez; novas pessoas, mas as velhas desigualdades. Retornando inevitavelmente, com apenas ligeiras variações na aparência e palavreado, sob a condição de uma ordem social não-coletiva.

§ 6º O ponto a se notar é que, na competição não planejada da vida humana através dos séculos da época de cavalo-e-pé, esses surtos incessantemente recorrentes dos perdedores contra os vencedores nunca tinham produzido uma só vez qualquer melhoria permanente do destino comum, nem alterado muito as características da comunidade humana. Nem uma vez.

§ 7º Os desprovidos nunca produziram a inteligência e a habilidade, e os abastados nunca produziram a consciência, para fazer uma alteração permanente das regras do jogo. Revoltas de escravos, revoltas camponesas,

383

revolts, peasant revolts, revolts of the proletariat have always been fits of rage, acute social fevers which have passed. The fact remains that history produces no reason for supposing that the Have-nots, considered as a whole, have available any reserves of directive and administrative capacity and disinterested devotion, superior to that of the more successful classes. Morally, intellectually, there is no reason to suppose them better.

§ 8º Many potentially able people may miss education and opportunity; they may not be inherently inferior but nevertheless they are crippled and incapacitated and kept down. They are spoilt. Many specially gifted people may fail to "make good" in a jostling, competitive, acquisitive world and so fall into poverty and into the baffled, limited ways of living of the commonalty, but they too are exceptions. The idea of a rightminded Proletariat ready to take things over is a dream.

§ 9º As the collectivist idea has developed out of the original propositions of

revoltas do proletariado sempre foram ataques de raiva, febres sociais agudas que passaram. O fato que resta é que a história não produz razão para supor que os desprovidos, considerados como um todo, disponham de quaisquer reservas acessíveis de gerenciamento e capacidade administrativa ou vocação desinteressada, superiores às das classes mais bem-sucedidas. Moralmente, intelectualmente, não há razão para os avaliar melhor.

§ 8º Muitas pessoas potencialmente capazes podem perder educação e oportunidade; elas podem não ser congenitamente inferiores, no entanto, são mantidas aleijadas, incapacitadas e subjugadas. Elas são deterioradas. Assaz pessoas especialmente talentosas podem falhar em "fazer o bem" num mundo aos empurrões, competitivo e aquisitivo, e assim, cair na pobreza e nos modos de viver confusos e limitados da comunidade, mas também são exceções. A ideia de um proletariado sensato, pronto para assumir o controle das coisas é um sonho.

§ 9º À medida que a ideia coletivista foi desenvolvida fora das

socialism, the more lucid thinkers have put this age-long bitterness of the Haves and the Have-nots into its proper place as part, as the most distressing part, but still only as part, of the vast wastage of human resources that their disorderly exploitation entailed. In the light of current events they have come to realise more and more clearly that the need and possibility of arresting this waste by a world-wide collectivisation is becoming continually more possible and at the same time imperative. They have had no delusions about the education and liberation that is necessary to gain that end. They have been moved less by moral impulses and sentimental pity and so forth, admirable but futile motives, as by the intense intellectual irritation of living in a foolish and destructive system. They are revolutionaries not because the present way of living is a hard and tyrannous way of living, but because it is from top to bottom exasperatingly stupid.

§ 10 But thrusting athwart the socialist movement towards

proposições originais do socialismo, os pensadores mais lúcidos têm posto esta antiga amargura dos abastados e dos desprovidos, à parte, no seu devido lugar, como o trecho mais angustiante, porém ainda apenas como parte do vasto desperdício de recursos humanos em que sua exploração desordenada implicava. À luz dos acontecimentos atuais, eles perceberam, cada vez mais claramente, que a necessidade e a possibilidade de deter esse desperdício por meio de uma ampla coletivização mundial, está se tornando cada vez mais possível e, ao mesmo tempo, imperativa. Eles não tiveram ilusões sobre a educação e libertação que são necessárias para conquistar esse objetivo. Eles foram movidos menos por impulsos morais e piedade sentimental e assim por diante, motivos admiráveis mas fúteis, foram movidos mais pela intensa irritação intelectual de viver num sistema tolo e destrutivo. Eles são revolucionários, não porque o modo de vida atual seja um modo de vida duro e tirânico, mas porque ele é exasperadamente estúpido.

§ 10 Porém, empurrando o movimento socialista para a coletivização e

collectivisation and its research for some competent directive organisation of the world's affairs, came the clumsy initiative of Marxism with its class-war dogma, which has done more to misdirect and sterilise human good-will than any other misconception of reality that has ever stultified human effort.

§ 11 Marx saw the world from a study and through the hazes of a vast ambition. He swam in the current ideologies of his time and so he shared the prevalent socialist drive towards collectivisation. But while his sounder-minded contemporaries were studying means and ends he jumped from a very imperfect understanding of the Trades Union movement in Britain to the wildest generalisations about the social process. He invented and antagonised two phantoms. One was the Capitalist System; the other the Worker.

§ 12 There never has been anything on earth that could be properly called a Capitalist System. What was the matter with his world was manifestly its entire want of system.

sua pesquisa para alguma organização diretiva competente dos assuntos do mundo, vem a desajeitada iniciativa do marxismo com seu dogma de luta de classes, o qual tem feito mais para desviar e esterilizar a boa vontade humana do que qualquer outra concepção errada da realidade que já tenha prejudicado o esforço humano.

§ 11 Marx viu o mundo a partir de um estudo e através dos nevoeiros de uma vasta ambição. Ele nadou na corrente das ideologias de seu tempo e, assim, compartilhou a direção socialista prevalecente em direção à coletivização. Porém, enquanto seus contemporâneos de espírito sério estavam estudando meios e fins, ele saltou de uma compreensão muito imperfeita do movimento sindical britânico, para as generalizações mais selvagens sobre o processo social. Ele inventou e antagonizou dois fantasmas. Um era o Sistema Capitalista; o outro o Trabalhador.

§ 12 Nunca houve nada na Terra que pudesse ser propriamente chamado de Sistema Capitalista. O que estava acontecendo com seu mundo era, manifestamente,

386

What the Socialists were feeling their way towards was the discovery and establishment of a world system.

§ 13 The Haves of our period were and are a fantastic miscellany of people, inheriting or getting their power and influence by the most various of the interbreeding social solidarity even of a feudal aristocracy or an Indian caste. But Marx, looking rather into his inner consciousness than at any concrete reality, evolved that monster "System" on his Right. Then over against it, still gazing into that vacuum, he discovered on the Left the proletarians being steadily expropriated and becoming classconscious. They were just as endlessly various in reality as the people at the top of the scramble; in reality but not in the mind of the Communist seer. There they consolidated rapidly.

§ 14 So while other men toiled at this gigantic problem of collectivisation, Marx found his almost childlishy simple

sua total falta de sistema. O que os socialistas estavam sentindo para o seu caminho era a descoberta e estabelecimento de um sistema mundial.

§ 13 Os abastados de nosso período foram e são um fantástico mosaico de pessoas, herdando ou conquistando seu poder e influência pelos mais diversos dos cruzamentos de solidariedade social, mesmo os de uma aristocracia feudal ou uma casta indiana. Contudo, Marx, olhando mais para sua consciência interior do que para qualquer realidade concreta, desenvolveu esse "Sistema" monstro sobre sua Direita. Depois, mais do que contra ele, ainda olhando fixamente para o vazio, ele descobriu, á sua Esquerda, os proletários sendo, constantemente, expropriados e se tornando conscientes de ser uma classe. Eles eram tão infinitamente variados, na realidade, quanto as pessoas no topo da corrida; na realidade, mas não na mente do Vidente Comunista. Lá se consolidaram rapidamente.

§ 14 Assim, enquanto outros homens trabalhavam neste gigantesco problema de coletivização, Marx encontrou sua receita quase infantilmente

387

| recipe. All you had to do was to tell the workers that they were being robbed and enslaved by this wicked "Capitalist System" devised by the "bourgeoisie". They need only "unite"; they had "nothing to lose but their chains". The wicked Capitalist System was to be overthrown, with a certain vindictive liquidation of "capitalists" in general and the "bourgeoisie" in particular, and a millennium would ensue under a purely workers' control, which Lenin later on was to crystallise into a phrase of supra-theological mystery, "the dictatorship of the proletariat". The proletarians need learn nothing, plan nothing; they were right and good by nature; they would just "take over". The infinitely various envies, hatreds and resentments of the Have-nots were to fuse into a mighty creative drive. All virtue resided in them; all evil in those who had bettered them. One good thing there was in this new doctrine of the class war, it inculcated a much needed brotherliness among the workers, but it was balanced by the organisation of class hate. So the great propaganda of the class war, with these monstrous falsifications of manifest fact, | simples. Tudo que você tinha a fazer era dizer aos trabalhadores que eles estavam sendo roubados e escravizados por este perverso "sistema capitalista" inventado pela "burguesia". Eles precisam apenas "unir-se"; eles não tinham "nada a perder, a não ser suas correntes". O perverso Sistema Capitalista estava para ser derrubado, com um certo extermínio vingativo de "capitalistas" em geral e da "burguesia" em particular, e um milênio se sucederia sob um controle puramente de trabalhadores, que Lenin, mais tarde, cristalizaria em uma frase do mistério supra-teológico: "a ditadura do proletariado". Os proletários não precisam aprender nada, nem planejar nada; eles estavam certos e eram bons por natureza; precisavam apenas "assumir o controle". As infinitamente diversas invejas, ódios e ressentimentos dos desprovidos estavam para se fundir em um poderoso impulso criativo. Toda virtude residia neles; e todo o mal naqueles que os tinham ultrapassado. Uma coisa boa que havia nessa nova doutrina da luta de classes, é que ela inculcou uma fraternidade muito necessária entre os trabalhadores, mas que foi |

went forth. Collectivisation would not so much be organised as appear magically when the incubus of Capitalism and all those irritatingly well-to-do people, were lifted off the great Proletarian soul.

§ 15 Marx was a man incapable in money matters and much bothered by tradesmen's bills. Moreover he cherished absurd pretensions to aristocracy. The consequence was that he romanced about the lovely life of the Middle Ages as if he were another Belloc and concentrated his animus about the "bourgeoisie", whom he made responsible for all those great disruptive forces in human society that we have considered. Lord Bacon, the Marquis of Worcester, Charles the Second and the Royal Society, people like Cavendish and Joule and Watt for example, all became "bourgeoisie" in his inflamed imagination. "During its reign

balanceada pela organização do ódio de classe. Assim, a grande propaganda da luta de classes, com essas monstruosas falsificações, de fato manifestas, saiu adiante. A coletivização não seria tão organizada quanto, magicamente, ela parece se o pesadelo do Capitalismo e todas aquelas pessoas, irritantemente bem-afortunadas, fossem levadas para longe da grande alma proletária.

§ 15 Marx foi um homem incompetente em matéria de dinheiro e muito incomodado por dívidas a comerciantes. Além do mais, ele adorava pretensões absurdas para a aristocracia. A consequência foi que ele fantasiou sobre a vida encantadora da Idade Média como se ele fosse um outro Belloc, e concentrou sua animosidade sobre a "burguesia", a qual ele responsabilizou por todas essas grandes forças disruptivas na sociedade humana que temos considerado. Lord Bacon, o Marquês de Worcester, Charles II e a Royal Society, pessoas como Cavendish, Joule e Watt, por exemplo, todos se tornaram "burgueses" em sua imaginação inflamada. "Durante seu reinado de apenas um século",

of scarce a century", he wrote in the Communist Manifesto, "the bourgeoisie has created more powerful, more stupendous forces of production than all preceding generations rolled into one . . . . What earlier generations had the remotest inkling that such productive forces slumbered within the wombs of associated labour?"

§ 16 "The wombs of associated labour!" (Golly, what a phrase!) The industrial revolution which was a consequence of the mechanical revolution is treated as the cause of it. Could facts be muddled more completely?

§ 17 And again: " . . . the bourgeois system is no longer able to cope with the abundance of wealth it creates. How does the bourgeoisie overcome these crises? On the one hand, by the compulsory annihilation of a quantity of the productive forces; on the other, by the conquest of new markets and the more thorough exploitation of old ones. With what results? The results are that the way is paved for more widespread and more disastrous crises and that the capacity for averting

escreveu no Manifesto Comunista: "a burguesia criou forças de produção mais poderosas e mais estupendas do que todas as gerações precedentes juntas... Que gerações anteriores tiveram a mais remota ideia de que tais forças produtivas dormiam nas entranhas do trabalho associado?"

§ 16 "As entranhas do trabalho associado!" (Brincadeira, que frase!) A revolução industrial, que foi *consequência* da revolução mecânica, é tratada como a *causa* dela. Os fatos poderiam ser confundidos mais completamente?

§ 17 E de novo: "... o sistema burguês não é mais capaz de consumir a abundância de riqueza que cria. Como a burguesia supera essas crises? Por um lado, pela aniquilação compulsória de uma quantidade das forças produtivas; por outro, pela conquista de novos mercados e pela exploração mais completa dos antigos. Com que resultados? Os resultados são que o caminho é pavimentado para crises mais abrangentes e mais desastrosas e que a capacidade de evitar tais crises é diminuída.

such crises is lessened.

§ 18 "The weapons" (Weapons! How that sedentary gentleman in his vast beard adored military images!) "with which the bourgeoisie overthrew feudalism are now being turned against the bourgeoisie itself.

§ 19 "But the bourgeoisie has not only forged the weapons that will slay it; it has also engendered the men who will use these weapons - the modern workers, the proletarians."

§ 20 And so here they are, hammer and sickle in hand, chest stuck out, proud, magnificent, commanding, in the Manifesto. But go and look for them yourself in the streets. Go and look at them in Russia.

§ 21 Even for 1848 this is not intelligent social analysis. It is the outpouring of a man with a B in his bonnet, the hated Bourgeoisie, a man with a certain vision, uncritical of his own sub-conscious prejudices, but shrewd enough to realise how great a driving force is hate and the inferiority complex. Shrewd enough to use hate and bitter enough to hate. Let anyone read over that

§ 18 "As armas" (Armas! Como aquele cavalheiro sedentário em sua vasta barba adorava imagens militares!) "Com as quais a burguesia derrubou o feudalismo, estão agora sendo apontadas contra a própria burguesia.

§ 19º "Mas a burguesia não só forjou as armas que irão matá-la; também engendrou os homens que usarão essas armas - os trabalhadores modernos, os proletários".

§ 20 E aqui estão eles, martelo e foice na mão, o peito estufado para fora, orgulhosos, esplendorosos, comandando no Manifesto. Mas vá e procure por eles você mesmo nas ruas. Vá e olhe para eles na Rússia.

§ 21 Mesmo para 1848, isso não é uma análise social inteligente. É o derramamento de um homem com um B em seu chapéu contra a odiada burguesia, um homem com uma certa visão sem crítica de seu próprio preconceito subconsciente, mas astuto o suficiente para perceber quão grande força direcionada é o ódio e o complexo de inferioridade. Astuto o suficiente para usar o ódio, e amargo o suficiente

391

Communist Manifesto and consider who might have shared the hate or even have got it all, if Marx had not been the son of a rabbi. Read Jews for Bourgeoisie and the Manifesto is pure Nazi teaching of the 1933-8 vintage.

§ 22 Stripped down to its core in this fashion, the primary falsity of the Marxist assumption is evident. But it is one of the queer common weakness of the human mind to be uncritical of primary assumptions and to smother up any enquiry into their soundness in secondary elaboration, in technicalities and conventional formulæ. Most of our systems of belief rest upon rotten foundations, and generally these foundations are made sacred to preserve them from attack. They become dogmas in a sort of holy of holies. It is shockingly uncivil to say "But that is nonsense". The defenders of all the dogmatic religions fly into rage and indignation when one touches on the absurdity of their foundations. Especially if one laughs. That is blasphemy.

para odiar. Que alguém leia sobre o Manifesto Comunista e considere quem poderia ter compartilhado o ódio ou até ter conseguido todo ele, se Marx não tivesse sido filho de um rabino. Leia *Judeus para a Burguesia* e o Manifesto é puro ensino nazista da safra de 1933-8.

§ 22 Desmistificado seu núcleo desta maneira, a falsidade primária da teoria marxista é evidente. Entretanto, é uma das estranhas fraquezas comuns da mente humana ser acrítica de suposições primárias, e sufocar qualquer investigação sobre a sua solidez na elaboração secundária, nos tecnicismos e fórmulas convencionais. A maioria de nossos sistemas de crença repousa em fundações podres e, geralmente, essas fundações são tornadas sagradas para preservá-los do ataque. Eles se tornam dogmas em uma espécie de santo dos santos. É chocantemente grosseiro dizer "Mas isso é absurdo". Os defensores de todas as religiões dogmáticas voam de raiva e indignação quando alguém fala sobre o absurdo de seus fundamentos. Especialmente se alguém ridiculariza. Isso é blasfêmia.

§ 23 Essa esquiva de

§ 23 This avoidance of fundamental criticism is one of the greatest dangers to any general human understanding. Marxism is no exception to the universal tendency. The Capitalist System has to be a real system, the Bourgeoisie an organised conspiracy against the Workers, and every human conflict everywhere has to be an aspect of the Class War, or they cannot talk to you. They will not listen to you. Never once has there been an attempt to answer the plain things I have been saying about them for a third of a century. Anything not in their language flows off their minds like water off a duck's back. Even Lenin - by far the subtlest mind in the Communist story - has not escaped this pitfall, and when I talked to him in Moscow in 1920 he seemed quite unable to realise that the violent conflict going on in Ireland between the Catholic nationalists and the Protestant garrison was not his sacred insurrection of the Proletariat in full blast.

§ 24 To-day there is quite a number of writers, and among

crítica fundamental é um dos grandiosos perigos para qualquer entendimento humano geral. O marxismo não é exceção à tendência universal. O Sistema Capitalista tem que ser um sistema real, a Burguesia uma conspiração organizada contra os trabalhadores, e todo conflito humano em todo lugar tem que ser um aspecto da Luta de Classes, ou então eles não podem falar com você. Eles não vão ouvir você. Nenhuma vez houve uma tentativa de responder às coisas simples que eu venho dizendo sobre eles por um terço de século. Alguma coisa que não está em sua linguagem, escorre fora de suas mentes como a água para fora das costas de um pato. Até Lenin - *de longe, a mente mais perspicaz da história comunista* - não escapou dessa armadilha e, quando conversei com ele em Moscou em 1920, ele parecia bastante incapaz de perceber que o conflito violento acontecendo na Irlanda, entre os nacionalistas católicos e a guarnição protestante, não era sua insurreição sagrada do Proletariado em plena explosão.

§ 24 Hoje em dia há um extenso número de escritores, e entre eles há

them there are men of science who ought to think better, solemnly elaborating a pseudo-philosophy of science and society upon the deeply buried but entirely nonsensical foundations laid by Marx. Month by month the industrious Left book Club pours a new volume over the minds of its devotees to sustain their mental habits and pickle them against the septic influence of unorthodox literature. A party Index of Forbidden Books will no doubt follow. Distinguished professors with solemn delight in their own remarkable ingenuity, lecture and discourse and even produce serious-looking volumes, upon the superiority of Marxist physics and Marxist research, to the unbranded activities of the human mind. One tries not to be rude to them, but it is hard to believe they are not deliberately playing the fool with their brains. Or have they a feeling that revolutionary communism is ahead, and are they doing their best to rationalise it with an eye to those red days to come? (See Hogben's Dangerous Thoughts.)

homens de ciência que deveriam pensar melhor, mas estão elaborando solenemente uma pseudo-filosofia da ciência e da sociedade sobre as fundações profundamente enterradas, no entanto inteiramente absurdas, colocadas por Marx. Mês a mês, o industrioso Clube do Livro de Esquerda derrama um novo volume sobre as mentes de seus devotos para sustentar seus hábitos mentais e os conservar contra a influência séptica da literatura heterodoxa. Um sarau de *Index* de Livros Proibidos, sem dúvida, seguirá. Professores ilustres com deleite solene em suas próprias engenhosidades notáveis, lecionam e discursam e até mesmo produzem volumes de visão séria sobre a superioridade da Física marxista, e da pesquisa marxista para as atividades da mente humana que deixaram de ser estigmatizadas. Alguém tenta não ser rude com eles, mas é difícil acreditar que eles não estão, deliberadamente, se fazendo de bestas com seus cérebros. Ou eles têm uma sensação de que o comunismo revolucionário está à frente, e eles estão fazendo o seu melhor para racionalizá-lo com um olho naqueles dias vermelhos por vir? (Veja *Pensamentos*

Perigosos de Hogben.)

§ 25 Here I cannot pursue in any detail the story of the Rise and Corruption of Marxism in Russia. It confirms in every particular my contention that the class-war idea is an entanglement and perversion of the world drive towards a world collectivism, a wasting disease of cosmopolitan socialism. It has followed in its general outline the common history of every revolt of the Have-nots since history began. Russia in the shadows displayed an immense inefficiency and sank slowly to Russia in the dark. Its galaxy of incompetent foremen, managers, organisers and so forth, developed the most complicated system of self-protection against criticism, they sabotaged one another, they intrigued against one another. You can read the quintessence of the thing in Littlepage's In Search of Soviet Gold. And like every other Have-not revolt since the dawn of history, hero worship took possession of the insurgent masses. The inevitable Champion appeared. They escape from the Czar and in twenty years they are worshipping Stalin, originally a fairly honest,

§ 25 Aqui eu não posso procurar em algum detalhe a história da *Ascensão e Corrupção do Marxismo na Rússia*. Ela confirma em todos os aspectos a minha argumentação que a ideia de luta de classes é uma confusão, e uma perversão da condução do mundo em direção a um coletivismo mundial, uma doença devastadora do socialismo cosmopolita. Ela tem seguido, em seu esboço geral, a história comum de cada revolta dos desprovidos desde que a história começou. A Rússia nas sombras, exibia uma imensa ineficiência e mergulhava, lentamente, na Rússia das trevas. Sua galáxia de capatazes incompetentes, gerentes, organizadores e assim por diante, desenvolveu o mais complicado sistema de auto-proteção contra a crítica, eles sabotaram-se uns aos outros e intrigaram-se uns contra os outros. Você pode ler a quintessência da coisa nas *Pequenas Páginas da Corrida do Ouro Soviética*. E como em todas as outras revoltas dos desprovidos, desde o início da história, o culto do herói tomou posse das massas insurgentes. O inevitável Campeão apareceu. Eles escapam do czar e, em vinte anos, eles estão

unoriginal, ambitious revolutionary, driven to self-defensive cruelty and inflated by flattery to his present quasi-divine autocracy. The cycle completes itself and we see that like every other merely insurrectionary revolution, nothing has changed; a lot of people have been liquidated and a lot of other people have replaced them and Russia seems returning back to the point at which it started, to a patriotic absolutism of doubtful efficiency and vague, incalculable aims. Stalin, I believe, is honest and benevolent in intention, he believes in collectivism simply and plainly, he is still under the impression that he is making a good thing of Russia and of the countries within her sphere of influence, and he is self-righteously impatient of criticism or opposition. His successor may not have the same disinterestedness.

§ 26 But I have written enough to make it clear why we have to dissociate collectivisation altogether from the class war in our minds. Let us waste no more time on the spectacle of the Marxist putting the cart in front of the horse and tying himself up with the harness.

adorando Stalin, originalmente um revolucionário bastante honesto, ambicioso e não-original, levado à crueldade auto-defensiva e inflado pela lisonja à sua atual autocracia quase-divina. O ciclo se completa e vemos que, como qualquer outra revolução meramente insurrecional, nada foi mudado; um grande número pessoas foi liquidado e muitas outras as substituíram e a Rússia parece voltar ao ponto em que começou, a um absolutismo patriótico de eficiência duvidosa e objetivos vagos e incalculáveis. Creio que Stalin é honesto e benevolente na intenção, ele acredita em coletivismo de forma simples e clara, ele ainda está sob a impressão de que está fazendo uma coisa boa da Rússia e dos países dentro de sua esfera de influência, e está, auto-justificadamente,
impaciente com a crítica ou a oposição. Seu sucessor pode não ter o mesmo desinteresse.

§ 26 Porém, tenho escrito o suficiente para deixar claro o porquê temos de dissociar totalmente em nossas mentes, a coletivização e a luta de classes. Não desperdicemos mais tempo no espetáculo do Marxista colocando a carroça na frente do cavalo, e amarrando a si próprio com os

We have to put all this proletarian distortion of the case out of our minds and start afresh upon the problem of how to realise the new and unprecedented possibilities of world collectivisation that have opened out upon the world in the past hundred years. That is a new story. An entirely different story.

§ 27 We human+beings are facing gigantic forces that will either destroy our species altogether or lift it to an altogether unprecedented level of power and well-being. These forces have to be controlled or we shall be annihilated. But completely controlled they can abolish slavery - by the one sure means of making these things unnecessary. Class-war communism has its opportunity to realise all this, and it has failed to make good. So far it has only replaced one autocratic Russia by another. Russia, like all the rest of the world, is still facing the problem of the competent government of a collective system. She has not solved it.

§ 28 The dictatorship of the proletariat has failed us. We have to look for possibilities

of control in other directions. Are they to be found?

NOTE

A friendly adviser reading the passage on p.47 protests against "the wombs of associated labour" as a mistranslation of the original German of the Manifesto. I took it from the translation of Professor Hirendranath Mukherjee in an Indian students' journal, Sriharsha, which happened to be at my desk. But my adviser produces Lily G. Aitken and Frank C. Budgen in a Glasgow Socialist Labour Press publication, who gave it as "the lap of social labour", which is more refined but pure nonsense. The German word is "schoss", and in its widest sense it means the whole productive maternal outfit from bosom to knees and here quite definitely the womb. The French translation gives "sein", which at the first glance seems to carry gentility to an even higher level. But as you can say in French that an expectant mother carries her child in her "sein", I think Professor Mukherjee has it. Thousands of reverent young Communists must have read that "lap" without observing its absurdity. Marx is trying to make out that the increase of

possibilidades de controle em outras direções. Será que elas serão encontradas?

NOTA

Um amigável conselheiro, lendo a passagem da pág. 47 protesta contra "os úteros do trabalho associado" como uma tradução errada do alemão original do Manifesto. Eu o tirei da tradução do Professor Hirendranath Mukherjee, em um jornal de estudantes indianos, o Sriharsha, que aconteceu de estar na minha mesa. Entretanto, meu conselheiro sugere Lily G. Aitken e Frank C. Budgen em uma publicação da *Glasgow Socialist Labour Press*, que o traduz como "o colo do trabalho social", que é mais refinado, porém puro absurdo. A palavra alemã é "schoss" e, em seu sentido mais amplo, significa todo o aparelho reprodutivo materno, do peito aos joelhos, e aqui, definitivamente, todo o útero. A tradução francesa dá "sein", que à primeira vista parece levar gentileza a um nível ainda mais elevado. Mas como você pode dizer em francês que uma futura mamãe carrega seu filho em seu "sein", acho que o professor Mukherjee tem razão. Milhares de reverentes jovens comunistas devem ter lido

productive efficiency was due to "association" in factories. A better phrase to express his (wrong-headed) intention would have been "the co-ordinated operations of workers massed in factories".	aquele "colo" sem observar seu absurdo. Marx está tentando estabelecer que o aumento da eficiência produtiva se deveu à "associação" nas fábricas. Uma frase melhor para expressar sua intenção (birrenta) teria sido "as operações coordenadas de trabalhadores reunidos em fábricas".

5

UNSALTED YOUTH / JOVENS NÃO-SELVAGENS

§ 1º WE HAVE NOW TO examine these disruptive forces a little more closely, these disruptive forces which are manifestly overstraining and destroying the social and political system in which most of us have been reared. At what particular points in our political and social life are these disruptive forces discovering breaking-points?

§ 2º Chief among these breaking-points, people are beginning to realise more and more clearly, is the common, half-educated young man.

§ 3º One particular consequence of the onrush of power and invention in our time, is the release of a great flood of human energy in the form of unemployed young people. This is a primary factor of the general political

§ 1º AGORA, DEVEMOS examinar essas forças disruptivas um pouco mais de perto, essas forças disruptivas que estão manifestamente sobrecarregando e destruindo o sistema social e político no qual a maioria de nós foi educada. Em que pontos particulares de nossa vida política e social essas forças disruptivas estão descobrindo pontos de ruptura?

§ 2º As pessoas estão começando a perceber, cada vez mais claramente, que é comum que o chefe dentre estes pontos de ruptura, seja o homem jovem semi-educado.

§ 3º Uma consequência particular do avanço do poder e da invenção em nosso tempo, é a liberação de um grande fluxo de energia

instability.

§ 4º We have to recognise that humanity is not suffering, as most animal species when they suffer to do, from hunger or want in any material form. It is threatened not by deficiency but by excess. It is plethoric. It is not lying down to die through physical exhaustion; it is knocking itself to pieces.

§ 5º Measured by any standards except human contentment and ultimate security, mankind appears to be much wealthier now than in 1918. The qualities of power and material immediately available are much greater. What is called productivity in general is greater. But there is sound reason for supposing that a large part of this increased productivity is really a swifter and more thorough exploitation of irreplaceable capital. It is a process that cannot go on indefinitely. It rises to a maximum and then the feast is over. Natural resources are being exhausted at a great rate, and the increased output goes into war munitions whose purpose is destruction, and into sterile indulgences no better than

humana na forma de jovens desempregados. Este é um fator primário da instabilidade política geral.

§ 4º Temos que reconhecer que a Humanidade não está sofrendo, como a maioria das espécies animais, de fome ou escassez de alguma forma material. Está ameaçada não por deficiência, mas por excesso. É extenuante. Ela não está caindo para morrer por exaustão física; está se partindo em pedaços.

§ 5º Medido por quaisquer critérios, exceto o contentamento humano e a segurança definitiva, a Humanidade parece ser muito mais rica agora do que em 1918. As qualidades de poder e de materiais imediatamente disponíveis são muito maiores. O que é chamado de produtividade, em geral, é maior. Mas há uma boa razão para supor que uma grande parte desse aumento da produtividade seja realmente uma exploração mais rápida e mais completa do capital insubstituível. É um processo que não pode continuar indefinidamente. Ele sobe ao máximo e, em seguida, é o fim da festa. Os recursos naturais estão sendo esgotados a um ritmo elevado, e o aumento da

waste. Man, "heir of the ages", is a demoralised spendthrift, in a state of galloping consumption, living on stimulants.

§ 6º When we look into the statistics of population, there is irrefutable proof that everywhere we are passing a maximum (see for this Enid Charles' The Twilight of Parenthood, or R. R. Kuczynski's Measurement of Population Growth) and that a rapid decline is certain not only in Western Europe bur throughout the world. There is sound reason for doubting the alleged vast increase of the Russian people (see Souvarine's Stalin). Nevertheless, because of the continually increasing efficiency of productive methods, the relative pressure of this new unemployed class increases. The "mob" of the twentieth century is quite different from the almost animal "mob" of the eighteenth century. It is a restless sea of dissatisfied young people, of young men who can find no outlet for their natural urgencies and ambitions, young people quite

produção é dividido para munições de guerra cujo objetivo é a destruição, e para indulgências estéreis não melhores do que os resíduos. O homem, "herdeiro dos séculos", é um esbanjador desmoralizado em um estado de consumo galopante, vivendo de estimulantes.

§ 6º Quando olhamos para as estatísticas da população há uma prova irrefutável de que, em todos os lugares, estamos passando por um extremo (Para isto, veja: Enid Charles "*O crepúsculo da paternidade*", ou R. R. Kuczynski "*Medição do crescimento da população*"), e que um rápido declínio é certo, não só na Europa Ocidental mas em todo o mundo. Há razões sólidas para duvidar do suposto aumento da população russa (veja o livro *Stalin* do biógrafo Boris Souvarine). No entanto, devido à crescente eficiência dos métodos produtivos, aumenta a relativa pressão desta nova classe desempregada. A "plebe" do Século XX é bastante diferente da "plebe" quase animal do século XVIII. É um mar agitado de pessoas jovens insatisfeitas, de homens jovens que não conseguem encontrar saída para suas urgências e ambições naturais, jovens

ready to "make trouble" as soon as they are shown how.

§ 7º In the technically crude past, the illiterate Have-nots were sweated and overworked. It was easy to find toil to keep them all busy. Such surplus multitudes are wanted no more. Toil is no longer marketable. Machines can toil better and with less resistance.

§ 8º These frustrated multitudes have been made acutely aware of their own frustration. The gap of their always partly artificial disadvantage has been greatly diminished because now they all read. Even for incidental employment it has been necessary to teach them that, and the new reading public thus created has evoked a press and literature of excitement and suggestion. The cinema and the radio dazzle them with spectacles of luxury and unrestricted living. They are not the helpless Hodges and factory fodder of a hundred years ago. They are educated up to what must have been the middle-class level in 1889. They are indeed largely a squeezed-out middle class, restless, impatient and as we shall see extremely dangerous.

completamente prontos a "causar problemas" assim que forem ensinados a fazê-lo.

§ 7º No passado tecnicamente grosseiro, os desprovidos analfabetos foram sobrecarregados em trabalhos suados. Era fácil encontrar trabalho para mantê-los todos ocupados.Tais multidões excedentes não são mais desejadas. Trabalho pesado não é mais comercializável. As máquinas podem trabalhar melhor e com menos oposição.

§ 8º Essas multidões frustradas têm sido bastante conscientizadas de sua própria frustração. A lacuna de sua desvantagem, até certo ponto sempre artificial, tem sido muito diminuída porque agora todos lêem. Mesmo para a ocupação casual (bicos) tem sido necessário ensiná-los algo, e o novo público alfabetizado que foi criado evocou uma imprensa e uma literatura de excitação e propostas. O cinema e o rádio os deslumbram com espetáculos de luxo e de vida irrestrita. Eles não são os carvoeiros e trabalhadores de forragem de fábrica desamparados de cem anos atrás. Eles são educados até o que deve ter sido o nível da classe média em 1889. Eles são, de fato, em grande parte,

They have assimilated almost all of the lower strata that were formerly illiterate drudges.

§ 9º And this modernised excess population has no longer any social humility. It has no belief in the infallible wisdom of its rulers. It sees them too clearly; it knows about them, their waste, vices and weaknesses, with an even exaggerated vividness. It sees no reason for its exclusion from the good things of life by such people. It has lost enough of its inferiority to realise that most of that inferiority is arbitrary and artificial.

§ 10 You may say that this is a temporary state of affairs, that the fall in population will presently relieve the situation, by getting rid of this surplus of the "not wanted". But it will do nothing of the sort. As population falls, consumption will fall. Industries will still be producing more and more efficiently for a shrinking market and they will be employing fewer and fewer hands. A state of five million people with half a million of useless hands, will be twice as unstable as forty million with

uma classe média espremida, inquietos, impacientes e, como veremos, extremamente perigosos. Eles têm assimilado quase todas as camadas inferiores que antes eram burros-de-carga analfabetos.

§ 9º E esse excesso de população modernizada, não tem mais nenhuma humildade social. Não tem crença na sabedoria infalível de seus governantes. Ele os vê muito claramente; sabe sobre eles, seus desperdícios, vícios e fraquezas, com uma vivacidade ainda exagerada. Não vê razão para sua exclusão das coisas boas da vida por tais pessoas. Ele tem perdido bastante de sua inferioridade para perceber que a maior parte dessa inferioridade é arbitrária e artificial.

§ 10 Você pode dizer que este é um estado de coisas temporário, que a diminuição da população atualmente vai aliviar a situação ao se livrar desse excesso do "indesejado". Mas ele não funcionará para isto. Como a população cai, o consumo vai cair. As indústrias ainda estarão produzindo cada vez mais eficientemente para um mercado em queda e elas estarão empregando cada vez menos mão-de-obra. Um Estado de cinco milhões de

403

two million standing off. So long as the present state of affairs continues, this stratum of perplexed young people "out of it" will increase relatively to the total community.

§ 11 It is still not realised as clearly as it should be, how much the troubles of the present time are due to this new aspect of the social puzzle. But if you will scrutinise the events of the past half century in the light of this idea, you will see more and more convincingly that it is mainly through this growing mass of unfulfilled desire that the disruptive forces manifest themselves.

§ 12 The eager and adventurous unemployed young are indeed the shock troops in the destruction of the old social order everywhere. They find guidance in some confident Party or some inspired Champion, who organises them for revolutionary or counter-revolutionary ends. It scarcely matters which. They become Communists or they become Fascists, Nazis, the Irish Republican Army, Ku Klux Klansmen and so forth and so

pessoas com meio milhão de mãos inúteis, será duas vezes mais instável do que quarenta milhões com dois milhões de pessoas parando. Enquanto o atual estado de coisas continua, este estrato de jovens perplexos "fora dele" irá aumentar relativamente ao total da comunidade.

§ 11 Ainda não se percebeu tão claramente como se deveria, o quanto os problemas atuais são devidos a este novo aspecto do quebra-cabeça social. Mas se você examinar os acontecimentos do último meio século à luz dessa ideia, verá, cada vez mais convincentemente, que é principalmente através dessa crescente massa de desejos não-satisfeitos que as forças disruptivas se manifestam.

§ 12 Os jovens desempregados, ávidos e aventureiros, são de fato as tropas de choque na destruição da velha ordem social em toda parte. Eles encontram orientação em algum partido político ousado ou em algum campeão inspirado, que os organiza para fins revolucionários ou contra-revolucionários. Não importa qual. Eles se tornam comunistas ou se tornam fascistas, nazistas, os irlandeses

on. The essence is the combination of energy, frustration and discontent. What all such movements have in common, is a genuine indignation at the social institutions that have begotten and then cold-shouldered them, a quasi-military organisation and the resolve to seize power for themselves embodied in their leaders. A wise and powerful government would at any cost anticipate and avert these destructive activities by providing various and interesting new employment and the necessary condition for a satisfying successful life for everyone. These young people are life. The rise of the successful leader only puts off the trouble for a time. He seizes power in the name of his movement. And then? When the seizure of power has been effected, he finds himself obliged to keep things going, to create justification for his leadership, exciting enterprises, urgencies.

§ 13 A leader of vision with adequate technical assistance might conceivedly direct much of the human energy he

vão para o Exército Republicano, outros membros da Ku Klux Klan e assim por diante. A essência é a combinação de energia, frustração e descontentamento. O que todos esses movimentos têm em comum é uma genuína indignação contra as instituições sociais que têm dado motivo ao seu surgimento; e, em seguida, com indiferença, uma organização quase militar e a determinação de tomar o poder para si mesmos, incorporadas em seus líderes. Um governo sábio e poderoso anteciparia e evitaria, a qualquer custo, essas atividades destrutivas, proporcionando novos e interessantes empregos e a condição necessária para uma vida bem-sucedida e satisfatória para todos. Esses jovens são a vida. A ascensão do líder de sucesso apenas expõe o problema por um tempo. Ele toma o poder em nome do movimento. E depois? Quando a tomada do poder é efetuada, ele se vê obrigado a manter as coisas funcionando, para criar uma justificativa para sua liderança: empreendimentos empolgantes, urgências.

§ 13 Um líder de visão, com assistência técnica adequada, conseguiria,

| has embodied into creative channels. For example he could rebuild the dirty, inadequate cities of our age, turn the still slovenly countryside into a garden and playground, re-clothe, liberate and stimulate imaginations, until the ideas of creative progress became a habit of mind. But in doing this he will find himself confronted by those who are sustained by the pre-emptions and appropriations of the old order. These relatively well-off people will bargain with him up to the last moment for their money and impede his seizure and utilisation of land and material resources, and will be further hampered by the fact that in organising his young people he has had to turn their minds and capacities from creative work to systematic violence and militant activities. It is easy to make an unemployed young man into a Fascist or gangster, but it is hard to turn him back to any decent social task. Moreover the Champion's own leadership was largely due to his conspiratorial and adventurous quality. He is himself unfit for a creative job. He finds himself a fighter at the head of a fighting pack. | realmente, direcionar grande parte da energia humana para canais criativos. Por exemplo, ele poderia reconstruir as cidades sujas e inadequadas de nossa era, transformar o país ainda desleixado em um jardim e campo de jogos, revitalizar, liberar e estimular a imaginação, até que as ideias de progresso criativo se tornassem um hábito mental. Mas, ao fazer isso, ele se encontrará confrontado por aqueles que são sustentados pelos pré-direitos e apropriações da velha ordem. Essas pessoas relativamente abastadas vão negociar com ele até o último momento para defender seu dinheiro, e impedir sua apreensão e utilização de terras e recursos materiais. E serão ainda mais prejudicadas pelo fato de que, ao organizar seus jovens, ele teve que manipular suas mentes e capacidade de trabalho criativo e canalizar para a violência sistemática e militância. É fácil transformar um homem jovem desempregado num fascista ou num gangster, mas é difícil devolvê-lo a qualquer tarefa social decente. Além disso, a própria liderança do campeão surgiu, em grande parte, devido à sua qualidade conspiratória e aventureira. Ele é inadequado |

§ 14 And furthermore, unless his country is on the scale of Russia and the United States, whatever he attempts in order to make good his promises of an abundant life, has to be done in face of that mutual pressure of the sovereign states due to the abolition of distance and change of scale which we have already considered. He has no elbow-room in which to operate. The resultant of these convergent difficulties is to turn him and his fighting pack releasing flux of predatory war.

§ 15 Everywhere in the world, under varying local circumstances, we see governments primarily concerned with this supreme problem of what to do with these young adults who are unemployable under present conditions. We have to realise that and bear it constantly in mind. It is there in every country. It is the most dangerous and wrong-headed view of the world situation, to treat the totalitarian countries as differing fundamentally from the rest of the world.

§ 16 The problem of reabsorbing the unemployable adult is the essential problem para um trabalho criativo. Ele tem em si próprio um lutador na frente de batalha.

§ 14 E além disso, a menos que seu país esteja na escala da Rússia e dos Estados Unidos, o que ele tentar para cumprir promessas de prosperidade, tem que ser feito diante da pressão mútua dos Estados soberanos, devido à abolição das distâncias e à mudança de escala que já consideramos. Ele não tem margem-de-manobra para operar. O resultado dessas dificuldades convergentes é transformar a ele e à sua equipe-de-frente, liberando o fluxo da guerra predatória.

§ 15 Em todos os lugares do mundo, sob circunstâncias locais variadas, vemos os governos preocupados, principalmente, com esse problema gravíssimo de saber o que fazer com esses jovens adultos que estão ociosos sob as condições atuais. Temos que perceber e ter isso sempre em mente. Ocorre em todos os países. A visão mais perigosa e errada da situação mundial é tratar os países totalitários como fundamentalmente diferentes do resto do mundo.

§ 16 O problema de

in all states. It is the common shape to which all current political dramas reduce. How are we to use up or slake this surplus of human energy? The young are the live core of our species. The generation below sixteen or seventeen has not yet begun to give trouble, and after forty, the ebb of vitality disposes men to accept the lot that has fallen to them.

§ 17 Franklin Roosevelt and Stalin find themselves in control of vast countries under-developed or so misdeveloped that their main energies go into internal organisation or reorganisation. They do not press against their frontiers therefore and they do not threaten war. The recent Russian annexations have been precautionary-defensive. But all the same both Russia and America have to cater for that troublesome social stratum quite as much as Europe. The New Deal is plainly an attempt to achieve a working socialism and avert a social collapse in America; it is extraordinarily parallel to the successive "policies" and "Plans" of the Russian experiment. Americans shirk

reabsorver o adulto desempregado é o problema essencial em todos os Estados. É o padrão ao qual todos os dramas políticos atuais se reduzem. Como vamos aproveitar ou saciar esse excedente de energia humana? Os jovens são o núcleo vivo da nossa espécie. A geração abaixo de dezesseis ou dezessete anos ainda não começou a causar problemas e, depois dos quarenta, o declínio de vitalidade faz com que os homens aceitem o destino que lhes coube.

§ 17 Franklin Roosevelt e Stalin se encontram no controle de vastos países subdesenvolvidos ou, tão desorganizados que suas principais energias se concentram em organização interna ou reorganização. Eles não pressionam suas fronteiras e não ameaçam a guerra. As recentes anexações russas têm sido de precaução defensiva. Mas, do mesmo modo, tanto a Rússia quanto a América têm de atender a estratos sociais tão problemáticos como a Europa. O *New Deal* é, claramente, uma tentativa de alcançar um socialismo em funcionamento e evitar um colapso social na América; é, extraordinariamente, paralelo às sucessivas "políticas" e

408

the word "socialism", but what else can one call it?

§ 18 The British oligarchy, demoralised and slack with the accumulated wealth of a century of advantage, bought off social upheaval for a time by the deliberate and socially demoralising appeasement of the dole. It has made no adequate effort to employ or educate these surplus people; it has just pushed the dole at them. It even tries to buy off the leader of the Labour Party with a salary of £2000 a year. Whatever we may think of the quality and deeds of the Nazi or Fascist regimes or the follies of their leaders, we must at any rate concede that they attempt, however clumsily, to reconstruct life in a collectivist direction. They are efforts to adjust and construct and so far they are in advance of the British ruling class. The British Empire has shown itself the least constructive of all governing networks. It produces no New Deals, no Five Year Plans; it keeps on trying to stave off its inevitable dissolution and carry on upon the old lines - and apparently it will do that until it has nothing more to

"planos" do experimento russo. Os americanos evitam a palavra "socialismo", porém o que mais se pode chamar de "socialismo"?

§ 18 A oligarquia britânica, desmoralizada e frouxa com a riqueza acumulada de um século de vantagens, subornou, por algum tempo, a agitação popular, conseguindo o apaziguamento deliberado e vergonhoso para com a dívida social. Ela não fez nenhum esforço adequado para empregar ou educar essa mão-de-obra excedente; e acabou de empurrar o desemprego para ela. Aquela oligarquia até tenta comprar o líder do Partido Trabalhista com um salário de £ 2000 por ano. Seja o que for que pensemos sobre a qualidade e os atos dos nazistas ou fascistas ou as tolices de seus líderes, devemos admitir, de qualquer modo, que eles tentam, por mais desajeitadamente que seja, reconstruir a vida em uma direção coletivista. São esforços para ajustar e construir e, até agora, estão avançados sobre a classe dominante britânica. O Império Britânico mostrou-se o menos construtivo de todas as redes governamentais. Não produz *New Deals*, nem os Planos

give away.

§ 19 "Peace in our time", that foolishly premature self-congratulation of Mr Chamberlain, is manifestly the guiding principle of the British elder statesman. It is that natural desire we all begin to feel after sixty to sit down comfortably somewhere. Unprogressive tranquillity they want at any price, even at the price of a preventive war. This astonishing bunch of rulers has never revealed any conception whatever of a common future before its sprawling Empire. There was a time when that Empire seemed likely to become the nexus of a world system, but now manifestly it has no future but disintegration. Apparently its rulers expected it to go on just as it was for ever. Bit by bit its component parts have dropped away and become quasi-independent powers, generally after an unedifying struggle; Southern Ireland for example is neutral in the present war, South

Quinquenais soviéticos; ele continua tentando evitar sua inevitável dissolução e continuar com as velhas linhas – e, aparentemente, fará isso até não ter mais nada a oferecer.

§ 19 "Paz em nosso tempo", essa estúpida auto-bajulação prematura do Sr. Chamberlain, é, manifestamente, o princípio orientador do mais importante estadista britânico. É esse desejo natural de nos sentar confortavelmente em algum lugar, que todos nós começamos a sentir depois dos sessenta anos. A tranquilidade incontrolável que eles querem a qualquer preço, mesmo ao preço de uma guerra preventiva. Esse bando de governantes surpreendentes nunca revelou qualquer concepção de um futuro comum antes da expansão de seu império. Houve um tempo em que aquele Império parecia tornar-se o nexo de um sistema mundial, mas agora, claramente, não tem um futuro, mas sim uma desintegração. Aparentemente, seus governantes esperavam que ele continuasse como era para sempre. Pouco a pouco, suas partes componentes se soltaram e se tornaram poderes quase independentes, geralmente

Africa hesitated.

§ 20 Now, and that is why this book is being written, these people, by a string of almost incredible blunders, have entangled what is left of their Empire in a great war to "end Hitler", and they have absolutely no suggestion to offer their antagonists and the world at large, of what is to come after Hitler. Apparently they hope to paralyse Germany in some as yet unspecified fashion and then to go back to their golf links or the fishing stream and doze by the fire after dinner. That is surely one of the most astounding things in history, the possibility of death and destruction beyond all reckoning and our combatant governments have no idea of what is to follow when the overthrow of Hitler is accomplished. They seem to be as void of any sense of the future, as completely empty-headed about the aftermath of their campaigns, as one of those American Tories who are "just out against F.D.R. Damn him!"

depois de uma contenda inútil; a Irlanda do Sul, por exemplo, é neutra na atual guerra, e a África do Sul hesitou.

§ 20 Agora, e é por isso que este livro está sendo escrito, essas pessoas, por uma sequência de erros quase incríveis, entrelaçaram o que restou de seu Império em uma grande guerra para "acabar com Hitler", sem ter absolutamente nenhuma proposta para oferecer a seus antagonistas e ao mundo em geral, sobre o que está por vir depois de Hitler. Aparentemente, eles esperam paralisar a Alemanha de alguma forma ainda não especificada e, em seguida, voltar aos seus campos de golfe ou riachos de pesca e cochilar juntinho ao fogo depois do jantar. Essa é, certamente, uma das coisas mais surpreendentes da história: a possibilidade de morte e destruição além de todos os cálculos, e os países aliados não têm ideia do que seguir quando a derrubada de Hitler for realizada. Eles parecem ser tão vazios de qualquer senso de futuro, como completamente cabeças-ocas sobre as consequências de suas campanhas, como um desses conservadores americanos que dizem apenas: "Fora o Presidente Franklin Delano

§ 21 So the British Empire remains, paying its way down to ultimate bankruptcy, buying itself a respite from the perplexing problems of the future, with the accumulated wealth and power of its past. It is rapidly becoming the most backward political organisation in the world. But sooner or later it will have no more money for the dole and no more allies to abandon nor dominions to yield up to their local bosses, and then possibly its disintegration will be complete (R.I.P.), leaving intelligent English people to line up at last with America and the rest of the intelligent world and face the universal problem. Which is: how are we to adapt ourselves to these mighty disruptive forces that are shattering human society as it is at present constituted?

§ 22 In the compressed countries which have little internal scope and lack the vast natural resources of the Russian and Atlantic communities, the internal tension makes more directly

Roosvelt! Maldito seja ele!"

§ 21 Assim, são os restos do Império Britânico, pagando por sua decadência até a falência final, comprando para si uma trégua dos perplexos problemas do futuro, com a riqueza acumulada e o poder do seu passado. Está rapidamente se tornando a organização política mais atrasada do mundo. Mas, cedo ou tarde, não terá mais dinheiro para repartir e nem mais aliados para abandonar ou domínios para ceder aos seus patrões locais e, então, talvez sua desintegração seja completa (Descanse Em Paz), deixando os ingleses inteligentes alinhados, enfim, com a América e o resto do mundo inteligente para enfrentar o problema universal. Que é: *como devemos nos adaptar a essas poderosas forças disruptivas, que estão abalando a sociedade humana como ela é constituída atualmente?*

§ 22 Nos países espremidos, que têm pouco espaço interno e carecem dos vastos recursos naturais das comunidades russa e atlântica, a tensão interna dirige-se mais diretamente para a campanha de guerra agressiva, mas a força motriz fundamental por

for aggressive warfare, but the fundamental driving-force behind their aggressiveness is still the universal trouble, that surplus of young men.

§ 23 Seen in this broader vision, the present war falls into its true proportions as a stupid conflict upon secondary issues, which is delaying and preventing an overdue world adjustment. That is may kill hundreds of thousands of people does not alter that. An idiot with a revolver can murder a family. He remains an idiot.

§ 24 From 1914 to 1939 has been a quarter of a century of folly, meanness, evasion and resentment, and only a very tedious and copious historian would attempt to distribute the blame among those who had played a part in the story. And when he had done it, what he had done would not matter in the least. An almost overwhelmingly difficult problem has confronted us all, and in some measure we have all of us lost our heads in the face of it, lost our dignity, been too clever by half, pinned ourselves to cheap solutions, quarrelled stupidly among ourselves. "We have erred and strayed . . . . We have lest undone those things that we

trás de sua agressividade ainda é o problema universal, esse excedente de homens jovens.

§ 23 Visto nessa visão panorâmica, a guerra atual cai em suas devidas proporções como um conflito estúpido por questões secundárias, que está atrasando e impedindo um devido ajuste no mundo. Isso pode matar centenas de milhares de pessoas e não resolve as questões. Um idiota com um revólver pode matar uma família, mas continua sendo um idiota.

§ 24 De 1914 a 1939 tem sido um quarto de século de tolices, baixeza, subterfúgios e ressentimentos, e apenas um historiador muito tedioso e vasto tentaria distribuir a culpa entre aqueles que desempenharam um papel na história. E quando ele tivesse findado, seu trabalho não teria importância nenhuma. Um problema quase esmagadoramente difícil nos desafiou e, em certa medida, temos perdido a cabeça diante dele, perdido nossa dignidade, sido inteligentes demais pela metade, nos fixado a soluções baratas e brigado estupidamente entre nós mesmos. "Erramos e nos desviamos ... Abandonamos as coisas que deveríamos ter feito

ought to have done and we have done those things which we ought not to have done and there is no health in us."

§ 25 I do not see any way to a solution of the problem of World Peace unless we begin with a confession of universal wrongthinking and wrong-doing. Then we can sit down to the question of a solution with some reasonable prospect of finding an answer.

§ 26 Now let us assume that "we" are a number of intelligent men, German, French, English, American, Italian, Chinese and so forth, who have decided in consequence of the war and in spite of the war, while the war is still going on, to wipe out all these squabbling bygones from our minds, and discuss plainly and simply the present situation of mankind. What is to be done with the world? Let us recapitulate the considerations that so far have been brought in, and what prospects they open, if any, of some hopeful concerted action, action that would so revolutionise the human outlook as to end war and that hectic recurrent waste of human life and happiness, for

e fizemos as coisas que não devíamos, e não há saúde em nós".

§ 25 Não enxergo nenhum caminho para uma solução do problema da Paz Mundial, a menos que comecemos com uma confissão universal de maus pensamentos e más ações. Então podemos nos sentar para o debate de uma solução com alguma perspectiva razoável de achar resposta.

§ 26 Agora vamos supor que "nós" sejamos um número de homens inteligentes, alemães, franceses, ingleses, americanos, italianos, chineses e assim por diante; que decida em consequência da guerra e apesar da guerra, enquanto a guerra ainda prossegue, (decida) limpar todas essas rixas velhas das nossas mentes e discutir com clareza e simplicidade só a situação atual da Humanidade. O que deve ser feito com o mundo? Vamos recapitular as considerações que foram trazidas até aqui, e ver que perspectivas elas abrem, se houver, de alguma esperança de ação de comum acordo, ação que poderia tanto revolucionar a perspectiva humana quanto acabar com a guerra e com aquele desperdício de vidas humanas e

414

ever.

§ 27 Firstly then it has been made apparent that humanity is at the end of an age, an age of fragmentation in the management of its affairs, fragmentation politically among separate sovereign states and economically among unrestricted business of organisations competing for profit. The abolition of distance, the enormous increase of available power, root causes of all our troubles, have suddenly made what was once a tolerable working system - a system that was perhaps with all its inequalities and injustices the only practicable working system in its time - enormously dangerous and wasteful, so that it threatens to exhaust and destroy our world altogether. Man is like a feckless heir who has suddenly been able to get at his capital and spend it as though it were income. We are living in a phase of violent and irreparable expenditure. There is an intensified scramble among nations and among individuals to acquire, monopolise and spend. The dispossessed young find themselves hopeless unless

de felicidade, agitado e periódico.

§ 27 Primeiramente, parece que a Humanidade está no fim de uma era, uma era de fragmentação na administração de seus negócios, fragmentação política entre Estados soberanos separados e, (fragmentação) econômica entre negócios irrestritos de organizações competindo por lucro. A abolição das distâncias, o enorme aumento da energia produtiva disponível, que são as causas de todos os nossos problemas, de repente, fizeram o que antes era um sistema de trabalho tolerável - um sistema que talvez tivesse todas as desigualdades e injustiças como único modelo de trabalho viável em seu tempo – (fizeram-no tornar-se) extremamente perigoso e esbanjador, de modo que ele ameaça exaurir e destruir completamente nosso mundo. O homem é como um herdeiro pródigo que, subitamente, foi capaz de pegar sua herança e desperdiçá-la como se fosse apenas seu salário. Estamos vivendo uma fase de gastos violentos e irreparáveis. Há uma disputa intensificada entre nações e entre indivíduos para adquirir, monopolizar e gastar. Os jovens desalojados se

they resort to violence. They implement the ever-increasing instability. Only a comprehensive collectivisation of human affairs can arrest this disorderly self-destruction of mankind. All this has been made plain in what has gone before.

§ 28 This essential problem, the problem of collectivisation, can be viewed from two reciprocal points of view and stated in two different ways. We can ask, "What is to be done to end the world chaos?" and also "How can we offer the common young man a reasonable and stimulating prospect of a full life?"

§ 29 These two questions are the obverse and reverse of one question. What answers one answers the other. The answer to both is that we have to collectivise the world as one system with practically everyone playing a reasonably satisfying part in it. For sound practical reasons, over and above any ethical or sentimental considerations, we have to devise a collectivisation that neither

encontram sem esperança, a menos que recorram à violência. Eles dão seguimento a uma instabilidade cada vez maior. Somente uma coletivização compreensiva dos assuntos humanos, pode deter essa autodestruição desordenada da Humanidade. Tudo isso tem sido evidenciado no que aconteceu antes.

§ 28 Esse problema essencial, o problema de coletivização, pode ser visto de dois pontos de vista recíprocos e apresentado de duas maneiras diferentes. Podemos perguntar: "O que deve ser feito para acabar com o caos mundial?" e também "Como podemos oferecer ao homem jovem comum uma perspectiva razoável e estimulante de uma vida plena?"

§ 29 Essas duas perguntas são o verso e o reverso de uma questão. O que responde a uma responde à outra. A resposta para ambas é que temos que coletivizar o mundo como um sistema com, praticamente, todos usufruindo de uma parte razoavelmente satisfatória nele. Por boas razões práticas, além de quaisquer considerações éticas ou sentimentais, temos que idealizar uma coletivização que

416

degrades nor enslaves.

§ 30 Our imaginary world conference then has to turn itself to the question of how to collectivise the world, so that it will remain collectivised and yet enterprising, interesting and happy enough to content that common young man who will otherwise reappear, baffled and sullen, at the street corners and throw it into confusion again. To that problem the rest of this book will address itself.

§ 31 As a matter of fact it is very obvious that at the present time a sort of collectivisation is being imposed very rapidly upon the world. Everyone is being enrolled, ordered about, put under control somewhere - even if it is only in an evacuation or concentration camp or what not. This process of collectivisation, collectivisation of some sort, seems now to be in the nature of things and there is no reason to suppose it is reversible. Some people imagine world peace as the end of that process. Collectivisation is going to be defeated and a vaguely conceived reign of law will

não degrade nem escravize.

§ 30 Nossa conferência mundial imaginária, então, tem que se voltar para a questão de como coletivizar o mundo, para que ele permaneça coletivizado e, mesmo assim, empreendedor, interessante e feliz o suficiente para contentar aquele jovem homem comum que, senão, reaparecerá desorientado e mal-humorado nas esquinas, metido em confusão novamente. Sobre esse problema, o restante deste livro tratará.

§ 31 De fato, é muito óbvio que no momento atual uma espécie de coletivização está sendo imposta ao mundo muito rapidamente. Todos estão sendo recrutados, convocados, colocados sob controle em algum lugar - mesmo que seja apenas em um campo de concentração, de evacuação, etc. Esse processo de coletivização, coletivização de algum tipo, agora parece ser o rumo natural das coisas e não há motivo para achar que seja reversível. Algumas pessoas imaginam a paz mundial como o fim desse processo. A coletivização será derrotada e um reino de leis, negligentemente projetado, restaurará e sustentará a

417

restore and sustain property, Christianity, individualism and everything to which the respectable prosperous are accustomed. This is implicit even on the title of such a book as Edward Mousley's Man or Leviathan? It is much more reasonable to think that world peace has to be the necessary completion of that process, and that the alternative is a decadent anarchy. If so, the phrase for the aims of liberal thought should be no Man or Leviathan but Man masters Leviathan.

§ 32 On this point, the inevitability of collectivisation as the sole alternative to universal brigandage and social collapse, our world conference must make itself perfectly clear.

§ 33 Then it has to turn itself to the much more difficult and complicated question of how.

6
SOCIALISM UNAVOIDABLE

§ 1º LET US, EVEN AT the cost of a certain repetition, look a little more closely now into the fashion in which the disruptive forces are manifesting themselves in the

propriedade, o cristianismo, o individualismo e tudo a que os respeitáveis e ricos estão acostumados. Isso está implícito até mesmo no título de um livro como o *Homem ou Leviatã?*, de Edward Mousley. É muito mais razoável pensar que a paz mundial tem que ser o desfecho necessário desse processo, e que a outra alternativa é uma anarquia decadente. Se for assim, a frase para os objetivos do pensamento liberal deve ser não, Homem ou Leviatã, mas sim Homem domina Leviatã.

§ 32 Neste ponto da inevitabilidade da coletivização como única alternativa à depredação universal e ao colapso social, nossa conferência mundial deve se tornar perfeitamente clara.

§ 33 Então, tem que se voltar para a questão muito mais difícil e complicada de responder "como?".

6
SOCIALISMO INEVITÁVEL

§ 1º MESMO SENDO REPETITIVOS, olhemos um pouco mais de perto a frequência com que as forças disruptivas se manifestam no Ocidente e no Oriente.

418

Western and Eastern hemispheres.

§ 2º In the Old World the hypertrophy of armies is most conspicuous, in America it was the hypertrophy of big business. But in both the necessity for an increasing collective restraint upon uncoordinated over-powerful business or political enterprise is more and more clearly recognised.

§ 3º There is a strong opposition on the part of great interests in America to the President, who has made himself the spear-head of the collectivising drive; they want to put the brake now on his progressive socialisation of the nation, and quite possibly, at the cost of increasing social friction, they may slow down the drift to socialism very considerably. But it is unbelievable that they dare provoke the social convulsion that would ensue upon a deliberate reversal of the engines or upon any attempt to return to the glorious days of big business, wild speculation and mounting unemployment before 1927. They will merely slow down the drive. For in the world now all roads lead to socialism or social

§ 2º No Velho Mundo a hipertrofia de exércitos é mais visível e, na América, a hipertrofia dos grandes negócios. Mas, em ambos, a necessidade de ampliar uma restrição coletiva a empresas super-potentes e sem controle, e também a empreendimentos políticos, é cada vez mais claramente reconhecida.

§ 3º Nos Estados Unidos existe, por parte dos grandes interesses, uma oposição muito forte contra o Presidente, que se tornou o líder da campanha de coletivização; agora eles querem colocar o cabresto na sua progressiva socialização da nação e, possivelmente, ao custo de aumentar a discórdia social, eles podem retardar muito consideravelmente a tendência ao socialismo. Mas é inacreditável que eles se atrevam a provocar a convulsão social que viria em consequência de uma reversão planejada das máquinas ou de qualquer tentativa de retornar aos dias gloriosos dos grandes negócios, da especulação selvagem e dos níveis de desemprego anteriores a 1927. Eles apenas adiarão o inevitável, pois no mundo agora todos os caminhos levam

dissolution.

§ 4º The tempo of the process is different in the two continents; that is the main difference between them. It is not an opposition. They travel at different rates but they travel towards an identical goal. In the Old World at present the socialisation of the community is going on far more rapidly and thoroughly than it is in America because of the perpetual war threat.

§ 5º In Western Europe now the dissolution and the drive towards socialisation progress by leaps and bounds. The British governing class and British politicians generally, overtaken by a war they had not the intelligence to avert, have tried to atone for their slovenly unimaginativeness during the past twenty years in a passion of witless improvisation. God knows what their actual war preparations amount to, but their domestic policy seems to be based on an imperfect study of Barcelona, Guernica, Madrid and Warsaw. They imagine similar catastrophes on a larger scale - although they are quite impossible, as

ou ao socialismo ou à dissolução social.

§ 4º O ritmo do processo é diferente nos dois continentes. Não é uma oposição, essa é a principal diferença entre eles: viajam a velocidades diferentes, mas numa mesma direção. No Velho Mundo, atualmente, a socialização da comunidade está ocorrendo de forma muito mais rápida e completa do que na América, por causa da ameaça perpétua de guerra.

§ 5º Na Europa Ocidental, a dissolução e o avanço em direção à socialização progridem entre os saltos e os obstáculos. A classe governante britânica e os políticos em geral, surpreendidos por uma guerra que eles não tinham inteligência para evitar, tentaram reparar sua desleixada falta de imaginação nos últimos vinte anos, numa euforia de improvisações imbecil. Sabe Deus em que consistem seus atuais preparativos de guerra, mas a sua política interna parece basear-se num estudo mal-feito vindo de Barcelona, Guernica, Madrid e Varsóvia. Eles imaginam catástrofes semelhantes em uma escala maior - embora elas sejam completamente impossíveis,

420

every steady-headed person who can estimate the available supplies of petrol knows - and they have a terrible dread of being held responsible. They fear a day of reckoning with their long-bamboozled lower classes. In their panic they are rapidly breaking up the existing order altogether.

§ 6º The changes that have occurred in Great Britain in less than a year are astounding. They recall in many particulars the social dislocation of Russia in the closing months of 1917. There has been a shifting and mixing-up of people that would have seemed impossible to anyone in 1937. The evacuation of centres of population under the mere exaggerated threat of air raids has been of frantic recklessness. Hundreds of thousands of families have been broken up, children separated from their parents and quartered in the homes of more or less reluctant hosts. Parasites and skin diseases, vicious habits and insanitary practices have been spread, as if in a passion of equalitarian propaganda, the slums of such

como todos os indivíduos inteligentes, que podem estimar os suprimentos disponíveis de petróleo, sabem - e têm um pavor terrível de ser responsabilizados. Eles temem um dia ter que prestar contas com as classes mais baixas, cheias de revoltados. No seu pânico, eles estão rapidamente subvertendo toda a ordem existente.

§ 6º As mudanças que ocorreram na Grã-Bretanha em menos de um ano são surpreendentes. Elas lembram, em muitos aspectos, o deslocamento social da Rússia nos últimos meses de 1917. Houve um instável vai-e-vem de pessoas que pareceria impossível para qualquer um em 1937. A evacuação de centros populacionais só por causa de mero exagero da ameaça de ataques aéreos foi de uma imprudência histérica. Centenas de milhares de famílias foram desmembradas, crianças separadas de seus pais e alojadas em casas de terceiros mais ou menos insatisfeitos. Parasitas e doenças de pele, vícios e práticas sem higiene foram espalhadas nas favelas de centros como Glasgow, Londres e Liverpool, semelhante a uma euforia de propaganda igualitária por todo o mundo. Ferrovias, estradas e

centres as Glasgow, London and Liverpool, throughout the length and breadth of the land. Railways, road traffic, all the normal communications have been dislocated by a universal running about. For a couple of months Great Britain has been more like a disturbed ant-hill than an organised civilised country.

§ 7º The contagion of funk has affected everyone. Public institutions and great business concerns have bolted to remote and inconvenient sites; the BBC organisation, for example, scuffled off headlong from London, needlessly and ridiculously, no man pursuing it. There has been a wild epidemic of dismissals, of servants employed in London, for example, and a still wilder shifting of unsuitable men to novel, unnecessary jobs. Everyone has been exhorted to serve the country, children of twelve, to the great delight of conservativeminded farmers, have been withdrawn from school and put to work on the land, and yet the number of those who have lost their jobs and cannot find anything else to do, has gone up by over 100,000.

§ 8º There have been

todas as comunicações normais foram deslocadas para um corredor universal. Por dois meses, a Grã-Bretanha tem sido mais um formigueiro perturbado do que um país civilizado e organizado.

§ 7º O contágio do pânico afetou a todos. Instituições públicas e grandes empresas preocupadas têm fugido para locais remotos e inconvenientes; a organização da BBC, por exemplo, brigou em Londres, precipitada, desnecessária e ridiculamente, sem que ninguém a apoiasse. Houve uma epidemia selvagem de demissões de empregados que trabalhavam em Londres, por exemplo, e uma instabilidade ainda mais brutal de homens não-adaptados para empregos novos e supérfluos. Todos foram exortados a servir o país: crianças de doze anos, para o grande deleite dos fazendeiros conservadores, têm sido retiradas da escola e colocadas para trabalhar na terra e, mesmo assim, o número dos que perderam seus empregos e não encontraram mais nada para fazer, subiu para mais de 100.000.

§ 8º Tem havido tentativas amadoras de racionar

amateurish attempts to ration food, producing waste here and artificial scarcity there. A sort of massacre of small independent businesses is in progress mainly to the advantage of the big provision-dealing concerns, who changed in a night from open profiteers to become the "expert" advisers of food supply. All the expertise they have ever displayed has been the extraction of profits from food supply. But while profits mount, taxation with an air of great resolution sets itself to prune them.

§ 9º The British public has always been phlegmatic in the face of danger, it is too stout-hearted and too stupid to give way to excesses of fear, but the authorities have thought it necessary to plaster the walls with cast, manifestly expensive, posters, headed with a Royal Crown, "Your courage, your resolution, your cheerfulness will bring us victory."

§ 10 "Oh yus," said the London Cockney. "You'll get the victory all right. Trust you. On my courage, my resolution, my cheerfulness;

alimentos, produzindo desperdício aqui e escassez artificial ali. Uma espécie de massacre de pequenas empresas independentes está em andamento principalmente para favorecer as grandes companhias da campanha-de-abastecimento, cujos sócios, numa noite, mudaram de especuladores para se tornar os consultores "especialistas" em suprimento-alimentar. Todo o conhecimento que eles já demonstraram foi a extração de lucros do suprimento-alimentar. Porém, enquanto os lucros aumentam, a taxação com um ar de grande solução, corta suas asas.

§ 9º O público britânico sempre foi frio diante do perigo, é de coração-valente até demais, e muito estúpido para dar lugar a crises de pânico, mas as autoridades acharam necessário encher as paredes com cartazes caríssimos com uma coroa real escritos: "Sua coragem, sua determinação e sua alegria nos trarão a vitória."

§ 10 O Cockney de Londres disse "Oh yus". "Com certeza vencerá. Confie em si mesmo. E na minha coragem, determinação e na minha alegria; você vai usar 'Tommy Atkins', com certeza. Sorria de

you'll use up 'Tommy Atkins' all right. Larf at 'im in a kindly sort of way and use him. And then you think you'll out him back again on the dust-heap. Again? Twice?"

§ 11 That is all too credible. But this time our rulers will emerge discredited and frustrated from the conflict to face a disorganised population in a state of mutinous enquiry. They have made preposterous promises to restore Poland and they will certainly have to eat their words about that. Or what is more probable the government will have to give place to another administration which will be able to eat those words for them with a slightly better grace. There is little prospect of Thanksgiving Services or any Armistice night orgy this time. People at home are tasting the hardships of war even more tediously and irritating than the men on active service. Cinemas, theatres, have been shut prematurely, black-outs have diminished the safety of the streets and doubled the tale of road casualties. The British crowd is already a sullen crowd. The world has not seen it in such a bad temper for a century and half, and, let there be no mistake about it, it is far

mim de uma forma gentil e use-o. E então, você pensa que o jogará de volta novamente no monte de pó. E de novo? Outra vez?

§ 11 É tudo tão evidente. Mas desta vez nossos governantes emergirão do conflito desacreditados e frustrados para enfrentar uma população desorganizada, em um estado de inquirição e amotinada. Eles fizeram promessas absurdas para restaurar a Polônia e certamente terão que engolir suas palavras sobre isso. Ou, o que é mais provável: o governo terá que dar lugar a outro governo que consiga engolir essas palavras para ele com uma graça um pouco melhor. Há pouca perspectiva de Reconhecimento de Boa-Vontade ou qualquer orgia noturna de Armistício desta vez. As pessoas em casa estão provando as dificuldades da guerra de forma ainda mais tediosa e irritante do que os homens em serviço ativo. Os cinemas e teatros foram fechados prematuramente; os *black-outs* diminuíram a segurança das ruas e duplicaram a história de vítimas da estrada. A multidão britânica já é uma multidão mal-humorada. Não se vê o mundo com tanto mau humor

424

less in a temper with the Germans than it is with its own rulers.

§ 12 Through all this swirling intimidating propaganda of civil disorder and a systematic suppression of news and criticism of the most exasperating sort, war preparation has proceeded. The perplexed and baffled citizen can only hope that on the military side there has been a little more foresight and less hysteria.

§ 13 The loss of confidence and particularly confidence in the government and social order is already enormous. No one feels secure, in his job, in his services, in his savings, any longer. People lose confidence even in the money in their pockets. And human society is built on confidence. It cannot carry on without it.

§ 14 Things are like this already and it is only the opening stage of this strange war. The position of the ruling class and the financial people who have hitherto dominated British affairs is a peculiar

há um século e meio, e, não se engane, ela é muito menos temperamental com os alemães do que com seus próprios governantes.

§ 12 Através de todo esse turbilhão de propaganda intimidadora da desordem civil, e de uma sistemática supressão de notícias e críticas do tipo mais exasperante, a preparação da guerra prosseguiu. O cidadão, perplexo e confuso, só pode esperar que no lado militar tenha havido um pouco mais de previsão e menos histeria.

§ 13 A perda de confiança e, particularmente, a confiança no governo e na ordem social já é enorme. Ninguém se sente seguro em seu trabalho, em seus serviços, em suas poupanças, ao longo do tempo. As pessoas perdem a confiança até mesmo no dinheiro em seus bolsos. E a sociedade humana é alicerçada sobre confiança: não pode prosseguir sem isso.

§ 14 As coisas já estão assim e é apenas a fase de abertura dessa guerra estranha. A posição da classe dominante e das pessoas de finanças que, até agora, dominaram os negócios britânicos é uma coisa peculiar. A proporção da

| one. The cast of the war is already enormous, and there is no sign that it will diminish. Income tax, super tax, death duties, taxes on war profits have been raised to a level that should practically extinguish the once prosperous middle strata of society altogether. The very wealthy will survive in a shorn and diminished state, they will hang on to the last, but the graded classes that have hitherto intervened between them and the impoverished masses of the population, who will be irritated by war sacrifices, extensively unemployed and asking more and more penetrating questions, will have diminished greatly. Only by the most ingenious monetary manipulation, by dangerous tax-dodging and expedients verging on sheer scoundrelism, will a clever young man have the ghost of a chance of climbing by the old traditional money-making ladder, above his fellows. On the other hand, the career of a public employee will become continually more attractive. There is more interest in it and more self-respect. The longer the war continues, the completer and more plainly irreparable will be the dissolution of the old order. | guerra já é enorme e não há sinal de que irá diminuir. O imposto de renda, o super imposto, os impostos sobre a morte e os impostos sobre os lucros da guerra foram elevados a um nível que deveria, praticamente, extinguir completamente a, outrora próspera, classe média da sociedade. Os muito ricos sobreviverão em uma situação de tosquia e diminuição. Eles se suspenderão sobre os últimos, mas as classes intermediárias, que até então intervieram entre aqueles e as massas empobrecidas da população, que estarão irritadas pelos sacrifícios de guerra, crescentemente desempregadas e perguntando questões cada vez mais profundas, (as classes intermediárias) terão diminuído bastante. Somente pela mais engenhosa manipulação financeira, por perigosas sonegações de impostos e expedientes à beira de um escândalo completo, é que um jovem inteligente terá a aparição de uma chance para subir acima de seus colegas pela velha e tradicional escada do dinheiro. Por outro lado, a carreira de um funcionário público se tornará continuamente mais atraente. Há mais interesse nela e mais respeito próprio. Quanto mais a |

§ 15 Now to many readers who have been incredulous of the statement of the first section of this book, that we are living in the End of an Age, to those who have been impervious to the account of the disruptive forces that are breaking up the social order and to the argument I have drawn from them, who may have got away from all that, so to speak, by saying they are "scientific" or "materialistic" or "sociological" or "highbrow", or that Providence that has hitherto displayed such a marked bias in favour of well-off, comfortable, sluggish-minded people is sure to do something nice for them at the eleventh hour, the real inconveniences, alarms, losses and growing disorder of the life about them may at last bring a realisation that the situation in Western Europe is approaching revolutionary conditions. It will be a hard saying for many people in the advantage-holding classes, and particularly if they are middle-aged, that the older has already gone to pieces can

guerra continuar, mais completa e nitidamente irreparável será a dissolução da antiga ordem.

§ 15 Agora, para muitos leitores que não acreditaram na afirmação da primeira seção deste livro, de que estamos vivendo no Fim de uma Era, para aqueles que têm sido insensíveis à explicação das forças disruptivas que estão quebrando a ordem social e, para o argumento que resumi deles, de quem pode ter passado despercebido no geral, por assim dizer, afirmando-se que são "científicos" ou "materialistas" ou "sociológicos" ou "eruditos", ou que a Providência Divina, que até agora demonstrou um preconceito tão acentuado em favor dos ricos, confortáveis e de mente lerda, certamente (essa Providência) fará algo de bom por eles na décima primeira hora. Os verdadeiros inconvenientes, alarmes, perdas e a crescente desordem da vida ao seu redor podem, finalmente, trazer uma percepção de que a situação na Europa Ocidental está se aproximando de condições revolucionárias. Será difícil dizer para muitas pessoas nas classes que detêm vantagens, e principalmente de meia-idade, que os mais velhos já se

never be put back. But how can they doubt it?

§ 16 A revolution, that is to say a more or less convulsive effort at social and political readjustment, is bound to come in all these overstrained countries, in Germany, in Britain and universally. It is more likely than not to arise directly out of the exasperating diminuendos and crescendos of the present war, as a culminating phase of it. Revolution of some sort we must have. We cannot prevent its onset. But we can affect the course of its development. It may end in utter disaster or it may release a new world, far better than the old. Within these broad limits it is possible for us to make up our minds how it will come to us.

§ 17 And since the only practical question before us is the question of how we will take this world revolution we cannot possibly evade, let me recall to your attention the reasons I have advanced in the second section of this book for the utmost public discussion of our situation at the present

despedaçaram e nunca mais poderão voltar. Mas como elas podem duvidar disso?

§ 16 Uma revolução, isto é, um esforço mais ou menos convulsivo no reajuste social e político, deve ocorrer em todos esses países sobrecarregados, na Alemanha, na Grã-Bretanha e universalmente. É mais provável que não surja diretamente dos diminuendos e crescendos exasperantes da guerra atual, como uma fase culminante dela. Algum tipo de revolução nós teremos que ter. Não podemos impedir o seu aparecimento. Mas podemos afetar o curso de seu desenvolvimento. Pode terminar em desastre absoluto ou pode lançar um mundo novo, muito melhor que o antigo. Dentro desses limites largos, é possível decidirmos como isso chegará até nós.

§ 17 E, desde que a única questão prática que temos diante de nós é a de como nos apropriaremos dessa revolução mundial que não podemos, provavelmente, evitar, deixe-me chamar de novo a sua atenção às razões pelas quais avançamos na segunda seção deste livro para a discussão pública mais importante de nossa situação

428

time. And also let me bring back to mind the examination of Marxism in the fourth section. There it is shown how easily a collectivist movement, especially when it is faced by the forcible-feeble resistances and suppressions of those who have hitherto enjoyed wealth and power, may degenerate into an oldfashioned class-war, become conspiratorial, dogmatic and inadaptable, and sink towards leader worship and autocracy. That apparently is what has happened in Russia in its present phase. We do not know how much of the original revolutionary spirit survives there, and a real fundamental issue in the world situation is whether we are to follow in the footsteps of Russia or whether we are going to pull ourselves together, face the stern logic of necessity and produce a Western Revolution, which will benefit by the Russian experience, react upon Russia and lead ultimately to a world understanding.

§ 18 What is it that the Atlantic world finds most objectionable in the Soviet world of to-day? Is it any disapproval of collectivism as such? Only in the case of a

até o presente momento. E também me permitam trazer de volta à mente o exame do marxismo na quarta seção. É demonstrado com que facilidade um movimento coletivista, especialmente quando confrontado com as resistências e supressões fracas por parte dos que, até agora desfrutavam de riqueza e poder, pode degenerar em uma guerra de classes antiquada, tornar-se conspiratório, dogmático, inadaptável, e atolar em direção à adoração de um líder e à autocracia. Aparentemente, foi o que aconteceu na Rússia em sua fase atual. Não sabemos quanto do espírito revolucionário original sobrevive lá, e uma verdadeira questão fundamental na situação mundial é se devemos seguir os passos da Rússia ou se estamos indo dar as mãos, encarar a dura lógica da necessidade e produzir uma Revolução Ocidental que será beneficiada pela experiência russa, reagirá à Rússia e levará, finalmente, a um entendimento do mundo.

§ 18 O que é que o mundo atlântico considera mais desagradável no mundo soviético atual? É uma desaprovação do coletivismo como tal? Somente no caso de uma diminuta minoria de

429

dwindling minority of rich and successful men - and very rarely of the sons of such people. Very few capable men under fifty nowadays remain individualists in political and social matters. They are not even fundamentally anti-Communist. Only it happens that for various reasons the political life of the community is still in the hands of unteachable old-fashioned people. What are called "democracies" suffer greatly from the rule of old men who have not kept pace with the times. The real and effective disapproval, distrust and disbelief in the soundness of the Soviet system lies not in the out-of-date individualism of these elderly types, but in the conviction that it can never achieve efficiency or even maintain its honest ideal of each for all and all for each, unless it has free speech and an insistence upon legally-defined freedoms for the individual within the collectivist framework. We do not deplore the Russian Revolution as a Revolution. We complain that it is not a good enough Revolution and we want a better one.	homens ricos e bem-sucedidos - e muito raramente dos filhos dessas pessoas. Hoje em dia, pouquíssimos homens capazes, com menos de cinquenta anos, permanecem individualistas em matérias políticas e sociais. Eles nem mesmo são fundamentalmente anticomunistas. Apenas acontece que, por várias razões, a vida política da comunidade ainda está nas mãos de pessoas antiquadas e incapazes de aprender. As que são chamadas de "democracias" sofrem muito com o governo de velhos que não acompanharam o ritmo dos tempos. A verdadeira e concreta desaprovação, desconfiança e descrença na solidez do sistema soviético não se encontra no individualismo ultrapassado desses tipos idosos, mas na convicção de que ele nunca poderá alcançar eficiência, ou mesmo manter seu ideal honesto de um por todos e todos por um, a menos que tenha liberdade de expressão e uma insistência em liberdades definidas legalmente para o indivíduo dentro da estrutura coletivista. Não lamentamos a Revolução Russa como uma Revolução. Nós reclamamos que não é uma revolução boa o suficiente e queremos uma melhor.

§ 19 The more highly things are collectivised the more necessary is a legal system embodying the Rights of Man. This has been forgotten under the Soviets, and so men go in fear there of arbitrary police action. But the more functions your government controls the more need there is for protective law. The objection to Soviet collectivism is that, lacking the antiseptic of legally assured personal freedom, it will not keep. It professes to be fundamentally a common economic system based on class-war ideas; the industrial director is under the heel of the Party commissar; the political police have got altogether out of hand; and the affairs gravitate inevitably towards an oligarchy or an autocracy protecting its incapacity by the repression of adverse comment.

§ 20 But these valid criticisms merely indicate the sort of collectivisation that has to be avoided. It does not dispose of collectivism as such. If we in our turn do not wish to be submerged by the wave of Bolshevisation that is evidently advancing from the

East, we must implement all these valid objections and create a collectivisation that will be more efficient, more prosperous, tolerant, free and rapidly progressive than the system we condemn. We, who do not like the Stalinised-Marxist state, have, as they used to say in British politics, to "dish" it by going one better. We have to confront Eastern-spirited collectivism with Western-spirited collectivism.

§ 21 Perhaps this may be better put. We may be giving way to a subconscious conceit here and assuming that the West is always going to be thinking more freely and clearly and working more efficiently than the East. It is like that now, but it may not always be like that. Every country has had its phases of illumination and its phases of blindness. Stalin and Stalinism are neither the beginning nor the end of the collectivisation of Russia.

§ 22 We are dealing with something still almost impossible to estimate, the extent to which the new Russian patriotism and the new Stalin-worship, have effaced and how far they have merely masked, the genuinely

criar uma coletivização que seja mais eficiente, mais próspera, tolerante, livre e rapidamente progressiva do que o sistema que condenamos. Nós, que não gostamos do estado Stalinizado-marxista, temos, como costumavam dizer na política britânica, que "despachá-lo" melhorando-o. Temos que confrontar o coletivismo de espírito oriental com o coletivismo de espírito ocidental.

§ 21 Quiçá isso possa ser melhor colocado. Podemos estar dando lugar a um conceito subconsciente aqui e presumindo que o Ocidente sempre permanecerá pensando com mais liberdade e clareza, e trabalhando mais eficientemente do que o Oriente. Agora é assim, todavia não pode ser sempre desta maneira. Todo país teve suas fases de iluminação e suas fases de cegueira. Stalin e o Stalinismo não são nem o começo nem o fim da coletivização da Rússia.

§ 22 Estamos lidando com algo ainda quase impossível de mensurar: a extensão para a qual o novo patriotismo russo e o novo culto a Stalin têm se arrefecido, e até onde eles meramente mascararam o comunismo

creative international communism of the revolutionary years. The Russian mind is not a docile mind, and most of the literature available for a young man to read in Russia, we must remember, is still revolutionary. There has been no burning of the books there. The Moscow radio talks for internal consumption since the Hitler-Stalin understanding betray a great solicitude on the part of the government to make it clear that there has been no sacrifice of revolutionary principle. That witnesses to the vitality of public opinion in Russia. The clash between the teachings of 1920 and 1940 may have a liberating effect on many people's minds. Russians love to talk about ideas. Under the Czar they talked. It is incredible that they do not talk under Stalin.

§ 23 That question whether collectivisation is to be "Westernised" or "Easternised", using these words under the caveat of the previous paragraph, is really the first issue before the world today. We need a fully ventilated Revolution. Our Revolution has to go on in the light and air. We may have to accept sovietisation à la Russe

internacional genuinamente criativo dos anos revolucionários. A mente russa não é uma mente mansa, e a maioria da literatura disponível para um homem jovem ler na Rússia, devemos lembrar, ainda é revolucionária. Não houve queima de livros lá. A rádio de Moscou fala para consumo interno desde que o Pacto Hitler-Stalin revela uma grandiosa boa vontade por parte do governo visando deixar claro que não houve sacrifício do princípio revolucionário. Isso constata a vitalidade da opinião pública na Rússia. O conflito entre os ensinamentos de 1920 e de 1940 pode ter um efeito libertador na mente de muitas pessoas. Os russos adoram conversar sobre ideias. Eles falavam sobre o Czar. É incrível que não falem sobre Stalin.

§ 23 Essa questão se a coletivização é para ser "Ocidentalizada" ou "Orientalizada", usando essas palavras sob o crivo do parágrafo anterior, é realmente a primeira questão diante do mundo atual. Precisamos de uma revolução totalmente arejada. Nossa revolução tem que continuar na luz e no ar. Talvez tenhamos que aceitar a sovietização totalmente *à la*

433

quite soon unless we can produce a better collectivisation. But if we produce a better collectivisation it is more probable than not that the Russian system will incorporate our improvements, forget its reviving nationalism again, debunk Marx and Stalin, so far as they can be debunked, and merge into the one world state.

§ 24 Between these primary antagonists, between Revolution with its eyes open and Revolution with a mask and a gag, there will certainly be complications of the issue due to patriotism and bigotry and the unteachable wilful blindness of those who do not want to see. Most people lie a lot to themselves before they lie to other people, and it is hopeless to expect that all the warring cults and traditions that confuse the mind of the race to-day are going to fuse under a realisation of the imperative nature of the human situation as I have stated it here. Multitudes will never realise it. Few human+beings are able to change their primary ideas after the middle thirties. They get fixed in them and drive

Russe, a menos que possamos produzir uma coletivização melhor. Entretanto, se produzirmos uma coletivização melhor, é mais provável, de tal modo, que o sistema russo incorpore nossos aperfeiçoamentos, esqueça seu nacionalismo ressuscitado novamente, desacredite Marx e Stalin, na medida em que possam ser desacreditados, e se mesclem no único governo global.

§ 24 Entre esses antagonistas primários, entre a Revolução com os olhos abertos e a Revolução com uma máscara e uma mordaça, certamente haverá as complicações da controvérsia devido ao patriotismo e ao fanatismo, e às cabeças-duras de cegueira intencional daqueles que não querem ver. A maioria das pessoas mente muito para si mesma antes de mentir para os outros, e não há esperança de que todos os cultos e tradições incompatíveis que, atualmente, confundem a mente da raça (humana) se unam sob uma percepção da natureza imperativa da situação humana, como tenho determinado aqui. Multidões nunca perceberão isso. Poucos seres humanos são capazes de mudar suas ideias principais depois dos trinta e

before them no more intelligently than animals drive before their innate impulses. They will die rather than change their second selves.

§ 25 One of the most entangling of these disconcerting secondary issues is that created by the stupid and persistent intrigues of the Roman Catholic Church.

§ 26 Let me be clear here. I am speaking of the Vatican and of its sustained attempts to exercise a directive rôle in secular life. I number among my friends many Roman Catholics who have built the most charming personalities and behaviour systems on the framework provided them by their faith. One of the loveliest characters I have ever known was G. K. Chesterton. But I think he was just as fine before he became a Catholic as afterwards. Still he found something he needed in Catholicism. There are saints of all creeds and of none, so good are better possibilities of human nature. Religious observances provide a frame that many find indispensable for the seemly ordering of their lives. And outside the

poucos anos. Eles se fixam nelas e dirigem diante delas com menos inteligência do que os animais diante de seus impulsos naturais. Eles vão morrer em vez de mudar o seu segundo eu.

§ 25 Uma das mais emaranhadas dessas questões secundárias perturbadoras é a criada pelas intrigas estúpidas e persistentes da Igreja Católica Romana.

§ 26 Deixe-me ser claro aqui. Estou falando do Vaticano e de suas tentativas contínuas de exercer um papel diretivo na vida secular. Enumero entre meus amigos muitos católicos romanos, que construíram as personalidades mais encantadoras e os sistemas de comportamento na estrutura proporcionada a eles por sua fé. Um dos personagens mais adoráveis que já conheci foi G. K. Chesterton. Mas acho que ele estava tão bem antes de se tornar católico quanto depois. Apesar disso, ele achou algo que precisava no catolicismo. Existem santos de todos os credos e de nenhum, daí boas (mesmo) são as melhores possibilidades da natureza humana. As observâncias religiosas fornecem uma base que muitos consideram

435

ranks of "strict" observers many good people with hardly more theology than a Unitarian, love to speak of goodness and kindness as Christianity. So-and-so is a "good Christian". Voltaire, says Alfred Noyes, the Catholic writer, was a "good Christian". I do not use the word "Christianity" in that sense because I do not believe that Christians have any monopoly of goodness. When I write of Christianity, I mean Christianity with a definite creed and militant organisation and not these good kind people, good and kind but not very fastidious about the exact use of the words.

§ 27 Such "good Christians" can be almost as bitterly critical as I am of the continual pressure upon the faithful by that inner group of Italians in Rome, subsidised by the Fascist government, who pull the strings of Church policy throughout the world, so as to do this or that tortuous or uncivilised thing, to cripple education, to persecute unorthodox ways of living.

§ 28 It is to the influence of

indispensável para a própria ordem de suas vidas. E, fora das fileiras de observadores "rigorosos", muitas pessoas boas, com pouco mais teologia do que um Unitarista, adoram falar de bondade e bondade como Cristianismo. Fulano-de-tal é um "bom cristão". Voltaire, diz Alfred Noyes, o escritor católico, foi um "bom cristão". Não uso a palavra "cristianismo" nesse sentido porque não acredito que os Cristãos detenham algum monopólio da bondade. Quando escrevo sobre o Cristianismo, exprimo o Cristianismo com um credo definido e uma organização militante, e não essas pessoas boas e gentis, boas e gentis mas não muito exigentes quanto ao uso exato das palavras.

§ 27 Tais "bons Cristãos", podem ser quase tão cruelmente críticos quanto eu sou da pressão contínua sobre os fiéis por esse grupo interno de italianos em Roma, subsidiado pelo Governo fascista, que puxa as cordinhas da política da Igreja no mundo todo, para fazer isso ou aquilo, coisa sofisticada ou rude, mutilar a educação, perseguir modos de vida heterodoxos.

§ 28 É à influência da Igreja que devemos atribuir o

| the Church that we must ascribe the foolish support by the British Foreign Office of Franco, that murderous little "Christian gentleman", in his overthrow of the staggering liberal renascence of Spain. It is the Roman Catholic influence the British and French have to thank, for the fantastic blundering that involved them in the defence of the impossible Polish state and its unrighteous acquisitions; it affected British policy in respect to Austria and Czechoslovakia profoundly, and now it is doing its utmost to maintain and develop a political estrangement between Russia and the Western world by its prejudiced exacerbation of the idea that Russia is "antiGod" while we Westerners are little children of the light, gallantly fighting on the side of the Cross, Omnipotence, Greater Poland, national sovereignty, the small uneconomic prolific farmer and shopkeeper and anything else you like to imagine constitutes "Christendom".

§ 29 The Vatican strives perpetually to develop the present war into a religious war. It is trying to steal the war. By all the circumstances of its training it is | apoio tolo do Ministério Britânico das Relações Exteriores a Franco, aquele pequeno "cavalheiro cristão" assassino, em sua derrubada do vertiginoso renascimento liberal da Espanha. É a influência Católica Romana que os Britânicos e Franceses têm a agradecer pelas trapalhadas fantásticas que os envolveram na defesa do insustentável Estado polonês e suas aquisições injustas; afetou profundamente a política britânica em relação à Áustria e à Tchecoslováquia, e agora está fazendo o possível para manter e desenvolver um distanciamento político entre a Rússia e o mundo ocidental, por sua ira preconcebida na ideia de que a Rússia é "anti-Deus", enquanto nós ocidentais somos um pouco filhos da luz, lutando galantemente ao lado da Cruz. Onipotência, Grande Polônia, soberania nacional, o pequeno agricultor produtivo não-comerciante, o lojista e quaisquer coisas mais que você puder imaginar constituem "Cristandade".

§ 29 O Vaticano luta perpetuamente para transformar a atual guerra numa guerra religiosa. Está tentando roubar a guerra. Por todas as circunstâncias de seu adestramento, é inacessível. |

unteachable. It knows no better. It will go on - until some economic revolution robs it of its funds. Then as a political influence it may evaporate very rapidly. The Anglican Church and many other Protestant sects, the wealthy Baptists, for example, follow suit. § 30 It is not only in British affairs that this propaganda goes on. With the onset of war France becomes militant and Catholic. It has suppressed the Communist Party, as a gesture of resentment against Russia and a precaution against post-war collectivisation. The Belgian caricaturist Raemaekers is now presenting Hitler day after day as a pitiful weakling already disposed of and worthy of our sympathy, while Stalin is represented as a frightful giant with horns and a tail. Yet both France and Britain are at peace with Russia and have every reason to come to a working understanding with that country. The attitude of Russia to the war has on the whole been cold, contemptuous and reasonable. § 31 It is not as if these devious schemes can take us	Não conhece algo melhor. Ele continuará - até que alguma revolução econômica roube seus fundos. Então, como uma influência política, ele pode evaporar muito rapidamente. A Igreja Anglicana e muitas outras seitas protestantes, os ricos batistas, por exemplo, seguem o modelo. § 30 Não é apenas nos assuntos britânicos que essa propaganda continua. Com o início da guerra, a França se torna militante e católica. Ela suprimiu o Partido Comunista, como um gesto de ressentimento contra a Rússia e uma precaução contra uma coletivização do pós-guerra. O caricaturista belga Raemaekers agora está apresentando Hitler, dia após dia, como um débil deplorável já excluído e digno de nossa compaixão, enquanto Stalin é representado como um gigante assustador com chifres e cauda. Contudo, França e Grã-Bretanha estão em paz com a Rússia e têm todos os motivos para chegar a um acordo de trabalho com aquele país. A atitude da Rússia em relação à guerra, no geral, tem sido fria, desdenhosa e razoável. § 31 Não é como se esses esquemas desonestos pudessem nos levar a algum

438

somewhere; it is not that this restoration of the Holy Roman Empire is a possibility. You confront these Catholic politicians, just as you confront the politicians of Westminster, with these two cardinal facts, the abolition of distance and the change of scale. In vain. You cannot get any realisation of the significance of these things into those idea-proofed skulls. They are deaf to it, blind to it. They cannot see that it makes any difference at all to their long-established mental habits. If their minds waver for a moment they utter little magic prayers to exorcise the gleam.

§ 32 What, they ask, has "mere size" to do with the soul of man, "mere speed, mere power"? What can the young do better than subdue their natural urgency to live and do? What has mere life to do with the religious outlook? The war, these Vatican propagandists insist, is a "crusade" against modernism, against socialism and free thought, the restoration of priestly authority is its end; our sons are fighting to enable

lugar; não é que essa restauração do Sacro Império Romano seja uma possibilidade. Você enfrenta esses políticos católicos, assim como enfrenta os políticos de Westminster, com esses dois fatos principais: a abolição da distância e a mudança de escala. Em vão. Você não pode ter uma compreensão do significado dessas coisas nesses crânios à prova de ideias. Eles são surdos para elas, cegos para isso. Eles não podem ver que isso faz alguma diferença em todos os seus hábitos mentais cauterizados há muito tempo. Se suas mentes vacilam por um momento, aí proferem pequenas orações mágicas para exorcizar o clarão.

§ 32 Eles perguntam: o que tem o "mero tamanho" a ver com a alma do homem, "mera velocidade, mero poder"? O que os jovens podem fazer melhor do que subjugar sua urgente necessidade natural de viver e realizar? O que a mera vida tem a ver com a perspectiva religiosa? A guerra, insistem esses propagandistas do Vaticano, é uma "cruzada" contra o modernismo, contra socialismo e livre pensamento; a restauração da autoridade sacerdotal é o seu fim; nossos

439

the priest to thrust his pious uncleanliness once again between reader and book, child and knowledge, husband and wife, sons and lovers. While honest men are fighting now to put an end to military aggression, to resume indeed that "war to end war" that was aborted to give us the League of Nations, these bigots are sedulously perverting the issue, trying to represent it as a religious war against Russia in particular and the modern spirit in general.

§ 33 The well-trained Moslem, the American fundamentalists, the orthodox Jew, all the fixed cultures, produce similar irrelevant and wasteful resistances, but the Catholic organisation reaches further and is more persistent. It is frankly opposed to human effort and the idea of progress. It makes no pretence about it.

§ 34 Such cross-activities as these complicate, delay and

filhos estão lutando para permitir que o padre aplique novamente sua devoção imunda entre leitor e livro, criança e conhecimento, marido e mulher, nossos filhos e suas namoradas. Enquanto homens honestos estão lutando agora para pôr um fim na agressão militar, para retomar, de fato, aquela "guerra pelo fim da guerra" que foi abortada para nos dar a Liga das Nações, esses fanáticos estão deturpando minuciosamente o assunto, tentando apresentá-lo como uma guerra religiosa contra a Rússia em particular, e contra o espírito moderno em geral.

§ 33 O muçulmano bem-doutrinado, os fundamentalistas americanos, o judeu ortodoxo, todas as culturas imutáveis, produzem idênticas resistências irrelevantes e muito extravagantes, mas a Organização Católica abrange mais e é mais persistente. É, francamente, contrária ao esforço humano e à ideia de progresso. Não faz sequer nenhuma dissimulação sobre isso.

§ 34 Tais ações-opostas como essas, complicam, atrasam e podem até sabotar, efetivamente, todos

may even sabotage effectively every effort to solve the problem of a lucid collectivisation of the world's affairs, but they do not alter the essential fact that it is only through a rationalisation and coalescence of constructive revolutionary movements everywhere and a liberal triumph over the dogmatism of the class war, that we can hope to emerge from the present wreckage of our world.

7

FEDERATION

§ 1º LET US NOW TAKE up certain vaguely constructive proposals which seem at present to be very much in people's minds. They find their cardinal expression in a book called Union Now by Mr Clarence K. Streit, which has launched the magic word "Federation" upon the world. The "democracies" of the world are to get together upon a sort of enlargement of the Federal constitution of the United States (which produced one of the bloodiest civil wars in all history) and then all will be well with us.

§ 2º Let us consider whether

os esforços para resolver o problema de uma coletivização lúcida dos assuntos mundiais, mas não alteram o fato essencial de que é apenas através da racionalização, e união de movimentos revolucionários construtivos em todos os lugares, e um triunfo liberal sobre o dogmatismo da luta de classes, que podemos esperar emergir dos atuais destroços de nosso mundo.

7

FEDERAÇÃO

§ 1º AGORA VAMOS ADMITIR certas propostas vagamente construtivas que, hodiernamente, parecem estar demais na mente das pessoas. Elas encontram sua principal expressão em um livro chamado *União Agora*, do Sr. Clarence K. Streit, que lançou a palavra mágica "Federação" sobre o mundo. As "democracias" do mundo estão para se unir sobre uma espécie de expansão da Constituição Federal dos Estados Unidos (que produziu uma das mais sangrentas guerras civis de toda a história) e então, tudo ficará bem conosco.

§ 2º Deixem-nos refletir se essa palavra

this word "Federation" is of any value in organising the Western Revolution. I would suggest it is. I think it may be a means of mental release for many people who would otherwise have remained dully resistant to any sort of change.

§ 3º This Federation project has an air of reasonableness. It is attractive to a number of influential people who wish with the minimum of adaptation to remain influential in a changing world, and particularly is it attractive to what I may call the liberal-conservative elements of the prosperous classes in America and Great Britain and the Oslo countries, because it puts the most difficult aspect of the problem, the need for collective socialisation, so completely in the background that it can be ignored. This enables them to take quite a bright and hopeful view of the future without any serious hindrance to their present preoccupations.

§ 4º They think that Federation, reasonably defined, may suspend the possibility of war for a considerable period and so lighten the burden of taxation

"Federação" é de algum valor na organização da Revolução Ocidental. Eu sugeriria que é. Eu acho que ela pode ser um meio de libertação mental para muitas pessoas que, senão, teriam permanecido estupidamente resistentes a qualquer tipo de mudança.

§ 3º Este projeto da Federação tem um ar de razoabilidade. É atraente para um número de pessoas influentes que desejam, com o mínimo de adaptação, permanecer influentes num mundo em transição, e, particularmente, é atraente para o que eu posso chamar de elementos liberais-conservadores das classes altas na América, na Grã-Bretanha e nas regiões de Oslo, porque ele coloca o aspecto mais difícil do problema (*a necessidade de socialização coletiva*), tão completamente em segundo plano, que pode ser ignorado. Isso lhes permite ter uma visão bastante radiante e esperançosa do futuro, sem nenhum obstáculo sério às suas preocupações atuais.

§ 4º Eles acham que Federação, razoavelmente definida, pode suspender a possibilidade de guerra por um considerável período e, assim, aliviar a carga da tributação,

that the present crushing demands on them will relax and they will be able to resume, on a slightly more economical scale perhaps, their former way of living. Everything that gives them hope and self-respect and preserves their homes from the worst indignities of panic, appeasement, treason-hunting and the rest of it, is to be encouraged, and meanwhile their sons will have time to think and it may be possible so to search, ransack and rationalise the Streit project as to make a genuine and workable scheme for the socialisation of the world.

§ 5º In The Fate of Homo sapiens I examined the word "democracy" with some care, since it already seemed likely that great quantities of our young men were to be asked to cripple and risk their lives for its sake. I showed that it was still a very incompletely realised aspiration, that its complete development involved socialism and a level of education and information attained as yet by no community in the world. Mr Streit gives a looser, more rhetorical statement - a more idealistic statement, shall we say? - of his conception of democracy, the sort of

para que as atuais demandas esmagadoras sobre si venham a relaxar e eles sejam capazes de retomar, talvez em uma escala um pouco mais econômica, seu antigo modo de vida. Tudo o que lhes dá esperança, respeito-próprio, e preserva seus lares das piores indignidades de pânico, lhes dá apaziguamento, caça-às-deslealdades e o resto disso, deve ser encorajado e, nesse interregno, seus filhos terão tempo para pensar e, então, pode ser possível procurar, esquadrinhar e aperfeiçoar o projeto Streit, de modo a criar um esquema genuíno e viável para a socialização do mundo.

§ 5º Em *O Destino do Homo sapiens*, examinei a palavra "democracia" com algum cuidado, pois já parecia provável que grandes quantidades de nossos homens jovens iam ser convocados para mutilar e arriscar suas vidas por causa disso. Eu mostrei que era, ainda, uma aspiração realizada muito inacabadamente; que seu desenvolvimento completo envolvia socialismo e um nível de educação e informação não alcançados, até agora, por nenhuma comunidade no mundo. O senhor Streit faz uma afirmação vaga, mais retórica - uma afirmação mais

443

statement that would be considered wildly exaggerated even if it was war propaganda, and though unhappily it is remote from any achieved reality, he proceeds without further enquiry as if it were a description of existing realities in what he calls the "democracies" of the world. In them he imagines he finds "governments of the people, by the people, for the people".

§ 6º In the book I have already cited I discuss What is Democracy? And Where is Democracy? I do my best there to bring Mr Streit down to the harsh and difficult facts of the case. I will go now a little more into particulars in my examination of his project.

§ 7º His "founder democracies" are to be: "The American Union, the British Commonwealth (specifically the United Kingdom, the Federal Dominion of Canada, the Commonwealth of Australia, New Zealand, the Union of South Africa, Ireland), the French Republic, Belgium, the Netherlands, the Swiss Confederation,

idealista, digamos? - de sua concepção de democracia, o tipo de afirmação que seria considerada descontroladamente exagerada, mesmo se fosse propaganda de guerra e, embora infelizmente seja distante de qualquer realidade alcançada, ele prossegue sem mais investigações, como se fosse uma descrição das realidades existentes aqui no País, prossegue com o que ele chama de "democracias" do mundo. Nelas, ele imagina que encontra "governos do povo, pelo povo, para o povo".

§ 6º No livro que já citei, discuto O que é democracia? E Onde está a democracia? Faço o meu melhor para trazer o Sr. Streit aos fatos desagradáveis e difíceis do caso. Vou agora detalhar um pouco mais o exame de seu projeto.

§ 7º Suas "democracias fundadoras" são: "A União Americana, a Comunidade Britânica (especificamente o Reino Unido, o Domínio Federal do Canadá, a Comunidade da Austrália, Nova Zelândia, a União da África do Sul, Irlanda), a República Francesa, Bélgica, Países Baixos, Confederação Suíça,

Denmark, Norway, Sweden and Finland."

§ 8º Scarcely one of these, as I have shown in that former book, is really a fully working democracy. And the Union of South Africa is a particularly bad and dangerous case of race tyranny. Ireland is an incipient religious war and not one country but two. Poland, I note, does not come into Mr Streit's list of democracies at all. His book was written in 1938 when Poland was a totalitarian country holding, in defiance of the League of Nations, Vilna, which it had taken from Lithuania, large areas of non-Polish country it had conquered from Russia, and fragments gained by the dismemberment of Czechoslovakia. It only became a democracy, even technically and for a brief period, before its collapse in September 1939, when Mr Chamberlain was so foolish as to drag the British Empire into a costly and perilous war, on its behalf. But that is by the way. None of these fifteen (or ten) "founder democracies" are really democracies at all. So we start badly. But they might be made socialist democracies and their federation might be made something very real indeed -

Dinamarca, Noruega, Suécia e Finlândia".

§ 8º Raramente um deles, como mostrei no livro anterior, é realmente uma democracia totalmente praticável. E a União da África do Sul é um caso particularmente ruim e perigoso de tirania racial. A Irlanda é uma guerra religiosa em gestação e não um país, mas dois. A Polônia, observo, não entra em toda a lista de democracias do Sr. Streit. Seu livro foi escrito em 1938, quando a Polônia era uma terra arrendada de um país totalitário, desafiando a Liga das Nações e Vilna, que havia tomado da Lituânia, com grandes áreas do país não-polonês, que ela havia conquistado da Rússia e áreas obtidas pelo desmembramento da Checoslováquia. Ela só virou uma democracia, mesmo tecnicamente e por um breve período, diante de seu colapso, em setembro de 1939, quando Sr. Chamberlain foi tão tolo que arrastou o Império Britânico para uma guerra dispendiosa e perigosa, em seu favor. Mas isso é de propósito. Nenhuma dessas quinze (ou dez) "democracias fundadoras" são realmente democracias de qualquer jeito. Logo, começamos mal. Mas elas

445

at a price. The U.S.S.R. is a federated socialist system, which has shown a fairly successful political solidarity during the past two decades, whatever else it has done or failed to do.

§ 9º Now let us help Mr Streit to convert his "federation" from a noble but extremely rhetorical aspiration into a living reality. He is aware that this must be done at a price, but I want to suggest that that price is, from what I judge to be his point of view, far greater, and the change much simpler, more general and possibly even closer at hand, than he supposes. He is disposed to appeal to existing administrative organisations, and it is questionable whether they are the right people to execute his designs. One of the difficulties he glosses over is the possible reluctance of the India Office to hand over the control of India (Ceylon and Burma he does not mention) to the new Federation Government, which would also, I presume, take charge of the fairly well governed and happy fifty-odd million people of the Dutch

East Indies, the French colonial empire, the West Indies and so on. This, unless he proposes merely to rechristen the India Office, etc., is asking for an immense outbreak of honesty and competence on the part of the new Federal officialdom. It is also treating the possible contribution of these five or six hundred million of dusky peoples to the new order with a levity inconsistent with democratic ideals.

§ 10 Quite a lot of these people have brains which are as good or better than normal European brains. You could educate the whole world to the not very exalted level of a Cambridge graduate in a single lifetime, if you had schools, colleges, apparatus and teachers enough. The radio, the cinema, the gramophone, the improvements in both production and distribution, have made it possible to increase the range and effectiveness of a gifted teacher a thousandfold. We have seen intensive war preparations galore, but no one has dreamt yet of an

das Índias Orientais Holandesas, do Império Colonial Francês, das Índias Ocidentais e assim por diante. Isto, a menos que ele proponha, pelo menos, re-nomear o Escritório da Índia, etc., está pedindo um imenso surto de honestidade e competência por parte do novo funcionário federal. Também trata a possível contribuição desses quinhentos ou seiscentos milhões de pessoas morenas para a nova ordem, com uma leviandade inconsistente com os ideais democráticos.

§ 10 Extremamente muitas dessas pessoas têm cérebros tão bons ou melhores que os cérebros europeus normais. Você poderia educar, em uma única geração, o mundo inteiro em um nível não tão elevado como de um graduado em Cambridge, se tivesse escolas, faculdades, aparelhos e professores o suficiente. O rádio, o cinema, o gramofone, as melhorias tanto na produção quanto na distribuição, tornaram possível aumentar em mil vezes o alcance e a eficácia de um professor talentoso. Temos visto intensas preparações de guerra em grande quantidade, mas ninguém ainda tinha sonhado com um intenso esforço educacional. Nenhum

intensive educational effort. None of us really like to see other people being educated. They may be getting an advantage over our privileged selves. Suppose we overcome that primitive jealousy. Suppose we speed up - as we are now physically able to do - the education and enfranchisement of these huge undeveloped reservoirs of human capacity. Suppose we tack that on the Union Now idea. Suppose we stipulate that Federation, wherever it extends, means a New and Powerful Education. In Bengal, in Java, in the Congo Free State, quite as much as in Tennessee or Georgia or Scotland or Ireland. Suppose we think a little less about "gradual enfranchisement" by votes and experiments in local autonomy and all these old ideas, and a little more about the enfranchisement of the mind. Suppose we drop that old cant about politically immature peoples.

§ 11 There is one direction in which Mr Streit's proposals are open to improvement. Let us turn to another in which he does not seem to have realised

de nós, realmente, gosta de ver outras pessoas sendo educadas. Elas podem estar obtendo uma vantagem sobre nossos *eus* privilegiados. Suponha que superemos essa inveja primitiva. Suponha que aceleremos – assim como agora somos, fisicamente, capazes de fazer - a educação e a emancipação desses enormes reservatórios subdesenvolvidos de capacidade humana. Suponhamos que acrescentemos isso na ideia da *União Agora*. Suponha que estipulemos que a Federação, para onde se estenda, signifique uma Nova e Poderosa Educação. Em Bengala, em Java, no Estado Livre do Congo, tanto quanto no Tennessee, na Geórgia, na Escócia ou na Irlanda. Suponha que pensemos um pouco menos sobre a "emancipação gradual" por votos e experimentos em autonomia local e todas essas idias antigas, e um pouco mais sobre a emancipação da mente. Suponhamos que deixemos de lado aquele velho jargão sobre povos politicamente imaturos.

§ 11 Há uma direção na qual as propostas do Sr. Streit estão abertas a melhorias. Vamos nos voltar para outra em que ele não parece ter

all the implications of his proposal. This great Union is to have a union money and a union customs-free economy. What follows upon that? More I think than he realises.

§ 12 There is one aspect of money to which the majority of those that discuss it seem to be incurably blind. You cannot have a theory of money or any plan about money by itself in the air. Money is not a thing in itself; it is a working part of an economic system. Money varies in its nature with the laws and ideas of property in a community. As a community moves towards collectivism and communism, for example, money simplifies out. Money is a necessary in a communism as it is in any other system, but its function therein is at its simplest. Payment in kind to the worker gives him no freedom of choice among the goods the community produces. Money does. Money becomes the incentive that "works the worker" and nothing more.

§ 13 But directly you allow individuals not only to obtain

percebido todas as implicações de sua proposta. Esta grande União é para ter um fundo e uma economia unida livre de alfândegas. O que se segue a isso? Mais, eu penso, do que ele imagina.

§ 12 Há um aspecto do dinheiro para o qual a maioria dos que o discutem parece ser, incuravelmente, cega. Você não pode ter uma teoria do dinheiro ou qualquer plano sobre o dinheiro por si só no ar. Dinheiro não é uma coisa em si; é uma parte prática de um sistema econômico. O dinheiro varia em sua natureza com as leis e ideias de propriedade em uma comunidade. À medida que uma comunidade se move em direção ao coletivismo e ao comunismo, por exemplo, o dinheiro se simplifica. O dinheiro é algo necessário em um comunismo, como é em qualquer outro sistema, mas sua função lá é mais simples. O pagamento em espécie ao trabalhador não lhe dá liberdade de escolha entre os bens que a comunidade produz. O dinheiro dá. O dinheiro se torna o incentivo que "faz o trabalhador trabalhar" e nada mais.

§ 13 Entretanto, diretamente, você permite

goods for consumption, but also to obtain credit to produce material for types of production outside the staple productions of the state, the question of credit and debt arises and money becomes more complicated. With every liberation of this or that product or service from collective control to business or experimental exploitation, the play of the money system enlarges and the laws regulating what you may take for it, the company laws, bankruptcy laws and so forth increase. In any highly developed collective system the administration will certainly have to give credits for hopeful experimental enterprises. When the system is not collectivism, monetary operations for gain are bound to creep in and become more and more complicated. Where most of the substantial side of life is entrusted to uncoordinated private enterprise, the intricacy of the money apparatus increases enormously. Monetary manipulation becomes a greater and greater factor in the competitive struggle, not only between individuals and firms, but between states. As Mr Streit himself shows, in an excellent discussion of the

indivíduos não apenas obter bens de consumo, mas também obter crédito para produzir material de moldes para indústria fora das produções essenciais do Estado. A questão do crédito e débito surge, e o dinheiro se torna mais complicado. Com toda liberação deste ou daquele produto ou serviço do controle coletivo para a exploração comercial ou experimental, o jogo do sistema monetário expande e, aumentando as leis, regulando o que lhe é permitido, o confundem, as leis da empresa, as leis de falências e assim por diante. Em qualquer sistema coletivo altamente desenvolvido, o Governo certamente terá que dar créditos a empreendimentos experimentais promissores. Quando o sistema não é coletivismo, as operações monetárias para lucro estão prestes a surgir e se tornam cada vez mais complicadas. Onde a maior parte do lado substancial da vida é confiada a empresas privadas descoordenadas, a complexidade do aparato financeiro aumenta enormemente. A manipulação monetária torna-se um fator cada vez maior na briga competitiva, não apenas entre

abandonment of the gold standard, inflation and deflation become devices in international competition. Money becomes strategic, just as pipe lines and railways can become strategic.

§ 14 This being so it is plain that for the Federal Union a common money means an identical economic life throughout the Union. And this too is implied also in Mr Streit's "customs-free" economy. It is impossible to have a common money when a dollar or a pound, or whatever it is, can buy this, that or the other advantage in one state and is debarred from anything but bare purchases for consumption in another. So that this Federal Union is bound to be a uniform economic system. There can be only very slight variations in the control of economic life.

§ 15 In the preceding sections the implacable forces that make for the collectivisation of the world or disaster, have been exposed. It follows that "Federation" means practically uniform socialism within the

indivíduos e empresas, mas entre Estados. Como o próprio Sr. Streit mostra, em uma excelente discussão do abandono do padrão-ouro, inflação e deflação tornam-se dispositivos na competição internacional. O dinheiro se torna estratégico, assim como as encanações e ferrovias podem se tornar estratégicas.

§ 14 Sendo assim, é evidente que, para a União Federal, um meio de dinheiro comum significa uma vida econômica idêntica em toda a União. E isso também está implícito, ainda, na economia "sem-alfândega" do Sr. Streit. É impossível ter um dinheiro comum quando um dólar ou uma libra, ou o que quer que seja, pode comprar isto, aquilo ou outra vantagem em um Estado e é impedido de qualquer coisa em outro, exceto compras simples para consumo. Para que esta União Federal seja obrigada a ser um sistema econômico uniforme, só pode haver variações muito leves no controle da vida econômica.

§ 15 Nas seções anteriores, as implacáveis forças que se dirigem à coletivização ou desastre do mundo foram expostas. Segue-se que "Federação" significa,

Federal limits, leading, as state after state is incorporated, to world socialism. There manifestly we carry Mr Streit farther than he realises he goes - as yet. For it is fairly evident that he is under the impression that a large measure of independent private business is to go on throughout the Union. I doubt if he imagines it is necessary to go beyond the partial socialisation already achieved by the New Deal. But we have assembled evidence to show that the profit scramble, the wild days of uncorrelated "business" are over for ever.

§ 16 And again though he realises and states very clearly that governments are made for man and not man for governments, though he applauds the great declarations of the Convention that created the American Constitution, wherein "we the people of the United States" overrode the haggling of the separate states and established the American Federal Constitution, nevertheless he is curiously chary of superseding any existing legal governments in the present world. He is chary

praticamente, socialismo uniforme dentro dos limites federais, conduzindo ao socialismo mundial, enquanto Estado após Estado é incorporado. Manifestamente, levamos o Sr. Streit mais longe do que ele tem consciência que vai - até agora. Pois é bastante evidente que ele está sob a impressão de que uma grande quantidade de empresas privadas independentes deve continuar por toda parte da União. Duvido que ele imagine que é necessário ir além da socialização parcial já alcançada pelo New Deal. Mas temos juntado evidências para mostrar que a disputa de lucros, os dias selvagens de "negócios" não cooperados está acabada para sempre.

§ 16 E de novo, não obstante ele perceba e determine muito claramente que os governos são feitos para o homem, e não o homem para os governos, embora ele aplauda as grandes declarações da Convenção que criou a Constituição Americana, na qual "nós, o povo dos Estados Unidos", superamos as picuinhas sobre os estados separados e fundamos a Constituição Federal Americana, em contrapartida, ele é curiosamente econômico ao ignorar alguns governos

of talking of "We the people of the world". But many of us are coming to realise that all existing governments have to go into the melting pot, we believe that it is a world revolution which is upon us, and that in the great struggle to evoke a Westernised World Socialism, contemporary governments may vanish like straw hats in the rapids of Niagara. Mr Streit, however, becomes extraordinarily legal-minded at this stage. I do not think that he realises the forces of destruction that are gathering and so I think he hesitates to plan a reconstruction upon anything like the scale that may become possible.

§ 17 He evades even the obvious necessity that under a Federal Government the monarchies of Great Britain, Belgium, Norway, Sweden, Holland, if they survive at all, must becomes like the mediatised sovereigns of the component states of the former German Empire, mere ceremonial vestiges. Perhaps he thinks that, but he does not say it outright. I do not know

legais existentes no mundo atual. Ele é cuidadoso em falar de "Nós, as pessoas do mundo". Porém, muitos de nós estamos começando a perceber que todos os governos existentes têm que entrar em ebulição; acreditamos que é uma revolução mundial que está sobre nós e, que na grande disputa para decretar o Socialismo Mundial Ocidentalizado, os governos contemporâneos podem desaparecer como chapéus de palha nas Cataratas do Niágara. O Sr. Streit, contraditoriamente, torna-se extraordinariamente legalista neste momento. Eu não acho que ele compreenda as forças de destruição que estão se aglomerando e, portanto, acho que ele titubeia em planejar uma reconstrução sobre algo na escala que pode se tornar possível.

§ 17 Ele evita mesmo a necessidade óbvia de que, sob um governo federal, as monarquias da Grã-Bretanha, Bélgica, Noruega, Suécia, Holanda, se sobreviverem, devem se tornar como os soberanos figurativos dos Estados componentes do antigo Império Alemão, meros vestígios cerimoniais. Talvez ele pense isso, mas ele não diz diretamente. Não sei se ele

if he has pondered the New York World Fair of 1939 nor the significance of the Royal Visit to America in that year, and thought how much there is in the British system that would have to be abandoned if his Federation is to become a reality. In most of the implications of the word, it must cease to be "British". His Illustrative Constitution is achieved with an altogether forensic disregard of the fundamental changes in human conditions to which we have to adapt ourselves or perish. He thinks of war by itself and not as an eruption due to deeper maladaptations. But if we push his earlier stipulations to their necessary completion, we need not trouble very much about that sample constitution of his, which is to adjust the balance so fairly among the constituent states. The abolition of distance must inevitably substitute functional associations and loyalties for local attributions, if human society does not break up altogether. The local divisions will melt into a world collectivity and the main conflicts in a progressively unifying Federation are much more likely to be these between

ponderou sobre a Feira Mundial de Nova York de 1939, nem o significado da Visita Real à América naquele ano, e pensou quanto há no sistema britânico que teria que ser abandonado caso sua Federação se tornasse uma realidade. Na maioria das implicações da palavra, ela deve deixar de ser "britânica". Sua Constituição Ilustrativa é alcançada com um completo recesso forense das mudanças fundamentais nas condições humanas às quais temos que nos adaptar ou perecer. Ele pensa somente na guerra em si mesma e não como uma erupção devido, para ser mais exato, às más-adaptações. Mas, se levarmos suas estipulações anteriores à conclusão necessária, não precisamos nos preocupar demais com a sua constituição de amostra, que está para ajustar o suficiente o equilíbrio entre os Estados constituintes. A abolição da distância deve, inevitavelmente, substituir associações funcionais e lealdades por atribuições locais, se a sociedade humana não se romper por completo. As divisões locais se fundirão em uma coletividade mundial e os principais conflitos em uma Federação progressivamente unificadora; é muito mais

different world-wide types and associations of workers.

§ 18 So far with Union Now. One of Mr Streit's outstanding merits is that he has had the courage to make definite proposals on which we can bite. I doubt if a European could have produced any such book. Its naïve political legalism, its idea of salvation by constitution, and its manifest faith in the magic beneficence of private enterprise, are distinctly in the vein of an American, almost a pre-New Deal American, who has become, if anything, more American, through his experiences of the deepening disorder of Europe. So many Americans still look on at world affairs like spectators at a ball game who are capable of vociferous participation but still have no real sense of participation; they do not realise that the ground is moving under their seats also, and that the social revolution is breaking surface to engulf them in their turn. To most of us - to most of us over forty at any rate - the idea of a fundamental change in our way of life is so unpalatable that we resist it to the last

provável isso entre as associações de trabalhadores e os diferentes tipos no mundo todo.

§ 18 Até agora com o *União Agora*. Um dos méritos ilustres do Sr. Streit é que ele tem tido a coragem de fazer propostas precisas sobre as quais podemos refletir. Eu duvido que um europeu pudesse ter produzido qualquer livro semelhante. Seu legalismo político ingênuo, sua ideia de salvação pela constituição e sua evidente fé na beneficência mágica da empresa privada estão, manifestamente, na veia de um americano, um americano pouco anterior ao New Deal, que tem se tornado, se é que é possível, mais americano, através de suas experiências com o aprofundamento da desordem na Europa. Muitos americanos ainda defrontam os assuntos mundiais como espectadores de um futebol onde são capazes de participação histérica, mas ainda não têm uma compreensão verdadeira de participação; eles não reparam que o chão está se mexendo debaixo de seus tamboretes também, e que no que lhes concerne, a revolução social está emergindo para engoli-los. Para a maioria de nós - para a

455

moment.

§ 19 Mr Streit betrays at times as vivid a sense of advancing social collapse as I have, but it has still to occur to him that that collapse may be conclusive. There may be dark ages, a relapse into barbarism, but somewhen and somehow he thinks man must recover. George Bernard Shaw has recently been saying the same thing.

§ 20 It may be worse that that.

§ 21 I have given Mr Streit scarcely a word of praise, because that would be beside the mark here. He wrote his book sincerely as a genuine contribution to the unsystematic world conference that is now going on, admitting the possibility of error, demanding criticism, and I have dealt with it in that spirit.

§ 22 Unfortunately his word has gone much further than his

maioria de nós com mais de quarenta anos, em todo o caso - a ideia de uma mudança fundamental em nosso modo de vida é tão intragável que resistimos a ela até o último momento.

§ 19 O Sr. Streit, às vezes, trai uma sensação de avanço do colapso social tão viva quanto eu tenho, mas ainda deve-lhe ocorrer que esse colapso pode ser conclusivo. Talvez haja uma idade das trevas, uma recaída no barbarismo, porém de um jeito ou de outro, ele acha que o homem deve se restabelecer. George Bernard Shaw recentemente tem dito a mesma coisa.

§ 20 Pode ser pior que isso.

§ 21 Raramente tenho concedido ao senhor Streit uma palavra de aplauso, porque isso seria chover no molhado. Ele escreveu seu livro sinceramente como uma contribuição genuína à conferência mundial assistemática que está se sucedendo agora, admitindo a possibilidade de erro, exigindo críticas, e eu lidei com esse espírito.

§ 22 Infelizmente, sua palavra tem ido muito além do

book. His book says definite things and even when one disagrees with it, it is good as a point of departure. But a number of people have caught up this word "Federation", and our minds are distracted by a multitude of appeals to support Federal projects with the most various content or with no content at all.

§ 23 All the scores and hundreds of thousands of nice people who are signing peace pledges and so forth a few years ago, without the slightest attempt in the world to understand what they meant by peace, are now echoing this new magic word with as little conception of any content for it. They did not realise that peace means so complicated and difficult an ordering and balancing of human society that it has never been sustained since man became man, and that we have wars and preparatory interludes between wars because that is a much simpler and easier sequence for our wilful, muddle-headed, suspicious and aggressive species. These people still think we can get this new and wonderful state of affairs just by clamouring

seu livro. O livro diz coisas definidas e, mesmo quando alguém discorda com ele, é bom como ponto de partida. Mas um número de pessoas tem adotado a palavra "Federação", e nossas mentes são distraídas por uma multidão de apelos para apoiar projetos federais com o mais variado conteúdo ou sem conteúdo algum.

§ 23 Todas as contagens de centenas de milhares de pessoas distintas que estão assinando compromissos de paz e assim por diante, poucos anos atrás, sem a menor tentativa do mundo para entender o que eles queriam dizer com paz, agora ecoam essa nova palavra-mágica com tão pouca concepção de qualquer conteúdo para ela. Elas não repararam que a paz significa uma ordem e equilíbrio da sociedade humana, tão complicada e difícil, que nunca foi mantida desde que o homem tornou-se homem, e que temos guerras e intervalos preparatórios entre elas, porque isso é uma sequência muito simplificadora e facilitadora para nossa espécie teimosa, confusa, cabreira e agressiva. Esse povo ainda pensa que nós podemos conquistar esse novo e maravilhoso estado de coisas

for it.

§ 24 And having failed to get peace by saying "Peace" over and over again, they are now with an immense sense of discovery saying "Federation". What must happen to men in conspicuous public positions I do not know, but even an irresponsible literary man like myself finds himself inundated with innumerable lengthy private letters, hysterical post-cards, pamphlets from budding organisations, "declarations" to sign, demands for subscriptions, all in the name of the new panacea, all as vain and unproductive as the bleating of lost sheep. And I cannot open a newspaper without finding some eminent contemporary writing a letter to it, saying gently, firmly and bravely, the same word, sometimes with bits of Union Now tacked on to it, and sometimes with minor improvements, but often with nothing more than the bare idea.

§ 25 All sorts of idealistic movements for world peace

apenas clamando por ele.

§ 24 E, tendo fracassado em obter a paz através de pronunciar "Paz" repetidas vezes, de novo, agora estão com um imenso senso de descoberta pronunciando "Federação". O que deve acontecer com homens em posições públicas conspícuas eu não sei, mas mesmo um homem letrado irresponsável como eu, se vê inundado de inumeráveis cartas particulares compridas, cartões postais históricos, panfletos de organizações emergentes, "declarações" para assinar, pedidos de assinatura, tudo em nome da nova panacéia, tudo tão em vão e improdutivo quanto o balido de ovelhas perdidas. E não consigo abrir um jornal sem encontrar algum eminente contemporâneo escrevendo-lhe uma carta, dizendo gentilmente, firme e bravamente, a mesma palavra, às vezes, com trechos de *União Agora* grudados nela, e outras vezes com pequenas melhorias, porém, amiúde sem nada mais do que a simples ideia.

§ 25 Todos os tipos de movimentos idealistas pela paz mundial, que vêm debatendo internamente sem chamar atenção por anos e anos, foram estimulados a seguir a nova

458

which have been talking quietly to themselves for years and years have been stirred up to follow the new banner. Long before the Great War there was a book by Sir Max Waechter, a friend of King Edward the Seventh, advocating the United States of Europe, and that inexact but flattering parallelism to the United States of America has recurred frequently; as a phase thrown out by Monsieur Briand for example, and as a project put forward by an Austrian-Japanese writer, Count Coudenhove-Kalergi, who even devised a flag for the Union. The main objection to the idea is that there are hardly any states completely in Europe, except Switzerland, San Marino, Andorra and a few of the Versailles creations. Almost all the other European states extend far beyond the European limits both politically and in their sympathies and cultural relations. They trail with them more than half mankind. About a tenth of the British Empire is in Europe and still less of the Dutch Empire; Russia, Turkey, France, are less European than not; Spain and Portugal have their closest links with South America.

§ 26 Few Europeans think of

bandeira. Muito antes da Grande Guerra, havia um livro de Sir Max Waechter, amigo do Rei Edward VII, defendendo os Estados Unidos da Europa, e esse paralelismo inexato, todavia bajulador com os Estados Unidos da América, tem acontecido frequentemente, como um período lançado por Monsieur Briand, por exemplo, e um projeto apresentado por um escritor austro-nipônico, o Conde Coudenhove-Kalergi, que até criou uma bandeira para a União. A principal objeção à ideia é que dificilmente há quaisquer Estados integralmente na Europa, exceto a Suíça, San Marino, Andorra e algumas das criações de Versalhes. Quase todos os outros Estados europeus se estendem muito além dos limites europeus, tanto politicamente quanto em suas fraternidades e relações culturais. Eles constituem mais da metade da Humanidade. Ao redor de um décimo do Império Britânico está na Europa e menos ainda do Império Holandês; Rússia, Turquia, França, são menos europeias do que não; Espanha e Portugal têm suas ligações mais próximas com a América do Sul.

§ 26 Poucos europeus

themselves as "Europeans". I, for example, am English, and a large part of my interests, intellectual and material, are Transatlantic. I dislike calling myself "British" and I like to think of myself as a member of a great English-speaking community, which spreads irrespective of race and colour round and about the world. I am annoyed when an American calls me a "foreigner" - war with America would seem to me just as insane as war with Cornwall - and I find the idea of cutting myself off from the English-speaking peoples of America and Asia to follow the flag of my AustrianJapanese friend into a federally bunched-up European extremely unattractive.

§ 27 It would, I suggest, be far easier to create the United States of the World, which is Mr Streit's ultimate objective, than to get together the so-called continent of Europe into any sort of unity.

§ 28 I find most of these United States of Europe movements are now jumping on to the Federation bandwagon.

se consideram "europeus". Eu, por exemplo, sou inglês e grande parte de meus interesses, intelectuais e materiais, é transatlântica. Não gosto de chamar a mim mesmo de "britânico" e gosto de pensar em mim como membro de uma grande comunidade de língua inglesa, que se espalha sobre todo o mundo independentemente de raça e cor. Eu fico com raiva quando um americano me chama de "estrangeiro" - uma guerra com a América me pareceria somente tão insana quanto a guerra com a Cornualha - e acho a ideia de me afastar dos povos de língua inglesa da América e da Ásia para seguir A bandeira do meu amigo austro-nipônico em um amontoado federal europeu, extremamente antipática.

§ 27 Eu aconselho que devia ser muito mais fácil criar os Estados Unidos do Mundo, que é o objetivo final do Sr. Streit, do que conseguir juntar o, assim chamado, continente da Europa em qualquer tipo de unidade.

§ 28 Eu acho que a maioria desses movimentos dos Estados Unidos da Europa agora está passando para o lado da Federação.

§ 29 My old friend and antagonist, Lord David Davies, for instance, has recently succumbed to the infection. He was concerned about the problem of a World Pax in the days when the League of Nations Society and other associated bodies were amalgamated in the League of Nations Union. He was struck then by an idea, an analogy, and the experience was unique for him. He asked why individuals went about in modern communities in nearly perfect security from assault and robbery, without any need to bear arms. His answer was the policeman. And from that he went on to the question of what was needed for states and nations to go their ways with the same blissful immunity from violence and plunder, and it seemed to him a complete and reasonable answer to say "an international policeman". And there you were! He did not see, he is probably quite incapable of seeing, that a state is something quite different in its nature and behaviour from an individual human+being. When he was asked to explain how that international policeman was to be created and sustained, he just went on saying "international

§ 29 Meu velho amigo e antagonista, Lorde David Davies, por exemplo, recentemente sucumbiu à infecção. Ele estava preocupado com o problema de uma *Pax* Mundial nos dias em que a Sociedade da Liga das Nações e outros órgãos associados foram fundidos na União da Liga das Nações. Ele foi atingido, então, por uma ideia, uma analogia, e a experiência foi única para ele. Ele perguntou por que os indivíduos estavam em comunidades modernas, com segurança quase perfeita contra assaltos e roubos, sem nenhuma necessidade de portar armas. Sua resposta foi o policial. E a partir daí ele passou à questão do que era necessário para que Estados e nações seguissem seus caminhos com a mesma imunidade feliz contra a violência e roubo, e lhe pareceu uma resposta completa e razoável dizer: "um policial internacional". E você estava lá! Ele não viu, e com quase certeza, é totalmente incapaz de ver que um Estado é algo muito diferente, em sua natureza e comportamento, de um ser + humano individual. Quando lhe pediram para explicar como aquele policial internacional iria ser criado e

policeman". He has been saying it for years. Sometimes it seems it is to be the League of Nations, sometimes the British Empire, sometimes an international Air Force, which is to undertake this grave responsibility. The bench before which the policeman is to hale the offender and this position of the lock-up are not indicated. Finding our criticisms uncongenial, his lordship went off with his great idea, like a penguin which has found an egg, to incubate it alone. I hope he will be spared to say "international policeman" for many years to come, but I do not believe he has ever perceived or ever will perceive that, brilliant as his inspiration was, it still left vast areas of the problem in darkness. Being a man of considerable means, he has been able to sustain a "New Commonwealth" movement and publish books and a periodical in which his one great idea is elaborated rather than developed.

§ 30 But I will not deal further with the very incoherent multitude that now echoes this word "Federation". Many among them will cease to

sustentado, ele só continuou dizendo "policial internacional". Ele está dizendo isso há anos. Às vezes parece que é para ser a Liga das Nações, às vezes o Império Britânico, às vezes uma Força Aérea Internacional, que deve assumir essa grave responsabilidade. O tribunal sob cujo policial deve apresentar o criminoso e tal lugar da prisão não são indicados. Achando nossas críticas desagradáveis, Sua Senhoria disparou com sua brilhante ideia, como um pinguim que encontrou um ovo, para chocá-lo sozinho. Espero que ele seja poupado para dizer "policial internacional" por muitos anos adiante, mas não acredito que ele nunca tenha percebido ou jamais perceberá que, por mais brilhante que tenha sido sua inspiração, ela ainda escanteou vastas áreas do problema na escuridão. Sendo um homem de muitas posses, ele foi capaz de sustentar um movimento da "Nova Comunhão da Riqueza" e publicar livros e um periódico no qual sua única grande ideia é mais elaborada do que desenvolvida.

§ 30 Contudo, eu não vou mais tratar com a multidão exageradamente incoerente que, agora, ecoa esta palavra:

cerebrate further and fall by the wayside, but many will go on thinking, and if they go on thinking they will come to perceive more and more clearly the realities of the case. Federation, they will feel, is not enough.

§ 31 So much for the present "Federalist" front. As a fundamental basis of action, as a declared end, it seems hopelessly vague and confused and, if one may coin a phrase, hopelessly optimistic. But since the concept seems to be the way to release a number of minds from belief in the sufficiency of a League of Nations, associated or not associated with British Imperialism, it has been worth while to consider how it can be amplified and turned in the direction of that full and open-eyed world-wide collectivisation which a study of existing conditions obliges us to believe is the only alternative to the complete degeneration of our species. | "Federação". Muitos deles findarão de celebrar mais e cairão no esquecimento, mas muitos continuarão pensando, e se eles continuarem pensando, vão entender cada vez mais claramente as realidades do caso. Eles sentirão que Federação não basta.

§ 31 Tanta coisa para a atual frente "Federalista". Como uma base fundamental da ação, como um objetivo declarado, parece desesperadamente vago e confuso e, se é possível alguém cunhar uma frase, será desesperadamente otimista. Porém, desde que o conceito parece ser o caminho para libertar inúmeras mentes da crença na suficiência de uma Liga de Nações, associada ou não ao Imperialismo Britânico, ele tem sido válido embora considere como possa ser ampliado e transformado na direção daquela vasta coletivização mundial completa e de olhos abertos, *[coletivização mundial]* a qual um estudo das condições existentes nos obriga a acreditar que é a única alternativa contra a degeneração total de nossa espécie. |

8

THE NEW TYPE OF REVOLUTION

§ 1º LET US RETURN TO our main purpose, which is to examine the way in which we are to face up to this impending World Revolution.

§ 2º To many minds this idea of Revolution is almost inseparable from visions of street barricades made of paving-stones and overturned vehicles, ragged mobs armed with impromptu weapons and inspired by defiant songs, prisons broken and a general jail delivery, palaces stormed, a great hunting of ladies and gentlemen, decapitated but still beautiful heads on pikes, regicides of the most sinister quality, the busy guillotine, a crescendo of disorder ending in a whiff of grapeshot. . . .

§ 3º That was one type of Revolution. It is what one might call the Catholic type of Revolution, that it is to say it is the ultimate phase of a long period of Catholic living and teaching. People do not realise this and some will be

indignant at its being stated so barely. Yet the facts stare us in the face, common knowledge, not to be denied. That furious, hungry, desperate, brutal mob was the outcome of generations of Catholic rule, Catholic morality and Catholic education. The King of France was the "Most Christian King, the eldest son of the Church", he was master of the economic and financial life of the community, and the Catholic Church controlled the intellectual life of the community and the education of the people absolutely. That mob was the outcome. It is absurd to parrot that Christianity has never been tried. Christianity in its most highly developed form has been tried and tried again. It was tried for centuries fully and completely, in Spain, France, Italy. It was responsible for the filth and chronic pestilence and famine of medieval England. It inculcated purity but it never inculcated cleanliness. Catholic Christianity had practically unchallenged power in France for generations. It was free to teach as it chose and as much as it chose. It dominated the common life entirely. The Catholic system in France	se indignarão por sua existência mencionada tão pouco. No entanto, os fatos nos fitam na face, conhecimento público, para não ser desmentido. Aquela multidão furiosa, faminta, desesperada e brutal foi o resultado de gerações de leis católicas, moralidade católica e educação católica. O Rei da França era o "Rei mais Cristão, o filho mais velho da Igreja", ele era o mestre da vida econômica e financeira da comunidade, e a Igreja Católica controlava completamente a vida intelectual da comunidade e a educação do povo. Aquela multidão foi a consequência. É absurdo papaguear que o cristianismo nunca foi tentado. O cristianismo, em sua forma mais altamente desenvolvida, foi tentado e tentado de novo. Foi tentado por séculos, total e completamente, na Espanha, França, Itália. Ele foi responsável pela sujeira, pestilência crônica e fome da Inglaterra medieval. Inculcava pureza, mas nunca inculcava limpeza. O cristianismo católico praticamente não contestou o poder na França durante gerações. Ela era livre para ensinar como quisesse e tanto quanto quisesse. Dominou totalmente a vida comum. O sistema católico na

cannot have reaped anything it did not sow, for no other sowers were allowed. That hideous mob of murderous ragamuffins we are so familiar with in pictures of the period, was the final harvest of its regime.

§ 4º The more Catholic reactionaries revile the insurgent common people of the first French Revolution, the more they condemn themselves. It is the most impudent perversion of reality for them to snivel about the guillotine and the tumbrils, as though these were not purely Catholic products, as though they came in suddenly from outside to wreck a genteel Paradise. They were the last stage of the systematic injustice and ignorance of a strictly Catholic regime. One phase succeeded another with relentless logic. The Maseillaise completed the life-cycle of Catholicism.

§ 5º In Spain too and in Mexico we have seen undisputed educational and moral Catholic ascendancy, the Church with a free hand, producing a similar uprush of blind resentment. The crowds there also were cruel and

blasphemous; but Catholicism cannot complain; for Catholicism hatched them. Priests and nuns who had been the sole teachers of the people were insulted and outraged and churches defiled. Surely if the Church is anything like what it claims to be, the people would have loved it. They would not have behaved as though sacrilege was a gratifying relief.

§ 6º But these Catholic Revolutions are only specimens of one single type of Revolution. A Revolution need not be a spontaneous storm of indignation against intolerable indignities and deprivations. It can take quite other forms.

§ 7º As a second variety of Revolution, which is in sharp contrast with the indignation-revolt in which so many periods of unchallenged Catholic ascendancy have ended, we may take what we may call the "revolution conspiracy", in which a number of people set about organising the forces of discomfort and resentment and loosening the grip of the government's forces, in order to bring about a fundamental

era cruel e blasfema; mas o catolicismo não pode reclamar; porque o catolicismo os concebeu. Padres e freiras, que tinham sido os únicos professores do povo, foram insultados e ultrajados e igrejas depredadas. Com certeza, se a Igreja fosse aquilo que ela diz que é, as pessoas teriam gostado dela. Elas não teriam se comportado como se o sacrilégio fosse um extravasamento gratificante.

§ 6º Mas essas revoluções católicas são apenas espécimes de um único tipo de revolução. Uma revolução não precisa ser uma trovoada espontânea de indignação contra desumanidades e privações intoleráveis. Pode assumir muitas outras formas.

§ 7º Como uma segunda variedade de Revolução, que está em contraste agudo com a revolta-indignação na qual tantos e tantos períodos de incontestável ascensão católica terminaram, vamos usar o que a gente pode chamar de "conspiração revolução", na qual uma quantidade de pessoas começa organizando as forças de desconforto e ressentimento e afrouxando o controle das forças do governo, no intuito de acarretar uma

change of system. The ideal of this type is the Bolshevik Revolution in Russia, provided it is a little simplified and misunderstood. This, reduced to a working theory by its advocates, is conceived of as a systematic cultivation of a public state of mind favourable to a Revolution together with an inner circle of preparation for a "seizure of power". Quite a number of Communist and other leftish writers, bright young men, without much political experience, have let their imaginations loose upon the "technique" of such an adventure. They have brought the Nazi and Fascist Revolutions into the material for their studies. Modern social structure with its concentration of directive, information and coercive power about radio stations, telephone exchangers, newspaper offices, police stations, arsenals and the like, lends itself to quasi-gangster exploitation of this type. There is a great rushing about and occupation of key centres, an organised capture, imprisonment or murder of possible opponents, and the country is confronted with fait accompli. The regimentation of the more or less reluctant	mudança fundamental de sistema. O ideal deste tipo é a Revolução Bolchevique na Rússia, desde que ela é um pouco simplificada e incompreendida. Isto, reduzido a uma teoria que funciona por seus defensores, é concebido como um cultivo sistemático de um estado de espírito público favorável a uma Revolução, juntamente com um círculo reservado de preparação para uma "tomada de poder". Um número considerável de escritores comunistas e outros esquerdistas, jovens homens brilhantes, sem muita experiência política, têm deixado suas imaginações perdidas sobre a "técnica" de uma tamanha aventura. Eles têm buscado as revoluções nazi-fascistas no material para seus estudos. A estrutura social moderna, com sua concentração de autoridade, informação e poder coercitivo sobre estações de rádio, telefonia, escritórios de jornais, delegacias de polícia, armamentos e afins, presta-se à exploração quase-mafiosa deste tipo. Há um grande tumulto e uma ocupação de centros-chave, uma captura organizada, prisão ou assassinato de possíveis opositores, e o país é confrontado com um fato consumado. Segue o

population follows.

§ 8º But a Revolution need be neither an explosion nor a coup d'état. And the Revolution that lies before us now as the only hopeful alternative to chaos, either directly or after an interlude of world communism, is to be attained, if it is attained at all, by neither of these methods. The first is too rhetorical and chaotic and leads simply to a Champion and tyranny; the second is too conspiratorial and leads through an obscure struggle of masterful personalities to a similar end. Neither is lucid enough and deliberate enough to achieve a permanent change in the form and texture of human affairs.

§ 9º An altogether different type of Revolution may or may not be possible. No one can say that it is possible unless it is tried, but one can say with some assurance that unless it can be achieved the outlook for mankind for many generations at least is hopeless. The new Revolution aims essentially at a change in directive ideas. In its

recrutamento da população mais ou menos relutante.

§ 8º Entretanto, uma revolução não precisa ser nem uma explosão nem um golpe de Estado. E a Revolução que assenta-se diante de nós agora como a única alternativa de esperança contra o caos, diretamente ou após um interlúdio do comunismo mundial, deve ser alcançada, se é que será alcançada ao todo, mas por nenhum desses métodos. O primeiro é muito retórico e caótico e leva, simplesmente, a um campeão e a tirania; o segundo é muito conspiratório e leva através de uma disputa obscura de personalidades autoritárias por um objetivo semelhante. Muito menos é lúcido e deliberado o suficiente para conquistar uma mudança permanente na forma e textura das questões humanas.

§ 9º Um tipo totalmente diferente de revolução pode ser e pode não ser possível. Ninguém pode dizer que é possível, a menos que seja tentado, mas pode-se dizer com alguma segurança que, a menos que ele possa ser alcançado, a perspectiva para a Humanidade por muitas gerações, no mínimo, é o desespero. A nova Revolução

completeness it is an untried method.

§ 10 It depends for its success upon whether a sufficient number of minds can be brought to realise that the choice before us now is not a choice between further revolution or more or less reactionary conservatism, but a choice between so carrying on and so organising the process of change in our affairs as to produce a new world order, or suffering an entire and perhaps irreparable social collapse. Our argument throughout has been that things have gone too far ever to be put back again to any similitude of what they have been. We can no more dream of remaining where we are than think of going back in the middle of a dive. We must go trough with these present changes, adapt ourselves to them, adjust ourselves to the plunge, or be destroyed by them. We must go through these changes just as we must go through this ill-conceived war, because there is as yet no possible end for it.

§ 11 There will be no possible way of ending it until the new

almeja essencialmente uma mudança nas ideias diretivas. Na sua totalidade, ela é um método não experimentado.

§ 10 Para seu sucesso, depende de um número suficiente de mentes poder ser convencido a perceber que a escolha diante de nós agora não é entre mais uma revolução ou um conservadorismo mais ou menos reacionário, porém tanto uma escolha entre continuar e, assim, organizar o processo de mudança em nossos negócios, quanto para produzir uma nova ordem mundial ou sofrer um colapso social total e talvez irreparável. Nosso argumento em todas as partes tem sido que as coisas foram longe demais para ser reconduzidas de novo a alguma semelhança do que elas tinham sido. Não podemos mais sonhar em permanecer onde estamos nem pensar em voltar no meio de um mergulho. Devemos avançar com essas mudanças atuais, nos adaptar a elas, nos ajustar ao mergulho ou ser destruídos por elas. Devemos atravessar essas mudanças, assim como devemos passar por essa guerra mal-concebida, porque até agora não há um término possível para ela.

§ 11 Não há de ser possível um jeito de findá-la

470

Revolution defines itself. If it is patched up now without a clear-headed settlement understood and accepted throughout the world, we shall have only the simulacrum of a peace. A patched-up peace now will not even save us from the horrors of war, it will postpone them only to aggravate them in a few years time. You cannot end this war yet, you can at best adjourn it.

§ 12 The reorganisation of the world has at first to be mainly the work of a "movement" or a Party or a religion or cult, whatever we choose to call it. We may call it New Liberalism or the New Radicalism or what not. It will not be a close-knit organisation, toeing the Party line and so forth. It may be a very loose-knit and many faceted, but if a sufficient number of minds throughout the world, irrespective of race, origin or economic and social habituations, can be brought to the free and candid recognition of the essentials of the human problem, then their effective collaboration in a conscious, explicit and open effort to reconstruct human society will ensue.

até que a nova Revolução se defina. Se ela estiver solucionada agora sem um pacto inteligente e inteligível, aceito por todas as partes do mundo, teremos apenas o simulacro de uma paz. Uma paz celebrada agora não irá nem mesmo nos salvar dos horrores da guerra; ela vai atrasá-los somente para agravá-los num período de poucos anos. Você não consegue cessar esta guerra ainda, na melhor das hipóteses, pode adiá-la.

§ 12 A reorganização do mundo deve, a princípio, ser, sobretudo, obra de um "movimento", ou um partido, ou uma religião ou culto, como preferirmos chamá-lo. Podemos chamá-lo de Neo-Liberalismo ou o Novo Radicalismo ou algo congênere. Não será uma organização unânime, seguindo a linha do Partido e assim por diante. Pode ser muito livremente divergente e bem sofisticada, mas se um número suficiente de mentes em todo o mundo, independentemente de raça, origem ou condição econômica e social, puder ser levado ao reconhecimento livre e sincero dos fundamentos do problema humano, então sua colaboração efetiva num esforço consciente, explícito e

§ 13 And to begin with they will do all they can to spread and perfect this conception of a new world order, which they will regard as the only working frame for their activities, while at the same time they will set themselves to discover and associate with themselves, everyone, everywhere, who is intellectually able to grasp the same broad ideas and morally disposed to realise them.

§ 14 The distribution of this essential conception one may call propaganda, but in reality it is education. The opening phase of this new type of Revolution must involve therefore a campaign for re-invigorated and modernised education throughout the world, an education that will have the same ratio to the education of a couple of hundred years ago, as the electric lighting of a contemporary city has to the chandeliers and oil lamps of the same period. On its present mental levels humanity can do no better than what it is doing now.

§ 15 Vitalising education is only possible when it is under

aberto para reconstruir a sociedade humana, irá acontecer.

§ 13 E, para começar, farão tudo o que puderem para difundir e aperfeiçoar essa concepção de uma nova ordem mundial, que considerarão a única estrutura de trabalho para suas atividades; ao mesmo tempo em que, se empenharão em descobrir e se associar, todo mundo, em qualquer lugar, que for intelectualmente hábil para compreender as mesmas ideias gerais e, moralmente disposto a realizá-las.

§ 14 A distribuição dessa concepção essencial pode ser chamada de propaganda, mas, na realidade, é educação. A fase de abertura deste novo tipo de revolução deve envolver, portanto, uma campanha para uma educação revigorada e modernizada em todo o mundo, uma educação que terá a mesma proporção da educação de duzentos anos atrás, como a iluminação elétrica de uma cidade atual tem para os lustres e lâmpadas de óleo do mesmo período. Nos níveis mentais atuais, a Humanidade não pode fazer melhor do que está fazendo agora.

§ 15 Vitalizar a

472

the influence of people who are themselves learning. It is inseparable from the modern idea of education that it should be knit up to incessant research. We say research rather than science. It is the better word because it is free from any suggestion of that finality which means dogmatism and death.

§ 16 All education tends to become stylistic and sterile unless it is kept in close touch with experimental verification and practical work, and consequently this new movement of revolutionary initiative, must at the same time be sustaining realistic political and social activities and working steadily for the collectivisation of governments and economic life. The intellectual movement will be only the initiatory and correlating part of the new revolutionary drive. These practical activities must be various. Everyone engaged in them must be thinking for himself and not waiting for orders. The only dictatorship he will recognise is the dictatorship of the plain understanding and the invincible fact.

§ 17 And if this culminating Revolution is to be

accomplished, then the participation of every conceivable sort of human+being who has the mental grasp to see these broad realities of the world situation and the moral quality to do something about it, must be welcomed.

§ 18 Previous revolutionary thrusts have been vitiated by bad psychology. They have given great play to the gratification of the inferiority complexes that arise out of class disadvantages. It is no doubt very unjust that anyone should be better educated, healthier and less fearful of the world than anyone else, but that is no reason why the new Revolution should not make the fullest use of the health, education, vigour and courage of the fortunate. The Revolution we are contemplating will aim at abolishing the bitterness of frustration. But certainly it will do nothing to avenge it. Nothing whatever. Let the dead past punish its dead.

§ 19 It is one of the most vicious streaks in the Marxist teaching to suggest that all people of wealth and capacity living in a community in which unco-ordinated private enterprise plays a large part

concluída, deve ser bem-vinda a participação de todo tipo imaginável de ser humano que tenha a capacidade mental de ver essas realidades óbvias da situação mundial e a qualidade moral de fazer alguma coisa para colaborar.

§ 18 Levantes revolucionários anteriores foram estragados pela má-psicologia. Eles deram grande campo à satisfação dos complexos de inferioridade que surgem pelas desvantagens de classe. Sem dúvida, é muito injusto que alguém seja melhor educado, mais saudável e com menos medo do mundo do que qualquer outra pessoa, mas essa não é a razão pela qual a nova Revolução não deveria fazer pleno uso da saúde, educação, vigor e coragem do afortunado. A Revolução que estamos contemplando terá como intuito abolir a amargura da frustração. Mas certamente não fará nada para vingá-la. Absolutamente nada. Deixa o passado mortal castigar seus mortos.

§ 19 Uma das tendências mais perversas no ensino marxista é sugerir que todas as pessoas de posses e capacidade, vivendo numa

are necessarily demoralised by the advantages they enjoy and that they must be dispossessed by the worker and peasant, who are presented as endowed with a collective virtue capable of running all the complex machinery of a modern community. But the staring truth of the matter is that an uncoordinated scramble between individuals and nations alike, demoralises all concerned. Everyone is corrupted, the filching tramp by the roadside, the servile hand-kissing peasant of Eastern Europe, the dole-bribed loafer, as much as the woman who marries for money, the company promoter, the industrial organiser, the rent-exacting landlord and the diplomatic agent. When the social atmosphere is tainted everybody is ill.

§ 20 Wealth, personal freedom and education, may and do produce wasters and oppressive people, but they may also release creative and administrative minds to opportunity. The history of science and invention before

comunidade onde uma empresa privada desorganizada desempenha um papel importante, são, necessariamente, desmoralizadas pelas vantagens de que desfrutam e que elas devem ser desapropriadas pelo trabalhador e pelo camponês, que são apresentados como dotados de uma virtude coletiva capaz de operar todo o complexo maquinário de uma comunidade moderna. Todavia, a verdade extravagante da matéria é que, uma disputa descoordenada entre indivíduos e nações iguais, desmoraliza todos os envolvidos. Todo mundo está corrompido, o vagabundo furtando na beira da estrada, o agricultor servil que beija a mão da Europa Oriental, a vadia subornada, tanto quanto a mulher que se casa por dinheiro, o administrador do comércio, o organizador industrial, o exigente proprietário do aluguel e o agente diplomático. Quando a atmosfera social está contaminada, todo mundo está doente.

§ 20 Riqueza, liberdade individual e educação podem produzir esbanjadores e pessoas opressivas, mas também podem desvencilhar para oportunidade mentes criativas e administrativas. A

475

the nineteenth century confirms this. On the whole if we are to assume there is anything good in humanity at all, it is more reasonable to expect it to appear when there is most opportunity.

§ 21 And in further confutation of the Marxist caricature of human motives, we have the very considerable number of young people drawn from middle-class and upper-class homes, who figure in the extreme left movement everywhere. It is their moral reaction to the "stuffiness" and social ineffectiveness of their parents and their own sort of people. They seek an outlet for their abilities that is not gainful but serviceable. Many have sought an honourable life - and often found it, and death with it - in the struggle against the Catholics and their Moorish and Fascist helpers in Spain.

§ 22 It is a misfortune of their generation, that so many of them have fallen into the mental traps of Marxism. It has been my absurd experience to encounter noisy meetings of expensive young men at Oxford, not one of them stunted physically as I

história da Ciência e da invenção antes do século XIX confirma isso. No geral, se nós quisermos assumir que há alguma coisa boa em toda a Humanidade, é mais razoável esperá-la aparecer quando tiverem mais oportunidades.

§ 21 E, em refutação adicional da caricatura marxista dos motivos humanos, nós temos o número muito considerável de pessoas jovens, provenientes de lares de classe média e alta, que figuram no movimento da extrema esquerda em todos os lugares. É sua reação moral ao "sufocamento" e à ineficiência social de seus pais e seu próprio tipo de pessoa. Eles procuram um extravasamento para suas habilidades que não é vantajoso, mas é útil. Muitos têm solicitado uma vida honrosa - e quase toda vez acham, e a morte vem junto - na briga contra os católicos e seus ajudantes mouros e fascistas na Espanha.

§ 22 É uma desgraça de sua geração, que muitos deles tenham caído nas armadilhas mentais do marxismo. Tem sido minha experiência absurda encontrar reuniões barulhentas de homens jovens, ricos, em Oxford; nenhum deles

476

was by twenty years of undernourishment and devitalised upbringing, all pretending to be rough-hewn collarless proletarians in shocked revolt against my bourgeois tyranny and the modest comfort of my declining years, and reciting the ridiculous classwar phrases by which they protected their minds from any recognition of the realities of the case. But though that attitude demonstrates the unstimulating education of their preparatory and public schools, which had thrown them thus uncritical and emotional into the problems of the undergraduate life, it does not detract from the fact that they had found the idea of abandoning themselves to a revolutionary reconstruction of society, that promised to end its enormous waste of potential happiness and achievement, extremely attractive, notwithstanding that their own advantages seemed to be reasonably secure.

§ 23 Faced with the immediate approach of discomfort, indignity, wasted years, mutilation - death is soon over but one wakes up again to mutilation every morning - | atrofiado fisicamente como eu fui por vinte anos de desnutrição e educação debilitada, todos fingindo ser brutos que foram civilizados, proletários sem colarinho branco e numa aversão perplexa contra minha tirania burguesa e o conforto modesto dos meus anos decadentes; e recitando as frases ridículas da luta de classes, pelas quais eles protegiam suas mentes de qualquer reconhecimento das realidades do caso. Mas, embora essa atitude demonstre a educação desestimulante de suas escolas públicas e preparatórias, que lhes têm jogado, de maneira acrítica e emocional, nos problemas da vida acadêmica, ela *não desvaloriza o fato de terem achado extremamente atraente a ideia de se doar por uma reconstrução revolucionária da sociedade, que prometeu acabar com seu enorme desperdício de potencial de felicidade e de façanha, [*não desvaloriza o fato] apesar das próprias vantagens deles parecerem ser razoavelmente seguras.

§ 23 Por causa da abordagem direta com desconforto, indignidade, anos sacrificados, mutilação - a morte termina ligeiro, mas a gente acorda de novo com a |

because of this illconceived war; faced also by the reversion of Russia to autocracy and the fiscal extinction of most of the social advantages of their families; these young people with a leftish twist are likely not only to do some very profitable reexamination of their own possibilities but also to find themselves joined in that re-examination by a very considerable number of others who have hitherto been repelled by the obvious foolishness and insincerity of the hammer and sickle symbols (workers and peasants of Oxford!) and the exasperating dogmatism of the orthodox Marxist. And may not these young people, instead of waiting to be overtaken by an insurrectionary revolution from which they will emerge greasy, unshaven, class-conscious and in incessant danger of liquidation, decide that before the Revolution gets hold of them they will get hold of the Revolution and save it from the inefficiency, mental distortions, disappointments and frustrations that have over-taken it in Russia.

§ 24 This new and complete Revolution we contemplate

mutilação todo dia - por obra dessa guerra mal-inventada; confrontados também pela reversão da Rússia à autocracia e a extinção fiscal da maioria dos benefícios sociais de suas famílias; é provável que esses jovens com um jeito esquerdista estejam, na certa, não apenas para fazer algum reexame muito proveitoso de suas próprias possibilidades, mas também para encontrar a si mesmos e tomar partido, nesse reexame, por um número muito considerável de outros que, até agora, tem sido repelidos pela óbvia burrice e hipocrisia dos símbolos da foice e do martelo (trabalhadores e camponeses de Oxford!) e do dogmatismo intransigente do marxista ortodoxo. E esse povo novo não consegue, em vez de esperar para ser surpreendido por uma revolução insurrecional da qual emergirão sujos de graxa, meio barbudos, conscientes de classe e em perigo constante de assassinato, decidir que, antes que a Revolução se apodere deles, eles se apoderarão da Revolução para salvá-la da ineficiência, das distorções mentais, decepções e frustrações que a têm derrotado na Rússia.

§ 24 Esta nova e completa Revolução que

can be defined in a very few words. It is (a) outright world-socialism, scientifically planned and directed, plus (b) a sustained insistence upon law, law based on a fuller, more jealously conceived resentment of the personal Rights of Man, plus (c) the completest freedom of speech, criticism and publication, and sedulous expansion of the educational organisation to the ever-growing demands of the new order. What we may call the eastern or Bolshevik Collectivism, the Revolution of the Internationale, has failed to achieve even the first of these three items and it has never even attempted the other two.

§ 25 Putting it at its compactest, it is the triangle of Socialism, Law and Knowledge, which frames the Revolution which may yet save the world.

§ 26 Socialism! Become outright collectivists? Very few men of the more fortunate classes in our old collapsing society who are over fifty will be able to readjust their minds to that. It will seem an entirely repulsive suggestion to them. (The average age of the

contemplamos pode ser definida em poucas palavras. Ela é (a) socialismo-mundial completo, cientificamente planejado e dirigido, além de (b) uma insistência baseada na lei, lei inspirada num ressentimento sádico concebido no ciúme dos direitos individuais da Declaração dos Direitos do Homem, mais (c) a liberdade completa de discurso, crítica e publicação, além de expansão perseverante da organização educacional para as, sempre crescentes, demandas da nova ordem. O que nós podemos chamar de O Coletivismo Bolchevique ou oriental, a Revolução da Internacional, falhou em alcançar até o primeiro desses três itens e nem sequer nunca tentou os outros dois.

§ 25 Colocando em resumo, é o triângulo de Socialismo, Lei e Conhecimento, que molda a Revolução que ainda pode salvar o mundo.

§ 26 Socialismo! Tornar-se coletivistas sinceros? Pouquíssimos homens das classes mais afortunadas na nossa antiga sociedade em colapso, com mais de cinquenta anos, serão capazes de reajustar suas mentes a isso. Parecerá uma sugestão

British Cabinet at the present time is well over sixty.) But it need not be repulsive at all to their sons. They will be impoverished anyhow. The stars in their courses are seeing to that. And that will help them greatly to realise that an administrative control to administrative participation and then to direct administration are easy steps. They are being taken now, first in one matter and then in another. On both sides of the Atlantic. Reluctantly and often very disingenuously and against energetic but diminishing resistances. Great Britain, like America, may become a Socialist system with a definitive Revolution, protesting all the time that it is doing nothing of the sort.

§ 27 In Britain we have now no distinctively educated class, but all up and down the social scale there are well-read men and women who have thought intensely upon these great problems we have been discussing. To many of them and maybe to enough of them to start the avalanche of purpose that will certainly

develop from a clear and determined beginning, this conception of Revolution to evoke a liberal collectivised world may appeal. And so at last we narrow down our enquiry to an examination of what has to be done now to save the Revolution, what the movement or its Party - so far as it may use the semblance of a Party will do, what its Policy will be. Hitherto we have been demonstrating why a reasonable man, of any race or language anywhere, should become a "Western" Revolutionary. We have now to review the immediate activities to which he can give himself.

9

POLITICS FOR THE SANE MAN

§ 1º LET US RESTATE THE general conclusions to which our preceding argument has brought us.

§ 2º The establishment of a progressive world socialism in which the freedoms, health and happiness of every individual are protected by a universal law based on a re-

declaration of the rights of man, and wherein there is the utmost liberty of thought, criticism and suggestion, is the plain, rational objective before us now. Only the effective realisation of this objective can establish peace on earth and arrest the present march of human affairs to misery and destruction. We cannot reiterate this objective too clearly and too frequently. The triangle of collectivisation, law and knowledge should embody the common purpose of all mankind.

§ 3º But between us and that goal intervenes the vast and deepening disorders of our time. The new order cannot be brought into existence without a gigantic and more or less co-ordinated effort of the saner and abler elements in the human population. The thing cannot be done rapidly and melodramatically. That effort must supply the frame for all sane social and political activities and a practical criterion for all religious and educational associations. But since our world is multitudinously varied and confused, it is impossible to

são protegidas por uma lei universal baseada na reafirmação da Declaração dos Direitos do Homem, e onde há a máxima liberdade de pensamento, crítica e sugestão, é o plano, objetivo e racional, diante de nós agora. Somente a realização efetiva desse objetivo pode estabelecer a paz na Terra e impedir a atual marcha dos assuntos humanos para a miséria e a destruição. Nós não podemos reiterar esse objetivo tão clara e frequentemente. O triângulo de coletivização, lei e conhecimento deveria incluir o propósito comum de toda a Humanidade.

§ 3º Mas entre nós e esse objetivo intervém as desordens vastas e profundas de nosso tempo. A nova ordem não pode ser trazida à existência sem um esforço gigantesco e, mais ou menos coordenado, dos elementos mais sensatos e capacitados da população humana. A coisa não pode ser feita rápida e melodramaticamente. Esse esforço deve fornecer a estrutura para todas as atividades sociais e políticas sensatas e um critério prático para todas as associações religiosas e educacionais. Entretanto, como nosso mundo é, pluralisticamente, variado e

narrow down this new revolutionary movement to any single class, organisation or Party. It is too great a thing for that. It will in its expansion produce and perhaps discard a number of organisations and Parties, converging upon its ultimate objective. Consequently, in order to review the social and political activities of sane, clear-headed people to-day, we have to deal with them piecemeal from a number of points of view. We have to consider an advance upon a long and various front.

§ 4º Let us begin then with the problem of sanity in face of the political methods of our time. What are we to do as voting citizens? There I think the history of the so-called democracies in the past half-century is fairly conclusive. Our present electoral methods which give no choice but a bilateral choice to the citizen and so force a two-party system upon him, is a mere caricature of representative government. It has produced upon both sides of the Atlantic, big, stupid, and corrupt party machines. That was bound to happen and yet

confuso, então é impossível restringir esse novo movimento revolucionário a qualquer única classe, organização ou partido. É algo grande demais para isso. Em sua expansão, ele produzirá e, quiçá, descartará várias organizações e partidos, convergindo para seu objetivo final. Consequentemente, na ordem de recapitular as atividades sociais e políticas das pessoas sensatas e inteligentes hoje em dia, nós temos que negociar com elas aos poucos, sob vários pontos de vista. Temos que considerar um avanço em uma frente longa e variada.

§ 4º Vamos começar então com o problema da sanidade em face dos métodos políticos do nosso tempo. O que devemos fazer na qualidade de eleitores? Acho que a história das chamadas democracias no último meio século é bastante conclusiva. Nossos métodos eleitorais atuais, que não dão escolha senão uma eleição bilateral ao cidadão e, portanto, lhe impõem um sistema bipartidário, constituem uma mera caricatura de governo representativo. Eles têm produzido, em ambos os lados do Atlântico, grandes, estúpidas e corruptas máquinas partidárias. Isso era obrigado a

to this day there is a sort of shyness in the minds of young men interested in politics when it comes to discussing Proportional Representation. They think it is a "bit faddy". At best it is a side issue. Party politicians strive to maintain that bashfulness, because they know quite clearly that what is called Proportional Representation with the single transferable vote in large constituencies, returning a dozen members or more, is extinction for the mere party hack and destruction for party organisations.

§ 5º The machine system in the United States is more elaborate, more deeply entrenched legally in the Constitution and illegally in the spoils system, and it may prove more difficult to modernise than the British, which is based on an outworn caste tradition. But both Parliament and Congress are essentially similar in their fundamental quality. They trade in titles, concessions and the public welfare, and they are only amenable in the rough and at long last to the

acontecer e, até hoje, existe uma espécie de timidez na mente de homens jovens interessados em política quando se vem debater Representação Proporcional. Eles acham que é um "bocado esquisita". Na melhor das hipóteses, é uma questão secundária. Os políticos do partido se esforçam para manter essa timidez, porque sabem muito claramente, que o que é chamado de Representação Proporcional, cujo único voto transferível em grandes currais eleitorais, trazendo uma dúzia de membros ou mais, é extinção para o mero partido picareta e é destruição para as organizações partidárias.

§ 5º O sistema da máquina eleitoral nos Estados Unidos é mais elaborado, mais profundamente enraizado legalmente na Constituição e, ilegalmente, no sistema de despojos, e pode provar ser mais difícil para modernizar o sistema britânico, que é baseado sobre uma antiquada tradição de castas. Mas tanto o Parlamento, como o Congresso são, essencialmente, similares em sua qualidade fundamental. Eles negociam títulos de nobreza, concessões e o bem-estar social, e só são amáveis na adversidade e, finalmente,

movements of public opinion. It is an open question whether they are much more responsive to popular feeling than the Dictators we denounce so unreservedly as the antithesis of democracy. They betray a great disregard of mass responses. They explain less. They disregard more. The Dictators have to go on talking and talking, not always truthfully but they have to talk. A dumb Dictator is inconceivable.

§ 6º In such times of extensive stress and crisis as the present, the baffling slowness, inefficiency and wastefulness of the party system become so manifest that some of its worst pretences are put aside. The party game is suspended. His Majesty's Opposition abandons the pose of safeguarding the interests of the common citizens from those scoundrels upon the government benches; Republican and Democrats begin to cross the party line to discuss the new situation. Even the men who live professionally by the Parliamentary (Congressional) imposture, abandon it if they

para os movimentos da opinião pública. É uma questão em aberto se eles são muito mais sensíveis ao sentimento popular do que os ditadores que denunciamos tão abertamente como sendo a antítese da democracia. Eles revelam um grande desprezo pelas respostas das massas. Eles explicam menos. Eles ignoram mais. Os ditadores precisam continuar falando e falando, nem sempre com sinceridade, mas precisam conversar. Um ditador mudo é inconcebível.

§ 6º Em tais tempos de estresse extenso e crise como o presente, a lentidão maçante, a ineficiência e o desperdício do sistema partidário tornam-se tão manifestos que algumas de suas piores pretensões são deixadas de lado. O jogo partidário está suspenso. A oposição de Sua Majestade abandona a pose de defender os interesses dos cidadãos comuns contra aqueles cabras safados nas cadeiras do governo; Republicanos e Democratas começam a cruzar a linha partidária para discutir a nova situação. Inclusive os homens que vivem profissionalmente pela safadeza parlamentar (Congressistas), abandonam a carreira se estiverem com muito medo da situação dos

are sufficiently frightened by the posture of affairs. The appearance of an All-Party National Government in Great Britain before very long seems inevitable.

§ 7º Great Britain has in effect gone socialist in a couple of months; she is also suspending party politics. Just as the United States did in the great slump. And in both cases this has happened because the rottenness and inefficiency of party politics stank to heaven in the face of danger. And since in both cases Party Government threw up its hands and bolted, is there any conceivable reason why we should let it come back at any appearance of victory or recovery, why we should not go ahead from where we are to a less impromptu socialist regime under a permanent non-party administration, to the reality if not to the form of a permanent socialist government?

§ 8º Now here I have nothing to suggest about America. I have never, for example, tried to work out the consequences

negócios. A aparência de um governo nacional de todos os partidos unificados na Grã-Bretanha, em pouco tempo, parece inevitável.

§ 7º A Grã-Bretanha, com efeito, tem virado socialista em uns dois meses; ela também está suspendendo os partidos políticos. Do mesmo jeito que os Estados Unidos fizeram na grande crise. E em ambos os casos, isso aconteceu porque a podridão e a ineficiência da política partidária fediam até bater no céu diante do perigo. E, já que em ambos os casos, o Partido do Governo levantou as mãos e fugiu, existe alguma razão admissível pela qual nós deveríamos deixá-lo voltar a qualquer vestígio de vitória ou restabelecimento, e pela qual nós deveríamos não ir adiante de onde estamos rumo a um regime socialista menos improvisado sob uma administração não-partidária permanente, para a realidade, senão para a forma de um governo socialista permanente?

§ 8º Agora, aqui eu não tenho nada para sugerir sobre a América. Eu nunca tentei, por exemplo, descobrir

of the absence of executive ministers from the legislature. I am inclined to think that is one of the weak points in the Constitution and that the English usage which exposes the minister to question time in the House and makes him a prime mover in legislation affecting his department, is a less complicated and therefore more democratic arrangement than the American one. And the powers and functions of the President and the Senate are so different from the consolidated powers of Cabinet and Prime Minister, that even when an Englishman has industriously "mugged up" the constitutional points, he is still almost as much at a loss to get the living reality as he would be if he were shown the score of an opera before hearing it played or the blue prints of a machine he had never seen in action. Very few Europeans understand the history of Woodrow Wilson, the Senate and his League of Nations. They think that "America", which they imagine as a large single individual, planted the latter institution upon Europe and then deliberately shuffled out of her responsibility for it, and they will never think otherwise. And they think that

"America" kept out of the war to the very limit of decency, overcharged us for munitions that contributed to the common victory, and made a grievance because the consequent debt was not discharged. They talk like that while Americans talk as if no English were killed between 1914 and 1918 (we had 800,000 dead) until the noble American conscripts came forward to die for them (to the tune of about 50,000). Savour for example even the title of Quincy Howe's England expects every American to do his Duty. It's the meanest of titles, but many Americans seem to like it.	eles nunca irão pensar o contrário. E eles acham que "América" manteve-se fora da guerra até o limite máximo da decência, nos sobrecarregou por munições que contribuíram para a vitória comum, e fez uma queixa porque a consequente dívida não foi exonerada. Eles falam assim, enquanto os americanos falam como se nenhum inglês tivesse sido morto entre 1914 e 1918 (tínhamos 800.000 mortos) até que os nobres recrutas americanos se apresentaram para morrer por eles (na ordem de, aproximadamente, 50.000). Saboreiem, por exemplo, até mesmo o título de Inglaterra de Quincy Howe, esperando que cada americano cumpra seu dever. É o pior dos títulos, mas muitos americanos parecem gostar.
§ 9° On my desk as I write is a pamphlet by a Mr Robert Randall, nicely cyclostyled and got up. Which urges a common attack on the United States as a solution of the problem of Europe. No countries will ever feel united unless they have a common enemy, and the natural common enemy for Europe, it is declared, is the United States. So to bring about the United States of Europe we	§ 9° Em cima da minha escrivaninha, enquanto escrevo, está um panfleto do Sr. Robert Randall, no estilo de um ofício circular e enfeitado; o qual incita um ataque comum aos Estados Unidos como solução do problema da Europa. Nenhum dos países jamais se sentirá unido a menos que possua um inimigo comum, e o inimigo comum natural da Europa, é declarado, são os Estados Unidos. Então, para produzir os Estados

are to begin by denouncing the Monroe doctrine. I believe in the honesty and good intentions of Mr Robert Randall; he is, I am sure, no more in the pay of Germany, direct or indirect, than Mr Quincy Howe or Mr Harry Elmer Barnes; but could the most brilliant of Nazi war propagandists devise a more effective estranging suggestion? ...

§ 10 But I wander from my topic. I do not know how sane men in America are going to set about relaxing the stranglehold of the Constitution, get control of their own country out of the hands of those lumpish, solemnly cunning politicians with their great strong jowls developed by chewing-gum and orotund speaking, whose photographs add a real element of frightfulness to the pages of Time, how they are going to abolish the spoils system, discover, and educate to expand a competent civil service able to redeem the hampered promises of the New Deal and pull America into line with the reconstruction of the rest of

Unidos da Europa, devemos começar denunciando a Doutrina de Monroe. Eu acredito na honestidade e nas boas intenções do senhor Robert Randall; eu tenho certeza, que ele não é mais bem pago da Alemanha, direta ou indiretamente, do que o senhor Quincy Howe ou o senhor Harry Elmer Barnes; mas, será que, mesmo o mais brilhante dos propagandistas de guerra nazista, poderia ter uma ideia alienante mais eficiente? ...

§ 10 Contudo, eu me desvio do meu tópico. Não sei como os homens sensatos na América estão indo começar o relaxamento da asfixia da Constituição, obter o controle de seu próprio país para tirá-lo das mãos daqueles políticos caricatos e, solenemente astutos, com suas grandes e fortes mandíbulas desenvolvidas por chiclete e, esnobes falando, dos quais as fotografias adicionam um verdadeiro elemento de pavor às páginas da revista *Time*, e como aqueles homens sensatos estão indo abolir o sistema de despojos, descobrir e educar para expandir um serviço civil competente capaz de resgatar as promessas atrapalhadas do New Deal, e pôr a América em alinhamento com a reconstrução do resto do

the world. But I perceive that in politics and indeed in most things, the underlying humour and sanity of Americans are apt to find a way round and do the impossible, and I have as little doubt they will manage it somehow as I have when I see a street performer on his little chair and carpet, all tied up with chains, waiting until there are sufficient pennies in the hat to justify exertion.

§ 11 These differences in method, pace and tradition are a great misfortune to the whole English-speaking world. We English people do not respect Americans enough; we are too disposed to think they are all Quincy Howes and Harry Elmer Barneses and Borahs and suchlike, conceited and suspicious anti-British monomaniacs, who must be humoured at any cost; which is why we are never so frank and rude with them as they deserve. But the more we must contain ourselves the less we love them. Real brothers can curse each other and keep friends. Someday Britannia will give Columbia

mundo. Entretanto, percebo que na política e, realmente, na maioria das coisas, o humor e a sanidade subjacentes dos americanos estão aptos a encontrar uma maneira de contornar e fazer o impossível, e tenho tão poucas dúvidas de que eles irão administrar isso, da mesma maneira que eu tenho quando vejo um artista de rua na sua pequena cadeira e tapete, todo amarrado, erguido com correntes, esperando até que haja moedas de um centavo suficientes no chapéu para justificar o esforço.

§ 11 Essas diferenças de método, ritmo e tradição são um grande problema para todo o mundo de língua inglesa. Nós ingleses não respeitamos os americanos o suficiente; estamos muito dispostos a achar que eles são todos Quincy Howes e Harry Elmer Barneses e Borahs e coisa do gênero, monomaníacos anti-britânicos convencidos e desconfiados, que devem ser bem-humorados a qualquer custo; é por isso que nós nunca somos tão francos e rudes com eles como eles merecem. Mas quanto mais nós devemos nos conter, menos os amamos. Irmãos de verdade podem se amaldiçoar e se manter amigos. Algum dia a Bretanha dará à Columbia um pedacinho de sua

a piece of her mind, and that may clear the air. Said an exasperated Englishman to me a day or so ago: "I pray to God they keep out of the end of this war anyhow. We shall never hear the last of it if they don't. . . ."

§ 12 Yet at a different pace our two people are travelling towards identical ends, and it is lamentable that a difference of accent and idiom should do more mischief than a difference of language.

§ 13 So far as Great Britain goes things are nearer and closer to me, and it seems to me that there is an excellent opportunity now to catch the country in a state of socialisation and suspend party politics, and keep it at that. It is a logical but often disregarded corollary of the virtual creation of All-Party National Governments and suspension of electoral contests, that since there is no Opposition, party criticism should give place to individual criticism of ministers, and instead of throwing out governments we should set ourselves to throw out individual administrative

mente, e isso poderá clarear o ar. Disse-me um inglês exaltado faz um dia ou mais: "Eu peço a Deus que eles continuem fora do fim desta guerra de todo jeito. Nunca devemos ouvir o fim disso se eles não..."

§ 12 No entanto, em um ritmo diferente, nossas duas pessoas estão viajando em direção aos mesmos objetivos, e é lamentável que uma diferença de sotaque e linguagem faça mais estrago do que uma diferença de idioma.

§ 13 Até aqui, como a Grã-Bretanha vai, as coisas estão cada vez mais perto de mim, e parece-me que há uma excelente oportunidade agora para pegar o país em um estado de socialização, suspender a política partidária e mantê-lo assim. É uma conclusão lógica, mas amiúde desconsiderada, da possível criação dos Governos Nacionais de Todos os Partidos e da suspensão de eleições, que, como não há oposição, as críticas partidárias devem dar lugar a críticas individuais de ministros e, em vez de substituir governos, nós deveríamos nos estabelecer para eliminar falhas administrativas individuais. Já não precisamos mais restringir nossa escolha de servidores

491

failures. We need no longer confine our choice of public servants to political careerists. We can insist upon men who have done things and can do things, and whenever an election occurs we can organise a block of non-party voters who will vote it possible for an outsider of proved ability, and will at any rate insist on a clear statement from every Parliamentary candidate of the concrete service, if any, he has done the country, of his past and present financial entanglements and his family relationships and of any title he possesses. We can get these necessary particulars published and note what newspapers decline to do so. And if there are still only politicians to vote for, we can at least vote and spoil our voting cards by way of protest.

§ 14 At present we see one public service after another in a mess through the incompetent handling of some party hack and the unseen activities of interested parties. People are asking already why Sir Arthur Salter is not in control of Allied Shipping again, Sir John Orr directing

públicos a carreiristas políticos. Podemos insistir em homens que fizeram e podem fazer coisas e, quando quer que uma eleição ocorra, nós podemos organizar um bloco de eleitores apartidários que votarão, possivelmente, num estranho com capacidade comprovada e, de qualquer jeito, insistirão numa declaração clara de serviço concreto que ele prestou ao País de todo candidato ao Parlamento, caso existam, de seus sigilos financeiros, passados e presentes, suas relações familiares e quaisquer títulos, de nobreza ou honoríficos, que possua. Podemos conseguir esses dados necessários publicados e prestar atenção no que os jornais se recusam, mais ou menos, a fazer. E se ainda houver apenas políticos para votar, podemos pelo menos votar e inutilizar nossos títulos de eleitor como forma de protesto.

§ 14 Atualmente, vemos um serviço público após o outro em uma bagunça através do manuseio incompetente de alguns picaretas partidários e das atividades ocultas das partes interessadas. As pessoas já estão perguntando por que Sir Arthur Salter não está no controle da Allied Shipping

our food supply with perhaps Sir Fredrick Keeble to help him, Sir Robert Vansittart in the Foreign Office. We want to know the individuals responsible for the incapacity of our Intelligence and Propaganda Ministries, so that we may induce them to quit public life. It would be quite easy now to excite a number of anxious people with a cry for "Competence not Party".

§ 15 Most people in the British Isles are heartily sick of Mr Chamberlain and his government, but they cannot face up to a political split in wartime, and Mr Chamberlain sticks to office with all the pertinacity of a Barnacle. But if we do not attack the government as a whole, but individual ministers, and if we replace them one by one, we shall presently have a government so rejuvenated that even Mr Chamberlain will realise and accept his superannuation. Quite a small body of publicspirited people could organise an active Vigilance Society to keep these ideas before the mass of voters and begin the

novamente, Sir John Orr dirigindo nosso suprimento de alimentos, talvez com Sir Fredrick Keeble para ajudá-lo e, Sir Robert Vansittart no Ministério das Relações Exteriores. Queremos conhecer os indivíduos responsáveis pela incapacidade dos nossos Ministérios da Inteligência e da Propaganda, para que possamos induzi-los a deixar a vida pública. Seria assaz fácil agora agitar um número de pessoas impacientes com um grito de "Competência sem Partido".

§ 15 A maioria das pessoas nas Ilhas Britânicas está, sinceramente, cansada do Sr. Chamberlain e seu governo, mas não pode enfrentar uma divisão política em tempos de guerra, e o Sr. Chamberlain se agarra no cargo com toda a teimosia de um percevejo. Contudo, se nós não atacarmos o governo como um todo, mas ministros individuais, e se os substituirmos um por um, passado pouco tempo, deveremos ter um governo tão rejuvenescido que até o Sr. Chamberlain perceberá e aceitará sua aposentadoria. Um grupo bem pequeno de pessoas com espírito público, poderia organizar uma Sociedade de Vigilância, ativa para manter essas ideias diante da massa de

elimination of inferior elements from our public life. This would be a practical job of primary importance in our political regeneration. It would lead directly to a new and more efficient political structure to carry on after the present war has collapsed or otherwise ended.	eleitores e começar a eliminação de elementos inferiores de nossa vida pública. Este seria um trabalho prático de importância primordial em nossa regeneração política. Ele levaria diretamente a uma estrutura política nova e mais eficiente para prosseguir depois que a presente guerra tiver entrado em colapso ou, caso contrário, findado.
§ 16 Following upon this campaign for the conclusive interment of the played-out party system, there comes the necessity for a much more strenuous search for administrative and technical ability throughout the country. We do not want to miss a single youngster who can be of use in the great business of making over Great Britain, which has been so rudely, clumsily and wastefully socialised by our war perturbations, so that it may become a permanently efficient system.	§ 16 Seguindo em direção a essa campanha pelo sepultamento decisivo do desgastado sistema partidário, lá vem a necessidade por uma busca, muito mais extenuante, por habilidades administrativas e técnicas em todo o país. Não queremos sentir falta de um único jovem que possa ser útil no grande negócio de reformar a Grã-Bretanha, a qual, tem sido tão grosseira, desperdiçada e atrapalhadamente socializada por nossas perturbações da guerra, para que ela possa vir a ser um sistema permanentemente eficiente.
§ 17 And from the base of the educational pyramid up to its apex of higher education of teachers, heads of departments	§ 17 E, desde a base da pirâmide educacional até o ápice do ensino superior de professores, chefes de departamentos e pesquisas, há necessidade de uma tal aceleração das mentes e dos métodos, que apenas um

and research, there is need for such a quickening of minds and methods as only a more or less organised movement of sanely critical men can bring about. We want ministers now of the highest quality in every department, but in no department of public life is a man of creative understanding, bold initiative and administrative power so necessary as in the Education Ministry.

§ **18** So tranquil and unobtrusive has been the flow of educational affairs in the British Empire that it seems almost scandalous, and it is certainly "vulgar", to suggest that we need an educational Ginger Group to discover and support such a minister. We want a Minister of Education who can shock teachers into self-examination, electrify and rejuvenate old dons or put them away in ivory towers, and stimulate the younger ones. Under the party system the Education Ministry has always been a restful corner for some deserving party politician with an abject respect for his Alma Mater and the permanent officials. During war time, when other departments wake up, the

movimento mais ou menos organizado de homens, prudentemente críticos, possa promover. Agora, queremos ministros de qualidade elevada em todos os departamentos, mas em nenhum departamento da vida pública há um homem de entendimento criativo, iniciativa ousada e poder administrativo, tão necessários quanto no Ministério da Educação.

§ 18 Tão tranquilo e discreto tem sido o fluxo de negócios educacionais no Império Britânico que parece quase escandaloso e é, certamente, "vulgar" sugerir que precisamos de um Ginger Group educacional para descobrir e apoiar assim um ministro. Queremos um Ministro da Educação que possa chocar os professores induzindo-os a um auto-exame, eletrificar e rejuvenescer velhos senhorios ou guardá-los lá longe, em torres de marfim, e estimular os mais jovens. Sob o sistema partidário, o Ministério da Educação sempre foi um local tranquilo para algum político digno de partido, com um respeito abjeto por sua *Alma Mater* e pelos funcionários permanentes. Durante o período de guerra, quando outros departamentos acordam, o Departamento de

Education Department sinks into deeper lethargy. One cannot recall a single British Education Minister, since there have been such things in our island story as Ministers for Education, who signified anything at all educationally or did anything of his own impulse that was in the least worth while.	Educação afunda dentro da mais profunda letargia. Não se pode *lembrar de só um ministro britânico da educação, desde que há, na história da nossa ilha, tais coisas como ministros da educação, [*lembrar de só um] que significou, de maneira nenhuma, alguma coisa educacionalmente, ou que fez algo por seu próprio impulso que fosse do mínimo valor durante seu tempo.
§ 19 Suppose we found a live one - soon - and let him rip!	§ 19 Suponha que encontremos algum vivo - logo - e o deixemos se abrir!
§ 20 There again is something to be done far more revolutionary than throwing bombs at innocent policemen or assassinating harmless potentates or ex-potentates. And yet it is only asking that an existing department be what it pretends to be.	§ 20 Novamente, há algo a ser feito muito mais revolucionário que descarregar bombas sobre policiais inocentes ou assassinar monarcas ou ex-monarcas inofensivos. E, no entanto, está apenas pedindo que um departamento existente seja o que ele finge que é.
§ 21 A third direction in which any gathering accumulation of sanity should direct its attention is the clumsy unfairness and indirectness of our present methods of expropriating the former well-to-do classes. The only observable principle seems to be widows and	§ 21 Uma terceira direção, para a qual o acúmulo armazenado de alguma sanidade mental deveria direcionar sua atenção, é a injustiça, tosca e indireta, dos nossos métodos atuais de expropriação das antigas classes bem-sucedidas. O único princípio observável parece ser 'viúvas e crianças primeiro'. A

children first. Socialisation is being effected in Britain and America alike not by frank expropriation (with or without compensation) but by increasing government control and increasing taxation. Both our great communities are going into socialism backward and without ever looking round. This is good in so far as that technical experience and directive ability is changed over step by step from entirely private employment to public service, and on that side sane and helpful citizens have little to do beyond making the process conscious of itself and the public aware of the real nature of the change, but it is bad in its indiscriminate destruction of savings, which are the most exposed and vulnerable side of the old system. They are expropriated by profit-control and taxation alike, and at the same time they suffer in purchasing power by the acceleration of that process of monetary inflation which is the unavoidable readjustment, the petition in bankruptcy, of a community that has overspent.

§ 22 The shareholding class

dwindles and dies; widows and orphans, the old who are past work and the infirm who are incapable of it, are exposed in their declining years to a painful shrinkage of their modes of living; there is no doubt a diminution of social waste, but also there is an indirect impoverishment of free opinion and free scientific and artistic initiative as the endless societies, institutions and services which have enriched life for us and been very largely supported by voluntary subscriptions, shrivel. At present a large proportion of our scientific, artistic, literary and social workers are educated out of the private savings fund. In a class-war revolution these economically very defenceless but socially very convenient people are subjected to vindictive humiliation - it is viewed as a great triumph for their meaner neighbours - but a revolution sanely conducted will probably devise a system of terminable annuities and compensation, and of assistance to once voluntary associations, which will ease off the social dislocations due to the disappearance of one stratum of relatively free and independent people, before its successors, that is to say the

viúvas e órfãos, os idosos que já passaram pelo trabalho e os enfermos que são incapazes de trabalhar, são expostos, em seus anos declinantes, a uma diminuição dolorosa do seu modo de vida; há, sem dúvida, uma redução do desperdício social, mas também há um empobrecimento indireto da opinião livre e da livre iniciativa científica e artística, como as infinitas sociedades, instituições e serviços que têm enriquecido nossas vidas e que foram muito amplamente apoiadas por assinaturas voluntárias, definham. No presente, grande parte dos nossos assistentes sociais, profissionais científicos, artísticos e literários são educados fora do fundo de poupança privada. Numa revolução de guerra de classes, essas pessoas economicamente muito indefesas, mas socialmente muito convenientes, são submetidas a humilhações vingativas - vista como um grande triunfo por seus vizinhos mais sórdidos – mas, uma revolução conduzida com bom senso provavelmente criará um sistema de anuidades e compensações por um tempo, e de assistência para associações outrora voluntárias, que aliviarão as deslocações sociais devido ao

growing class of retired officials, public administrators and so forth, find their feet and develop their own methods of assertion and enterprise.

10

DECLARATION OF THE RIGHTS OF MAN

§ 1º LET US TURN NOW to another system of problems in the collectivisation of the world, and that is the preservation of liberty in the socialist state and the restoration of that confidence without which good behaviour is generally impossible.

§ 2º This destruction of confidence is one of the less clearly recognised evils of the present phase of world-disintegration. In the past there have been periods when whole communities or at least large classes within communities have gone about their business with a general honesty, directness and sense of personal honour. They have taken a keen pride in the

desaparecimento de um estrato de pessoas, relativamente livres e independentes, antes de seus sucessores, ou seja, a crescente classe de funcionários aposentados, administradores públicos e assim por diante, que saem dos empregos, desenvolvem seus próprios métodos de afirmação e empreendimento.

10

DECLRAÇÃO DE DIREITOS DO HOMEM

§ 1º VAMOS NOS VOLTAR AGORA para outro sistema de problemas na coletivização do mundo, que é a preservação da liberdade no Estado socialista e a restauração daquela confiança sem a qual o bom comportamento é geralmente impossível.

§ 2º Essa destruição da confiança é um dos males menos claramente reconhecidos da presente fase de desintegração mundial. No passado, houve períodos em que comunidades inteiras ou, pelo menos, grandes classes dentro de comunidades desenvolveram seus negócios com honestidade geral, franqueza e senso de honra pessoal. Eles tinham um orgulho entusiasmado na

quality of their output. They have lived through life on tolerable and tolerant terms with their neighbours. The laws they observed have varied in different countries and periods, but their general nature was to make an orderly law-abiding life possible and natural. They had been taught and they believed and they had every reason to believe: "This (that or the other thing) is right. Do right and nothing, except by some strange exceptional misfortune, can touch you. The Law guarantees you that. Do right and nothing will rob you or frustrate you."

§ 3º Nowhere in the world now is there very much of that feeling left, and as it disappears, the behaviour of people degenerates towards a panic scramble, towards cheating, over-reaching, gang organisation, precautionary hoarding, concealment and all the meanness and anti-social feeling which is the natural outcome of insecurity.

§ 4º Faced with what now amounts to something like a moral stampede, more and more sane men will realise the

qualidade de suas ações. Eles viveram a vida completamente em termos toleráveis e tolerantes com seus vizinhos. As leis que eles observaram têm variado em países e períodos diferentes, mas sua natureza geral era tornar possível e natural uma vida ordeira e obediente à lei. Eles foram instruídos, acreditaram e tiveram todos os motivos para acreditar: "Isto (aquilo ou aquilo outro) é certo. Faça o certo e nada, a não ser por algum acidente excepcional e estranho, pode bulir com você. A Lei garante você disso. Faça o certo e nada irá tirar o que é seu nem dar errado."

§ 3º Em nenhum lugar do mundo agora existe muito mais daquele sentimento abandonado e, à medida que ele desaparece, o comportamento das pessoas degenera em direção a um tumulto de pânico, em direção à desonestidade, ao excesso, à formação de quadrilhas, ao acúmulo de desconfiança, dissimulação e toda a baixeza e sentimento anti-social que é resultado natural da insegurança.

§ 4º Diante do que agora equivale a alguma coisa como uma debandada moral, cada vez mais homens sensatos

urgency for a restoration of confidence. The more socialisation proceeds and the more directive authority is concentrated, the more necessary is an efficient protection of individuals from the impatience of well-meaning or narrow-minded or ruthless officials and indeed from all the possible abuses of advantage that are inevitable under such circumstances to our still childishly wicked breed.

§ 5º In the past the Atlantic world has been particularly successful in expedients for meeting this aspect of human nature. Our characteristic and traditional method may be called the method of the fundamental declaration. Our Western peoples, by a happy instinct, have produced statements of Right, from Magna Carta onwards, to provide a structural defence between the citizen and the necessary growth of central authority.

§ 6º And plainly the successful organisation of the more universal and penetrating collectivism that is now being forced upon us all, will be frustrated in its most

perceberão a urgência de uma restauração da confiança. Quanto mais a socialização prossegue e quanto mais autoridade diretiva é concentrada, mais necessária é uma proteção eficiente de indivíduos contra a impaciência de funcionários bem-intencionados, de mente estreita ou cruéis e, de fato, de todos os abusos de autoridade possíveis que são inevitáveis à nossa raça perversa, ainda infantil, sob tais circunstâncias.

§ 5º No passado, o mundo atlântico foi particularmente bem-sucedido em expedientes para encontrar esse aspecto da natureza humana. Nosso método característico e tradicional pode ser chamado de o método da declaração fundamental. Nossos povos ocidentais, por um feliz instinto, produziram declarações de Direito, a partir da Magna Carta em diante, para fornecer uma defesa estrutural entre o cidadão e o, necessário, crescimento da autoridade central.

§ 6º E, claramente, a organização bem-sucedida do coletivismo mais universal e penetrante que agora está sendo imposta a todos nós, será frustrada em seu aspecto mais vital, a menos que sua

vital aspect unless its organisation is accompanied by the preservative of a new Declaration of the Rights of Man, that must, because of the increasing complexity of the social structure, be more generous, detailed and explicit than any of its predecessors. Such a Declaration must become the common fundamental law of all communities and collectivities assembled under the World Pax. It should be interwoven with the declared war aims of the combatant powers now; it should become the primary fact in any settlement; it should be put before the now combatant states for their approval, their embarrassed silence or their rejection.

§ 7º In order to be as clear as possible about this, let me submit a draft for your consideration of this proposed Declaration of the Rights of Man - using "man" of course to cover every individual, male or female, of the species. I have endeavoured to bring in everything that is essential and to omit whatever secondary issues can be easily deduced from its general statements. It is a draft for your consideration. Points may

organização seja acompanhada pela preservação de uma nova Declaração dos Direitos do Homem, que, por causa da crescente complexidade da estrutura social, deve ser mais generosa, detalhada e explícita do que qualquer uma de suas antecessoras. Tal declaração deve se tornar a lei-comum fundamental de todas as comunidades e coletividades reunidas sob a *Pax* Mundial. Ela deveria estar entrelaçada com os objetivos de guerra declarados das potências combatentes agora; deveria se tornar o fato principal em qualquer acordo; deveria ser apresentada aos Estados agora combatentes, para sua aprovação, seu silêncio envergonhado ou sua rejeição.

§ 7º Pela ordem, para ser o mais claro possível sobre isto, deixem-me submeter a vocês um esboço para sua consideração desta proposta de Declaração dos Direitos do Homem - usando "homem", é claro, para abranger todos os indivíduos, machos ou fêmeas, da espécie. Esforcei-me por trazer tudo o que é essencial e omitir quaisquer questões secundárias que possam ser facilmente deduzidas de suas declarações gerais. É um esboço para sua consideração. Pontos podem ter sido

have been overlooked and it may contain repetitions and superfluous statements.

§ 8º "Since a man comes into this world through no fault of his own, since he is manifestly a joint inheritor of the accumulations of the past, and since those accumulations are more than sufficient to justify the claims that are here made for him, it follows:

§ 9º "(1) That every man without distinction of race, of colour or of professed belief or opinions, is entitled to the nourishment, covering, medical care and attention needed to realise his full possibilities of physical and mental development and to keep him in a state of health from his birth to death.

§ 10 "(2) That he is entitled to sufficient education to make him a useful and interested citizen, that special education should be so made available as to give him equality of opportunity for the development of his distinctive gifts in the service of mankind, that he should have

esquecidos e podem conter repetições e declarações supérfluas.

§ 8º "Desde que um homem vem a este mundo completamente sem culpa própria, uma vez que ele é manifestamente um herdeiro conjunto das acumulações do passado, e como essas acumulações são mais que suficientes para justificar as reivindicações que são feitas aqui por ele, seguem-se:

§ 9º "(1) Que todo homem sem distinção de raça, cor, crença ou opinião professada tem direito ao alimento, abrigo, assistência médica e atenção necessárias para realizar todas as suas possibilidades de desenvolvimento físico e mental e se manter em bom estado de saúde desde o nascimento até a morte.

§ 10 "(2) Que ele tem direito a educação suficiente para torná-lo um cidadão útil e interessado; que a educação especial deve ser tornada tão disponível quanto proporcionada a ele em igualdade de oportunidades para o desenvolvimento de seus dons pessoais a serviço da humanidade; que ele deve ter fácil acesso a informações

easy access to information upon all matters of common knowledge throughout his life and enjoy the utmost freedom of discussion, association and worship.

§ 11 "(3) That he may engage freely in any lawful occupation, earning such pay as the need for his work and the increment it makes to the common welfare may justify. That he is entitled to paid employment and to a free choice whenever there is any variety of employment open to him. He may suggest employment for himself and have his claim publicly considered, accepted or dismissed.

§ 12 "(4) That he shall have the right to buy or sell without any discriminatory restrictions anything which may be lawfully bought or sold, in such quantities and with such reservations as are compatible with the common welfare."

§ 13 (Here I will interpolate a comment. We have to bear in mind that in a collectivist state buying and selling to secure income and profit will be not simply needless but

sobre todos os assuntos de conhecimento comum ao longo de sua vida e desfrutar da máxima liberdade de discussão, associação e adoração.

§ 11 "(3) Que ele possa se engajar livremente em qualquer ocupação lícita, ganhando tal salário qual a necessidade de seu trabalho, e o desenvolvimento que este proporciona ao bem-comum e possa justificá-lo. Que ele tem direito a emprego remunerado e a uma livre escolha sempre que houver qualquer variedade de empregos disponíveis para si. Ele pode sugerir o emprego para si e ter sua reivindicação considerada publicamente, aceita ou dispensada.

§ 12 "(4) Que ele terá o direito de comprar ou vender, sem restrições discriminatórias, qualquer coisa que possa ser comprada ou vendida legalmente, em tais quantidades e com tais reservas que estejam compatíveis com o bem-comum."

§ 13 (Aqui interpolarei um comentário. Temos que ter em mente que, em um Estado coletivista, comprar e vender para assegurar renda e lucro não será simplesmente

impossible. The Stock Exchange, after its career of four-hundred-odd-years, will necessarily vanish with the disappearance of any rational motive either for large accumulations or for hoarding against deprivation and destitution. Long before the age of complete collectivisation arrives, the savings of individuals for later consumption will probably be protected by some development of the Unit Trust System into a public service. They will probably be entitled to interest at such a rate as to compensate for that secular inflation which should go on in a steadily enriched world community. Inheritance and bequest in a community in which the means of production and of all possible monopolisation are collectivised, can concern little else than relatively small, beautiful and intimate objects, which will afford pleasure but no unfair social advantage to the receiver.)

§ 14 "(5) That he and his personal property lawfully acquired are entitled to police and legal protection from private violence, deprivation,

desnecessário, mas impossível. A Bolsa de Valores, após sua carreira de quatrocentos e tantos anos, necessariamente, se dissipará com o desaparecimento de qualquer motivo racional, seja para grandes acumulações ou para o armazenamento contra ruína e indigência. Muito antes de chegar a era da coletivização completa, as economias de indivíduos para consumo posterior, provavelmente, serão protegidas por algum desenvolvimento de Sistema Único de Confiança dentro de um serviço público. Eles, provavelmente, terão direito a juros a uma taxa tal que compense a inflação secular que deveria continuar num crescente enriquecimento da comunidade mundial. Herança e doação em uma comunidade cujos meios de produção e de toda a monopolização possível são coletivizados, podem dizer respeito a poucos objetos, mais do que relativamente pequenos, bonitos e íntimos, que proporcionarão prazer, mas nenhuma vantagem social injusta ao recebedor.)

§ 14 "(5) Que ele e seus bens pessoais adquiridos legalmente têm direito à proteção policial e legal contra violência privada, ruína,

compulsion and intimidation.	extorsão e intimidação.
§ 15 "(6) That he may move freely about the world at his own expense. That his private house or apartment or reasonably limited garden enclosure is his castle, which may be entered only with consent, but that he shall have the right to come and go over any kind of country, moorland, mountain, farm, great garden or what not, or upon the seas, lakes and rivers of the world, where his presence will not be destructive of some special use, dangerous to himself nor seriously inconvenient to his fellow-citizens.	§ 15 "(6) Que ele possa circular livremente pelo mundo às suas próprias custas. Que sua casa ou apartamento particulares ou uma cerca de jardim, razoavelmente limitada é seu castelo, que pode ser acessado apenas com seu consentimento, porém que ele deve ter o direito de ir e vir para qualquer tipo de país, matas de charneca, montanha, fazenda, grande jardim ou que não seja isso, ou sobre os mares, lagos e rios do mundo, onde sua presença não será destrutiva de alguma utilidade especial, perigosa para si mesmo nem seriamente inconveniente para seus concidadãos.
§ 16 "(7) That a man unless he is declared by a competent authority to be a danger to himself and to others through mental abnormality, a declaration which must be annually confirmed, shall not be imprisoned for a longer period than six days without being charged with a definite offence against the law, nor for more than three months without public trial. At the end if the latter period, if he has not been tried and sentenced by due process of law, he shall	§ 16 "(7) Que um homem, a menos que seja declarado por uma autoridade competente como um perigo para si mesmo e para os outros, por anomalia mental, com uma declaração que deve ser confirmada anualmente, não deve ficar preso por um período maior que seis dias sem ser acusado de um delito definido em lei, nem por mais de três meses sem julgamento público. No final deste último caso, se ele não tiver sido

506

be released. Nor shall he be conscripted for military, police or any other service to which he has a conscientious objection.

§ 17 "(8) That although a man is subject to the free criticism of his fellows, he shall have adequate protection from any lying or misrepresentation that may distress or injure him. All administrative registration and records about a man shall be open to his personal and private inspection. There shall be no secret dossiers in any administrative department. All dossiers shall be accessible to the man concerned and subject to verification and correction at his challenge. A dossier is merely a memorandum; it cannot be used as evidence without proper confirmation in open court.

§ 18 "(9) That no man shall be subjected to any sort of mutilation or sterilisation except with his own deliberate consent, freely given, nor to bodily assault, except in restraint of his own violence, nor to torture, beating or any other bodily punishment; he

julgado e sentenciado pelo devido processo legal, deve ser solto. Nem ele deve ser recrutado para serviço militar, policial ou qualquer outro serviço para o qual tenha objeção de consciência.

§ 17 "(8) Que, embora um homem esteja sujeito à livre crítica de seus conterrâneos, ele deve ter proteção adequada contra qualquer mentira ou deturpação que possa detratá-lo ou injuriá-lo. Todo registro administrativo e dados de um homem devem estar abertos à sua inspeção pessoal e privada. Não deverá haver dossiês secretos em nenhum departamento administrativo. Todos os dossiês deverão ser acessíveis ao homem a quem concernem e sujeitos à verificação e correção por sua objeção. Um dossiê é apenas um memorando; não pode ser usado como prova sem a devida confirmação em tribunal público.

§ 18 "(9) Que nenhum homem deve ser submetido a qualquer tipo de mutilação ou esterilização, exceto com o seu próprio consentimento deliberado, dado livremente, nem deve ser submetido à agressão física, exceto na repressão de sua própria

507

shall not be subjected to imprisonment with such an excess of silence, noise, light or darkness as to cause mental suffering, or to imprisonment in infected, verminous or otherwise insanitary quarters, or be put into the company of verminous or infectious people. He shall not be forcibly fed nor prevented from starving himself if he so desire. He shall not be forced to take drugs nor shall they be administered to him without his knowledge and consent. That the extreme punishments to which he may be subjected are rigorous imprisonment for a term of not longer than fifteen years or death."

§ 19 (Here I would point out that there is nothing in this to prevent any country from abolishing the death penalty any country from abolishing the death penalty. Nor do I assert a general right to commit suicide, because no one can punish a man for doing that. He has escaped. But threats and incompetent attempts to commit suicide

violência, nem ser submetido à tortura, espancamento ou qualquer outra punição corporal; ele não deve ser submetido à prisão com tal excesso de silêncio, zoada, luz ou escuridão que cause sofrimento mental, ou a encarceramento em locais infectados, cheios de vermes ou senão em alojamentos insalubres, nem ser colocado em focos de vermes ou na companhia de pessoas infestadas. Ele não deve ser alimentado à força nem empatado de negar-se a comer se ele assim quiser. Ele não deve ser forçado a tomar remédios, nem estes lhes devem ser ministrados sem o seu conhecimento e consentimento. Que as punições extremas às quais ele pode ser submetido são reclusão de segurança máxima por um período até quinze anos ou sua morte".

§ 19 (Aqui, eu gostaria de pontuar que não há nada nisso para proibir qualquer país de abolir a pena de morte. Qualquer país de abolir a pena de morte! Nem também afirmo o direito geral de cometer suicídio, porque ninguém pode punir um homem por ter feito isso, se ele escapar. Mas ameaças e tentativas incompetentes de

belong to an entirely different category. They are indecent and distressing acts that can easily become a serious social nuisance, from which the normal citizen is entitled to protection.) § 20 "(10) That the provisions and principles embodied in this Declaration shall be more fully defined in a code of fundamental human rights which shall be made easily accessible to everyone. This Declaration shall not be qualified nor departed from upon any pretext whatever. It incorporates all previous Declarations of Human Right. Henceforth for a new ear it is the fundamental law for mankind throughout the whole world. § 21 "No treaty and no law affecting these primary rights shall be binding upon any man or province or administrative division of the community, that has not been made openly, by and with the active or tacit acquiescence of every adult citizen concerned, either given by a direct majority vote of his publicly elected representatives. In matters of collective behaviour it is by the majority decision men	cometer suicídio pertencem a uma categoria completamente diferente. São atos indecentes e angustiantes que podem, facilmente, se tornar um sério transtorno social, contra o qual o cidadão normal tem direito a proteção.) § 20 "(10) Que as disposições e princípios incorporados nesta Declaração devem ser mais completamente detalhados em um código dos direitos humanos fundamentais, que deve ser, facilmente, tornado acessível a todos. Esta Declaração não deve ser limitada nem arquivada sob qualquer que seja o pretexto. Ela incorpora todas as declarações de direitos humanos anteriores. Doravante, para uma nova aurora, ela é a lei fundamental para a humanidade em todo o mundo. § 21 "Nenhum tratado e nenhuma lei afetando esses direitos fundamentais devem ser impostos a nenhum homem, província ou divisão administrativa da comunidade, que não tenham sido feitos abertamente, por e com a aquiescência, ativa ou tácita, de todo cidadão adulto por elas afetado, ou dado por um voto direto da maioria de seus representantes eleitos publicamente. Em questões de

must abide. No administration, under a pretext of urgency, convenience or the like, shall be entrusted with powers to create or further define offences or set up bylaws, which will in any way infringe the rights and liberties here asserted. All legislation must be public and definite. No secret treaties shall be binding on individuals, organisations or communities. No orders in council or the like, which extend the application of a law, shall be permitted. There is no source of law but the people, and since life flows on constantly to new citizens, no generation of the people can in whole or in part surrender or delegate the legislative power inherent in mankind."

§ 22 There, I think, is something that keener minds than mine may polish into a working Declaration which would in the most effective manner begin that restoration of confidence of which the world stands in need. Much of it might be better phrased, but I think it embodies the general good-will in mankind from pole to pole. It is certainly what we all want for

comportamento coletivo, é com a decisão da maioria que os homens devem se conformar. Nenhuma administração, sob um pretexto de urgência, conveniência ou similar, deve ser delegada com poderes para criar ou definir mais delitos ou estabelecer estatutos, que de alguma forma infringirão os direitos e liberdades aqui declarados. Toda legislação deve ser pública e exata. Nenhum trato secreto deve ser obrigatório para indivíduos, organizações ou comunidades. Nenhuma ordem em conselho ou algo correlato, que estenda a aplicação de uma lei, deve ser permitida. Não há fonte de lei senão o povo, e como a vida flui constantemente para novos cidadãos, nenhuma geração do povo pode, no todo ou em parte, renunciar ou delegar o poder legislativo inerente à humanidade".

§ 22 Eu acho que existe alguma coisa que, mentes mais perspicazes do que a minha, podem lapidar em uma Declaração de trabalho que, da maneira mais eficiente, começaria a restauração da confiança que a plataforma mundial precisa. Muito disso pode ser mais bem formulado, mas acho que incorpora a boa vontade geral da humanidade, de polo a polo. É, certamente, o

ourselves. It could be a very potent instrument indeed in the present phase of human affairs. It is necessary and it is acceptable. Incorporate that in your peace treaties and articles of federation, I would say, and you will have a firm foundation, which will continually grow firmer, for the fearless cosmopolitan life of a new world order. You will never get that order without some such document. It is the missing key to endless contemporary difficulties.

§ 23 And if we, the virtuous democracies, are not fighting for these common human rights, then what in the name of the nobility and gentry, the Crown and the Established Church, the City, The Times and the Army and Navy Club, are we common British peoples fighting for?

11

INTERNATIONAL POLITICS

§ 1º AND NOW, HAVING COMPLETED our picture of what the saner elements in human society may reasonably work for and hope for, having cleared away the horrible nightmares of the class war

que todos nós queremos para nós mesmos. Poderia ser um instrumento muito potente, de fato, na atual fase dos assuntos humanos. É necessário e aceitável. Incorpore isso em seus tratados de paz e artigos da federação, eu diria, e você terá uma base firme, que ficará cada vez mais sólida, para a destemida vida cosmopolita de uma nova ordem mundial. Você nunca obterá esta ordem sem um tal documento. É a chave perdida para infinitas dificuldades contemporâneas.

§ 23 E se nós, as democracias sérias, não estamos lutando por esses direitos humanos comuns, então pelo que, em nome da aristocracia e da pequena nobreza, da Coroa e da Igreja Estabelecida, da cidade, do jornal *The Times*, do Exército e do Clube Naval, nós, britânicos comuns, estamos lutando?

11

POLÍTICAS INTERNACIONAIS

§ 1º E AGORA, TENDO COMPLETADO nossa imagem de pelo que os elementos sensatos na sociedade humana podem, razoavelmente, trabalhar e esperar, tendo superado os pesadelos horríveis da guerra

and the totalitarian slave-state from our imaginations, we are able to attack the immediate riddles of international conflict and relationship with some hope of a general solution. If we realise to the depths of our being that a world settlement based in the three ideas of socialism, law and knowledge, is not only possible and desirable, but the only way of escape from deepening disaster, then manifestly our attitude towards the resentments of Germany, the prejudices of America or Russia, the poverty and undernourishment of India or the ambitions of Japan, must be frankly opportunist. None of these are primary issues. We sane men must never lose sight of our ultimate objective, but our methods of getting there will have to vary with the fluctuating variations of national feeling and national policy.

§ 2º There is this idea of federalism upon which I have already submitted a criticism in chapter seven. As I have shown there, the Streit proposals will either take you

de classes e do Estado-escravagista totalitário de nossas imaginações, então agora somos capazes de atacar os enigmas imediatos do conflito internacional e do relacionamento com alguma esperança de uma solução geral. Se nós percebermos, de todo o coração, que um acordo mundial baseado nas três ideias de socialismo, lei e conhecimento, não é apenas possível e atraente, mas a única maneira de escapar do aprofundamento do desastre, então manifestamente, nossa atitude em relação aos ressentimentos da Alemanha, os prejuízos da América ou da Rússia, a pobreza e a subnutrição da Índia ou as ambições do Japão, devem ser francamente convenientes. Nenhuma dessas é questão primária. Nós, homens sensatos, nunca devemos perder de vista nosso objetivo final, mas nossos métodos para chegar lá terão que variar de acordo com as alterações flutuantes do sentimento nacional e da política nacional.

§ 2º Existe essa ideia de federalismo, sobre a qual eu já teci uma crítica no capítulo sete. Como mostrei lá, as propostas de Streit levarão você mais longe, ou pousarão você em lugar nenhum. Vamos

further or land you nowhere. Let us assume that we can strengthen his proposals to the extent of making a socialistic economic consortium and adhesion to that Declaration of Rights, primary conditions for any federal union; then it becomes a matter of mood and occasion with what communities the federal association may be begun. We can even encourage feeble federal experiments which do not venture even so far as that along the path to sanity, in the certainty that either they will fade out again or else that they will become liberal realities of the type to which the whole world must ultimately conform. Behind any such half-hearted tentatives an educational propaganda can be active and effective.

§ 3º But when it comes to the rate and amount of participation in the construction of a rational world order we can expect from any country or group of countries, we are in a field where there is little more than guessing and haphazard generalisations about "national character" to work upon. We are dealing with masses of people which may be swayed

supor que possamos fortalecer suas propostas a ponto de criar um consórcio econômico socialista e a adesão a essa Declaração de Direitos, condições primárias para qualquer união federal; então, torna-se uma questão de humor e ocasião com quais comunidades a associação federal pode ser iniciada. Podemos, ainda, encorajar experimentos federais debilitados que não se aventuram ir tão longe quanto ao longo do caminho do bom senso, na certeza de que ou eles se dissiparão de novo ou se tornarão realidades liberais, do tipo com o qual o mundo inteiro deve, finalmente, se conformar. Por trás dessas tais tentativas indecisas, uma propaganda educacional pode ser ativa e eficiente.

§ 3º Mas quando se trata da taxa e da quantidade de participação na construção de uma ordem mundial racional, que podemos desejar de qualquer país ou grupo de países, nós estamos em um campo onde existe pouco mais do que adivinhações e generalizações aleatórias sobre "caráter nacional", para se trabalhar em cima delas. Estamos lidando com massas de pessoas que podem ser influenciadas enormemente por

enormously by a brilliant newspaper or an outstandingly persuasive or compelling personality or by almost accidental changes in the drift of events. I, for example, cannot tell how far the generality of educated and capable people in the British Empire now may fall in with our idea of accepting and serving a collectivism, or how strong their conservative resistance may be. It is my own country and I ought to know it best, and I do not know it detachedly enough or deeply enough to decide that. I do not see how anyone can foretell these swirls and eddies of response.

§ 4º The advocacy of such movements of the mind and will as I am speaking of here is in itself among the operating causes in political adjustment, and those who are deepest in the struggle are least able to estimate how it is going. Every factor in political and international affairs is a fluctuating factor. The wise man therefore will not set his heart upon any particular drift or combination. He will favour everything that trends

um jornal brilhante ou por uma personalidade extraordinariamente persuasiva ou convincente, ou por mudanças quase acidentais no fluxo dos eventos. Eu, por exemplo, não consigo dizer até que ponto a maior parte das pessoas educadas e capazes no Império Britânico pode agora concordar com nossa ideia de aceitar e divulgar um coletivismo, ou quão forte possa ser sua resistência conservadora. É o meu próprio país e eu devo conhecê-lo melhor, e não conheço bastante desapaixonadamente ou bastante profundamente para decidir isso. Eu não vejo como alguém possa predizer esses turbilhões e turbilhões de resposta.

§ 4º A defesa de tais movimentos da mente e da vontade como estou falando aqui, está, em si mesma, entre as causas operacionais do ajuste político, e aqueles que estão envolvidos na luta são menos capazes de estimar como ela está indo. Cada fator nos assuntos políticos e internacionais é um fator flutuante. O homem sábio, portanto, não colocará seu coração sobre nenhuma incerteza ou combinação particular. Ele favorecerá tudo que se direcionar ao fim que

514

towards the end at which he aims.

§ 5º The present writer cherishes the idea that the realisation of a common purpose and a common cultural inheritance may spread throughout all the English-speaking communities, and there can be no harm in efforts to give this concrete expression. He believes the dissociation of the British Empire may inaugurate this great synthesis. At the same time there are factors making for some closer association of the United States of America with what are called the Oslo powers. There is no reason why one of these associations should stand in the way of the other. Some countries such as Canada rest already under what is practically a double guarantee; she has the security of the Monroe Doctrine and the protection of the British fleet.

§ 6º A Germany of eighty million people which has been brought to acquiesce in the Declaration of the Rights of Man and which is already highly collectivised, may come much earlier to a completely liberal socialist regime than Great Britain or

almeja.

§ 5º O presente escritor alimenta a ideia de que a realização de um propósito comum e de uma herança cultural comum podem se espalhar por todas as comunidades de língua inglesa, e não pode haver danos nos esforços para dar essa expressão concreta. Ele acredita que a dissolução do Império Britânico pode inaugurar essa grande síntese. Ao mesmo tempo, existem fatores contribuindo para uma associação mais estreita dos EUA com o que chamamos de as potências de Oslo. Não há razão para que uma dessas associações deva ficar no caminho da outra. Alguns países como o Canadá já repousam sob o que é, praticamente, uma garantia dupla; ela tem a segurança da Doutrina Monroe e a proteção da Esquadra Britânica.

§ 6º Uma Alemanha de oitenta milhões de pessoas que foram persuadidas a concordar com a Declaração dos Direitos do Homem, e que já é altamente coletivizada, pode chegar muito mais cedo a um regime socialista completamente liberal do que a Grã-Bretanha ou a França. Se ela participar de um consórcio

France. If she participates in a consortium for the development of what are called the politically backward regions of the world, she may no longer be disposed for further military adventures and further stress and misery. She may enter upon a phase of social and economic recovery so rapid as to stimulate and react upon every other country in the world. It is not for other countries to dictate her internal politics, and if the German people want to remain united as one people, in federated states or in one centralised state, there is neither righteousness nor wisdom preventing them.

§ 7º The Germans like the rest of the world have to get on with collectivisation, they have to produce their pattern, and they cannot give themselves to that if they are artificially divided up and disorganised by some old-fashioned Quai d'Orsay scheme. They must do the right thing in their own way.

§ 8º That the belligerent tradition may linger on in Germany for a generation or so, is a risk the Atlantic powers have to take. The

para o desenvolvimento das chamadas regiões politicamente atrasadas do mundo, pode já não estar disposta a promover aventuras militares, além de estresse e miséria. Ela pode entrar em uma fase de recuperação social e econômica tão rápida que estimule e responda a todos os outros países do mundo. Não cabe a outros países ditar sua política interna e, se o povo alemão quiser permanecer unido como um povo, em Estados federados ou em um Estado centralizado, não há nenhuma justiça nem sabedoria os impedindo.

§ 7º Os alemães, como o resto do mundo, têm que ter sucesso com a coletivização, têm que produzir seu padrão, e não podem se entregar a isso se eles são, artificialmente, divididos e desorganizados por algum esquema antiquado do cais de Quai d´Orsay. Eles devem fazer a coisa certa ao seu próprio modo.

§ 8º Que a tradição beligerante possa persistir na Alemanha, por mais ou menos uma geração, é um risco que as potências atlânticas têm de correr. O mundo teria o direito de insistir que, não apenas

world has a right to insist that not simply some German government but the people generally, recognise unequivocably and repeatedly, the rights of man asserted in the Declaration, and it is disarmed and that any aggressive plant, any war plane, warship, gun or arsenal that is discovered in the country shall be destroyed forthwith, brutally and completely. But that is a thing that should not be confined to Germany. Germany should not be singled out for that. Armament should be an illegality everywhere, and some sort of international force should patrol a treaty-bound world. Partial armament is one of those absurdities dear to moderate-minded "reasonable" men. Armament itself is making war. Making a gun, pointing a gun and firing it, are all acts of the same order. It should be illegal to construct anywhere upon earth, any mechanism for the specific purpose of killing men. When you see a gun it is reasonable to ask: "Whom is that intended to kill?"

§ 9º Germany's rearmament after 1918 was largely

algum governo alemão, mas o povo em geral, reconhecesse inequivoca e repetidamente, os direitos do homem afirmados na Declaração, e que a Alemanha seja desarmada e que qualquer atitude agressiva, qualquer avião de guerra, navio de guerra, arma ou o arsenal descoberto no país seja destruído imediatamente, de forma brutal e completa. Porém isso é uma coisa que não deveria ser limitada à Alemanha. A Alemanha não deveria ser apontada por isso. O armamento deveria ser uma ilegalidade em todos os lugares, e algum tipo de força internacional patrulharia um mundo vinculado por tratados. Armamento parcial é um desses absurdos queridos por homens "razoáveis" de mente moderada. O próprio armamento está fazendo guerra. Fazendo uma arma, apontando uma arma e disparando-a, são todos atos da mesma ordem. Deveria ser ilegal construir, em qualquer canto do mundo, todo mecanismo com o propósito específico de matar homens. Quando você vê uma arma, é razoável perguntar: "Quem é que planeja matar?"

§ 9º O rearmamento da Alemanha depois de 1918 foi amplamente tolerado,

tolerated because she played off British Russophobia against the Russian fear of "Capitalist" attack, but that excuse can no longer serve any furtive war-mongers among her people after her pact with Moscow.

§ 10 Released from the economic burdens and restrictions that crippled her recovery after 1918, Germany may find a full and satisfying outlet for the energy of her young men in her systematic collectivisation, raising the standard of her common life deliberately and steadily, giving Russia a lead in efficiency and obliging the maundering "politics" and discursive inattention of the Atlantic world to remain concentrated upon the realities of life. The idea of again splitting up Germany into discordant fragments so as to postpone her ultimate recovery indefinitely, is a pseudo-democratic slacker's dream. It is diametrically opposed to world reconstruction. We have need of the peculiar qualities of her people, and the sooner she recovers the better for the whole world. It is preposterous to resume the

porque ela jogou com a russofobia britânica contra o medo russo de um ataque "capitalista", contudo, aquela desculpa já não pode servir a nenhum traficante de guerra dissimulado no meio de seu povo, depois do seu pacto com Moscou.

§ 10 Liberada dos encargos econômicos e das restrições que aleijaram sua recuperação após 1918, a Alemanha pode encontrar uma saída completa e satisfatória para a energia de seus homens jovens, na sua coletivização sistemática, elevando o padrão de sua vida comum, deliberada e constantemente, dando à Rússia uma vantagem em eficiência, e forçando a "política" indiferente e a desatenção evasiva do mundo atlântico, a permanecer concentradas nas realidades da vida. A ideia de dividir novamente a Alemanha em fragmentos discordantes, de modo a adiar indefinidamente sua recuperação definitiva, é um sonho do preguiçoso pseudo-democrático. É diametralmente oposta à reconstrução mundial. Nós temos necessidade das qualidades peculiares de seu povo, e quanto mais cedo ela se recuperar, melhor para o mundo inteiro. É absurdo

518

policy of holding back Germany simply that the old order may enjoy a few more years of self-indulgence in England, France and America.

§ 11 A lingering fear of German military aggression may not be altogether bad for the minor states of South-Eastern Europe and Asia Minor, by breaking down their excessive nationalism and inducing them to work together. The policy of the sane man should be to welcome every possible experiment in international understandings duplicate and overlap one another, so much the better. He has to watch the activities of his own Foreign Office with incessant jealousy, for signs of that Machiavellian spirit which foments division among foreign governments and peoples and schemes perpetually to frustrate the progressive movement in human affairs by converting it into a swaying indecisive balance of power.

§ 12 This book is a discussion of guiding principles and not of the endless specific problems of adjustment that arise on the way to a world

retomar a política de conter a Alemanha, simplesmente, para que a velha ordem possa desfrutar de mais poucos anos de auto-indulgência na Inglaterra, França e América.

§ 11 Um medo demorado da agressão militar alemã pode não ser tão ruim para os Estados menores do Sudeste da Europa e da Ásia Menor, demolindo seu nacionalismo excessivo e os induzindo a trabalhar juntos. A política do homem sensato deveria ser muito mais bem acolhida por todos os experimentos possíveis em entendimentos internacionais duplicados, e sobrepostos um sobre o outro. Ele tem que assistir as atividades de seu próprio ministério das relações exteriores com inveja incessante, em busca de sinais daquele espírito maquiavélico que fomenta a divisão entre governos e povos estrangeiros e planeja, perpetuamente, frustrar o movimento progressivo nos assuntos humanos, convertendo-o num vai-e-vem indeciso da balança do poder.

§ 12 Este livro é uma discussão de princípios orientadores, e não dos intermináveis problemas específicos de ajuste, que

realisation of collective unity. I will merely glance at that old idea of Napoleon the Third's, the Latin Union, at the possibility of a situation in Spanish and Portuguese South America parallel to that overlap of the Monroe Doctrine and the European motherlands which already exists in practice in the case of Canada, nor will I expatiate upon the manifold possibilities of sincere application of the Declaration of the Rights of Man to India and Africa - and particularly to those parts of the world in which more or less black peoples are awakening to the realities of racial discrimination and oppression.

§ 13 I will utter a passing warning against any Machiavellian treatment of the problem of Northern and Eastern Asia, into which the British may be led by their constitutional Russophobia. The Soviet collectivism, especially if presently it becomes liberalised and more efficient through a recovery from its present obsession by Stalin, may spread very effectively across Central Asia

surgem no caminho para a concretização mundial da unidade coletiva. Eu vou só passar a vista naquela velha ideia de Napoleão III, a União Latina, por meio da possibilidade de uma situação na América do Sul espanhola e portuguesa, paralela àquela amontoação da Doutrina Monroe e das pátrias europeias, coisa que já existe, na prática, no caso do Canadá; e também não discorrerei sobre as múltiplas possibilidades de aplicação sincera da Declaração dos Direitos do Homem na Índia e na África – e, particularmente, para essas partes do mundo nas quais mais ou menos povos negros estão despertando para as realidades da discriminação racial e da opressão.

§ 13 Eu vou contar uma passagem advertindo contra qualquer tratamento maquiavélico do problema do Norte e do Leste da Ásia, no qual os britânicos podem ser conduzidos por sua russofobia congênita. O coletivismo soviético, especialmente se atualmente ele se tornar liberalizado e mais eficiente por meio de uma cura da sua corrente obsessão por Stalin, pode se espalhar muito efetivamente pela Ásia Central e China. Para alguém

and China. To anyone nourished mentally upon the ideas of an unending competition of Powers for ascendancy for ever and ever, an alliance with Japan, as truculent and militarised a Japan as possible, will seem the most natural response in the world. But to anyone who has grasped the reality of the present situation of mankind and the urgent desirableness of world collectivisation, this immense unification will be something to welcome, criticise and assist.

§ 14 The old bugbear of Russia's "designs upon India" may also play its part in distorting the Asiatic situation for many people. Yet a hundred years of mingled neglect, exploitation and occasional outbreaks of genuine helpfulness should have taught the British that the ultimate fate of India's hundreds of millions rests now upon no conquering ruler but wholly and solely upon the ability of the Indian peoples to co-operate in world collectivisation. They may learn much by way of precept and example from Russia and

alimentado mentalmente em cima das ideias de uma infindável competição de potências visando uma hegemonia para todo o sempre, uma aliança com o Japão, um Japão tão truculento e militarizado quanto possível, parecerá a resposta mais natural do mundo. Contudo, para qualquer um que tenha compreendido a realidade da presente situação da Humanidade e a conveniência urgente da coletivização mundial, essa unificação imensa será algo para acolher, criticar e ajudar.

§ 14 O velho pesadelo dos "projetos para a Índia", por parte da Rússia, também pode fazer sua parte para distorcer a situação asiática para muitas pessoas. No entanto, uma centena de anos de negligência misturada à exploração e surtos ocasionais de genuína solicitude, deveriam ter ensinado aos britânicos que o destino final das centenas de milhões da Índia não repousa agora sobre nenhum governante conquistador, mas total e exclusivamente na habilidade dos povos indianos para cooperar na coletivização mundial. Eles podem aprender muito por meio do preceito e exemplo da Rússia e do mundo de língua inglesa, porém os

from the English-speaking world, but the days for mere revolt or for relief by a change of masters have passed. India has to work out for itself, with its own manner of participation in the struggle for a world order, starting from the British raj as a datum line. No outside power can work that out for the Indian peoples, nor force them to do it if they have no will for it.

§ 15 But I will not wander further among these ever-changing problems and possibilities. They are, so to speak, wayside eventualities and opportunities. Immense though some of them are they remain secondary. Every year or so now the shifting channels of politics need to be recharted. The activities and responses of the sane man in any particular country and at any particular time will be determined always by the overruling conception of a secular movement towards a single world order. That will be the underlying permanent objective of all his political life.

§ 16 There is, however, another line of world

dias para mera revolta ou para assistência por uma mudança de mestres passaram. A Índia tem que resolver por si mesma, com sua própria maneira de participação na luta por uma ordem mundial, a partir do *Raj* britânico como uma linha de referência. Nenhum poder externo pode resolver isso para os povos indianos, nem forçá-los a resolver se eles não tiverem vontade.

§ 15 Mas eu não vou vaguear mais além no meio desses problemas e possibilidades em constante transformação. Elas são, por assim dizer, eventualidades e oportunidades marginais. Imensas, embora algumas delas permaneçam secundárias. Todo ano, ou então agora, as mudanças de canais da política precisam ser recarregadas. As atividades e respostas do homem sensato, em qualquer país específico e em qualquer tempo específico, serão determinadas sempre pela concepção dominante de um movimento secular para uma só ordem mundial. Esse será o objetivo permanente implícito de toda a sua vida política.

§ 16 Há, todavia, outra linha de consolidação mundial para a qual deve ser chamada a atenção antes de concluirmos

consolidation to which attention must be drawn before we conclude this section, and is what we may call ad hoc internationalism is admirably set forth in Leonard Woolf's International Government, a classic which was published in 1916 and still makes profitable reading.

§ 17 The typical ad hoc organisation is the Postal Union, which David Lubin, that brilliant neglected thinker, would have had extended until it controlled shipping and equalised freights throughout the world. He based his ideas upon his practical experience of the mail order business from which he derived his very considerable fortune. From that problem of freight adjustment he passed to the idea of a controlled survey of world, so that a shortage here or a glut there could be foreseen and remedied in time. He realised the idea in the form of the International Institute of Agriculture at Rome, which in its heyday made treaties like an independent sovereign power for the supply of returns from nearly every government upon earth. The war of 1914 and Lubin's death in 1919 checked the development of this admirable and most inspiring

esta seção, e é o que podemos chamar de internacionalismo *ad hoc* que é admiravelmente demonstrado no *Governo Internacional* de Leonard Woolf, um clássico publicado em 1916 e que ainda constitui uma leitura proveitosa.

§ 17 A típica organização *ad hoc* é a União Postal, que David Lubin, aquele brilhante pensador desprezado, teria desenvolvido até controlar o transporte e equalizar fretes por todo o mundo. Ele baseou suas ideias na sua experiência prática nos negócios de encomendas por correspondência, do qual derivou sua fortuna muito considerável. A partir daquele problema de ajuste de frete, ele passou à ideia de uma pesquisa controlada do mundo, para que uma escassez aqui ou um excesso ali, pudesse ser previsto e remediado a tempo. Ele teve a visão na forma do Instituto Internacional de Agricultura em Roma, que em seu apogeu fez tratados como um poder soberano independente, para o suprimento de devoluções a partir de quase todos os governos da Terra. A guerra de 1914 e a morte de Lubin em 1919, assinalaram o desenvolvimento desse experimento, admirável e mais

experiment in ad hoc internationalism. Its history is surely something that should be made part of the compulsory education of every statesmen and publicist. Yet never in my life have I met a professional politician who knew anything whatever or wanted to know anything about it. It didn't get votes; it seemed difficult to tax it; what was the good of it?

§ 18 Another ad hoc organisation which might be capable of a considerable extension of its functions is the Elder Brethren of Trinity House, who control the lighthouses and charting of the seas throughout the world. But it would need a very considerable revision and extension of Mr Woolf's book and, in spite of the war stresses that have delayed and in some cases reversed their development, it would be quite beyond our present scope, to bring up to date the lengthening tale of ad hoc international networks, ranging from international business cartels, scientific and technical organisations, white-slave-trade suppression and

inspirador, do internacionalismo *ad hoc*. Sua história é, certamente, algo que deveria fazer parte da educação obrigatória de todos os estadistas e jornalistas. No entanto, nunca na minha vida conheci um político profissional que sabia alguma coisa qualquer que fosse, ou que queria saber alguma coisa sobre ela. Ele não recebeu votos; pareceu difícil rotulá-lo; qual foi o bom disso?

§ 18 Outra organização *ad hoc* que pode ser capaz de uma extensão considerável de suas funções é a *Elder Brethren of Trinity House*, que controla os faróis e os mapas dos mares em todo o mundo. Mas seria necessária uma revisão e uma extensão assaz considerável do livro do Sr. Woolf e, apesar das tensões da guerra que têm atrasado e, em alguns casos, revertido seu desenvolvimento, estaria muito além do nosso presente alcance, atualizar o percurso histórico de redes de trabalho internacionais *ad hoc*, classificando desde convênios comerciais internacionais, organizações científicas e técnicas, repressão ao tráfico de escravos brancos e cooperação policial

524

international police co-operation, to health services and religious missions. Just as I have suggested that the United States and Great Britain may become complete socialisms unawares, so it is a not altogether impossible dream that the world may discover to its great surprise that it is already practically a cosmopolis, through the extension and interweaving of these ad hoc co-operations. At any rate we have this very powerful collateral process going on side by side with the more definite political schemes we have discussed.

§ 19 Surveying the possibilities of these various attacks upon the complicated and intricate obstacles that stand between us and a new and more hopeful world order, one realises both the reasons for hope in that great possibility and the absurdity over over-confidence. We are all like soldiers upon a vast battlefield; we cannot be sure of the trend of things; we may be elated when disillusionment is rushing headlong upon us; we may be on the verge of despair, not knowing that our antagonists are already in collapse. My

internacional, até serviços de saúde e missões religiosas. Do mesmo jeito que sugeri que os Estados Unidos e a Grã-Bretanha podem se tornar socialismos completos sem saber, também não é um sonho totalmente impossível que o mundo descubra, para sua grande surpresa, que já é praticamente uma cosmópole, através da extensão e do entrelaçamento dessas cooperações *ad hoc*. Em todo caso, temos esse processo colateral muito poderoso, seguindo lado a lado com os esquemas políticos mais definidos que nós discutimos.

§ 19 Examinando as possibilidades desses vários ataques sobre os obstáculos, complicados e intrincados, que se levantam entre nós e uma nova e mais esperançosa ordem mundial, percebem-se tanto as razões para a esperança naquela grande possibilidade, quanto o absurdo demasiado do excesso de confiança. Somos todos como soldados num vasto campo de batalha; não podemos ter certeza da tendência das coisas; podemos ficar exaltados quando a desilusão estiver laçando-se impetuosamente sobre nós; podemos estar à beira do desespero, sem saber que nossos antagonistas já estão em

own reactions vary between an almost mystical faith in the ultimate triumph of human reason and good-will, and moods of stoical determination to carry on to the end in the face of what looks like inevitable disaster. There are quantitative factors in the outlook for which there are no data; there are elements of time and opportunity beyond any estimating. Every one of these activities we have been canvassing tends to delay the drift to destruction and provides a foothold for a further counteroffensive against the adversary.

§ 20 In the companion predecessor to this book, The Fate of Homo sapiens, I tried to drive home the fact that our species has no more reason to believe it can escape defeat and extinction, than any other organism that plays or has played its part in the drama of life. I tried to make clear how precarious is our present situation, and how urgent it is that we should make a strenuous effort at adjustment now. Only a little while ago it seemed as though that was an appeal to a deaf and blind world, invincibly set in its habitual ways into the

colapso. Minhas próprias reações variam entre uma fé quase mística no triunfo final da razão humana e da boa vontade, e a propensão de determinação estóica para continuar até o fim, diante do que parece algo como um desastre inevitável. Há fatores quantitativos nas perspectivas, para os quais não têm dados; existem elementos de tempo e oportunidade além de qualquer estimativa. Cada uma dessas atividades que estivemos investigando, tende a atrasar a aproximação da destruição e fornece um ponto de apoio para uma nova contra-ofensiva ao adversário.

§ 20 No companheiro predecessor deste livro, *O Destino do Homo sapiens*, tentei persuadir do fato de que nossa espécie não tem mais motivos para acreditar que possa escapar da derrota e da extinção, do que qualquer outro organismo que desempenhe ou tenha desempenhado seu papel no drama da vida. Eu tentei deixar claro como é precária a nossa situação atual e quão urgente é que façamos um esforço extenuante para nos ajustar agora. Somente um tempinho atrás, parecia que isso era um apelo a um mundo surdo e cego, invencivelmente plantado em seus modos

question whether this inclination towards pessimism reflected a mood or phase in myself, and I threw out a qualifying suggestion or so; but for my own part I could not find any serious reason to believe that the mental effort that was clearly necessary if man was to escape that fate that marched upon him would ever be made. His conservative resistances, his apathy, seemed incurable. § 21 Now suddenly everywhere one meets with alarmed and open and enquiring minds. So far the tremendous dislocations of the present war have been immensely beneficial in stripping off what seemed to be quite invincible illusions of security only a year ago. I never expected to live to see the world with its eyes as widely open as they are to-day. The world has never been so awake. Little may come of it, much may come of it. We do not know. Life would amount to nothing at all if we did. 12	habituais na questão sobre se essa inclinação ao pessimismo refletia um humor ou uma fase em mim mesmo, e eu apresentei uma sugestão qualificada ou algo assim; mas, da minha parte, não achei nenhum motivo sério para acreditar que o esforço mental que era claramente necessário para que o homem escapasse daquele destino que marchava sobre si, jamais seria feito. Suas resistências conservadoras, sua apatia, pareciam incuráveis. § 21 Agora, de repente, em todo lugar, a gente se encontra com mentes alarmadas, abertas e perguntadoras. Até agora, as tremendas deslocações da presente guerra foram imensamente benéficas em despir o que pareciam ser ilusões de segurança, bastante invencíveis, apenas um ano atrás. Eu nunca esperava viver para ver o mundo com seus olhos tão, amplamente, abertos quanto eles estão hoje. O mundo nunca esteve tão alerta. Pouco pode vir disso, muito pode vir disso. Nós não sabemos. A vida não significaria absolutamente nada se soubéssemos. 12

527

WORLD ORDER IN BEING	ORDEM MUNDIAL EM ESSÊNCIA
§ 1º THERE WILL BE NO day of days then when a new world order comes into being. Step by step and here and there it will arrive, and even as it comes into being it will develop fresh perspectives, discover unsuspected problems and go on to new adventures. No man, no group of men, will ever be singled out as its father or founder. For its maker will be not this man nor that man nor any man but Man, that being who is in some measure in every one of us. World order will be, like science, like most inventions, a social product, an innumerable number of personalities will have lived fine lives, pouring their best into the collective achievement.	§ 1º NÃO HAVERÁ, então, dia certo quando uma nova ordem mundial surgir. Passo a passo, aqui e ali, ela chegará e, mesmo assim ela surgirá, desenvolverá novas perspectivas, descobrirá problemas insuspeitos e seguirá para novas aventuras. Nenhum homem, nem grupo de homens, jamais será evidenciado como seu pai ou fundador. Pois seu criador não será este homem, nem aquele homem, nem qualquer homem, mas O Homem, aquele ser que, em alguma medida, está em cada um de nós. A ordem mundial será, como a ciência e como a maioria das invenções, um produto social, onde um número incontável de personalidades terá vivido excelentes existências, derramando o seu melhor na conquista coletiva.
§ 2º We can find a small-scale parallel to the probable development of a new world order in the history of flying. Less than a third of a century ago, ninety-nine people out of a hundred would have told you that flying was impossible; kites and balloons and possibly even a navigable balloon, they could imagine;	§ 2º Podemos encontrar em pequena escala, um paralelo ao provável desenvolvimento de uma nova ordem mundial, na história da aviação. Menos de um terço de século atrás, noventa e nove pessoas em cada cem, teriam lhe dito que voar era impossível; pipas e balões e, possivelmente, até um dirigível

they had known of such things for a hundred years; but a heavier then air machine, flying in defiance of wind and gravity! That they knew was nonsense. The would-be aviator was the typical comic inventor. Any fool could laugh at him. Now consider how completely the air is conquered.

§ 3º And who did it? Nobody and everybody. Twenty thousand brains or so, each contributing a notion, a device, an amplification. They stimulated one another; they took off from one another. They were like excited ganglia in a larger brain sending their impulses to and fro. They were people of the most diverse race and colour. You can write down perhaps a hundred people or so who have figured conspicuously in the air, and when you examine the rôle they have played, you will find for the most part that they are mere notorieties of the Lindbergh type who have put themselves modestly but firmly in the limelight and can lay no valid claim to any effective contribution whatever. You will find many

elas poderiam imaginar; elas sabiam dessas coisas há uns cem anos; mas uma máquina mais pesada que o ar, voando e desafiando o vento e a gravidade! Aquilo elas entendiam que fosse absurdo. O suposto aviador era o típico inventor cômico. Qualquer cabra besta poderia mangar dele. Agora considere como o ar está, completamente, conquistado.

§ 3º E quem fez isso? Ninguém e todo mundo. Mais ou menos vinte mil cérebros, cada qual contribuindo com uma ideia, um dispositivo, uma amplificação. Eles estimularam um ao outro; eles saíram um do outro. Eles eram como gânglios excitados em um cérebro maior, transmitindo seus impulsos para lá e para cá. Eram pessoas das mais diversas raças e cores. Você pode registrar, quiçá, uma centena de pessoas aproximadamente, que figuraram conspicuamente no ar e, quando você examina o papel que lhes tocou, descobrirá, em sua maior parte, que são meras celebridades do tipo Lindbergh, que se colocaram modestamente, mas firmemente no centro das atenções e não podem reivindicar, de maneira válida,

disputes about records and priority in making this or that particular step, but the lines of suggestion, the growth and elaboration of the idea, have been an altogether untraceable process. It has been going on for not more than a third of a century, under our very eyes, and no one can say precisely how it came about. One man said "Why not this?" and tried it, and another said "Why not that?" A vast miscellany of people had one idea in common, an idea as old as Dædalus, the idea that "Man can fly". Suddenly, swiftly, it got about - that is the only phrase you can use - that flying was attainable. And man, man as a social being, turned his mind to it seriously, and flew.

§ 4º So it will certainly be with the new world order, if ever it is attained. A growing miscellany of people are saying - it is getting about - that "World Pax is possible", a World Pax in which men will be both united and free and creative. It is of no importance at all that nearly every man of fifty and over receives the idea

qualquer contribuição efetiva seja ela qual for. Você encontrará muitas disputas sobre registros e prioridade na criação deste ou daquele passo em particular, mas as linhas de sugestão, o crescimento e elaboração da ideia foram um processo completamente impossível de rastrear. Isso vem acontecendo há não mais do que um terço de século sob os nossos próprios olhos, e ninguém pode dizer, exatamente, como isso se sucedeu. Um homem disse: "Por que não isto?" e tentei, e outro disse: "Por que não aquilo?" Uma vasta miscelânea de pessoas teve uma ideia em comum, uma ideia tão antiga quanto *Dædalus*, a ideia de que "o homem pode voar". De repente, rapidamente, ela se expandiu - aquela é a única frase que você pode usar - que voar era possível. E o homem, homem como um ser social, voltou sua mente para isto seriamente e voou.

§ 4ºDesse jeito, com certeza, será com a nova ordem mundial se ela alguma vez for alcançada. Uma crescente miscelânea de pessoas está dizendo - está acontecendo - aquela "*Pax* Mundial é possível", uma *Pax* Mundial na qual os homens serão, não apenas unidos, mas livres e

530

with a pitying smile. Its chief dangers are the dogmatist and the would-be "leader" who will try to suppress every collateral line of work which does not minister to his supremacy. This movement must be, and it must remain, manyheaded. Suppose the world had decided that Santos Dumont or Hiram Maxim was the heaven-sent Master of the Air, had given him the right to appoint a successor and subjected all experiments to his inspired control. We should probably have the Air Master now, with an applauding retinue of yesmen, following the hops of some clumsy, useless and extremely dangerous apparatus across country with the utmost dignity and self-satisfaction . . . .

§ 5º Yet that is precisely how we still set about our political and social problems.

§ 6º Bearing this essential fact in mind that the Peace of Man can only be attained, if it is attained at all, by an advance upon a long and various front, at varying speed and with

criativos. É, absolutamente, sem importância nenhuma que quase todo homem de cinquenta anos ou mais receba a ideia com um sorriso de pena. Seus principais perigos são o sujeito dogmático e o aspirante a "líder" que tentará suprimir todas as linhas colaterais de trabalho que não sirvam à sua supremacia. Esse movimento deve ser e permanecer em muitas cabeças. Suponha que o mundo tivesse decidido que Santos Dumont ou Hiram Maxim fosse o Mestre do Ar enviado do céu, tivesse lhe dado o direito de apontar um sucessor e sujeitado todos os experimentos a seu controle iluminado. A gente, provavelmente, teria o Mestre do Ar agora, com um cordão dos puxa-sacos aplaudindo, seguindo os pulos de algum aparato atrapalhado, inútil e extremamente perigoso através do País, com a mais elevada dignidade e auto-satisfação. . . .

§ 5º No entanto, é exatamente assim que nós ainda definimos nossos problemas políticos e sociais.

§ 6º Estando com este fato essencial em mente, que a Paz do Homem só pode ser alcançada, se for alcançada de qualquer modo, por um avanço sobre uma longa e variada

diverse equipment, keeping direction only by a common faith in the triple need for collectivism, law and research, we realise the impossibility of drawing any picture of the new order as though it was as settled and stable as the old order imagined itself to be. The new order will be incessant; things will never stop happening, and so it defies any Utopian description. But we may nevertheless assemble a number of possibilities that will be increasingly realisable as the tide of disintegration ebbs and the new order is revealed.

§ 7º To begin with we have to realise certain peculiarities of human behaviour that are all too disregarded in general political speculation. We have considered the very important rôle that may be played in our contemporary difficulties by a clear statement of the Rights of Man, and we have sketched such a Declaration. There is not an item in that Declaration, I believe, which a man will not consider to be a reasonable demand - so far as he himself is concerned. He will subscribe to it in that spirit very readily. But when

frente, em velocidade alternável e com diversos equipamentos, mantendo a direção somente por uma fé comum na tripla necessidade de coletivismo, lei e pesquisa, nós percebemos a impossibilidade de desenhar qualquer quadro da nova ordem como se ela fosse tão segura e estável quanto a velha ordem se imaginava ser. A nova ordem será incessante; as coisas nunca irão parar de acontecer e, assim, ela desafia qualquer descrição utópica. Mas podemos, no entanto, reunir um número de possibilidades que serão cada vez mais praticáveis, conforme a maré de desagregação baixa e a nova ordem é revelada.

§ 7º Para começar com alguma coisa, nós precisamos compreender certas peculiaridades do comportamento humano que são, total e completamente, ignoradas na especulação política geral. Nós devemos considerar o papel muito importante que pode ser desempenhado em nossas dificuldades contemporâneas por uma declaração clara dos Direitos do Homem, e fizemos um esboço dessa Declaração. Não tem um item naquela Declaração, eu acredito, que um homem não considere ser

he is asked not only to concede by the same gesture to everybody else in the world, but as something for which he has to make all the sacrifices necessary for its practical realisation, he will discover a reluctance to "go so far as that". He will find a serious resistance welling up from his sub-conscious and trying to justify itself in his thoughts.

§ 8º The things he will tell you will be very variable; but the word "premature" will play a large part in it. He will display a tremendous tenderness and consideration with which you have never credited him before, for servants, for workers, for aliens and particularly for aliens of a different colour from himself. They will hurt themselves with all this dangerous liberty. Are they fit, he will ask you, for all this freedom? "Candidly, are they fit for it?" He will be slightly offended if you will say, "As fit as you are". He will say in a slightly amused tone, "But how can you say that?" and then going off rather at a tangent, "I am

uma demanda razoável – até onde ele é mencionado. Ele vai aderir a ela, naquele espírito, muito facilmente. Mas quando lhe pedem não apenas para ceder, pelo mesmo gesto, a todas as outras pessoas no mundo, porém como algo pelo que ele devia fazer todos os sacrifícios necessários para sua realização prática, ele descobrirá uma relutância em "ir tão longe assim". Ele encontrará uma séria resistência brotando de seu subconsciente e tentando justificar-se em seus pensamentos.

§ 8º As coisas que ele vai lhe contar serão muito variáveis; contudo, a palavra "prematuro" desempenhará um papel enorme nela. Ele demonstrará uma tremenda ternura e consideração com as quais você nunca lhe creditou antes, para com serviçais, trabalhadores, estrangeiros e, em particular, estrangeiros de uma cor diferente da sua. Eles se machucarão com toda essa liberdade perigosa. Ele lhe perguntará: Eles estão prontos para toda essa liberdade? "Candidamente, eles estão prontos para isso?" Ele ficará um tanto ofendido se você responder: "Tanto quanto você". Ele vai dizer, em um tom um tiquinho divertido:

533

afraid you idealise your fellow-creatures."

§ 9º As you press him, you will find this kindliness evaporating from his resistance altogether. He is now concerned about the general beauty and loveliness of the world. He will protest that this new Magna Carta will reduce all the world to "a dead level of uniformity". You will ask him why must a world of free-men be uniform and at a dead level? You will get no adequate reply. It is an assumption of vital importance to him and he must cling to it. He has been accustomed to associate "free" and "equal", and has never been bright-minded enough to take these two words apart and have a good look at them separately. He is likely to fall back at this stage upon that Bible of the impotent genteel, Huxley's Brave New World, and implore you to read it. You brush that disagreeable fantasy aside and continue to press him. He says that nature has made men unequal, and you reply that that is no reason for exaggerating the fact. The more unequal and various

"Mas como você pode dizer isso?" e então, saindo um pouco pela tangente: "Eu me assusto que você idealize suas criaturas-semelhantes."

§ 9º Conforme pressioná-lo, você encontrará essa gentileza evaporando completamente da sua resistência. Ele agora está preocupado com a beleza geral e a boniteza do mundo. Vai reclamar que esta nova Carta Magna reduzirá o mundo todo a "um nível morto de uniformidade". Você vai perguntar a ele: por que um mundo de homens-livres tem que ser uniforme e de um nível morto? Você não receberá resposta adequada. É uma suposição de vital importância para ele e ele deve se apegar a ela. Foi acostumado a associar "livre" e "igual", e nunca teve a mente brilhante o suficiente para separar essas duas palavras e dar uma boa olhada nelas separadamente. Está, provavelmente, para retroceder a esse estágio sobre aquela bíblia do gentil impotente, o Admirável Mundo Novo de Huxley, e implora para que você o leia. Você deixa de lado aquela fantasia desagradável e continua a pressioná-lo. Ele diz que a natureza fez os homens desiguais, e você responde que isso não é motivo para exagerar

their gifts, the greater is the necessity for a Magna Carta to protect them from one another. Then he will talk of robbing life of the picturesque and the romantic and you will have some difficulty in getting these words defined. Sooner or later it will grow clear that he finds the prospect of a world in which "Jack's as good as his Master" unpleasant to the last degree.

§ 10 If you still probe him with questions and leading suggestions, you will begin to realise how large a part the need for glory over his fellows plays in his composition (and incidentally you will note, please, you own secret satisfaction in carrying the argument against him). It will become clear to you, if you collate the specimen under examination with the behaviour of children, yourself and the people about you, under what urgent necessity they are for the sense of triumph, of being better and doing better than their fellows, and having it felt and recognised by someone. It is a deeper, steadier impulse than sexual lust; it is a hunger. It is

o fato. Quanto mais desiguais e variados forem seus dons, maior é a necessidade de uma carta magna para protegê-los um do outro. Então ele vai conversar sobre estar tirando a vida do pitoresco e do romântico e você terá alguma dificuldade em conseguir definir essas palavras. Mais cedo ou mais tarde, ficará claro que ele acha a expectativa de um mundo no qual "Zé é tão bom quanto seu patrão", desagradável em último grau.

§ 10 Se você ainda sondá-lo com perguntas e sugestões importantes, começará a perceber quão grande é o papel que a carência por glória acima de seus semelhantes desempenha em sua composição (e, por acaso, note, por favor, que você possui uma satisfação secreta vencendo o argumento contra ele). Ficará claro para você, se comparar o espécime sob exame com o comportamento das crianças, você mesmo e as pessoas a seu redor, sob qual necessidade urgente elas estão em relação ao senso de triunfo, de estar sendo melhor e fazendo melhor que seus semelhantes, e tendo esse senso sentido e reconhecido por alguém. É um impulso firme e mais profundo do que a luxúria sexual; é uma fome. É a dica

535

the clue to the unlovingness of so much sexual life, to sadistic impulses, to avarice, hoarding and endless ungainful cheating and treachery which gives men the sense of getting the better of someone even if they do not get the upper hand.

§ 11 In the last resort this is why we must have law, and why Magna Carta and all its kindred documents set out to defeat human nature in defence of the general happiness. Law is essentially an adjustment of that craving to glory over other living things, to the needs of social life, and it is more necessary in a collectivist society than in any other. It is a bargain, it is a social contract, to do as we would be done by and to repress our extravagant egotisms in return for reciprocal concessions. And in the face of these considerations we have advanced about the true nature of the beast we have to deal with, it is plain that the politics of the sane man as we have reasoned them out, must anticipate a strenuous opposition to this primary vital implement for bringing about the new world order.

para o desamor de tanta vida sexual, para impulsos sádicos, para avareza, acumulação e, contínuas e intermináveis, desonestidade e traição, que dão aos homens a sensação de tirar o máximo proveito de outrem, mesmo que não consigam o apanágio.

§ 11 Em última instância, isto é o porque nós devemos ter leis e porque a Carta Magna e todos os seus documentos análogos estabelecem derrotar a natureza humana em defesa da felicidade geral. A lei é, essencialmente, um ajustamento daquele desejo de glória sobre outros seres vivos, em favor das necessidades da vida social, e é mais necessária em uma sociedade coletivista do que em qualquer outra. É uma barganha, é um contrato anti-social, para fazer o que nós deveríamos ter feito por e para reprimir nossos egoísmos extravagantes em troca de concessões recíprocas. E, em face dessas considerações, avançamos quanto à verdadeira natureza da fera com a qual temos que lidar, e é evidente que a política do homem sensato, como as argumentamos, deve antecipar uma forte oposição a esse implemento vital primário para acarretar a nova ordem

§ 12 I have suggested that the current discussion of "War Aims" may very effectively be transformed into the propaganda of this new Declaration of the Rights of Man. The opposition to it and the attempts that will be made to postpone, mitigate, stifle and evade it, need to be watched, denounced and combatted persistently throughout the world. I do not know how far this Declaration I have sketched can be accepted by a good Catholic, but the Totalitarian pseudo-philosophy insists upon inequality of treatment for "non-Aryans" as a glorious duty. How Communists would respond to its clauses would, I suppose, depend upon their orders from Moscow. But what are called the "democracies" are supposed to be different, and it would be possible now to make that Declaration a searching test of the honesty and spirit of the leaders and rulers in whom they trust. These rulers can be brought to the point by it, with a precision unattainable in any other fashion.

§ 13 But the types and

mundial.

§ 12 Eu tenho sugerido que a discussão atual de "Metas da Guerra" pode, muito efetivamente, ser transformada na propaganda desta nova Declaração dos Direitos do Homem. A oposição a ela e as tentativas que serão feitas para adiar, mitigar, abafar e esvaziá-la precisam ser vigiadas, denunciadas e combatidas persistentemente em todo o mundo. Não sei até que ponto esta Declaração que eu esbocei pode ser aceita por um bom católico, mas o Totalitário pseudo-filósofo insiste na desigualdade de tratamento para "não-arianos" como um glorioso dever. Como os comunistas responderiam às suas cláusulas eu suponho que fosse depender das suas ordens de Moscou. Mas o que são chamados de "democracias" presumem-se ser diferentes, e seria possível agora fazer daquela Declaração um teste minucioso da honestidade e do espírito dos líderes e governantes em quem confiam. Esses governantes podem ser levados ao ponto, com uma precisão inatingível por qualquer outra maneira.

§ 13 Entretanto, os tipos e personagens,

| characters and authorities and officials and arrogant and aggressive individuals who will boggle at this Declaration and dispute and defy it, do not exhaust the resistances of our unregenerate natures to this implement for the establishment of elementary justice in the world. For a far larger proportion of people among the "democracies" will be found, who will pay it lip service and then set about discovering how, in their innate craving for that sense of superiority and advantage which lies so near the core of our individuals wills, they may unobtrusively sabotage it and cheat it. Even if they only cheat it just a little. I am inclined to think this disingenuousness is a universal weakness. I have a real passion for serving the world, but I have a pretty keen disposition to get more pay for my service, more recognition and so on than I deserve. I do not trust myself. I want to be under just laws. We want law because we are all potential lawbreakers.

§ 14 This is a considerable digression into psychology, | autoridades e funcionários, indivíduos arrogantes e agressivos que irão se assustar com esta Declaração, contestá-la e desafiá-la, não esgotam as resistências de nossa natureza degenerada a esse implemento para o estabelecimento de justiça elementar no mundo. Visto que uma proporção muito maior de pessoas dentre as "democracias" será encontrada, que prestará atenção e então, começa descobrindo como, em seu desejo inato por aquele senso de superioridade e vantagem que repousa tão perto do núcleo das nossas vontades individuais, descobrindo como elas podem sabotá-la discretamente e burlá-la. Mesmo que elas apenas fraudem-na só um pouquinho. Eu estou inclinado a achar que essa perfídia é uma fraqueza universal. Eu tenho uma verdadeira paixão por servir o mundo, mas tenho uma disposição assaz aguçada para receber mais remuneração pelo meu serviço, mais reconhecimento, e assim por diante, do que mereço. Eu não confio em mim. Eu quero estar sob leis justas. Nós queremos lei porque somos todos potenciais infratores da lei.

§ 14 Isto é uma considerável digressão dentro da psicologia, e eu não farei |

and I will do no more than glance at how large a part this craving for superiority and mastery has played in the sexual practices of mankind. There we have the ready means for a considerable relief of this egotistical tension in mutual boasting and reassurance. But the motive for his digression here is to emphasise the fact that the generalisation of our "War Aims" into a Declaration of Rights, though it will enormously simplify the issue of the war, will eliminate neither open and heartfelt opposition nor endless possibilities of betrayal and sabotage.

§ 15 Nor does it alter the fact that even when the struggle seems to be drifting definitely towards a world social democracy, there may still be very great delays and disappointments before it becomes an efficient and beneficent world system. Countless people, from maharajas to millionaires and from pukkha sahibs to pretty ladies, will hate the new world order, be rendered unhappy by frustration of their passions and ambitions through its advent and will die protesting against it. When we attempt to estimate its promise we have

mais do que olhar de relance para quão amplo papel, este desejo por superioridade e maestria, tem tocado nas práticas sexuais da Humanidade. Lá, temos os meios prontos para um alívio considerável dessa tensão egoísta na fanfarronice e segurança mútuas. Contudo, o motivo de sua digressão aqui é enfatizar o fato de que a generalização de nossas "Metas da Guerra" para dentro de uma Declaração de Direitos, embora simplifique enormemente a questão da guerra, não vai eliminar a oposição aberta e sincera, nem as infinitas possibilidades de traição e sabotagem.

§ 15 Tampouco altera o fato de que, mesmo quando a luta parece estar caminhando definitivamente para uma social-democracia mundial, ainda pode haver atrasos e desapontamentos muito grandes antes que ela se torne um sistema mundial eficiente e benéfico. Inúmeras pessoas, de marajás a milionários e de verdadeiros cavalheiros a senhoras lindas, odiarão a nova ordem mundial, ficaram infelizes pela frustração de suas paixões e ambições através do advento dela e morrerão protestando contra ela. Quando tentamos estimar sua promessa,

to bear in mind the distress of a generation or so of malcontents, many of them quite gallant and graceful-looking people.

§ 16 Ant it will be no light matter to minimise the loss of efficiency in the process of changing the spirit and pride of administration work from that of an investing, high-salaried man with a handsome display of expenditure and a socially ambitious wife, into a relatively less highly-salaried man with a higher standard of self-criticism, aware that he will be esteemed rather by what he puts into his work than by what he gets out of it. There will be a lot of social spill, tragi-comedy and loss of efficiency during the period of the change over, and it is better to be prepared for that.

§ 17 Yet after making allowances for these transitional stresses we may still look forward with some confidence to certain phases in the onset of World Order. War or war fear will have led everywhere to the concentration of vast numbers of workers upon munition work and the construction of

devemos ter em mente a angústia de uma geração ou mais de descontentes, muitos deles pessoas bastante galantes e de boa-aparência.

§ 16 E não será matéria fácil minimizar a perda de eficiência no processo de mudança do espírito e do orgulho do trabalho de administração daquele investidor bem-remunerado, com uma bela ostentação de gastos e uma esposa socialmente ambiciosa, para um homem relativamente menos bem-pago e com um elevado nível de autocrítica, ciente de que será mais estimado em razão do que ele coloca no seu trabalho que pelo que obtém dele. Haverá muita efusão social, tragicomédia e perda da eficiência durante o período da mudança, e é melhor estar preparado para isso.

§ 17 Contudo, depois de fazer concessões a essas tensões de transição, nós ainda podemos esperar com alguma confiança por certas fases no início da Ordem Mundial. A guerra, ou o medo da dela, levarão todos os lugares à concentração de um vasto número de trabalhadores, à fabricação de munições e à construção de estruturas

offensive and defensive structures of all sorts, upon shipping, internal communications, replacement structures, fortification. There will be both a great accumulation and control of material and constructive machinery and also of hands already growing accustomed to handling it. As the possibility of conclusive victory fades and this war muddle passes out of its distinctively military phase towards revolution, and as some sort of Peace Congress assembles, it will be not only desirable but necessary for governments to turn over these resources and activities to social reconstruction. It will be too obviously dangerous and wasteful to put them out of employment. They must surely have learnt now what unemployment means in terms of social disorganisation. Governments will have to lay out the world, plan and build for peace whether they like it or not.

§ 18 But it will be asked, "Where will you find the credit to do that?" and to answer this question we must reiterate that fact that money is an expedient and not an end. The world will have the material and the hands needed

for a reconditioning of its life everywhere. They are all about you now crying out to be used. It is, or at any rate it has been, the function of the contemporary money-credit system to bring worker and material together and stimulate their union. That system always justified its activities on that ground, that is its claim to exist, and if it does not exist for that purpose then for what purpose does it exist and what further need is there for it? If now the financial mechanism will not work, if it confronts us with a non possumus, then clearly it resigns its function.

§ 19 Then it has to get out of the way. It will declare the world has stopped when the truth will be that the City has stopped. It is the counting-house that has gone bankrupt. For a long time now an increasing number of people have been asking questions about the world counting-house, getting down at last to such fundamental questions as "What is money?" and "Why are Banks?" It is disconcerting but stimulating to find that no lucid answer is forthcoming.

mãos necessárias para um recondicionamento de sua vida em todo lugar. Eles estão todos ao seu redor agora clamando para ser usados. É, ou de qualquer jeito tem sido, a função do sistema de crédito monetário contemporâneo reunir trabalhadores e materiais e estimular sua união. Esse sistema sempre justificou suas atividades nesse terreno, ou seja, seu direito de existir e, se ele não existe para esse propósito, então para qual propósito existe e que outra necessidade tem para ele? Se agora o mecanismo financeiro não quer funcionar, se ele nos confronta com um *non possumus*, então, claramente, renuncia a sua função.

§ 19 Então ele tinha que sair do caminho. Vai declarar que o mundo tinha parado quando a verdade será que a cidade tinha parado. É o escritório de contabilidade que faliu. Faz muito tempo que agora, um número crescente de pessoas faz perguntas sobre o escritório contábil mundial, indo até o fim para tais questões fundamentais como "O que é dinheiro?" e "Por que os bancos existem?" É desconcertante, mas estimulante, descobrir que não há resposta lúcida se

§ **20** One might have imagined that long before this one of the many great bankers and financial experts in our world would have come forward with a clear and simple justification for the monetary practices of to-day. He would have shown how completely reasonable and trustworthy this money-credit system was. He would have shown what was temporarily wrong with it and how to set it working again, as the electrician does when the lights go out. He would have released us from our deepening distress about our money in the Bank, our little squirrel hoard of securities, the deflating lifebelt of property that was to assure our independence to the end. No one of that quality comes forward. There is not so much as a latter-day Bagehot. It dawns upon more and more of us that it is not a system at all and never has been a system, that it is an accumulation of conventions, usages, collateral developments and compensatory expedients, which creaks now and sways more and more and gives every sign of a complete and horrifying social collapse.

aproximando.

§ 20 Alguém pode ter imaginado que, bem antes disto, um dos numerosos grandes banqueiros e especialistas financeiros em nosso mundo, se apresentaria com uma justificativa clara e simples para as práticas monetárias de hoje. Ele teria mostrado o quão completamente razoável e confiável esse sistema de crédito monetário era. Ele teria mostrado o que havia, temporariamente, errado com ele e como colocá-lo para funcionar novamente, como o eletricista faz quando as luzes se apagam. Ele teria nos libertado de nossa angústia que se aprofunda por causa do dinheiro no Banco, nossa pequena reserva de títulos entocada, o esvaziamento do colete salva-vidas da propriedade que garantiria nossa independência até o fim. Ninguém daquela qualidade se apresenta. Não tem alguém tão grande quanto um Bagehot nestes últimos dias. Fica cada vez mais claro para nós que não é totalmente um sistema e nunca foi um sistema, mas sim um acúmulo de convenções, usos, desenvolvimentos colaterais e expedientes compensatórios, que agora rangem e oscilam cada vez

§ 21 Most of us have believed up to the last moment that somewhere distributed among the banks and city offices in a sort of world counting-house, there were books of accounts, multitudinous perhaps and intricate, but ultimately proper accounts. Only now is it dawning upon comfortable decent people that the counting-house is in a desperate mess, that codes seem to have been lost, entries made wrong, additions gone astray down the column, records kept in vanishing ink. . . .

§ 22 For years there has been a great and growing literature about money. It is very various but it has one general characteristic. First there is a swift exposure of the existing system as wrong. Then there is a glib demonstration of a new system which is right. Let this be done or that be done, "let the nation own its own money", says one radio prophet earnestly, repeatedly, simply, and all will be well. These various systems of

mais, e dando a todos o sinal de um colapso social completo e horripilante.

§ 21 A maioria de nós acreditou até o último momento que, em algum lugar distribuído entre os bancos e prefeituras em um tipo de escritório de contabilidade mundial, havia livros contábeis, quiçá numerosos e intrincados, todavia, no fim das contas, só contas convenientes. Somente agora está ficando claro, para as pessoas decentes e confortáveis, que a casa de contagem está em uma bagunça desesperada, que códigos parecem ter sido perdidos, entradas erradas, adições desviadas para baixo da coluna, registros mantidos em tinta que se apagou. . . .

§ 22 Por anos, tem havido uma grande e crescente literatura sobre dinheiro. Ela é muito variada, mas tem uma característica geral. Primeiro, há uma rápida exposição do sistema existente como incorreto. Depois, há uma demonstração eloquente de um novo sistema como correto. Deixe isso ou aquilo ser feito, "deixe a nação possuir seu próprio dinheiro", diz um profeta do rádio com sinceridade, insistência, simplicidade; e tudo ficará

doctrine run periodicals, organise movements (with coloured shirt complete), meet, demonstrate. They disregard each other flatly. And without exception all these monetary reformers betray signs of extreme mental strain.

§ 23 The secret trouble in their minds is gnawing doubt that their own proper "plan", the panacea, is in some subtle and treacherous way likely to fail them if it is put to the test. The internal fight against this intolerable shadow betrays itself in their outer behaviour. Their letters and pamphlets, with scarcely an exception, have this much in common with the letters one gets from lunatics, that there is a continual resort to capital letters and abusive terms. They shout out at the slightest provocation or none. They are not so much shouting at the exasperating reader who remains so obstinate when they have been so clear, so clear, as at the sceptical whisper within.

§ 24 Because there is no

bem. Esses vários sistemas de doutrina rodam periódicos, organizam movimentos (com a camisa colorida completa), encontram-se, demonstram. Eles se desconsideram um ao outro explicitamente. E, sem exceção, todos esses reformadores monetários revelam sinais de extrema tensão mental.

§ 23 O problema secreto em suas mentes é a dúvida corroendo sobre se seu próprio "plano" eficiente, a panacéia, é de alguma maneira, obscuro e traiçoeiro e provavelmente os desapontará se posto à prova. A luta interna contra essa sombra intolerável trai a si mesma em seu comportamento exteriorizado. Suas cartas e panfletos, com apenas uma exceção, têm muito em comum com as cartas que se recebe dos lunáticos, de que existe uma energia inesgotável a letras maiúsculas e termos abusivos. Eles gritam à menor provocação ou até sem provocação. Eles não estão gritando tanto para o leitor irritante, que permanece tão obstinado quando eles têm sido tão claros, tão claros, quanto para o sussurro cético dentro de si.

§ 24 Porque não existe um sistema monetário perfeito

perfect money system by itself and there never can be. It is a dream like the elixir vitæ or perpetual motion. It is in the same order of thought.

§ 25 Attention has already been drawn, in our examination of Mr Streit's proposals for Union Now, to the fact that money varies in its nature and operations with the theory of property and distribution on which society is based, that in a complete collectivism for example it becomes little more than the check handed to the worker to enable him to purchase whatever he likes from the resources of the community. Every detachment of production or enterprise from collective control (national or cosmopolitan) increases the possible functions of money and so makes a different thing of it. Thus there can be endless species of money - as many types of money as there are types and varieties of social order. Money in Soviet Russia is a different organ from money French or American money. The difference can be as wide as that between lungs and swimming bladders and gills. It is not simply a quantitative

por si só e nunca poderá existir. É um sonho como o *elixir vitæ* ou movimento perpétuo. Está na mesma ordem de pensamento.

§ 25 Já temos chamado atenção, em nosso exame das propostas do Sr. Streit, sobre a *União Agora*, para o fato de que o dinheiro varia em sua natureza e operações, com a teoria da propriedade e distribuição, na qual a sociedade se baseia, que em um coletivismo completo, por exemplo, ele se torna pouco mais do que o cheque entregue ao trabalhador para permitir a ele comprar tudo o que quiser dos recursos da comunidade. Toda desvinculação da produção ou da empresa do controle coletivo (nacional ou cosmopolita) aumenta as funções possíveis do dinheiro e, portanto, faz dele algo diferente. Por conseguinte, pode haver infinitas espécies de dinheiro - tantos tipos de dinheiro quanto existem tipos e variedades de ordem social. O dinheiro na Rússia soviética é um instrumento diferente do dinheiro francês ou americano. A diferença pode ser tão grande quanto aquela entre pulmões, bexigas natatórias e guelras. Não é simplesmente uma diferença quantitativa,

difference, as so many people seem to imagine, which can be adjusted by varying the rate of exchange or any such contrivance, it goes deeper, it is a difference in quality and kind. The bare thought of that makes our business and financial people feel uncomfortable and confused and menaced, and they go on moving their bars of gold about from this vault to that, hoping almost beyond hope that no one will say anything more about it. It worked very well for a time, to go on as though money was the same thing all the world over. They will not admit how that assumption is failing to work now.

§ 26 Clever people reaped a certain advantage from a more or less definite apprehension of the variable nature of money, but since one could not be a financier or business director without an underlying faith in one's right to profit by one's superior cleverness, there did not seem to be any reason for them to make a public fuss about it. They got their profits and the flats got left.

assim como muitas pessoas parecem imaginar, que pode ser ajustada variando a taxa de câmbio ou qualquer tipo de artifício, é mais profundo, é uma diferença de qualidade e de espécie. O pensamento disso, sem máscaras, faz com que nossas pessoas de negócios e de finanças se sintam desconfortáveis, confusas e ameaçadas, e continuem mudando suas barras de ouro desta caixa-forte para aquela, esperando quase além da esperança que ninguém vá dizer mais nada sobre isso. Funcionou muito bem por um tempo, continuar como se o dinheiro fosse a mesma coisa em todo o mundo. Eles não admitirão como essa suposição está deixando de funcionar agora.

§ 26 Pessoas inteligentes colheram uma certa vantagem de uma, mais ou menos definida, compreensão da natureza variável do dinheiro, mas, desde que não se poderia ser um financista ou diretor de negócios sem uma fé subentendida no direito de alguém lucrar com sua inteligência superior, não parecia haver qualquer motivo para eles fazerem um escarcéu público sobre isso. Eles conseguiram seus lucros e os

apartamentos foram deixados de lado.

§ 27 Directly we grasp this not very obscure truth that there can be, and are, different sorts of money dependent on the economic usages or system in operation, which are not really interchangeable, then it becomes plain that a collectivist world order, whose fundamental law is such a Declaration of Rights as we have sketched, will have to carry on its main, its primary operations at least with a new world money, a specially contrived money, differing in its nature from any sort of money conventions that have hitherto served human needs. It will be issued against the total purchasable output of the community in return for the workers' services to the community. There will be no more reason for going to the City for a loan than for going to the oracle at Delphi for advice about it.

§ 27 Nós compreendemos diretamente essa verdade não muito obscura de que pode haver, e há, diferentes tipos de dinheiro dependentes dos costumes econômicos ou sistema em operação, que não são realmente intercambiáveis, então fica claro que uma ordem mundial coletivista, cuja lei fundamental seja uma Declaração de Direitos como a que nós temos delineado, terá que continuar suas principais, suas operações primárias, pelo menos com um novo dinheiro mundial, um dinheiro especialmente planejado, diferindo em sua natureza de qualquer tipo de convenções monetárias que até agora tenham servido às necessidades humanas. Ele será emitido contra toda a produção à venda da comunidade, em troca dos serviços dos trabalhadores para a comunidade. Não haverá mais razão para ir à cidade por causa de um empréstimo do que para ir ao Oráculo de Delfos por causa de conselho sobre ele.

§ 28 In the phase of social stress and emergency socialisation into which we

§ 28 Na fase de estresse social e socialização de emergência pela qual nós estamos, certamente passando,

are certainly passing, such a new money may begin to appear quite soon. Governments finding it impossible to resort to the tangled expedients of the financial counting-house, may take a short cut to recuperation, requisition the national resources within their reach and set their unemployment hands to work by means of these new checks. They may carry out international barter arrangements upon an increasing scale. The fact that the counting-house is in a hopeless mess because of its desperate attempts to ignore the protean nature of money, will become more manifest as it becomes less important.

§ 29 The Stock Exchange and Bank credit and all arts of loaning and usury and forestalling will certainly dwindle away together as the World Order establishes itself. If and when World Order establishes itself. They will be superseded, like egg-shells and fœtal membranes. There is no reason for denouncing those who devised and worked those methods and institutions as scoundrels and villains. They did honestly according to their lights. They were a necessary part of the process

esse novo dinheiro pode começar a aparecer muito em breve. Os governos, achando impossível recorrer aos emaranhados expedientes da casa de contas financeiras, podem tomar um atalho para recuperação, requisitar os recursos nacionais ao seu alcance e colocar sua mão-de-obra desempregada para trabalhar por meio desses novos cheques. Eles podem executar acordos de permuta internacional em uma escala crescente. O fato de que a casa de contas está em uma bagunça sem solução por causa de suas tentativas desesperadas de ignorar a natureza proteana do dinheiro, se tornará mais manifesto à medida que ele ficar menos importante.

§ 29 O crédito bancário e a reserva cambial além de todas as artes da agiotagem, usura e antecipação, certamente diminuirão juntas à medida que a Ordem Mundial se estabelecer. Se e quando a Ordem Mundial se estabelecer. Eles serão substituídos, como cascas de ovos e membranas fetais. Não há razão para taxar aqueles que idealizaram e trabalharam esses métodos e instituições como malandros e vilões. Eles fizeram isso honestamente de acordo com

of getting Homo sapiens out of his cave and down from his tree. And gold, that lovely heavy stuff, will be released from its vaults and hiding-places for the use of the artist and technician - probably at a price considerably below the present quotations.

§ 30 Our attempt to forecast the coming World Order is framed then in an immense and increasing spectacle of constructive activity. We can anticipate a rapid transfiguration of the face of the earth as its population is distributed and re-distributed in accordance with the shifting requirements of economic production.

§ 31 It is not only that there is what is called a housing shortage in nearly every region of the earth, but most of the existing accommodation, by modern standards, is unfit for human occupation. There is scarcely a city in the world, the new world as well as the old, which does not need to have half its dwelling-places destroyed. Perhaps

suas luzes. Eles eram uma parte necessária do processo de saída do *Homo sapiens* de sua caverna e descida de sua árvore. E o ouro, aquele adorável material pesado, será libertado de seus cofres e esconderijos para o uso do artista e do técnico - provavelmente a um preço consideravelmente inferior às cotações atuais.

§ 30 Nossa tentativa de prever a vinda da Ordem Mundial é enquadrada, então, em um imenso e crescente espetáculo de atividade construtiva. Nós podemos antecipar uma rápida transfiguração da face da Terra, conforme sua população é distribuída e redistribuída de acordo com os requisitos variáveis da produção econômica.

§ 31 Não é somente que exista o que é chamado de falta de moradia em quase todas as regiões da Terra, mas a imensa maioria das acomodações existentes, segundo os padrões modernos, é imprópria para a ocupação humana. Dificilmente existe uma cidade no mundo, o novo mundo bem como o velho, que não precisem ter metade de suas moradias destruídas. Talvez Estocolmo,

Stockholm, reconditioned under a Socialist regime, may claim to be an exception; Vienna was doing hopefully until its spirit was broken by Dollfuss and the Catholic reaction. For the rest, behind a few hundred main avenues and prospects, sea and river fronts, capitols, castles and the like, filthy slums and rookeries cripple childhood and degrade and devitalise its dulled elders. You can hardly say people are born into such surroundings; they are only half born.

§ 32 With the co-operation of the press and the cinema it would be easy to engender a world-wide public interest and enthusiasm for the new types of home and fitment that are now attainable by everyone. Here would be an outlet for urban and regional patriotism, for local shame and pride and effort. Here would be stuff to argue about. Wherever men and women have been rich enough, powerful enough and free enough, their thoughts have turned to architecture and gardening. Here would be a new incentive to travel, to see what other towns and country-

recondicionada sob um regime socialista, possa alegar ser uma exceção; Viena estava esperançosa até que seu espírito foi quebrado por Dollfuss e pela reação católica. De resto, por trás de umas poucas centenas de avenidas principais e paisagens, frentes para mares e rios, capitólios, castelos e coisas assim, favelas e colônias imundas mutilam a infância e degradam e desvitalizam seus idosos entorpecidos. Você dificilmente pode dizer que as pessoas são nascidas em tais marginalidades; eles são apenas quase paridas.

§ 32 Com a cooperação da imprensa e do cinema, seria fácil engendrar um interesse público e um entusiasmo mundialmente amplos pelos novos tipos de casas e móveis que agora estão ao alcance de todo mundo. Aqui estaria uma saída para o patriotismo urbano e regional, para vergonha, orgulho e esforço locais. Aqui estaria material sobre o qual discutir. Em todo lugar que homens e mulheres tenham ficado assaz ricos, poderosos o suficiente, e livres o bastante, seus pensamentos se voltaram para arquitetura e jardinagem. Aqui estaria um novo incentivo para viajar, para ver o que outras

sides were doing. The common man on his holidays would do what the English milord of the seventeenth century did; he would make his Grand Tour and come back from his journeys with architectural drawings and notions for home application. And this building and rebuilding would be a continuing process, a sustained employment, going on from good to better, as the economic forces shifted and changed with new discoveries and men's ideas expanded.

§ 33 It is doubtful in a world of rising needs and standards if many people would want to live in manifestly old houses, any more than they would want to live in old clothes. Except in a few country places where ancient buildings have wedded themselves happily to some local loveliness and become quasinatural things, or where some great city has shown a brave facade to the world, I doubt if there will be much to preserve. In such large open countries as the United States there has been a considerable development of the mobile home in recent

cidades e as zonas rurais estavam fazendo. O homem comum nas suas férias faria o que o milorde inglês do século XVII fazia; ele fazia seu *Grand Tour* e voltava de suas jornadas com desenhos arquitetônicos e conceitos para aplicação em casa. E essa construção e reconstrução seria um processo contínuo, um emprego continuado, indo de bom para melhor, na medida em que as forças econômicas se deslocassem e mudassem com novas descobertas e as ideias dos homens desenvolvidos.

§ 33 É duvidoso, em um mundo de necessidades e padrões avançando, se muitas pessoas gostariam de viver em casas manifestamente antigas, assim como não gostariam de viver com roupas velhas. Exceto em alguns lugares do País onde edifícios antigos se casaram alegremente com alguma beleza local e se tornaram coisas quase naturais, ou onde alguma cidade grande tenha exibido uma fachada ousada para o mundo, duvido que haja muito a preservar. Em países tão grandes e abertos como os Estados Unidos, tem ocorrido um desenvolvimento considerável da casa portátil nos últimos anos. As pessoas rebocam um trailer atrás de seus carros e se tornam

years. People haul a trailer-home behind their cars and become seasonal nomads. . . . But there is no need to expatiate further on a limitless wealth of possibilities. Thousands of those who have been assisting in the monstrous clumsy evacuations and shiftings of population that have been going on recently, must have had their imaginations stirred by dim realisation of how much better all this might be done, if it were done in a new spirit and with a different intention. There must be a multitude of young and youngish people quite ripe for infection by this idea of cleaning up and resettling the world. Young men who are now poring over war maps and planning annexations and strategic boundaries, fresh Maginot lines, new Gibraltars and Dardanelles, may presently be scheming the happy and healthy distribution of routes and residential districts in relation to this or that important region of world supply for oil or wheat or water-power. It is essentially the same type of cerebration, better employed.

§ 34 Considerations of this

nômades sazonais. . . . Mesmo assim, não tem precisão de se dissertar mais do que isso sobre uma riqueza sem fim de tantas possibilidades. Milhares desses que têm ajudado nas evacuações e mudanças, monstruosas e indelicadas, da população, que têm acontecido recentemente, devem ter tido suas imaginações agitadas pela percepção opaca do quanto melhor tudo isso poderia ser feito, se fosse feito em um novo espírito e com uma intenção diferente. Deve haver uma multidão de pessoas jovens e um tanto novas, maduras bastante para a infecção por essa ideia de botar em ordem e restabelecer o mundo. Os homens jovens que agora estão debruçados sobre mapas de guerra e planejando anexações e delimitações estratégicas, novas linhas Maginot, novos Gibraltares e Dardanelos, podem, atualmente, idealizar a feliz e saudável distribuição de rotas e distritos residenciais em relação a esta ou àquela região importante de fornecimento mundial para petróleo, trigo ou energia hidrelétrica. É, essencialmente, o mesmo tipo de celebração só que melhor empregado.

§ 34 Considerações desse tipo são suficientes para

sort are sufficient to supply a background of hopeful activities to our prospective world order. But we are not all architects and gardeners there are many types of minds and many of those who are training or being trained for the skilled co-operations of warfare and the development of a combatant morale, may be more disposed to go on with definitely educational work. In that way they can most easily gratify the craving for power and honourable service. They will face a world in extreme need of more teachers and fresh-minded and inspiring teachers at that. At every level of educational work from the kindergarten to the research laboratory, and in every part of the world from Capricornia to Alaska and from the Gold Coast to Japan, there will be need of active workers to bring minds into harmony with new order and to work out, with all the labour saving and multiplying apparatus available, cinema, radio, cheap books and pictures and all the rest of it, the endless new problems of human liaison that will arise. There we have a second line of work along which millions of young people may escape the stagnation and frustration	fornecer um pano de fundo de atividades esperançosas à nossa futura ordem mundial. Entretanto, nem todos nós somos arquitetos e jardineiros, há muitos tipos de mentes e vários daqueles que estão treinando ou sendo treinados para as cooperações especializadas de estado de guerra e o desenvolvimento de um moral combatente, podem estar mais dispostos a continuar com um trabalho, definitivamente, educacional. Dessa forma, eles podem demasiado facilmente, satisfazer a sede de poder e serviço honrado. Eles enfrentarão um mundo em extrema necessidade de mais professores e por professores propensos à inovação nos quais se inspirar. Em todos os níveis de trabalho educacional, do jardim da infância ao laboratório de pesquisa, e em todas as partes do mundo, desde Capricórnia ao Alasca e da Costa do Ouro ao Japão, vai ter carência de trabalhadores ativos para colocar as mentes em harmonia com a nova ordem e resolver, com toda a racionalização de mão-de-obra, e multiplicando o aparato disponível, cinema, rádio, livros e fotos acessíveis e todo o resto disso, os intermináveis novos problemas de ligação

which closed in upon their predecessors as the old order drew to its end.

§ 35 A sturdy and assertive variety of the new young will be needed for the police work of the world. They will be more disposed for authority and less teaching or creative activities than their fellows. The old proverb will still hold for the new order that it takes all sorts to make a world, and the alternative to driving this type of temperament into conspiracy and fighting it and, if you can, suppressing it, is to employ it, win it over, trust it, and give it law behind it to respect and enforce. They want a loyalty and this loyalty will find its best use and satisfaction in the service of world order. I have remarked in the course of such air travel as I have done, that the airmen of all nations have a common resemblance to each other and that the patriotic virus in their blood is largely corrected by a wider professionalism. At present the outlook before a young airmen is to perish in a

humana que vão surgir. Lá, temos uma segunda linha de trabalho, ao longo da qual, milhões de jovens pessoas podem escapar da estagnação e da frustração que se fecharam sobre seus antecessores, conforme a antiga ordem chegou ao seu fim.

§ 35 Uma variedade robusta e categórica dos novos jovens será necessária para o trabalho policial do mundo. Eles estarão mais dispostos a ter autoridade e a menos atividades de ensino ou criativas do que seus companheiros. O velho provérbio ainda se manterá para a nova ordem, o de que se precisa de todos os tipos para se fazer um mundo, e a alternativa para conduzir esse tipo de temperamento para dentro da conspiração, e combatê-lo e, se você puder, suprimi-lo, é empregá-lo, conquistá-lo, confiar nele e dar-lhe a lei por respaldo para respeitar e fazer cumprir. Eles querem uma lealdade e essa lealdade encontrará seu melhor uso e satisfação a serviço da ordem mundial. Eu observei, no curso das viagens aéreas que fiz, que os aviadores de todas as nações têm uma semelhança comum entre si, e que o vírus patriótico nos seus sangues é amplamente

spectacular dog-fight before he is five and twenty. I wonder how many of them really rejoice in that prospect.	corrigido por um profissionalismo maior. Atualmente, a perspectiva perante um jovem aviador é morrer em uma espetacular rinha de cães antes dos vinte e cinco anos. Eu me pergunto quantos deles realmente se alegram com essa perspectiva.
§ 36 It is not unreasonable to anticipate the development of an ad hoc disarmament police which will have its greatest strength in the air. How easily the spirit of an air police can be denationalised is shown by the instance of the air patrols on the United States-Canadian border, to which President Roosevelt drew my attention. There is a lot of smuggling along that border and the planes now play an important part in its suppression. At first the United States and Canada had each their own planes. Then in a wave of common sense, the two services were pooled. Each plane now carries a United States and Canadian customs officer. When contraband is spotted the plane comes down on it and which officer acts is determined by the destination of the smuggled goods. There we have a pattern for a world struggling through federation to collective unity. An ad hoc disarmament police with its	§ 36 Não é irracional antecipar o desenvolvimento de uma polícia de desarmamento *ad hoc*, que venha a ter sua maior força no ar. Quão facilmente o espírito de uma polícia aérea pode ser desnacionalizado é demonstrado pelo exemplo das patrulhas aéreas na fronteira Estados Unidos-Canadá, para as quais o Presidente Roosevelt chamou a minha atenção. Há muito contrabando ao longo daquela fronteira e os aviões agora desempenham um papel importante na sua supressão. No começo, os Estados Unidos e o Canadá tinham, cada qual, seus próprios aviões. Então, em uma onda de consenso, os dois serviços foram agrupados. Agora, cada avião leva um funcionário da alfândega dos Estados Unidos e um do Canadá. Quando o contrabando é visualizado, o avião pousa sobre ele e qual oficial atua é determinado pela destinação das mercadorias contrabandeadas. Lá, nós

556

main strength in the air would necessarily fall into close co-operation with the various other world police activities. In a world where criminals can fly anywhere, the police must be able to fly anywhere too. Already we have a world-wide network of competent men fighting the white-slave traffic, the drug traffic and so forth. The thing begins already.

§ 37 All this I write to provide imaginative material for those who see the coming order as a mere blank interrogation. People talk much nonsense about the disappearance of incentive under socialism. The exact opposite is the truth. It is the obstructive appropriation of natural resources by private ownership that robs the prosperous of incentive and the poor of hope. Our Declaration of Human rights assures a man the proper satisfaction of all his elementary needs in kind, and nothing more. If he wants

temos um paradigma para um mundo lutando através da federação para a unidade coletiva. Uma polícia de desarmamento *ad hoc* com sua força principal no ar, necessariamente, entraria em estreita cooperação com as várias outras atividades policiais no mundo. Em um mundo onde criminosos podem voar para qualquer lugar, a polícia deve ser capaz de voar para qualquer lugar também. Já temos uma rede de trabalho mundialmente extensa, de homens competentes combatendo o tráfico de escravos brancos, o tráfico de drogas e assim por diante. A coisa já começa.

§ 37 Tudo isso que eu escrevo é para prover material imaginativo para esses que enxergam a ordem vindoura como um mero interrogatório em branco. O povo diz muita besteira sobre o desaparecimento de incentivo no socialismo. A verdade é exatamente o contrário. É a apropriação, criadora de dificuldades dos recursos naturais pela propriedade privada, que rouba os ricos de incentivo e os pobres de esperança. Nossa Declaração de Direitos Humanos assegura ao homem a satisfação adequada de todas as suas

more than that he will have to work for it, and the healthier he is and the better he is fed and housed, the more bored he will be by inactivity and the more he will want something to do. I am suggesting what he is likely to do in general terms, and that is as much as one can do now. We can talk about the broad principles upon which these matters will be handled in a consolidating world socialism, but we can scarcely venture to anticipate the detailed forms, the immense richness and variety of expression, an ever-increasing number of intelligent people will impose upon these primary ideas.

§ 38 But there is one more structural suggestion that it may be necessary to bring into our picture. So far as I know it was first broached by that very bold and subtle thinker, Professor William James, in a small book entitled The Moral Equivalent of War. He pointed out the need there might be for a conception of duty, side by side with the idea of rights, that there should be something in the life of every citizen, man or woman alike, that

necessidades elementares em espécie e nada mais. Se ele quiser mais do que isso, terá que trabalhar para tal, e quanto mais saudável, bem alimentado e melhor alojado ele for, mais entediado ficará por inatividade e mais ele desejará alguma coisa para fazer. Estou sugerindo o que ele provavelmente fará em termos gerais, e isso é o máximo que se pode dizer agora. Podemos falar dos princípios gerais sobre os quais essas questões serão tratadas por um socialismo mundial em consolidação, porém, dificilmente, podemos nos aventurar a antecipar as formas detalhadas, a imensa riqueza e variedade de expressão que um número cada vez maior de pessoas inteligentes imporá sobre aquelas ideias primárias.

§ 38 Mas há mais uma sugestão estrutural que pode ser necessária para trazer à nossa ilustração. Até onde eu sei, foi abordada primeiramente por aquele pensador muito corajoso e sutil, Professor William James, em um pequeno livro intitulado *O Equivalente Moral da Guerra*. Ele apontou a necessidade de uma concepção de dever coexistir, lado a lado, com a ideia de direitos, d'onde haveria alguma coisa na vida

558

| should give him at once a sense of personal obligation to the World State. He brought that into relation with the fact that there will remain in any social order we can conceive, a multitude of necessary services which by no sort of device can be made attractive as normal life-long occupations. He was not thinking so much of the fast-vanishing problem of mechanical toil as the such irksome tasks as the prison warder's, the asylum attendant's; the care of the aged and infirm, nursing generally, health and sanitary services, a certain residuum of clerical routine, dangerous exploration and experiment. No doubt human goodness is sufficient to supply volunteers for many of these things, but are the rest of us entitled to profit by their devotion? His solution is universal conscription for a certain period of the adult life. The young will have to do so much service and take so much risk for the general welfare as the world commonwealth requires. They will be able to do these jobs with the freshness and vigour of those who know they will presently be released, and who find their honour through performance; | de cada cidadão, homem ou mulher, que lhe desse imediatamente um senso de obrigação pessoal para com o Estado Mundial. Ele alegou isso em relação ao fato de que continuará existindo, em qualquer ordem social que possamos conceber, uma multidão de serviços necessários que, por nenhum tipo de estratégia, podem ser tornados atraentes como ocupações normais ao longo da vida. Ele não estava pensando tanto no problema, de solução rápida, das tarefas mecânicas pesadas, mas sim nas tarefas incômodas como as do carcereiro, do atendente de asilo; o cuidador de idosos e de doentes, enfermagem em geral, serviços de saúde e sanitários, um certo resíduo da rotina religiosa, explorações e experimentos perigosos. Sem dúvida, a bondade humana é suficiente para fornecer voluntários a muitas dessas coisas, mas será que o resto de nós tem direito a lucrar com sua devoção? A solução é o recrutamento universal por um certo período da vida adulta. Os jovens terão de prestar tantos serviços e correr tanto risco para o bem-estar geral, quanto a comunidade mundial precisa. Eles estarão aptos a prestar esses serviços com a |

they will not be subjected to that deadening temptation to self-protective slacking and mechanical insensitiveness, which assails all who are thrust by economic necessity into these callings for good and all.

§ 39 It is quite possible that a certain percentage of these conscripts may be caught by the interest of what they are doing; the asylum attendant may decide to specialise in psychotherapeutic work; the hospital nurse succumb to that curiosity which underlies the great physiologist; the Arctic worker may fall in love with his snowy wilderness. . . .

§ 40 One other leading probability of a collectivist world order has to be noted here, and that is an enormous increase in the pace and amount of research and discovery. I write research, but by that I mean that double-barrelled attack upon ignorance, the biological attack and the physical attack, that is generally known as

renovação e o vigor daqueles que sabem que serão prontamente liberados e que encontram sua honra através do desempenho; eles não serão submetidos àquela tentação mortal da pusilanimidade auto-protetiva e à insensibilidade mecânica, que ataca todos os que são empurrados por necessidade econômica para essas convocações gerais para o bem.

§ 39 É bem possível que uma certa porcentagem desses recrutas seja conquistada pelo interesse no que eles estiverem fazendo; o assistente do asilo pode decidir se especializar em trabalho psicoterapêutico; a enfermeira do hospital sucumbe àquela curiosidade que está por trás do grande fisiologista; o trabalhador do Ártico pode se apaixonar por seu deserto de neve. . . .

§ 40 Uma outra probabilidade sedutora de uma ordem mundial coletivista, tinha que ser notada aqui, e é um enorme aumento no ritmo e na quantidade de pesquisas e descobertas. Eu escrevo pesquisas, porém, com isso eu quero me referir à investida de cano duplo contra a ignorância, o ataque biológico e o ataque físico, que é, geralmente,

"Science". "Science" comes to us from those academic Dark Ages when men had to console themselves for their ignorance by pretending that there was a limited amount of knowledge in the world, and little chaps in caps and gowns strutted about, bachelors who knew all that there was to be known. Now it is manifest that none of us know very much, and the more we look into what we think we know, the more hitherto undetected things we shall find lurking in our assumptions.

§ 41 Hitherto this business of research, which we call the "scientific world", has been in the hands of very few workers indeed. I throw out the suggestion that in our present-day world, of all the brains capable of great and masterful contributions to "scientific" thought and achievement, brains of the quality of Lord Rutherford's, or Darwin's or Mendel's or Freud's or Leonardo's or Galileo's, not one in a thousand, not one in a score of thousands, ever gets born into such conditions as to realise its opportunities. The rest never learn a civilised language, never get near a library, never have the faintest

conhecido como "Ciência". A "Ciência" chega até nós a partir da acadêmica Idade das Trevas, quando os homens tinham que se consolar por sua ignorância, fingindo que havia uma quantidade limitada de conhecimento no mundo, e pequenas aberturas em capuzes e batinas altivas sobre solteirões que sabiam tudo o que havia para ser conhecido. Agora é evidente que nenhum de nós sabe demais, e quanto mais nós examinamos o que pensamos saber, mais coisas até então não detectadas encontraremos escondidas em nossas pressuposições.

§ 41 Até agora, esse negócio de pesquisa, que chamamos de "mundo científico", tem ficado nas mãos de bem poucos trabalhadores, de fato. Rejeito a sugestão de que, em nosso mundo atual, de todos os cérebros capazes de contribuições grandes e magistrais para o pensamento e as conquistas "científicas", cérebros da qualidade dos de Lord Rutherford, ou de Darwin, Mendel, Freud, Leonardo ou Galileu, nem um em mil, nem uma dentre vinte mil pessoas, jamais consegue nascer em condições que lhe permitam perceber suas oportunidades. O resto nunca

561

chance of self-realisation, never hear the call. They are undernourished, they die young, they are misused. And of the millions who would make good, useful, eager secondary research workers and explorers, not one in a million is utilised.

§ 42 But now consider how things will be if we had a stirring education ventilating the whole world, and if we had a systematic and continually more competent search for exceptional mental quality and a continually more extensive net of opportunity for it. Suppose a quickening public mind implies an atmosphere of increasing respect for intellectual achievement and livelier criticism of imposture. What we call scientific progress to-day would seem a poor, hesitating, uncertain advance in comparison with what would be happening under these happier conditions.

§ 43 The progress of research and discovery has produced such brilliant and startling results in the past century and

aprende uma língua civilizada, nunca chega nem perto de uma biblioteca, nunca tem a menor chance de auto-realização, nunca ouve o chamado. Eles são subnutridos, morrem jovens, são mal aproveitados. E dos milhões que dariam bons, úteis e entusiasmados ajudantes de pesquisadores e de exploradores, nem um em um milhão é utilizado.

§ 42 Contudo, agora considere como serão as coisas se tivermos uma educação ativa arejando o mundo inteiro, e se tivermos uma busca sistemática e continuamente mais competente por uma qualidade mental excepcional, e uma rede de oportunidades permanentemente mais extensa para isto. Suponha que uma mente coletiva despertando implique numa atmosfera de crescente respeito pelas conquistas intelectuais e numa crítica mais viva aos impostores. O que hoje nós chamamos de progresso científico pareceria um avanço pobre, indeciso e incerto em comparação com o que estaria acontecendo nessas condições mais afortunadas.

§ 43 O progresso da pesquisa e da descoberta produziu resultados tão brilhantes e surpreendentes no

a half that few of us are aware of the small number of outstanding men who have been concerned in it, and how the minor figures behind these leaders trail off into a following of timid and illprovided specialists who dare scarcely stand up to a public official on their own ground. This little army, this "scientific world" of to-day, numbering I suppose from head to tail, down to the last bottle-washer, not a couple of hundred thousand men, will certainly be represented in the new world order by a force of millions, better equipped, amply co-ordinated, free to question, able to demand opportunity. Its best will be no better than our best, who could not be better, but they will be far more numerous, and its rank and file, explorers, prospectors, experimental team workers and an encyclopædic host of classifiers and co-ordinators and interpreters, will have a vigour, a pride and confidence that will make the laboratories of to-day seem half-way back to the alchemist's den.	último século e meio que poucos de nós estamos cientes do pequeno número de homens ilustres que se preocuparam com elas e, de como as figuras menores por trás desses líderes ficaram bem para trás numa comitiva de especialistas tímidos e mal-providos, que quase não ousam enfrentar um funcionário público em seu próprio território. Esse pequeno exército, esse "mundo científico" de hoje, contando, eu suponho, da cabeça até o rabo, até a última lavadora de garrafas, não uma parelha de centenas de milhares de homens, certamente, será representado na Nova Ordem Mundial, por uma força de milhões, mais bem equipados, amplamente coordenados, livres para questionar e capazes de exigir oportunidades. Seu melhor não será melhor que o nosso, o qual não poderia ir além, mas eles serão muito mais numerosos e suas listas e fileiras, exploradores, mineradores, funcionários de equipes experimentais e um grupo enciclopédico de orientadores compostos de classificadores, coordenadores e intérpretes, terá um vigor, um orgulho e uma confiança que farão os laboratórios de hoje parecerem a meio caminho do retrocesso da alcova do

§ **44** Can one doubt that the "scientific world" will break out in this way when the revolution is achieved, and that the development of man's power over nature and over his own nature and over this still unexplored planet, will undergo a continual acceleration as the years pass? No man can guess beforehand what doors will open then nor upon what wonderlands. § **45** These are some fragmentary intimations of the quality of that wider life a new world order can open to mankind. I will not speculate further about them because I would not have it said that this book is Utopian or "Imaginative" or anything of that sort. I have set down nothing that is not strictly reasonable and practicable. It is the soberest of books and the least original of books. I think I have written enough to show that it is impossible for world affairs to remain at their present level. Either mankind collapses or our species struggles up by the hard yet fairly obvious routes I have collated in this book, to reach a new level of social	alquimista. § 44 Pode-se duvidar que o "mundo científico" irá rebentar desse jeito quando a revolução for alcançada e que o desenvolvimento do poder do homem sobre a natureza, sobre sua própria natureza e sobre este Planeta, ainda inexplorado, sofrerá uma aceleração contínua com o passar dos anos? Nenhum homem pode adivinhar de antemão quais portas se abrirão nem sobre que país das maravilhas. § 45 Essas são algumas sugestões incompletas da qualidade dessa grande vida que uma nova ordem mundial pode abrir para a Humanidade. Eu não vou especular mais sobre elas, porque eu não gostaria que dissessem que este livro é utópico ou "imaginativo" ou qualquer coisa desse tipo. Não escrevi nada que não seja estritamente razoável e praticável. É o mais sóbrio e o menos original dos livros. Acho que escrevi o suficiente para mostrar que é impossível aos assuntos mundiais permanecer no seu nível atual. Ou nossa espécie luta pelos caminhos difíceis, embora bastante óbvios, que colecionei neste livro, para alcançar um novo nível de organização social, ou a

organisation. There can be little question of the abundance, excitement and vigour of living that awaits our children upon that upland. If it is attained. There is no doubting their degradation and misery if it is not.

§ 46 There is nothing really novel about this book. But there has been a certain temerity in bringing together facts that many people have avoided bringing together for fear they might form an explosive mixture. Maybe they will. They may blast through some obstinate mental barriers. In spite of that explosive possibility, that explosive necessity, it may be this remains essentially an assemblage, digest and encouragement of now prevalent but still hesitating ideas. It is a plain statement of the revolution to which reason points an increasing number of minds, but which they still lack resolution to undertake. In The Fate of Homo sapiens I have stressed the urgency of the case. Here I have assembled the things they can and need to do. They had better summon up their resolution.

Humanidade entra em colapso. Pode haver uma pequena dúvida da abundância, animação e vigor de vida que aguardam nossas crianças naquele planalto. Se for alcançado. Não há dúvida de sua degradação e miséria, se não for.

§ 46 Não há nada realmente novo neste livro. Mas tem havido certa temeridade em reunir fatos que muitas pessoas evitaram ligar por medo que eles possam formar uma mistura explosiva. Talvez eles formem. Eles podem explodir totalmente algumas barreiras mentais obstinadas. Apesar dessa possibilidade explosiva, dessa necessidade explosiva, pode ser que isto permaneça, essencialmente, uma coletânea, um resumo e um encorajamento de ideias atualmente prevalecentes, mas ainda hesitantes. É uma afirmação clara da revolução para a qual a razão aponta um número crescente de mentes, mas que ainda falta determinação para realizar. Em *O Destino do Homo Sapiens*, enfatizei a urgência do caso. Aqui reuni as coisas que eles podem e precisam fazer. É melhor eles convocarem sua bravura.

Obrigado pela leitura. Esperamos que este capítulo adicional com os originais comparados com a tradução lhe seja útil para pesquisas mais aprofundadas.

BIOGRAFIA DO AUTOR:

Herbert George Wells, nasceu em Bromley, Kent, Inglaterra, aos 21/09/1866 e morreu em Regent's Park, Londres, Inglaterra, aos 13/08/1946 (79 anos). Seu livro mais influente é A Nova Ordem Mundial, inspiração para a criação da ONU. Dentre muitas, as suas obras mais conhecidas são A Máquina do Tempo, O Homem Invisível, A Guerra dos Mundos, A Ilha do Doutor Monreau, Os Primeiros Homens na Lua, A Forma das Coisas que Virão e Quando o Dorminhoco Acorda. Foi casado com Isabel Mary Wells de 1891-1894, quando se divorciou. Casou-se com Amy Catherine Robbins em 1895, com a qual viveu até sua morte em 1927. Seus filhos foram George Phillip "G. P." Wells, Frank Richard Wells, Anna-Jane Kennard e Anthony West. Cursou Biologia e foi aluno de T. H. Huxley. Foi professor, colunista da Revista Nature e sempre se descrevia como Jornalista. Suas primeiras publicações foram livros didáticos de Biologia amplamente aceitos. Nasceu de uma família pobre, cujos pais depois se tornaram pequenos comerciantes. Wells foi vendedor de tecidos. Inventou o modelo da Wikipedia, uma enciclopédia aberta para um protótipo de colégio do mundo. Colaborou com o projeto da Liga das Nações. Chegou a ser recebido por Lenin (1920) e entrevistou Stallin (1934), logo depois de ter sido recebido por Roosevelt. Seu livro *The Rights of Man* (1940), serviu de base para a Declaração Universal dos Direitos Humanos de 1948! Winston Churchill era ávido leitor dos seus livros e mantiveram amizade até a morte de

Wells. Churchill chegou a usar frases de seus livros. Muito embora não tenha sido eleito, foi indicado ao Nobel de literatura em 1921, 1932, 1935 e 1946. Influenciou tanto a exploração da Lua que uma cratera daquele Satélite foi batizada com seu nome. Em 1922 Einstein elogiou seus livros. Influenciou os Beatles e fez parte da capa de *Sgt. Pepper's Lonely Hearts Club Band*.

Made in the USA
Columbia, SC
13 January 2023